北台灣自然旅遊指南

撰文／攝影／繪圖◎劉克襄

晨星出版

The North Taiwan

自然旅遊New idea

喜愛博物學和自然觀察的人，撰寫這類旅遊指南時，敘述的內容無可置疑地會偏向人文史蹟、民俗風物和自然生態的知性導覽。

我挑選的這些北台灣景點，都是自己帶親朋好友走訪過的，有些還去了好幾回，成爲教學經驗嫻熟的場所。是以，在這本旅遊指南的介紹裡，通常會給予一些自然導覽的建議和內容，或者考慮到旅行的難易度。

從目次的內容，讀者應該可以看出，取材的旅遊景點並不多，只刻意挑出一百個。在選定的風景點上，我朝一日遊的方向定位，同時以台北盆地爲中心的思考觀點，考慮到知性之旅上的多樣性。內容重複性的景點，交通過於疲累的，往往會割捨。

讀者也不難發現，有許多著名的景點不見了，尤其是農場、花園、渡假村和遊樂區等環境。其實這樣的安排是自己刻意放棄的。何以如此？主要是考慮到，該風景地點可能充滿太多商業消費行爲，以及過度的庸俗化；或者是，在一個大家都熟悉的景點裡，我還未找到另類的旅遊方法。反之，若是有新的途徑，我還是會放進去。

譬如，前往九份，我會建議走琉榔路觀光步道上山去。到大溪老街，我會建議一定要去探訪御成路古道和齋明寺古道。

此外，每一個景點，我都花費至少五百到一、二千不等的字數，以自我的旅行認知和導覽經驗，盡量周延地描述前往遊玩景點的特色。一般的旅遊指南往往以兩三百字，囫圇吞棗地將一個景觀介紹，這種解說對旅遊者的助益其實並不大，還不如清楚地點繪幾個重要的特色。

我不希望購買本書的讀者是朝走馬看花的方向使用，而是在現場時還能比較本書的觀點，做一番對照。

以上述考量做爲決定因素後，這本報導式的旅遊書可能會提供幾個不同於時下指南的特色：

一、提供自然步道或史蹟步道的旅行路線。
二、建議旅遊時多思考歷史和周遭生態環境。
三、按筆者建議的路線尋找新的視野。
四、前往人少的地方，或從事非例假日的旅行。
五、鼓勵閱讀延伸的地方旅遊書籍。
六、學習自然體驗的各種方法。
七、和親友在旅遊裡有更多的互動。
八、「我」的角色不時在敘述裡出現。
九、強調手繪地圖的翔實功能。

雖然這是一本敘述偏向通俗性的旅遊指南，我還是充滿改造台灣旅遊品質的理想。這樣的知性旅遊，在上個世紀末時，我曾帶過自然教學，實踐了相當長的一段時間。如今整理出來，自然是希望大家也能從這樣的知性旅遊，或者定點旅行裡，找到更有意義的生活樂趣和休閒價值。

或許，你還是可以把它當作一本旅遊指南；一種新的旅遊休閒。我卻把它當作一門課，一門認識北台灣的社會課。

劉克襄
2000.4.28

contents

北海岸線 008

東北角線 054

陽明山線 100

contents

木柵、深坑線 314

新店、烏來線 372

三峽、大溪線 408

地圖圖例說明

公路	稻田
石階路	三合院
山路	樹林
狹窄小路	石頭厝
或 廟	日式房子
或 紅磚屋	山頭
普通民宅	禿裸岩壁的山
池塘、湖泊	竹林
草澤	茶園
溪流	N 指北針
墓地	N 指北針
或 涼亭	橋
解說牌	高速公路
大樹、老樹	杉林

The North
Taiwan

北海岸線

- 野柳岬角
- 金山岬角
- 麟山鼻岬角
- 豬槽潭梯田
- 大屯溪古道
- 八斗子漁港
- 貢子寮和龍岡步道
- 和平島海岸
- 海門天險砲台
- 大武崙砲台和情人湖森林

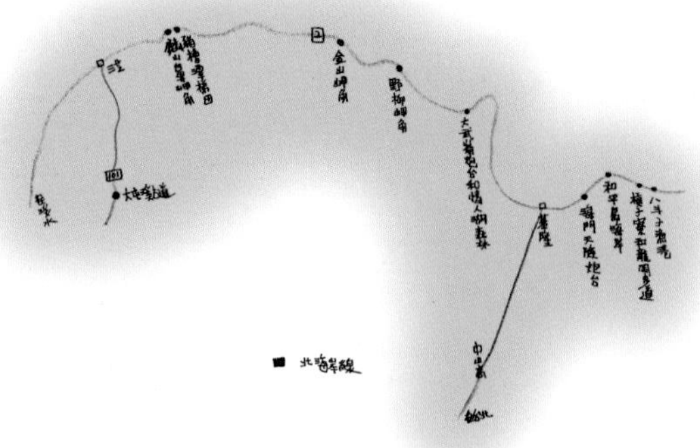

野柳岬角

（地形、地質、燈塔、漁港、稀有候鳥、海岸生物）

● 野柳岬角位於台灣最北端，是春秋季候鳥的必經之地。

野柳的海岸地形、侯鳥種類、漁港文化和歷史背景無疑是認識野柳最必備也最有意義的旅遊方式。

車子沿著基金公路，轉入野柳就進入漁港和村子。野柳漁港在全省漁港排行雖是第三等，卻是個五臟俱全的港澳。

灣澳底設有漁市場，經年做漁獲的批發交易，岸邊並且配備有添油、加水等設施，還有小型修船廠。假日時保安宮前還設有漁市，供應新鮮漁獲。保安宮主要供奉漳州人的保護神「開漳聖王」，和海上之神「媽祖」。

抵達停車場後，左側就是野柳岬角的入口。進入不久，就可清楚看到野柳岬角的整個景觀。它長達1700公尺，寬卻僅有250公尺。岬角盡頭是一側平緩、一側陡峭的單面山，中間的位置則凹成大灣，將海岬分隔成兩大區。

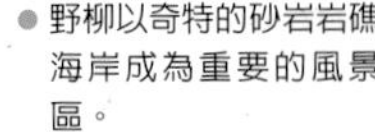
● 野柳以奇特的砂岩岩礁海岸成為重要的風景區。

● 化石是觀察海岸年代的重要自然證物。

在岬角基部部分佈滿各種奇特的岩石。從左邊的步道進入，隨即看到聞名中外的蕈狀石、薑石層和燭台石層。這裡大約有一百多個蕈狀石，個個比人高大，好像進入石頭森林一樣。蕈狀石因上面有大大小小的坑洞，猶如蜂窩一般，因此又稱爲蜂窩石。

走在石林裡，地表上和石頭都不再看到鑲白色或紅褐色的化石碎片。仔細找，岩石上有一些二千二百萬年前被砂泥掩埋而存留至今的海膽化石。另外一種是生痕化石，藏在岩石裡面。生痕化石是生物在泥砂上生活時留下的痕跡，有的是居住的巢穴，有的是尋找食物時的爬痕。

緊接著是海蝕溝。野柳岬角的平台上佈滿了長短不一的海蝕溝。過了窄橋，就是海蝕溝的傑作。在靠近海岸的地方還可以看到長得像薑一樣的「薑石」和地理奇觀——壺穴。

經過林添楨像後，抵達遊客服務中心，中心後是一片岬角的茂密森林，最高點有一座燈塔。這片森林主要有三條平行的步道，一般都走中間最寬敞的一條。回來時再改採

● 野柳著名的蜂窩石。

● 岩礁海岸棲息有許多的小生物。

旁邊其中一條，觀賞不同的景觀。上面一條可看到單面山的環境和海崖，下面一條則可以看到岬灣的景觀。

林子裡的植物主要是琉球松和木麻黃的松林，但是近年來因松線蟲蟳，松樹幾乎都枯死。台東漆、申跋、薊、海芒果和紅楠等是這兒主要的優勢植物。

● 春秋兩季時，綬帶鳥是過境稀有候鳥。

這裡同時也是著名的賞鳥聖地。原來，岬角突出海上，每年都是候鳥過境，或者返鄉時必定經過的地點。賞鳥人在此經常可以發現奇特而罕見的鳥種。夏天時也能看到軍艦鳥、白腹鰹鳥等特殊的鳥種。在昆蟲方面，這裡也可以看到東北角海域和墾丁地方才能發現的大白斑蝶。運氣好時，從岬角上望高的位置，還能看到海上的海豚。

● 常見於岩礁海岸的岩鷺。

◆**步行時間**

入口 —40分→ 燈塔 —10分→ 涼亭

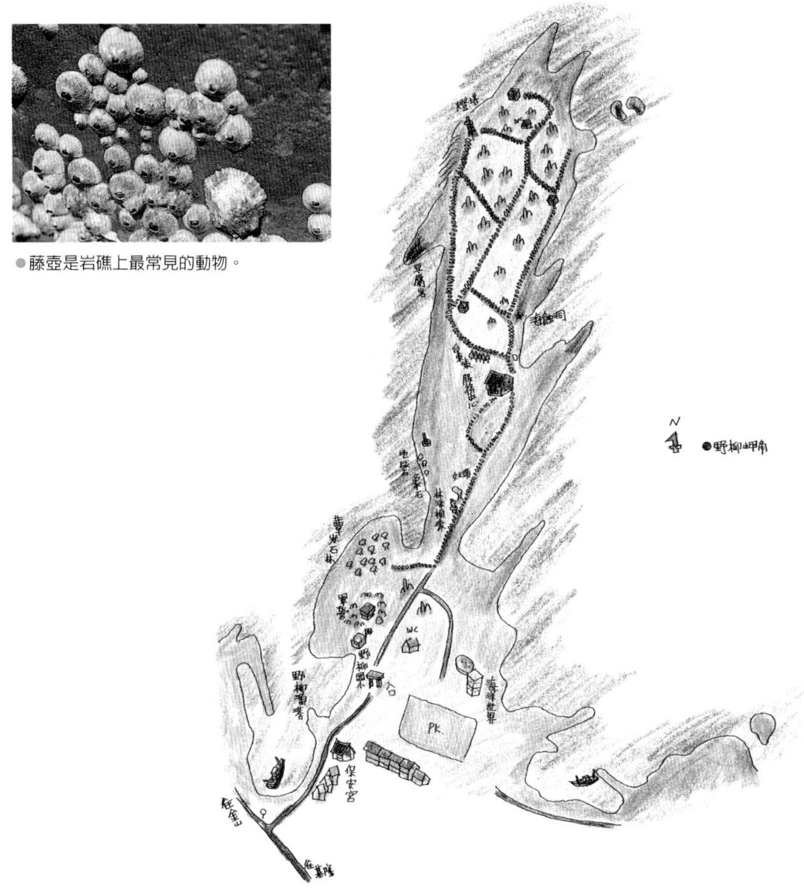

●藤壺是岩礁上最常見的動物。

特殊景觀

◆奇岩的怪石

野柳爲何會有如此多的奇怪岩石呢？原來，它們都和岩層中佔有堅硬無比的「結核」有關。兩千多萬年前，野柳仍在海裡，地表棲息許多貝類、海膽等生物。這些生物死後，殘骸含有大量的碳酸鈣，和其他有機物質，緊緊膠結而成。由於結核堅硬，當四周的砂岩被侵蝕掉後，便裸露出地面；又因爲每一層岩層的結核形狀不同，因而產生了各種奇怪的石頭。

行程

可開車從中山高北上，由八堵交流道下，或由北二高走基金公路至野柳。或可搭乘台北至金山的台汽客運。

餐飲

半島附近無餐飲，宜自備。野柳街上有餐飲店。

適宜對象

全家大小皆宜，宜帶望遠鏡、鳥類圖鑑。

金山岬角

(岬角森林、兩個漁村、兩條溪、老街、稀有候鳥)

● 金山老街是北海岸唯一仍保持老街形貌的地點。

在前往岬角的獅頭山之前，一有機會我都會先到慈護宮的金包里老街走逛。

慈護宮俗稱大廟，位於金包里老街東段，主祀媽姐，是金山一帶歷史悠久、香火頗盛的廟宇，更是金山鄉鄉民的信仰中心。百年前英國博物學家郇和便由此前往魚路，重現這段古道的路徑。

目前的廟經過多次修建，不復當年之面貌。廟裡的鎮殿媽祖是台灣裝潢甚爲罕見的「金面」媽。一般都是粉面和烏面。此外，正殿內古樸的龍柱和秀雅的樑架都值得細細品味。

金包里老街和中山路平行。它是目前北濱僅存唯一的老街，形成於清朝雍正末年，但是目前剩下的傳統老屋已經不多。除了入口尚有幾間閩式店面，還有日治時期的洋樓立面。當時，老街上主要有米店、中藥行、雜貨舖等。正如其他老街，它的特色是面寬很窄，進深很長，前有亭仔腳，兩側是

● 金包里溪是金山發展史裡的重要溪流。

共同壁，強調住商合一的功能。

在慈護宮旁有一個大型停車場。通常，我的旅行路線從那兒開始，走向對面的一條田間小路。進入小路不久，就可看到廣闊的草澤環境。這兒相當適合觀察田野的鳥類，烏秋、褐頭鷦鶯、老鷹、紅尾伯勞、斑文鳥，以及鷺鷥科的夜鷺、牛背鷺、小白鷺等都是這裡相當常見的鳥種。

沿著金包里溪繼續往前，過了小橋，走上公路，再過橋可以繞回豐漁村。村子是魚路的起點，山腳有許多大葉雀榕的老樹，以及紅磚老屋。

這條走往豐漁村的民生路路口，村頭村尾各有一處顯著的荒廢地的建築地標，它們都是日據時代的歐式建築。過了橋，就看到一棟，原先是一

● 黃蛺蝶喜愛在陽光的環境。

● 豐漁村廢棄的豪宅，據說是以前金山舊鎮長的夏日別墅。

● 獅頭山步道是重要的賞鳥步道。

個著名的溫泉旅館。以前聽說是日本人在此休息的溫泉旅社，光復後國府的軍隊到來，把土雞放在溫泉裡燉煮，最後把溫泉弄毀了，不久這個典雅的房子也廢棄。靠近水尾海防士兵駐防的地方，又有另一棟，據說是金山鎮上一家有錢的賴姓人家，早年暑夏避暑的勝地。

在靠海邊的漁村聚落，穿過隱密的巷子，有一條登山步道，由那兒可以爬上獅頭山上的金山公園。這條公園的步道是一條「地理步道」，步道上每一個適合的地點都刻有金山每一個鄉的特殊景觀、詩詞和地理環境。

前往岬角盡頭中途有一處軍事營地，以前這兒禁止遊客進去，現已經開放。遊客可以直接走到岬角的涼亭，遠眺當時的重要景觀燭台嶼。還可以通往岬角最尖端，或者走下海灘。這裡是另一個賞鳥景點，許多鳥友喜歡到此尋找特殊的鳥種。

通往岬角盡頭的小徑有一條往左下去的小路，可以走到磺港村。這是另一個有著百年傳統的漁村，不過較少老屋。但是旁邊的磺溪和金包里溪一

●林投常見於海岸環境。

樣充滿歷史的典故。原來三百多年前，這兒曾是西班牙人運輸硫磺的港口，因而獲得此名。

如果由岬角往回走，這處岬角的森林相當蓊鬱，主要以紅楠爲主，偶爾可看見松林。

從那兒往北邊走，經過金山溫泉健身中心，就是遊客最愛的救國團青年活動中心。這十幾年來，活動中心的木麻黃林，始終是北部地區賞鳥朋友觀察過境鳥類的主要地點，我自己來過多少次也數不清了。

過去，鳥友經常是前一天獲得鳥況的消息，隔日清晨便迢迢趕至，爲的只是一、二種罕見的鳥種。譬如黃鸝、地啄木、烏鶇等。當然，這兒的常客喜鵲、老鷹，也是賞鳥人願意津津樂道的。

金山海水浴場和活動中心隔著磺溪。過了磺溪，那兒有一片更大的人造木麻黃林。這幾年那兒的木麻黃已經形成一片疏林，相信許多冬候鳥已經固定選擇那兒過境，以後的賞鳥人或許也該把重心轉移到那兒。

●罕見的冬候鳥黃尾鴝是金山岬角的常客。

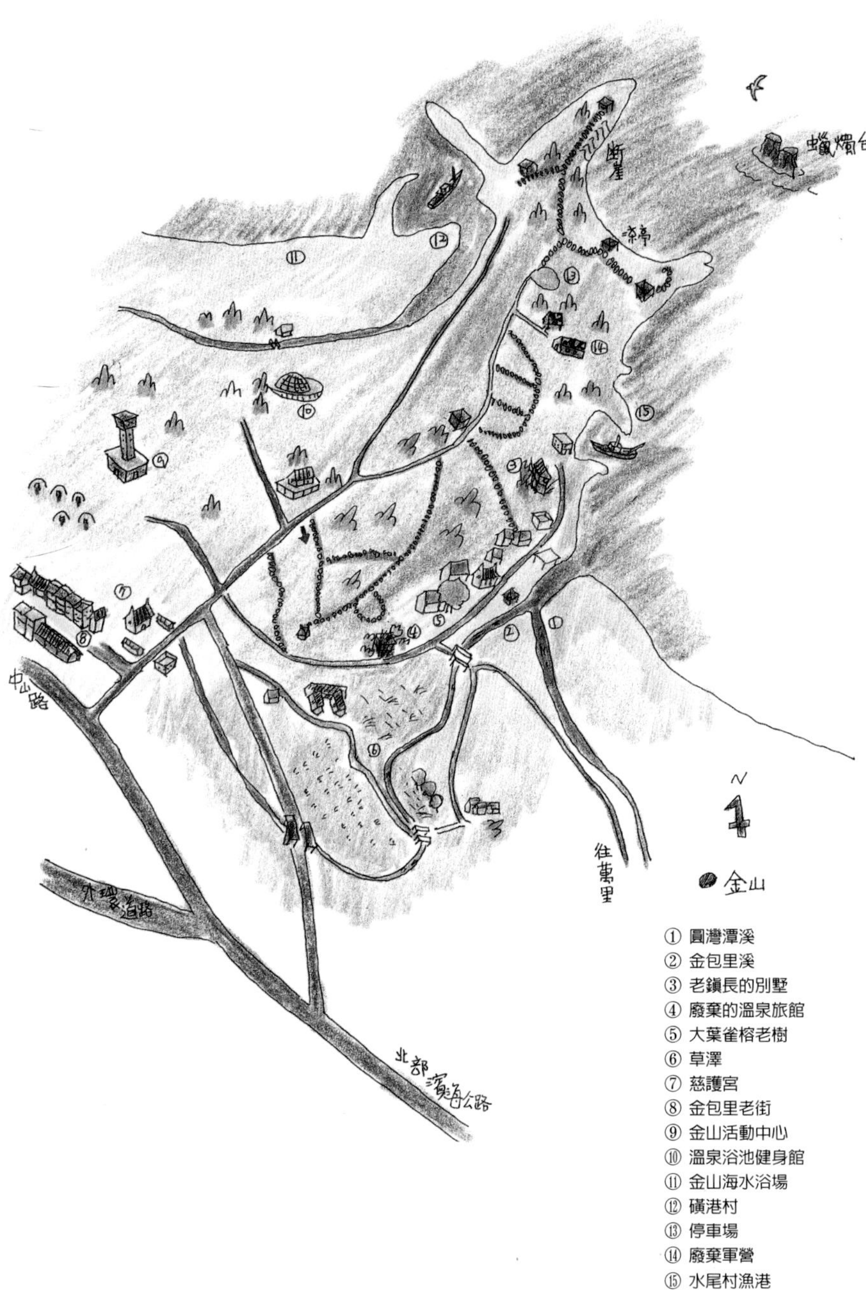
蠟燭台
斷崖
涼亭
中山路
北部濱海公路
往萬里
金山
① 圓灣潭溪
② 金包里溪
③ 老鎮長的別墅
④ 廢棄的溫泉旅館
⑤ 大葉雀榕老樹
⑥ 草澤
⑦ 慈護宮
⑧ 金包里老街
⑨ 金山活動中心
⑩ 溫泉浴池健身館
⑪ 金山海水浴場
⑫ 磺港村
⑬ 停車場
⑭ 廢棄軍營
⑮ 水尾村漁港

◆步行時間

慈護宮 —20分→ 水尾村 —10分→ 山頂 —15分→ 岬角

特殊景觀

◆岬角

岬角和半島在地理上，都是明顯突出海岸的陸地。比較大而寬闊的通常就叫半島，小而狹窄的便稱做岬角。

台灣南部的墾丁是唯一的半島，在北邊則有好幾個岬角，著名的野柳和金山都是。

由於它們的位置明顯地位於南北邊，自然而然就成爲了候鳥南來北返的重要驛站。譬如以金山爲例，它是冬候鳥返家時在台灣的最後一站；如果要南下它也是飛過大海以後，第一個登陸的地點。

◆燭台雙峙

位於獅頭山前的海中，一對岩礁高約60公尺，岩上遍布空穴。棲息著海岸常見的鸕鷀等鳥類。日暮時，經常可以看到倦鳥歸來的景觀。這裡也是百年前重要的自然景觀之一。

蠟燭台是金山的重要地標。

◆老街的飲食

老街上最有名的大概是廟口的鴨肉羹，還有當地的特產甘藷和芋頭。旅遊者中午時不妨到那兒用餐，一嚐美味。除此外，新開張的東裕生魚片亦是特色，另外其他海鮮據說亦可媲美富基漁港，而且經濟實惠。另外，還有一家長益餅店，已經有三代歷史，泡餅配著麵茶吃，是這兒的招牌，一個要八塊錢。這些餅有咖哩餅、綠豆椪、台式喜餅等，配茶喝各有奇特風味。

行程

由中山高下八堵交流道，或由北二高走基金公路，過了野柳即可抵達。從台北出發行程約一個半小時。例假日較不適宜前往。

適宜對象

全家大小皆宜。

餐飲

附近無餐飲，宜自備。

參考書籍

《北部海濱之旅》　莊展鵬　遠流　1994。

麟山鼻岬角

（石滬、沙岸、火山岩、海濱植物）

● 麟山鼻保有北海岸最完整的石滬。

只要不是東北季風盛行的冬季，和炎炎的夏日時節，麟山鼻都相當適合旅遊。

如果從麟山鼻停車場開始旅行，往海岸看去，退潮時，它的下方會露出一個北海岸最爲完整的石滬。到石滬區一定可以發現豐富的螃蟹和貝類。

從停車場再遠眺東邊的海灣盡頭，有一個突出的岬角，上面聳立著一個圓球型軍事雷達和白色燈塔，那裡是台灣最北端的燈塔叫富貴角。

再看海岸，有一灣美麗的白淨沙灘，從白沙灣海水浴場迤邐而來，像皎潔的下弦月。若仔細端詳這個沙灘的砂粒，原來都是貝殼死亡後遺留的殘骸。

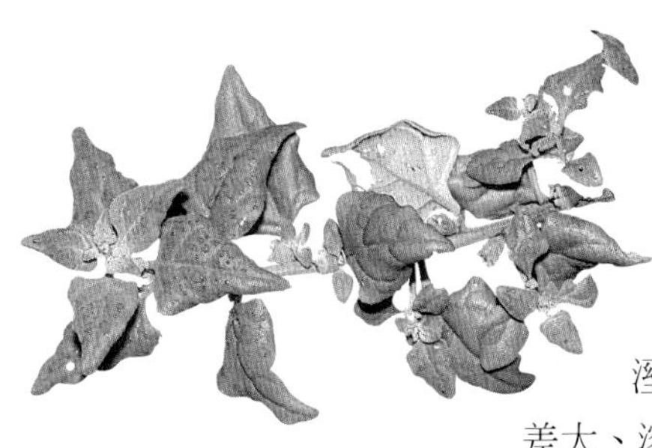
番杏是海岸常見可食的野菜植物。

如果先到石滬區，我們會看到石滬位於海濱的潮間帶上。潮間帶即海水高潮和低潮間的環境。漲潮時被海水淹沒，退潮時則裸露在空氣中受風吹日曬。這是一個乾溼差異極大、海浪衝擊力大、日夜溫差大、溶氧量大、營養豐富的地區。

代表性的生物有退潮時定生在岩石上的藤壺，躲在岩縫隙躲避日曬的玉黍蜀螺，以及到處爬行、長相像蟑螂的海蟑螂。當然，也可以發現許多有趣的螺類，諸如玉黍螺、鐘螺、蠑螺、芋螺、蜑螺和雙殼貝等。此外，螃蟹也是很好的觀察對象，這裡有中國蟳、盾牌蟹、招潮蟹、方蟹和梭子蟹等等，同時，還有現在不容易找到的寄居蟹。

走在沙灘上，這裡可以觀察的還包括了定砂植物。在風吹日曬下，土質鬆散的環境，這裡的植物都有耐熱耐寒的本領。常見的植物有像馬鞍的定砂植物馬鞍藤，以及臭味濃烈的蔓荊，還有像刺蝟一樣，善於在風沙中滾動的濱刺麥；同時，有防風林的林投等優勢植物。

馬鞍藤是沙岸的代表植物。

沙丘是這裡另一個極具特色的環境。在白沙灣後方有一排排整齊又緊密的細竹籬笆。這是用來阻擋沙堆移向內陸的定沙設施。在沙丘上，我們可看到沙紋。從沙紋，能辨別此地的風向，以及風力的大小。通常風愈大，沙紋愈小。

百萬年來，這裡地質的演變也是一門有趣的學問。往南看去，遠遠的大屯山火山群和這裡相連。大

N
石滬
小海灣
麟山鼻
小沙灘
停車場
空房
步道三叉口
土地公廟
軍營
沖水處
大沙灘
養殖區
廢棄交誼廳
大門
漁港
往淡水
沙丘
沙丘

● 土地公廟意味著這個海岸以前即有產業。

約八十萬年前，那兒火山爆發，大量的熔岩湧出，流到了台灣最北端入海，形成麟山鼻和富貴角的安山岩和熔岩台地。

在這裡很容易看到黑色的岩石，那就是冷卻的火山熔岩，稱為安山岩，俗稱觀音山岩。這裡因東北季風強烈，沙多，地表無掩蓋物，自然而然會有風稜石形成。

除了特殊的自然環境，麟山鼻還有許多人文景觀，譬如半路上有百年土地公廟，告知著早年這兒已經有產業，附近還有迷你漁港；同時最高點有軍事基地。

特殊景觀

◆石滬

在澎湖和台灣南北兩地的岩岸許多地方，漁民都會利用海岸的石塊依潮流方向築成低於高潮線的石牆，這種地方叫石滬。當漲潮時，隨潮水游入的魚蝦，在退潮時被石牆擋住，困在石滬內。漁民則利用退潮時去捕捉。目前，麟山鼻的石滬已經失去捕魚功能。

行程

在北海岸公路上，從台北前往，沿登輝大道，經過三芝，即可看到北海岸風景區管理所，彎進去即抵達。約一個小時可以抵達，也可從金山方向前去。

步行時間

從停車場到石滬、沙灘，可以逗留一整個早上。

適宜對象

全家大小皆宜。

餐飲

附近無餐飲，宜自備。

參考書籍

《麟山鼻海濱自然步道》，中華少年成長文教基金會，1994。

注意事項

記得去之前，一定要算準潮汐的時間，大部分人都希望在退潮時，觀察到更多的生態變化，那就要看看農曆的時日；一天有兩個滿潮時，可不要選擇這時到來！

麟山鼻海岸生物簡圖

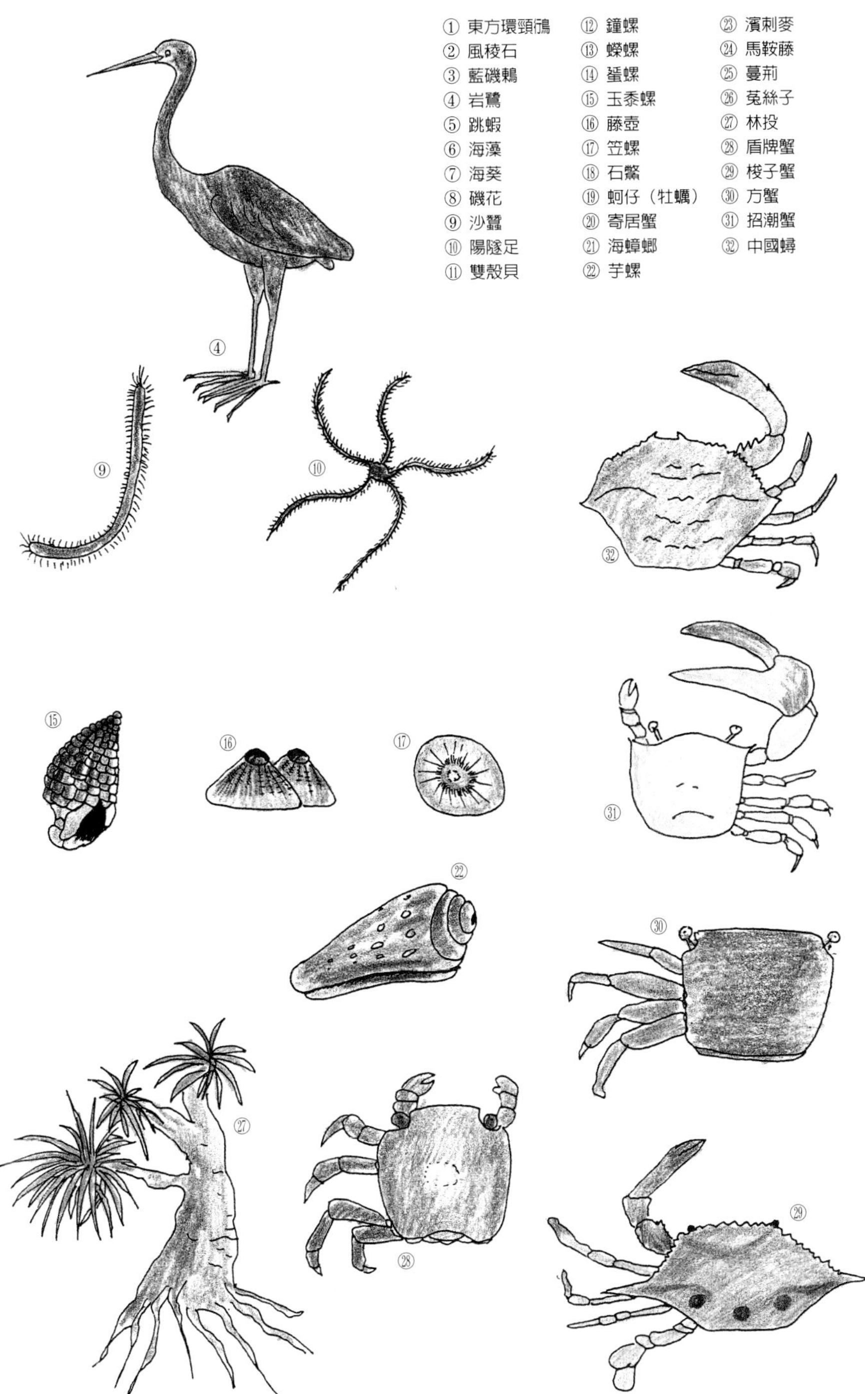

① 東方環頸鴴
② 風稜石
③ 藍磯鶇
④ 岩鷺
⑤ 跳蝦
⑥ 海藻
⑦ 海葵
⑧ 磯花
⑨ 沙蠶
⑩ 陽隧足
⑪ 雙殼貝
⑫ 鐘螺
⑬ 蠑螺
⑭ 蜑螺
⑮ 玉黍螺
⑯ 藤壺
⑰ 笠螺
⑱ 石鱉
⑲ 蚵仔（牡蠣）
⑳ 寄居蟹
㉑ 海蟑螂
㉒ 芋螺
㉓ 濱刺麥
㉔ 馬鞍藤
㉕ 蔓荊
㉖ 菟絲子
㉗ 林投
㉘ 盾牌蟹
㉙ 梭子蟹
㉚ 方蟹
㉛ 招潮蟹
㉜ 中國蟳

豬槽潭梯田

（水圳、梯田、候鳥、老屋）

●美麗的梯田是健行這條步道的重要景觀。

這是一條很棒的健行和賞鳥路線！尤其是在例假日時。

基本上，這些山路是產業道路，可以通行汽車。從豬槽潭到橫山都互相連接，路線頗爲複雜。我只以一個賞鳥人和文史工作者的觀點，從中建議一條地形較有變化的路線。在這條路線上，可看到梯田、山谷、溪流、水圳和老屋聚落等；同時，自然景觀豐富，可觀賞多樣的鳥種。

●不同的時節梯田呈現不同的風貌。

我建議的入口在老梅國小對面。豬槽潭位於老梅溪上游，在北海岸系列海景裡，它的腹地最爲廣大，形狀是一個大凹如豬槽的山谷，因而如此稱呼。它位於老梅街鎮對面，可循北11鄉道進入，沿

● 茭白筍是這兒的重要特產。

著老梅溪旁的田地前行。

田地裡主要種植的有稻米和西瓜（夏天）、茭白筍田（冬天），以及各種蔬果。由於溼、旱地環境都有，小小的谷地其實是相當多樣。七、八月時是西瓜盛產的季節，道路旁都是攤販在賣西瓜。

這裡的田地在春秋兩季是賞鳥人極愛的觀鳥地區。候鳥裡的猛禽和水鳥種類相當多。鷚科、鶇科的鳥類亦不少。一路前行，逐漸地，田地轉爲山丘景致和梯田。夏天時牽牛花盛開，一路綿延，相當壯麗。

半途，可以看到一些老屋座落，顯見這兒早年即已開發。抵達豬槽潭時，那兒出現了水圳和老橋

● 蓮花是附近重要的產業。

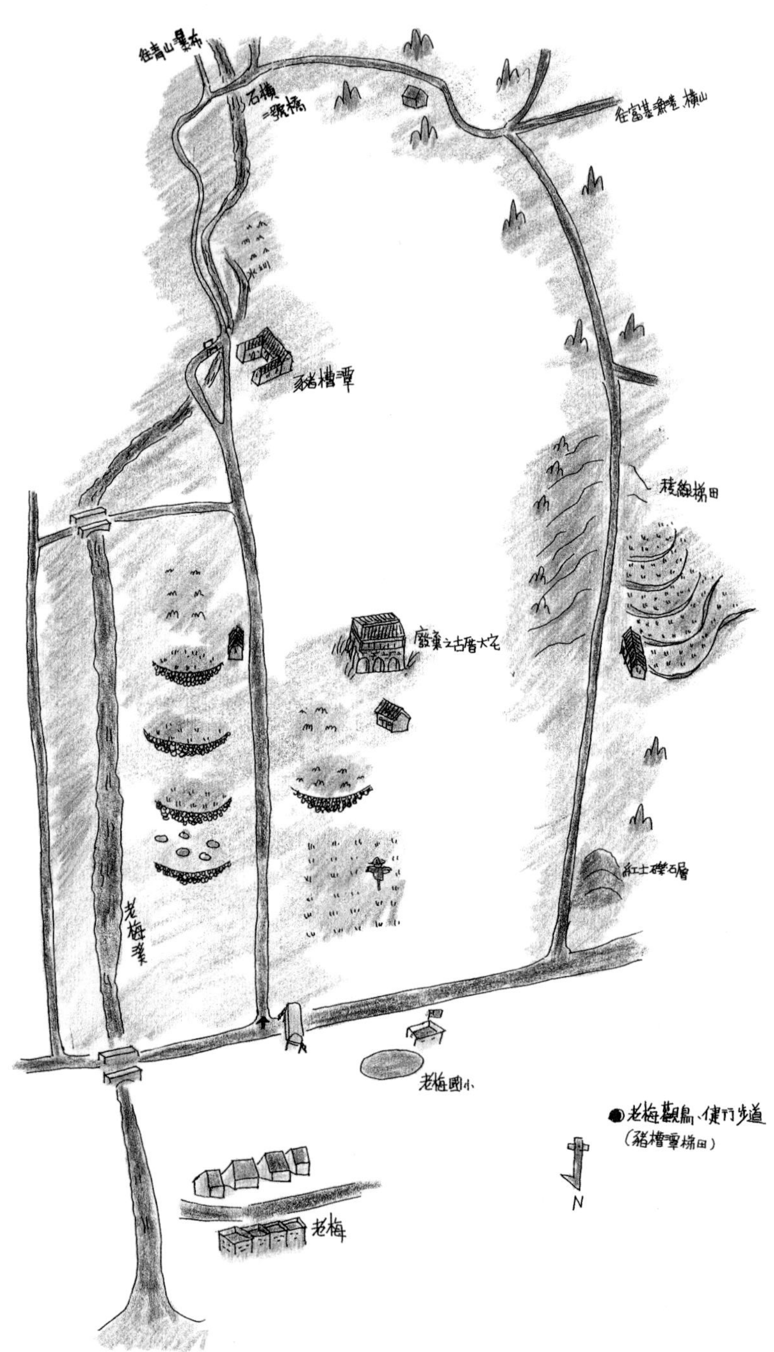
往青山瀑布
石構二號橋
往富基漁港 橫山
水圳
豬槽潭
稜線梯田
廢棄之古厝大宅
紅土礫石層
老梅溪
老梅國小
●老梅觀鳥、健行步道
(豬槽潭梯田)
N
老梅

旱田裡常見的鷺鷥——牛背鷺。

。根據歷史調查，遠在1799年間就有水圳的建設了。再過了往青山瀑布的石橫二號橋，山路離開溪邊，沿著產業道路上到稜線，可以繞回北海公路。一路上，由於車輛稀少，昆蟲和爬蟲都相當多。青山瀑布例假日多人潮，不宜前往。

中途有岔路，繼續往前，可抵達富基漁港。往右轉可以走稜線的紅土台地，回到老梅。

接近北海岸公路時，在稜線最高處的開闊地，往下鳥瞰，兩邊不時出現美麗的梯田。我個人認爲，它是三芝橫山地區最美麗別緻的一塊。在這處稜線上，視野景觀良好，春秋天時是觀賞候鳥猛禽類相當棒的場所。每年這個時節，我總會到那裡旅行一、二次，看看紅隼美麗地鼓翼、灰面鵟輕快地身影，以及蜂鷹的翱翔。

◆步行時間

特殊景觀

◆梯田

在大屯山北麓，居民多半沿著溪流屯墾。腹地狹小下，當地自然依山開闢梯田，引水圳灌溉。所以這兒的水圳灌溉系統亦頗發達，小片荒廢的溼地亦不少。除了水稻外，西瓜、茭白筍是這兒的主要特產。從三芝、橫山到此，連綿的丘陵都是這類安山岩的美麗梯田，和桃竹苗的卵石梯田有著這樣的細微差別。

行程

沿登輝大道前往，過了麟山鼻，抵達老梅。沿對面的產業道路進入，就是起點。

注意事項

路程較遠，車輛多，宜靠邊走。帶個望遠鏡和鳥類圖鑑更佳。

適宜對象

青少年以上爲宜。

餐飲

附近無餐飲，宜自備。

大屯溪古道

（三板橋、橘園、大青、九芎、箭竹林）

● 北新莊仍保持二、三十年前的樣子。

大屯溪位於大屯山的北方。這裡受東北季風影響，居住的人口相當稀少，生活的型態不同於台北盆地。居住者都沿著溪邊生活，因爲空間有限，梯田景觀容易出現。

北新莊是大屯溪旁最重要的小鎮。它有兩條道路交會於此，一條是淡水至三芝間的101公路，另一條是通往陽明山國家公園的百拉卡公路。兩條路交會形成的小市鎮，並無便利商店，似乎仍保持著二、三十年前的素樸形容。究其原因，因爲登輝大道未經過這裡，例假日時遊客顯然也不多。

古道位於101公路上，入口處在龜子山橋和龜子山小橋之間的小徑。進入後，步行約半小時就可看見一拱形鋼筋水泥橋。橋頭有台北縣政府設立的石碑，敘述三板橋在清朝時興建的緣由。橋旁就是舊有的三板橋。

● 大屯溪古道是一條往昔少數人利用的產業道路。

● 三板橋是這兒的重要古蹟。

● 大屯溪古道多水澤環境。

三板橋是這裡最重要的一座古橋，主要是金山、石門和淡水間的要道。整座橋利用火山岩石塊做成的，欄干為後來縣府所加蓋。以前，它即是兩條古道的交會口。一條是金山通往北新莊、淡水的路線，另一條是由大屯山通往北新莊的大屯溪古道。橋的兩頭分別為有應公廟和土地公廟。土地公廟象徵著附近有產業；有應公廟可能代表著當地路有不知名的凍死骨。

過了三板橋，即大屯溪古道的入口。沿柏油路前進，大約一公里左右可抵達。那兒的入口有筆筒樹橋。筆筒樹橋其實也意味著這條古道基本上是一條產業型古道，而非重要的旅行路線。

進入古道後不久，右邊有好幾片廢棄的柑橘園。柑橘是這裡以前相當重要的產業，如今柑橘沒落，無以維生，這裡也荒廢了。

沿著溪邊還有一種重要的植物到處可見，它叫大青。以前的人都拿這種植物來做衣服的染料。它是外來種，特別從大陸帶來栽種的。據說，這種植

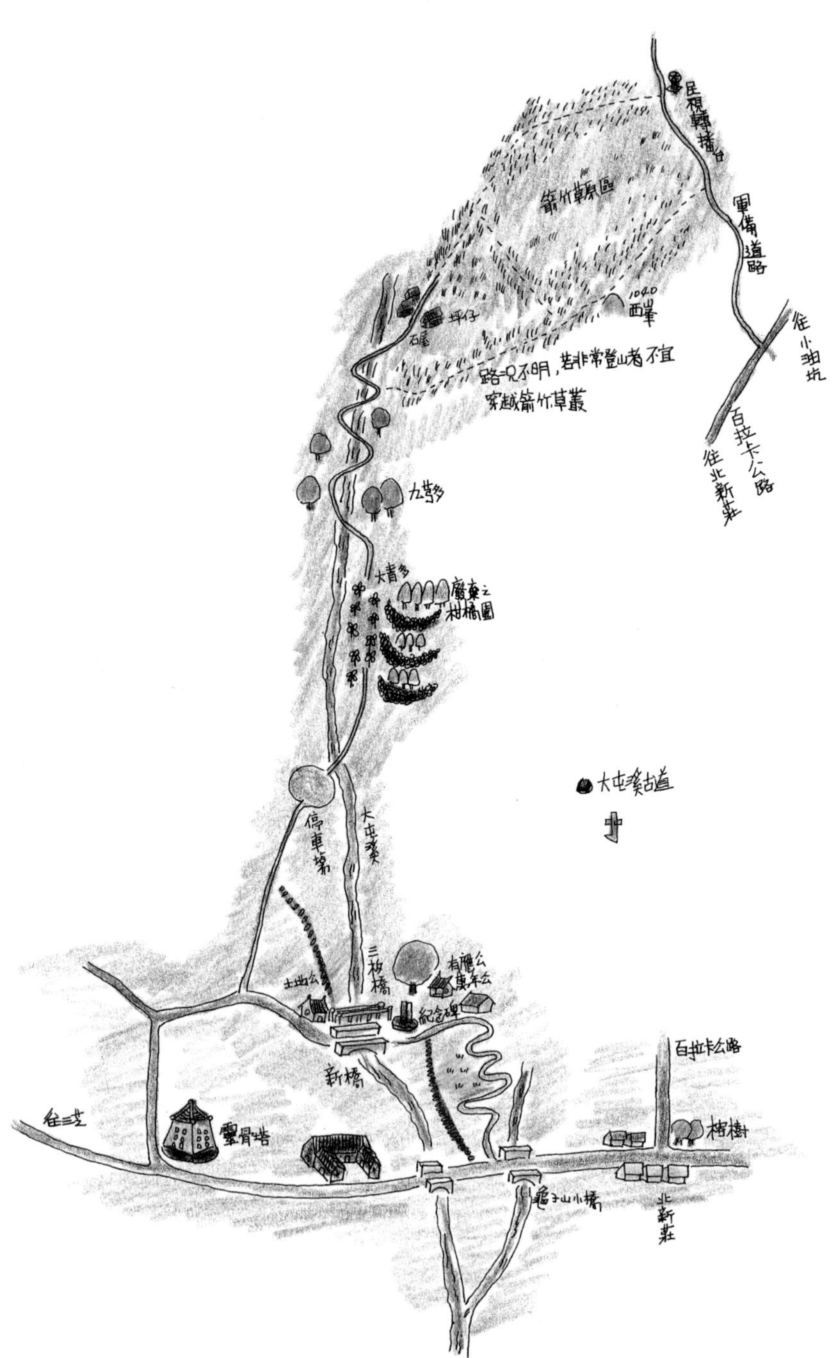
電視轉播台
箭竹草原區
軍備道路
1040
西峰
坪仔
往小油坑
路況不明，若非常登山者不宜
穿越箭竹草叢
百拉卡公路
往北新莊
九芎
廢棄之
柑橘園
大屯溪古道
停車場
大屯溪
三板橋
有應公
萬年公
土地公
紀念碑
新橋
百拉卡公路
往三芝
靈骨塔
樟樹
龜子山小橋
北新莊

● 大青是大屯溪的自然資源，意味著這裡曾是重要的染料採集地。

物是枯葉蝶的食草。如果依此推敲，以前這種植物很多時，是不是枯葉蝶的幼蟲也很多呢？還有，在此你看得到枯葉蝶嗎？

在林子裡，有沒有發現九芎特別多？看到如此多九芎，你會想到什麼？通常一些植物學者會以九芎的多寡來斷定一個森林是否較爲成熟？因爲九芎是上好的傢俱材料，過去西海岸很多，所以有很多地方以九芎爲名，但是這些地方如今都已無大片的九芎森林了。要找到九芎必須進入隱密的森林才有可能發現。

跨過數次溪後，古道上最壯觀的瀑布出現。再往上行，最後走到一個叉路口，路分爲左右二道。左邊可抵達叫坪仔的地點，那兒有廢棄的石屋。兩條路都可上觀音山，山上軍事管制區有大的火山口遺跡。從箭竹草叢再往上走，路途愈來愈複雜，如果不是登山老手，最好不要貿然前行，而且山上無交通工具，還是沿原路回去爲妥。最後的出口在稜線銜接大屯自然公園。

● 九芎是大溪古道上的重要樹種。

◆步行時間

龜子山橋 —30分→ 三板橋 —25分→ 登山入口 —60分→ 分岔口 —120分→ 民視轉播站

行程

由淡水登輝大道轉北新庄，抵達北新庄，建議下來休憩，看看這個沒有便利商店的小村。認識它以後，再往前到三板橋。從北新庄再往前約二、三百公尺有一座下龜山橋，從橋左邊的柏油路上行，可以抵達三板橋。三板橋再往前，有地圖指示可以抵達大屯溪古道入口。

餐飲

附近無餐廳，宜自備。

適宜對象

全家大小皆宜。

● 八斗子擁有著名的漁港和漁村。

八斗子漁港

(漁港、漁村老街、單面山、草原林相、鳥類)

八斗子原來是突出東海的岬角，原爲獨立的小島，以一條狹長的海溝和台灣相隔。日領時期因爲利用煤產建立火力發電廠，海溝才塡塞。

我往往選擇從萬善祠旁八斗子老街進入。在此仍可以看到早年的紅磚屋和舊聚落的景觀。這裡以榕樹居多，早期的房子不少以咕咾石做爲牆壁壁面，屋頂則蓋以紅磚屋瓦，屋子較爲低矮。有些老房子已經廢棄，更裡面的巷弄還殘存一些黑色油毛氈的低矮小屋。一些住家就是漁獲加工廠。這裡主要捕獲的是小卷，在街上經常可看到鎖管、四破魚等等海上漁獲的處理過程。

從巷弄有石階可以進入八斗子海濱公園的草

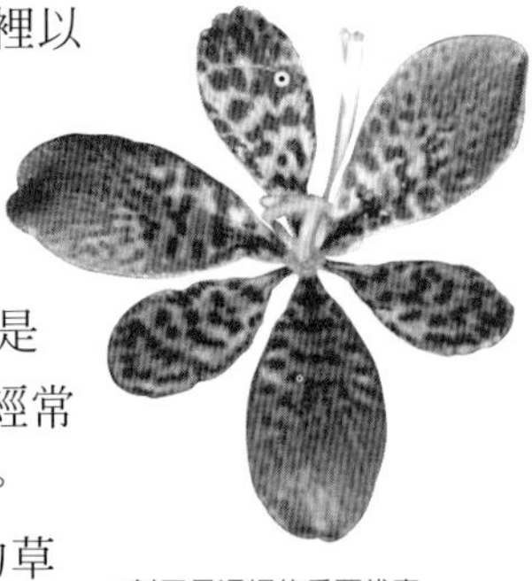

● 射干是這裡的重要代表植物。

●射干的黑色果實。

原。上去的石階，山谷有這裡難得一見的潮溼森林，還可記錄松鼠。石階行程相當短暫，一會兒便上到草原。一上到山頂就是望幽谷的美麗草原。這裡的主要優勢植物以欖李、台灣海棗、檳榔木等爲主。月桃、懸勾子也相當常見。夏天時代表性的海濱植物如射干、野百合和夏枯草也不難發現。還有台灣唯一的鞭藤科印度鞭藤在這兒也有分佈；這種植物多半在台東海岸山脈、恆春半島和綠島、蘭嶼才有生長。

往左邊的石階路可以爬上這兒最高點尖山仔鼻鳥瞰海景，再往前有一石階小路，非常陡峭，右邊就是單面山地形。從那兒可以走下海濱，觀賞豆腐岩的地理環境。

再往前，經過廢棄的碉堡，可以走回漁港。八

●特殊的單面山地形是八斗子的自然特色。

斗子原本就有天然港灣，如今更是專用的漁港。在這裡有製冰、冷凍、加油、修造船等多種完備的專業設施。在漁港裡，我們也可看到各種類型的漁船，鏢旗魚的漁船、捉鎖管的……等等。

如果由望幽谷往右邊繼續往前，可上到山頂最高點的平台，那兒視野或許更好，卻不如草原景觀適於教學。這裡有幾種特殊的鳥值得介紹，諸如斑紋鷦鶯、藍磯鶇和老鷹，都是別地比較不容易記錄的重要鳥種。斑紋鷦鶯生活在山壁的短草，偶爾可見到。藍磯鶇則在岩石區孤單地佇立。老鷹多半在天空飛翔。

● 八斗子望幽谷步道。

● 藍磯鶇是八斗子礁岩常見海岸鳥類。

◆步行時間

八斗子老街 —20分→ 望幽谷 —20分→ 豆腐岩

特殊景觀

◆鏢旗魚

鏢旗魚的捕魚方法，在1914年由日本大分縣漁民傳入台灣，初以高雄爲基地，使用帆船經營，1916年以蘇澳爲基地，使用動力漁船作業，1930年代才傳到基隆。從1945到1950年代爲鼎盛時期，後來就走下坡。

台灣鏢船的萌芽起於傳統漁業，但受制於每年冬天東北季風一起時，無法出海作業。後來有了動力漁船後，從琉球人獲得技術，也開始利用冬季鏢旗魚。以往，台灣北部的鏢船以南方澳和和平島最盛，八斗子也有人經營。鏢船的特色是船頭有座往前延伸的鏢台。

◆八斗公萬善祠

它原本是一座石頭的小廟。以前颱風或暴風雨過後，海浪經常會把附近林投樹下的沙淘去，這時樹根下抓著一具具大型屍骨，本地人就把這些屍骨丟進小石廟中，以求安心。有一年台灣青葉

餐廳的一些股東到八斗子，後來在廟寺躲雨。有人發願，將來若青葉賺錢就回來幫助建廟和作戲。回去後，青葉餐廳果然賺錢，他們亦回來出資和當地人興建，而且每年農曆五月二十一日開始，都會在廟前作戲好幾天。

行程

由中山高往基隆市，有指標往八斗子漁港。或由濱海公路下行經瑞芳，至濱海公路時，左轉可抵達。

適宜對象

全家大小皆宜。

餐飲

附近無餐飲，宜自備。

參考書籍

《基隆》莊展鵬　遠流　1998
《八斗子地方史話》陳世一　海洋文教基金會　1999
《八斗子地方耆老訪談錄》陳世一　海洋文教基金會　1999

槓子寮和龍岡步道

（砲台、昆蟲、植物、鳥類）

幾乎每一個海洋大學的學生都知道這條山路。從這個學校進入也是比較有趣的登山方式。登山口就在男生第一宿舍後面，左右兩條山路，都可走上山頂。

如果從右邊的小徑往上走，旁邊有一條大山溪。這條溪平時呈乾溝裸露，下雨時則形成洶湧的山洪，所以特別有防洪整治的設施。

● 步道上的代表植物海州常山。

沿著溪的步道是典型的低海拔次生林，混合著海岸植物。幾乎常見的樹種都可看到，八、九月時前往，陰溼的地方以水同木、水冬瓜較爲常見，中途則以菲律賓榕、台灣朴樹印象較深刻。上至山頂時，海洲常山特別明顯。相思樹不多，沒有明顯的優勢植物，山腰則有一些竹林等產業。步道相當陰溼而自然，由於甚少干擾，到了四、五月時，溪溝常有螢火蟲的盛況。昆蟲相亦相當豐富，蝴蝶更是這

● 龍岡步道是海岸混合林。

兒最豐沛的自然資源。

夏季時，在此經常可看到三十多種蝶類，充分展現一個蝴蝶王國的繽紛環境。鳥類相較則爲貧瘠，老鷹是比較特殊的。秋、冬過境期間鳥類的種類明顯地多了起來，偶爾可見到罕見的冬候鳥。

上抵第一個高壓塔時，視野變得壯闊，海景亮麗。右邊可見八斗子全貌，左邊爲和平島；亦可看到基隆嶼。下方則爲海洋大學和碧砂漁港。天氣晴朗時，視野更爲壯觀。上抵山頂前，左邊有一條石階路往下，可以走回海洋大學。下行不久，左邊就可看到一棵榕樹以樹根完整地包住大石，下方密生著各種蕨類的奇景。中途右邊有三條石階叉路，皆

● 砲台的位置通常視野遼闊。

可互通，讓這裡形成一個多樣的自然步道網。由步道下行也有一條小溪溝。

在山頂還有三條路。中間一條通往慈蓮寺，右邊的柏油路，有叉路通往槓子寮山，這條路爲登山人走的山路，可下抵海事學校。

●槓子寮砲台最近才被列入古蹟。

左邊的路走約十來分鐘，即可抵達槓子寮砲台古蹟。基隆的炮台裡，只剩下這裡未列爲古蹟。其他四個：獅球嶺、白米甕、大武崙和二砂灣都已列入國家一、二級古蹟保護的範圍。這裡爲何發現較晚呢？原來，以前它是軍用基地，最近才開放，被規劃在內，只立有簡單的牌子，平時少有人跡。

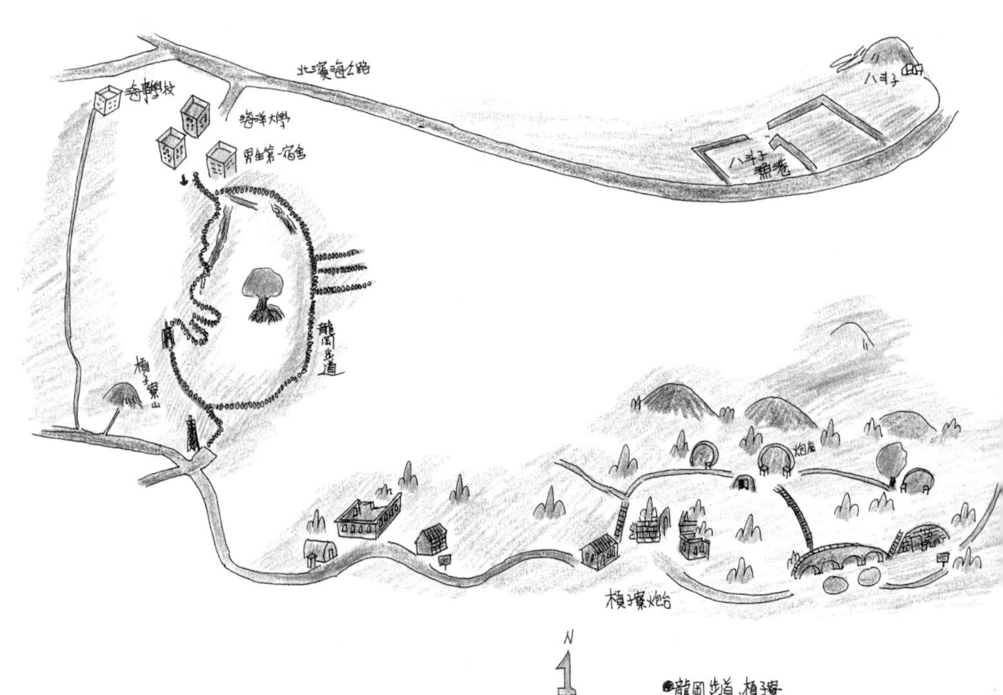

●龍岡步道、槓子寮

● 砲台一隅。

根據文獻，這處砲台營地係興建於十九世紀光緒年間，日據時代曾經大規模整修，光復後列為軍事要塞。十幾年前因為不符現代軍事需求才放棄，難怪砲台旁還有現在之軍用設施遺跡。

整個砲台共有三處營址。第一個較為簡陋，最裡面的一個最為壯觀而隱密。這些遺址擁有崗哨、指揮所、營舍、碉堡、隧道、火藥庫、機關槍陣地等呈線形配置，以山岩加鐵水泥砌成。砲盤區原有六尊巨砲，一字排開。兩尊為一組，安置在三個砲區內。居間有牆厚一公尺的火藥庫。機槍陣地和彈藥庫之間有傾斜「輸送道」和觀測台，而砲區間的通話孔則是基隆古砲台唯一可見。

此外，營舍和砲盤間建有圓形隧道，可以供兩人併排行走。營房、砲區各有獨立的水井和濾水池，迄今仍未乾涸。

這裡和內木山的白米甕互為犄角，是往昔基隆港的左右護衛，附近森林蓊鬱。

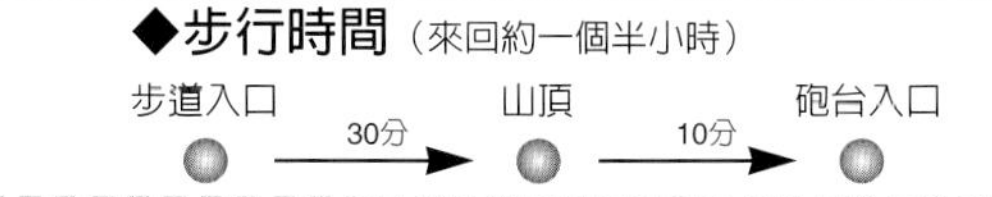

行程

可由中山高前往海洋大學。或搭乘往九份、金瓜石、瑞芳和宜蘭等方向的基隆客運皆可，只要在海洋大學站下車。從海洋大學進入，走到底，步道就在男生第一宿舍後面。

另外有一條路線是搭乘基市公車101、102、105到二信中學站下車，往回走，左轉立德路上山，逢岔路取左向。全程約二點三公里。

適宜對象

全家大小皆宜。

餐飲

附近無餐飲，宜自備。

和平島海岸

(地質、化石、古蹟、海岸生物)

如果要選擇一個適合觀察岩礁海岸環境的地點，我最先想到的地點一定是這裡。多樣的岩礁內容和豐富多變的地形，都讓這個基隆港邊的小島有著截然不同於其他海岸的特色。這兒綜合了野柳的秀氣和鼻頭角的孤絕。

沿著服務中心後面的環山步道拾級而上，可以沿途欣賞長在峭壁上的植物，諸如台灣百合、石板菜、防葵和濱排草等東北角常見的海岸植物。往下看可以看到許多奇形怪狀的礁石。這些頭頂深色的石頭都是長期風化作用的傑作。

走到步道中途，有一個涼亭。左側有一條很深的峽谷，是一條海蝕溝，往海邊看去，仍可看到一條受海水衝擊的小海溝。

在環山步道和海蝕平台中間有一片高起的黃色砂岩的小山丘，小丘的山腰有全長爲20公尺的岩

● 獨特的風化窗。

● 和平島以地質環境特殊聞名。

洞。洞內的岩壁上刻有字跡，是三百多年前荷蘭人據守時所留下來的，唯當時的其他遺跡已經找不到。當時這個島叫社寮島。

海蝕平台是和平島上海濱最爲平坦的岩石區。和周遭的懸崖成強烈的對比。雖然平坦，卻不一定好走，因爲海水漲潮，使得一些海草和生物留在上面的凹處，產生了許多溼滑的表面。在這裡要特別小心，筆者自己帶孩子來這裡三、四回，幾乎每次都有孩子滑倒。這裡最有名的景觀是「千疊敷」，至少有三層稍微凸出的岩石所構成。

緊接著，沿著高大的海蝕崖，看到很多不同大小，幾乎和地面垂直的裂縫。峭壁好像快要支撐不住。這裡近平台的深色石頭，有一些沙錢和海膽的本體化石，不妨注意看看，但是要特別小心落石。

走過懸崖，來到萬人堆。眼前，經過長期的風化作用，形成一顆顆不同大小的深褐色圓石頭。它們似乎都安裝在好像燭台的淺色柱狀石或平台上，又好像菌菇類的馬勃，更像是許多人頭散落形成十

● 千人頭是這兒的特殊景觀。

分奇特的景觀。附近有很多生痕化石，其中又以束管狀的生痕化石最多。

從萬人堆的景觀台往八斗子方向望去，可以看到兩種以上不一樣的峭壁。雖是峭壁，卻是不同的造型，而且它們的崖壁上長有許多植物和緊臨海蝕平台的峭壁不一樣。

接下來是整整齊齊的豆腐岩。這裡就是全台聞名的豆腐岩景觀區，在一處小海灣兩側主要有兩塊。構成豆腐的岩層略向內陸傾斜，好像放大的豆腐。

通常生長在這裡的植物，跟其他地區的海岸植物一樣，都有較為特殊的生長機制。譬如葉子具有厚角質層或密被絨毛藉以防止鹽份的侵入。草本植物則以匍匐莖定生於沙灘地形，或長有肉質葉防止水份的散失。另外有一些利用地下莖儲存養份，地上部份則枯萎，藉以度過惡劣的季節。

特殊景觀

◆大寮層

和平島位於基隆市東北方，規劃的範圍內海蝕地形景觀發達，同時保存也相當完整，經常成為遊客前往旅遊的地點。

和平島露出的地層主要是大寮層。這個層屬於砂岩，約在兩千萬年前沈積

於海底，是一個佔有豐富化石的海相地層。野柳半島也是這個地層。從岩層上，我們都可以看到許多本體化石和生痕化石夾雜在沈積的地層構造中。同時，當時有激烈的擾動，造成沈積構造不明顯。在這裡最容易看到的本體化石以海膽、貝類爲主。生痕化石以甲殼類攝食或居住痕，蠕蟲類攝食的束管圓柱狀生痕等較易發現。

由於地層擾動強烈，造成岩性不均勻地殼上升產生許多節理。加上基隆地區位於亞熱帶，氣候潮溼而高溫，露出的地層產生許多豐富的海蝕景觀，諸如「蕈狀石」、「豆腐岩」、「海蝕溝」、「蜂窩岩」和「風化窗」等等。

行程

搭公車101在職訓中心站下車，再步行約200公尺，即可抵達；或開車經過和平橋，沿主要道路，尋指示牌，即可抵達入口。

步行時間

從入口到豆腐岩，來回約兩小時。

適宜對象

全家大小皆宜，惟靠海岸宜小心。

餐飲

附近餐飲店少，宜自備。

海門天險砲台

（砲台、森林、港口、昆蟲）

海門天險又叫二沙灣砲台，位於基隆港東側的山上，是清代捍衛基隆港的重要堡壘之一。如今被列爲國家一級古蹟。根據文獻報告，它應該是劉銘傳在中法戰爭(1885)後光緒年間所創設的。

步道入口就在和港口並行的中正路上，對面是民族英雄墓。另外，從壽山路也可從繞側門進入。

一走進這個綠意盎然的古蹟環境，彷彿是進入百年前的時光裡。雖然是在市區，由於這裡是荒廢的軍事要地，林木幽深，鳥獸很多，昆蟲亦不少。此外，安全度高，孩童在這裡可以盡情地自然觀察和玩耍。

沿著結滿青苔的階梯進入，不妨沿左邊的步道繞行，先走訪北砲台區和東砲台區。

這兩座砲台正對著港內的軍事要塞，建在臨港山頭的制高點具備了居高臨下的防守優勢。另兩座砲台區的三門主力砲都能對北邊的出海港口射擊。此外，北砲台區還可封鎖港市內。因此東、北兩座

海門天險的砲台掌控著基隆港的船隻。

● 海門天險的城牆。

砲台的任務並不相同。

這種砲台叫高地砲台，和淡水、澎湖的平地砲台不相同。這兩個砲台座落在山頂位置，紮營處則設在背海面較低的稜線位置，砲彈難以打到稜線這裡。如此營區能避開砲彈，可以輕易調度，支援砲台區的砲火作業。砲台皆以當地出產的砂岩和昂貴的進口鐵水泥來砌築。大砲亦是當時最新式的後膛鋼砲。當時是由德國工程師監工完成的高地防禦要塞。

● 從海門天險或者槓子寮砲台都可以鳥瞰基隆港，以及船隻進出的情景。

海門天險營區近年經過整修，大致上仍看出當年大規模的輪廓。營門門額上題「海門天險」四個字，象徵著捍衛台灣北部門戶的精神。營門上方建凹凸的小牆雉堞，可掩護射擊，增強

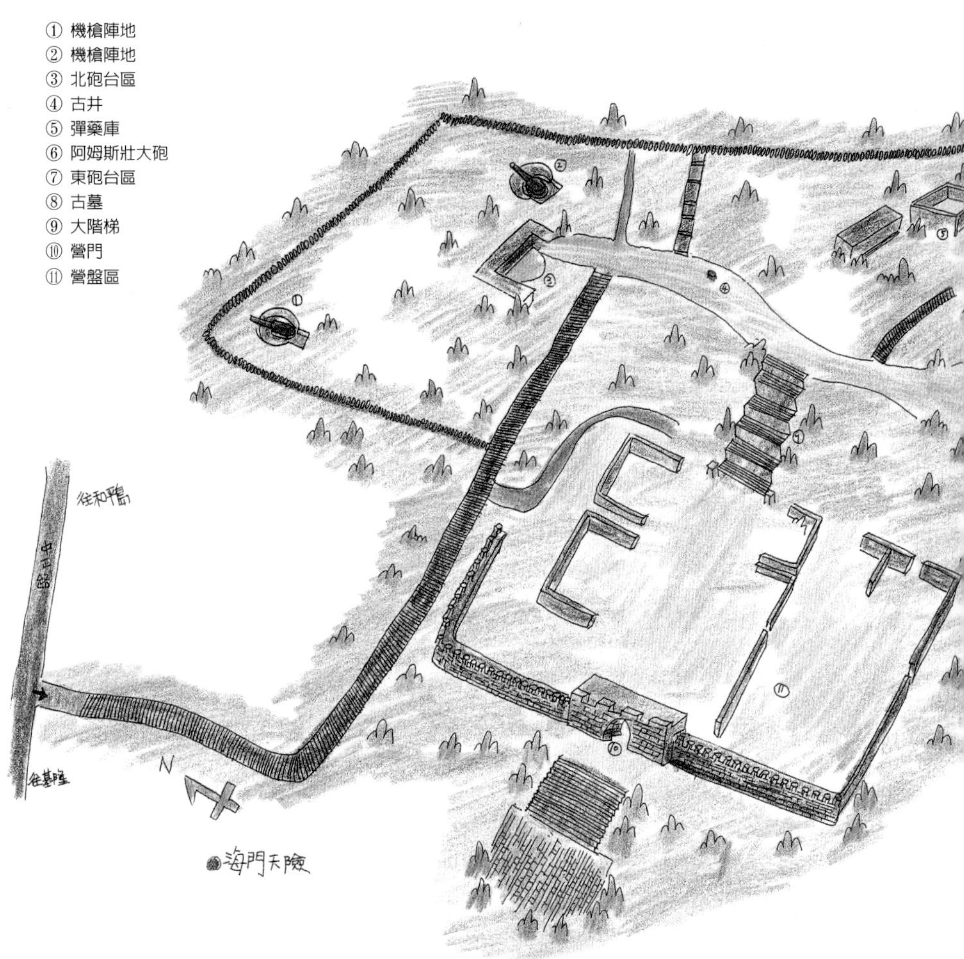

附護能力。城門兩邊營牆環繞營盤區。營盤區位置隱密，易守難攻，內部兵房已經全毀。古井一座用亂石疊砌，位於大階梯上方左邊。可能是砲台內消防用水源。大階梯是爲了作戰時行動迅速方便。

東砲台有仿製的阿姆斯壯大砲。東砲台區下方有古墓一座，墓碑上有「銘字中軍」字樣，表示是劉銘傳的部隊。

由於整個基地保持原樣，附近林木並未破壞，

所以一直維持相當好的次生林景觀，非常適合自然和歷史人文教學。此砲台也可和大武崙砲台（參見大武崙砲台和情人湖）、白米甕砲台（位於光華路太白社區頂端）、槓子寮砲台（海洋學院後，參見龍岡和槓子寮步道）合起來，進行一天的砲台之旅。

●攀木蜥蜴常出沒於森林環境。

■特殊景觀

◆砲台的歷史背景

台灣近代史裡，從1840年英國鴉片戰爭起，便在十七處海防建立砲台。基隆便選定二沙灣附近海域設置砲台。到了1874日本軍隊侵台，清朝立刻在基隆興建大沙灣砲台，以期嚇阻敵軍。

光緒年間，可能陸續又有白米甕和大武崙砲台的興建。到了1884年中法戰爭後，劉銘傳檢討戰事，積極購置大砲，在大沙灣和二沙灣之間強化軍事力量。

行程

搭乘往九份、金瓜石、瑞芳和宜蘭等方向的基隆客運皆可，在海門天險站下車。

步行時間

繞完整個區域約40分鐘。

適宜對象

全家大小皆宜。

餐飲

附近無餐飲，宜自備。

參考書籍

《基隆》莊展鵬主編　遠流　1996

大武崙砲台和情人湖森林

（砲台、湖泊、風衝矮林、單面山、昆蟲、猛禽）

情人湖湖畔森林豐富，動物種類豐富。

情人湖位於基隆市郊外木山一帶的山區。湖泊可能是山間窪地集溪澗流水而形成的沼地，湖的形狀彎曲而優美。在地形上，這裡屬於一邊緩坡，一邊陡峭的「單面山」地形。站在高點觀賞猛禽的觀景上往下眺望時，就可以欣賞到近乎垂直而懾人的懸崖景觀。

這裡屬於地質上的木山層，站在觀景台時，也可以在環湖步道上和觀景台的「老鷹岩」就看到大塊露出的砂岩。

這裡的主要步道便是環湖步道和稜線步道。除了欣賞湖岸景觀外，主要是觀察這裡特有的風衝矮林。原來，基隆位於台灣北端，氣候深受東北季風影響，所以才有這種特色。

灰面鵟。

過去，這裡有一些地方曾經有相思樹造林地，也有砍伐，但是並未過度開發，森林生態尚稱穩定。情人湖旁邊沿岸植物相歧異度甚高，為樟科闊葉樹林區紅楠優勢社會。森氏紅淡比、野鴉椿、小葉赤楠和香楠等植物也是優勢族群。

唯湖邊人工設施亦不少，大致有吊橋、涼亭、水車和老火車等。湖泊裡主要以外來的七星鱧為主。

昆蟲和鳥類相均相當豐富。光是蝴蝶就有七十多種，鳥類也有相近的種數。筆者根據自己的教學經驗，在夏天時，那兒是台北近郊山區昆蟲數量相當豐富的地點。

● 大武崙砲台雄據基隆港西方。

山稜線的觀景台可以鳥瞰整個基隆港外海，同時是個觀賞猛禽的展望台。基隆著名的老鷹經常在這裡活動。春秋季猛禽過境時，亦是個觀察的好時機。

從情人湖就可以往上看到大武崙的雄偉山頭。大武崙砲台就座落在山頂上監控著基隆港外海以及基隆到金山的路線。

從砲台到情人湖有一條陡峭的山路連接，走上去約十來分鐘。近山頂有一處展望台。九〇年代初，賞鷹人沈振中開始賞鷹，和我初識就是在這處平台。

百年前，規模完整而宏觀的砲台便座落在平台後的森林裡。這是一個二級古蹟。從清朝時代就有修建，目前所留相信是日本時代搭蓋的。

它的入口通道相當寬敞，林木蓊鬱適合防禦。入口通道旁就是洞窟營舍。頂爲水泥拱，壁體由紅磚砌造，牆面開有拱門和拱窗，相當講究。

此外，還有觀測台、砲台基座、彈藥庫、古井、避彈坑和稜壕等都保持完好。

在這裡，可以準備一些中法戰爭的近代史，讓小朋友由現場的設施更加清楚認識百年前法國人如何攻打基隆，並且了解砲台興建的辛苦過程。

砲台本身的步道也是自然觀察的好所在，隱密而蓊鬱的林子，平常便吸引許多鳥獸前來覓食，冬候鳥也不少。

● 大武崙砲台步道寬闊，位於隱密的森林下。

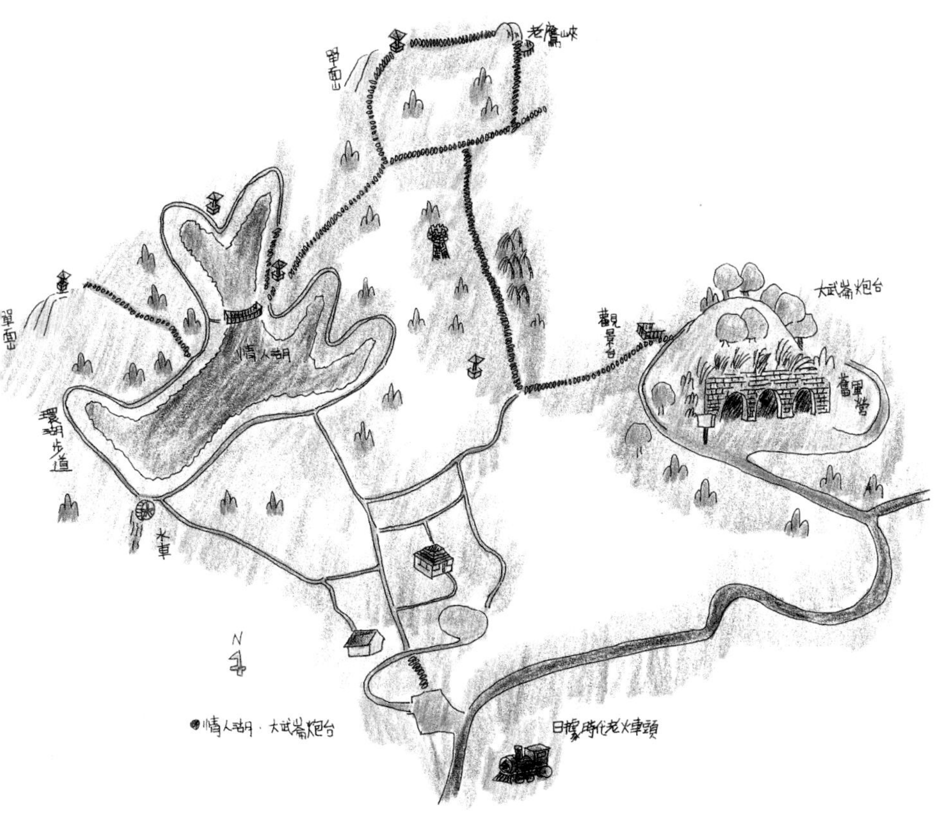

特殊景觀

◆老鷹剩下不多了

由於環境污染、獵捕壓力，台灣的老鷹只剩兩三百隻。目前，在北台灣最容易發現老鷹的位置當屬基隆港和附近東北海岸的山區。外木山和情人湖一帶更是主要的集中地點。秋冬天時，在這裡觀察，應該都能發現牠們孤獨而蒼茫的身影。

行程

情人湖和大武崙本身都無公車抵達，必須自己開車。或者搭504、505公車於情人湖站下車，再步行約1.7公里。或是搭基隆客運往金山、萬里線在情人湖站下車。台汽也有客運於武嶺下車，再步行約兩公里。

步行時間

繞完情人湖的步道約須一個半小時，如果上抵大武崙砲台，繞行這座古蹟也需四十來分。

適宜對象

全家大小皆宜。

餐飲

附近餐飲店少，宜自備。

The North Taiwan

東北角線

- 卯澳漁村
- 草嶺古道
- 桃源谷草原
- 鼻頭角岬角
- 金瓜石小鎮
- 九份小鎮
- 大粗坑古道
- 暖東苗圃森林
- 平溪小鎮
- 菁桐小鎮

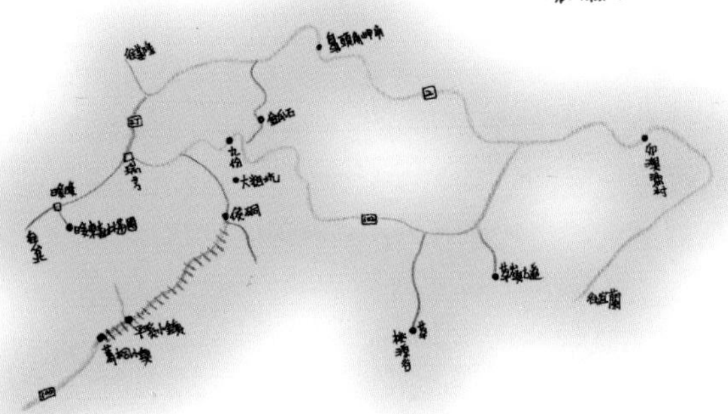

卯澳漁村

（漁村、石頭屋、鯨魚、榕樹溪、岩岸生物、三貂角燈塔）

● 唯一仍保有石屋聚落的漁村村落。

這裡讓我對早年鯨魚和台灣的關係充滿了遐想，教學時，我會在介紹的地圖上繪出一頭鯨魚，意味著我們要去的地方是一座鯨魚小村。

如果從漁港的位置走往福連國小，大致的景觀如下：

這是一個很小的漁港，屬於第四等，裡面通常只有舢舨二十幾艘，並無其他船隻。漁港旁邊就是派出所，只有三、四個人在値勤。派出所前就是卯澳的聚落。這裡的聚落分成兩個部份，靠福連國小的地方，居住的人家較爲有錢，從石頭的裝飾亦可判斷其經濟能力之一二。

利洋宮座落在石頭厝間，它是這兒居民的信仰中心，也是大家平日閒聊聚集和節慶祭典時的重要場所。

● 銀葉樹是東北角海岸的重要植物。

在這些石頭厝的巷弄走動是相當特殊的經驗。這裡非常乾淨，絕無其他漁港的髒亂。人民也相當

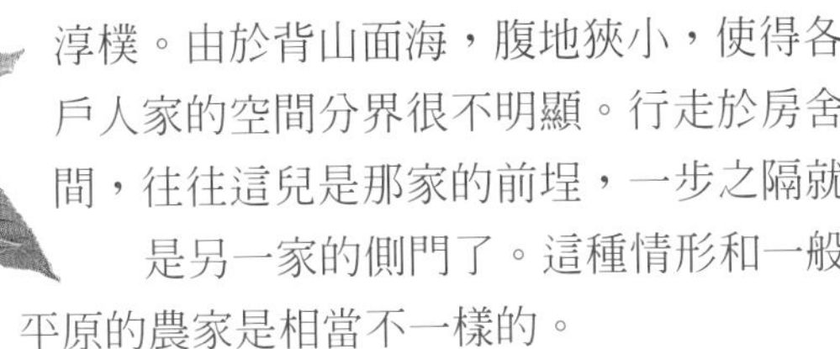
構樹是野外最常見的樹種之一。

淳樸。由於背山面海，腹地狹小，使得各戶人家的空間分界很不明顯。行走於房舍間，往往這兒是那家的前埕，一步之隔就是另一家的側門了。這種情形和一般平原的農家是相當不一樣的。

在農產方面也是。由於地形限制，土地有限，過去這些沿緩坡建築的石頭屋舍，後面就是依山勢而築成的梯田（水稻因公路出現不再種植，形成荒廢的草原景觀）。

村子中有一間二樓的大型飛魚工廠，據聞台灣最大的飛魚產區就在此。大樓旁邊還有當年煮魚的矮房，裡面仍保有煮鼎和傳統的磚鍋。

沿著海岸的大路走至現在的涼亭，它是當年燈塔的位置，可見當時大海比先前更近村子。整個村子有三條溪。目前僅剩最左邊的榕樹溪流量大。這裡也因地勢低、背風、多水，至今都是村民休憩、談天、取水、洗滌的所在。有時還可看到浣洗的婦人。溪邊有刻意種植的百年榕樹成排，保護溪水並遮陰。溪裡有小魚，也有翠鳥在活動。

台灣特有的銀葉樹此地有一棵，就在榕樹溪上最靠近公路旁邊。它的葉子厚而硬，果實可以隨潮

飛魚卵工廠旁的舊屋。

水漂流到它地生長。

過了榕樹溪是卯澳發展最早的地方。以吳家樓房爲地標而得名。這一帶是當地較有錢的人家，當卯澳漁業沒落時，這兒的屋主得以遷居它處。吳家舊宅是一棟典型的廢棄石屋，經常有人來此攝影。附近以前也有商店和查某間，可見這裡曾經也有過短暫的繁華。

● 中華少年成長文教基金會有「卯澳漁村步道」一書，內容詳細活潑，可供親子旅遊參考。

再過去是日本警察首長的房子，如今已經荒廢。只剩下殘垣斷壁，被草叢掩蓋。繼續往前有一萬善宮羅漢腳墓，可能是在此拓墾死亡的人，或者是海上的無名屍骨。

接近福連國小時，有一條數學步道。這條步道的路燈特別矮小，原來如此設計，是爲了避免干擾螢火蟲的棲息。福連國小旁邊海岸礁石，經常有當

① 福連國小
② 數學步道
③ 有應公廟
④ 吳家舊宅
⑤ 銀葉樹
⑥ 榕樹溪
⑦ 涼亭
⑧ 飛魚工廠
⑨ 利洋宮
⑩ 警察局
⑪ 碼頭
⑫ 三貂角燈塔

清晨，在岩礁刮海藻的村婦。

地的婦人和小孩前來刮取海藻和海髮，以及摘當地的特產海螟蚣。

遠方的山是靈鷲山，常有大冠鷲出沒。附近大白斑蝶也很多，褐翼蜻蜓也看得見；林投比較多，黃槿較少。

特殊景觀

◆石頭厝景觀

由於旁邊就是安山岩海邊礁石，居民方便就地取材。這裡是東北角保持最爲完整的石頭厝漁村。許多人家仍住在這個冬暖夏涼的石頭屋房子。再加上卯澳雖然靠海，三、四十年前，濱海公路還未開闢，對外的通路只有一些海濱的小徑，漁民要出外只有靠雙腳走到貢寮搭火車，要不就得坐自己的漁船了。交通不便下，開發建設亦晚，房子也容易保持原樣。此外，卯澳石頭厝村落周遭多半種有水田。濱海公路開通後，稻子容易進來，這些依山傍海的狹長稻田都廢棄了，形成公路旁荒廢的草原景觀。

◆三貂角燈塔

三貂角燈塔位於卯澳前的海岬，晚上燈塔明亮，是當地的重要地標。由卯澳再往前，可以看到往三貂角燈塔的指示牌，開車上去，約三、四分鐘可抵達。燈塔歡迎民眾進去參觀，裡面陳列著台灣早期燈塔的歷史文物，這是其他燈塔不容易見到的特色。

行程

可搭乘火車至福隆，再搭公路局或計程車前往。從台北出發約二小時可抵達。

步行時間

由卯澳村漁港往福連國小緩行約一小時。在漁村可待一個早上。

適宜對象

全家大小皆宜。

餐飲

附近無餐飲，宜自備。

草嶺古道

(古道、虎字碑、老樹、老廟、老街、森林)

●草嶺古道是北部近郊熱門登山路線。

兩百多年前，台北通往宜蘭的山路總稱爲淡蘭古道。從當年吳沙率領漢人移民進入宜蘭拓墾迄今，這條古道一直以不同的功能，被來往的人們所使用；或商業，或軍事，或移民，它一直是通往東海岸的重要孔道。

●一九二〇年代，大里是一個重要的驛站，因為當時隧道還未開通，有一段時日，人們必須藉助草嶺古道到貢寮，再搭火車。

一直到今天，儘管已經有北宜鐵路和濱海公路取代了它的功能，這條古道的諸多路線諸如金字碑古道、隆嶺古道等並未沒落。由於國民旅遊的興起，它們轉而成爲旅遊路線，許多登山、健行和自然觀察等現代多元的休閒活動，都在這些路上進行。

草嶺古道則是這些路段裡，保存較爲完整，並且受到最多人青睞的一條。到了例假日時，古道上的遊客經常絡繹不絕，人滿爲患。

多數人前往草嶺古道，多半是從台北搭火車去

● 草嶺有不少土地公廟和有應公廟，意味著這兒是重要的古道。

的。不過，下車的位置有兩處。主要地點在貢寮，但也有選擇宜蘭的大里。

假如在貢寮車站下車，抵達登山口前還有一段路程。最初，往右邊走，抵達貢寮國小。該校門前有一處觀景台，可以眺望雙溪美麗的曲流景觀。

經過鐵路下方涵洞，沿著美麗的雙溪河岸前進，第一站來到廣場寬闊的德心宮。這兒是附近最大的曬穀場。順著廟前柏油路前進，不久即可越過橫跨雙溪的明燈橋。這條橋是為紀念清朝鎮台總兵劉明燈所建的，草嶺古道上有許多有關於他當年帶兵巡行時流傳下來的遺址和稗官野史。

過了明燈橋，就是遠望坑老街。拓寬的街道上仍殘留有一排紅磚老屋和幾株老茄冬，甚至有早年殘留的車站牌。街上有一座福德宮的土地公廟，順著土地公廟和老街成直角的遠望坑溪前行，兩邊開始有大片稻田和零星農舍的景觀。一路上，除了土地公廟外，田埂和路邊也座落著一、二間有應公和老大公的小祠，彷彿是古道上唯一剩下來的遺跡。

再往前行，經過一處圓拱石橋，叫做跌死馬橋。這座橋已有百年歷史，過去是一座簡單的木橋，由於橋身光滑，傳聞曾經有馬匹落水而亡，故而稱之。

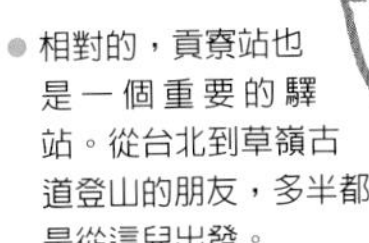

● 相對的，貢寮站也是一個重要的驛站。從台北到草嶺古道登山的朋友，多半都是從這兒出發。

大約一個半小時後，抵達遠望坑古榕樹入口。一棵近三人抱的大葉雀榕屹立古道旁。同時，旁邊有巨石層層羅列，再加以林蔭茂密、溪水清澈，例假日時常集聚許多附近的流動攤販，形成一個熱鬧的小市集。

從此地開始，古道一路上坡，時而密林遮日，時而視野開朗，地形變化比先前複雜許多。山路接近稜線時，高大而枯死的松林成排站立。

經過傳說有仙人駐足的仙跡岩後，抵達赫赫有名的「雄鎮蠻煙」碑。它是兩塊彷彿突然出現於路邊草叢的大石，奇怪地並列著。上面就書寫著那四個斗大而醒目的紅字，和四周的自然景觀相較，變得突兀異常。

● 經常出現於草嶺古道的端紅蝶。

中途再遇見一棵老樹也是大葉雀榕。這裡的山林是海岸林和低海拔森林的混合種。譬如前者路邊最初有細葉饅頭果，接近草原時，濱柃木就增加了。溪邊則以水冬瓜和水同木居多。紅楠、紫珠、筆筒樹、白匏子等經常可見。

逐漸接近草原時，蝴蝶逐漸增多，以冬天爲例，端紅蝶、青斑蝶和黃蝶最多。在清朝旅人來往這條古道的詩詞裡，除了芒草外，不少詩的內容也都提到蝴蝶。進入芒草原區時，右邊有一處寬闊的野餐區。快抵達稜線鞍部，刻有「虎」字的石碑出現路邊。

● 虎字碑是重要的地標。

據說，這個「虎」字係當時劉明燈總兵取自易經「雲從龍，風從虎」的意涵。題「虎」字是爲了鎮風。後來，更有一說，當時草嶺曾有惡鬼藏身，使過往旅客或移民舉步維艱，乃有「虎」字之題。

● 東北角風景區管理處大里服務中心。

溪水在此和古道逐漸分手。古道進入鞍部，溪順著草嶺山頭的山谷溯回源頭。這時兩邊山坡盡是芒草，偶爾有筆筒樹零星佇立。草嶺、芒路之名皆由此而來。

上抵鞍部，又有修飾精緻的福德祠，從百年前就在此矗立，庇祐路上的旅人。旁邊有遠眺風景極佳的觀景台。大部份過客都會上台鳥瞰，一如百年過往的旅客，遠眺龜山島，並興思古之幽情，感受太平洋浩瀚之風貌。

右邊長滿芒草，最高的山頭是海拔六百公尺初頭的草嶺。體力健者還可以跨溪，順旁邊的小路繼續往上，爬上頂峰。峰頂不僅視野更加開闊、壯麗，而且可以鳥瞰古道全景。

下了鞍部後就是宜蘭了。一路是急速石階下坡，這兒屬於海岸林和低海拔的混合森林。在東北季風吹刮下，不僅有相思林，也生長著水同木、菲律賓榕、水冬瓜、紅楠、山黃麻、血桐、九芎和細葉饅頭果等。

● 天公廟是大里登山口的重要寺廟。

半途有百年前住宿的客棧遺址，目前剩下石欄和殘垣。接著是一處眺望太平洋的觀景亭。不久，抵達林務局管理所後，又有一段石階路。這段路的山坡，目前將過去的原生樹種諸如紅楠、樹杞等砍伐殆盡，據說是要改種烏心石。

過去許多古道踏查者都認爲，今天的草嶺古道上，百年前的遺跡風貌早已蕩然無存，看到這塊原始自然景觀的消失，相信感受會更爲強烈。

緊接著是產業道路。最後一站接近香火鼎盛的天公廟時，有大葉雀榕和榕樹矗立二旁。天公廟又稱爲慶雲宮，已經有百年歷史，廟後有許多石碑等古蹟，彷彿敘說著古道之種種滄桑。廟旁有東北角遊客服務中心，提供當地各種旅遊資訊；對面是無值班人員的火車站，可搭普通車回台北。

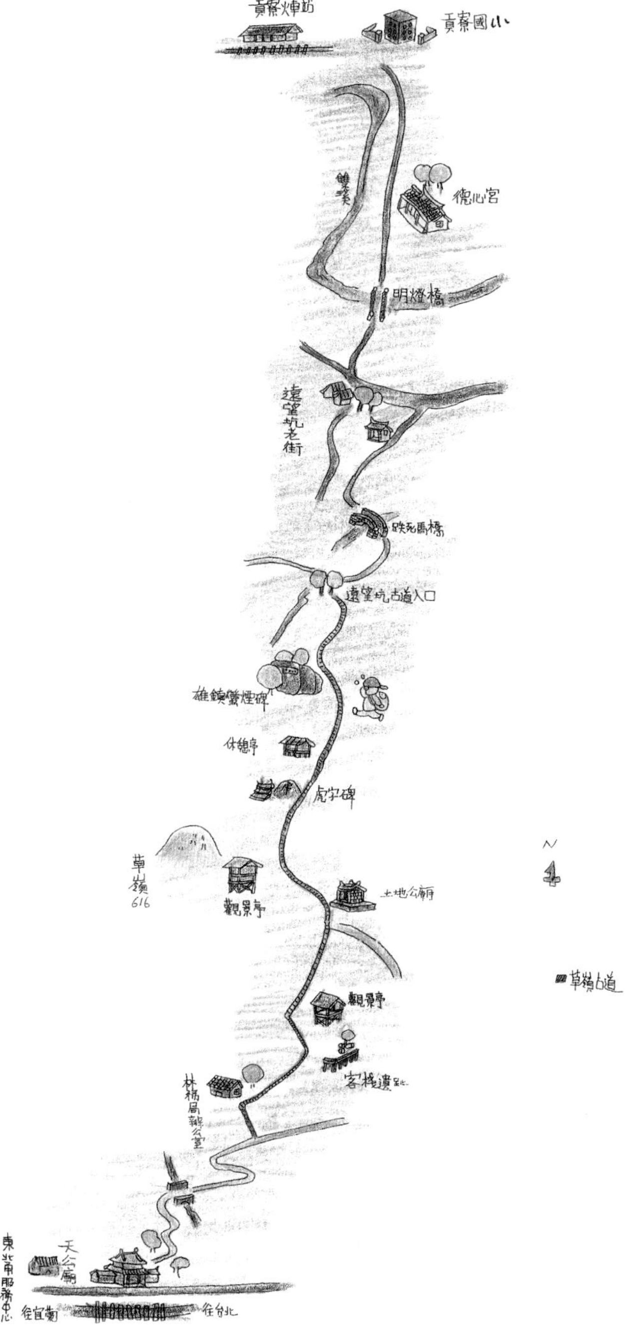
貢寮火車站
貢寮國小
德心宮
明燈橋
遠望坑老街
跌死馬橋
遠望坑古道入口
雄鎮蠻煙碑
休憩亭
虎字碑
草嶺
616
觀景亭
土地公廟
草嶺古道
觀景亭
客棧遺址
林務局辦公室
天公廟
東北角服務中心
往宜蘭
往台北
N

◆步行時間

貢寮火車站 —60分→ 遠眺坑老街 —50分→ 登山口 —60分→ 虎字碑 —70分→ 天公廟

■特殊景觀

◆德心宮

昔時俗稱「下州仔媽祖廟」，以奉祀天上聖母爲主神，是貢寮居民的信仰中心，創建於乾隆年間，初期以土塊堆砌、茅草蓋頂。清道光年間（1838）改用石材爲壁，現仍遺有石柱和古匾，由此可知此地開發甚早。附近河谷平原，水稻密佈。此地爲下雙溪，屬於貢寮鄉雙龍村。清代時爲界河，河的西邊爲淡水廳，河東爲噶瑪蘭廳。當年吳沙入蘭拓墾，即在此和原住民從事交易。

◆明燈橋

紀念清台鎮使者劉明燈總兵修築古道之橋，横跨雙溪兩岸。昔時叫渡船頭，由此搭船後，向東行踏進遠望坑。三、四十年前，當地人仍有搭小船過河的經驗。

◆遠望坑

昔時草嶺古道之主要入口，位於雙溪下游，源自南方山地的坑谷中，今屬於貢寮鄉穗玉村的一部份。原爲凱達格蘭平埔族遠望坑社所在地。文獻裡曾提及：「下嶺（三貂嶺）牡丹坑有民壯寮守險，於此護行旅，以防生蕃也。頂雙溪下雙溪，過渡爲遠望坑民壯寮，迤北轉東草嶺，下嶺至大里簡民壯寮，則山後矣。」

目前102號公路旁，僅存一排紅磚老屋和福德祠，旁邊即爲遠望溪。由此向南眺望草嶺之山谷森林，當下可知遠望坑地名之由來。

◆跌死馬橋

一座古老的拱型石橋，已有百年歷史。過去是一座簡單的木橋，由於橋身光滑，傳聞曾經有馬匹落水而亡，故而稱之。

◆雄鎮蠻煙碑

據說當年清朝台灣總兵劉明燈北巡至此（1867），遇有大霧瀰漫，難辨方向。又聽說蠻煙瘴霧危害過往旅客，於是題字刻碑鎮壓山魔。此碣坐南朝北，刻於兩顆彷彿崩裂之大石上，周遭樹林環繞。字體渾厚堅實，周邊刻有樸拙的浮飾，規模之大，全台無出其右。

◆虎字碑

虎字碑近古道埡口，周遭芒草林立，亂石纍纍相當顯著。碑文只一個草書體大字——虎。蒼勁有力，氣勢生動。此碑立於清同治六年（1867），相傳劉明燈巡行經過這裡時，轎頂突然被一陣狂風吹落，便取易經「雲從龍，風從虎」之義，命名「虎」字碑，以鎮風暴。

◆展望台和福德祠

埡口附近風勢強烈，尤其是冬天東北季風時，經常形成淒風苦雨山難行的情景。縱使在溫煦的春夏季，附近山頭也幾乎只有五節芒生長，偶有筆筒樹或紅楠穿插其間。

◆客棧遺址

昔時草嶺古道路途漫長，從台北至宜蘭，少說也得三天兩夜之路程，故中途皆有客棧供旅客夜宿；如淡蘭古道上的暖暖、四腳亭都是著名的重要宿站。此遺址位於啞口下背風之山腰，腹地不大，亦非駐軍要塞，顯為一般旅客短暫休息之地。儘管不像前面幾站是貨物集散地，仍是一般旅客進入宜蘭的必經之地。

◆護管所

東北角風景區在此護育森林的工作站。目前主要供旅客休息，附近有公廁和休息中心。偶有工作人員在此栽植林木。此處山區比西北之遠望坑溪陡峭，且易受到海風影響，因而混合著低海拔森林和海岸林的植物。

◆大里天公廟

大里簡稱「大里簡」，可能是取自平埔族社名的譯音。又俗稱草嶺腳。附近沿岸奇石林立，海潮湧動，故有「大里觀潮」，被稱「蘭陽八景」之一。

慶雲宮，即俗稱的「天公廟」，主祀的是玉皇大帝。每年農曆正月初九「天公生」都有極隆重的祭典。這裡的神像據說是十八世紀末，吳沙率眾開蘭第二年，有一漳州人慕名攜神像前來歸附，在草嶺結廬。1904年改名慶雲宮後，經過多次擴建、整修，方有今天的華麗外觀。1979年濱海公路通車後，成為全台最大的天公廟之一。

◆大里遊客服務中心

東北角風景區管理處在此設立規模完善的服務中心，為登山旅遊提供各類東北角相關的旅遊諮詢和資訊，同時出售相關的書籍、導覽和藝品。

行程

搭乘火車在貢寮車站下車，沿雙溪前進到登山口，爬上山頂再下山到天公廟，搭乘普通火車回家；反之亦然。或有交通工具兩邊接駁，更為方便。

適宜對象

全家大小皆宜。

適宜季節

一年四季皆可，惟冬天雨季較不適宜。

餐飲

附近餐飲店少，宜自備。

桃源谷草原

（草原、梯田、水牛群）

這是一處可以媲美擎天崗的草原，但是路途偏遠，較少人知曉。說到擎天崗，許多人會聯想到牛隻的放牧。桃源谷呢？它一樣，以前這裡也是牛隻放養的地方。附近居民會讓牛隻到此吃得肥壯，日後好耕田，因而過去這裡的地名叫大牛埔。

站在內寮村可以遠眺廣大的梯田山谷，有時亦可看到幾隻水牛，似乎在見證桃源谷草原存在的因由。登山口的內寮村是一個淳樸的村子，仍保留有石厝屋的景觀。

內寮村是由貢寮進去的必經之地。登山口有兩條步道可以走上桃源谷的草原。左邊的路是人工的自然步道。右邊穿過產業小路，大約半小時，穿過一些次生的林子，就可上抵草原。

草原上，到處有牛糞，亦有三、四處漥地的水坑。這裡猶若擎天岡，卻無擎天崗的人工化景觀。只有一處公共廁所和觀景亭。四、五月時景觀最為明媚，草原上有一叢叢的燈心草，台灣野百合四處綻放，台灣懸勾子則一叢叢生出紅色的漿果。從草原最高處可以俯瞰太平洋的龜山島和東邊的山谷和森林。在此許多人喜歡滑草和放風箏。研究昆蟲的人不妨來此找糞金龜和蟋蟀。

● 梅雨後，常見到草原糞傘菇。

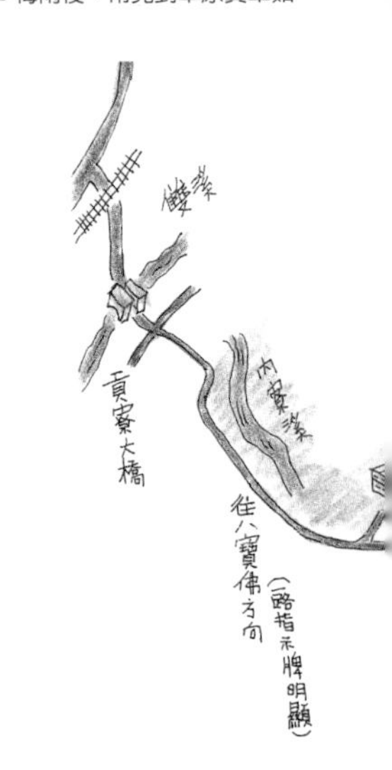

● 水牛是這兒常見的動物，以前這兒叫大牛埔。

除了到內寮村的小路，草原左右邊各有一條山路通往宜蘭的石觀音和蕃薯寮，有些喜歡健行的朋友可以考慮。惟路程較遠，少說都要一個半小時以上的路程，小孩子走來比較辛苦，不宜貿然前行。

● 台灣百合是桃源谷四、五月時最常見的花朵。

桃源谷（大牛埔）
543
石觀音寺
上蕃薯橋
下蕃薯橋
石觀音
WC
百年石頭厝
WC
內寮登山口
539
蕃仔澳
梯田
大溪漁港
仁澤新村
456
蕃薯寮山
N
桃源谷
往宜蘭

特殊景觀

◆雙溪

雙溪是北台灣最為乾淨的次級溪流河域。內寮溪是其中一條。從河段上游到下游都水質清澈，未受到污染。

行程

過了貢寮大橋，即可看到桃源谷指示牌，沿著指示牌往三寶佛方向，沿著雙溪往前，經過吉林派出所以及國小後，一路走右邊寬敞路線，即可抵達內寮村。

步行時間

若是從內寮村走環形步道，約一個小時可走完。若從宜蘭仁澤溫泉上去，約兩個小時可抵達桃源谷，若從蕃薯寮走石觀音路線，約要一個半小時。

適宜對象

全家大小皆宜。

餐飲

附近無餐飲，宜自備。

鼻頭角岬角

（地質、植物林相、海岸生物、燈塔）

沿著濱海公路，過了水湳洞，繼續往前不久，遠遠便可看到一座突出海面的岬角。岬角尖端彷彿有一根犀牛角，相當容易辨識。它就是著名的鼻頭角。

岬角右邊的鼻頭角公園，是東北角觀賞海岸地形的景點。左邊的灣澳則形成漁村和漁港。

鼻頭角漁村大致沿著灣澳形成狹長的小聚落。早年只有漳州人遷入。1979年以後，漁村因應遊客的需要，出現了商店、餐飲店，傳統漁村因而起了風貌。

鼻頭國小側門左邊有一條步道可以前往鼻頭角燈塔。但是，真正的入口要過了鼻頭隧道，從遊客

● 鼻頭角高聳的岩岸，遠遠望去異常醒目。

服務處出發。這條岬角的步道路線，長約兩公里，來去大約一個半小時可以走完。

在服務處前，不妨先了解鼻頭角形成的過程。首先出現的是大片開展、延伸的黃色岩壁。這是構成鼻頭角的主要岩層——鼻頭層。岩層上除了低矮的林投，幾乎都是全裸的岩石。

這裡的地形景觀，展現著六百萬年前的各種海底祕密。當年生物活動的痕跡、貝殼化石等等，都可以在岩層發現。繼續前行，還有交錯的岩層。交錯的岩層通常發生在水流快速的濱海、淺水地帶。由這片海岸傾斜的角度來看，可推論出當時河流相當急湍，因而沖刷、堆積出大片砂岩來。往山上涼亭走時，中途往下眺望，下面是大片完整壯觀的海蝕平台。豆腐岩、蕈狀石、蜂窩石、海蝕溝等常見的岩礁海岸地形都在這裡出現。

繞過鼻頭國小，那兒有一戶民宅。宅前生長著文殊蘭。隨即來到六角形的海天亭。那兒的視野景

● 鼻頭角擁有東北角最大片的岩礁地質環境。

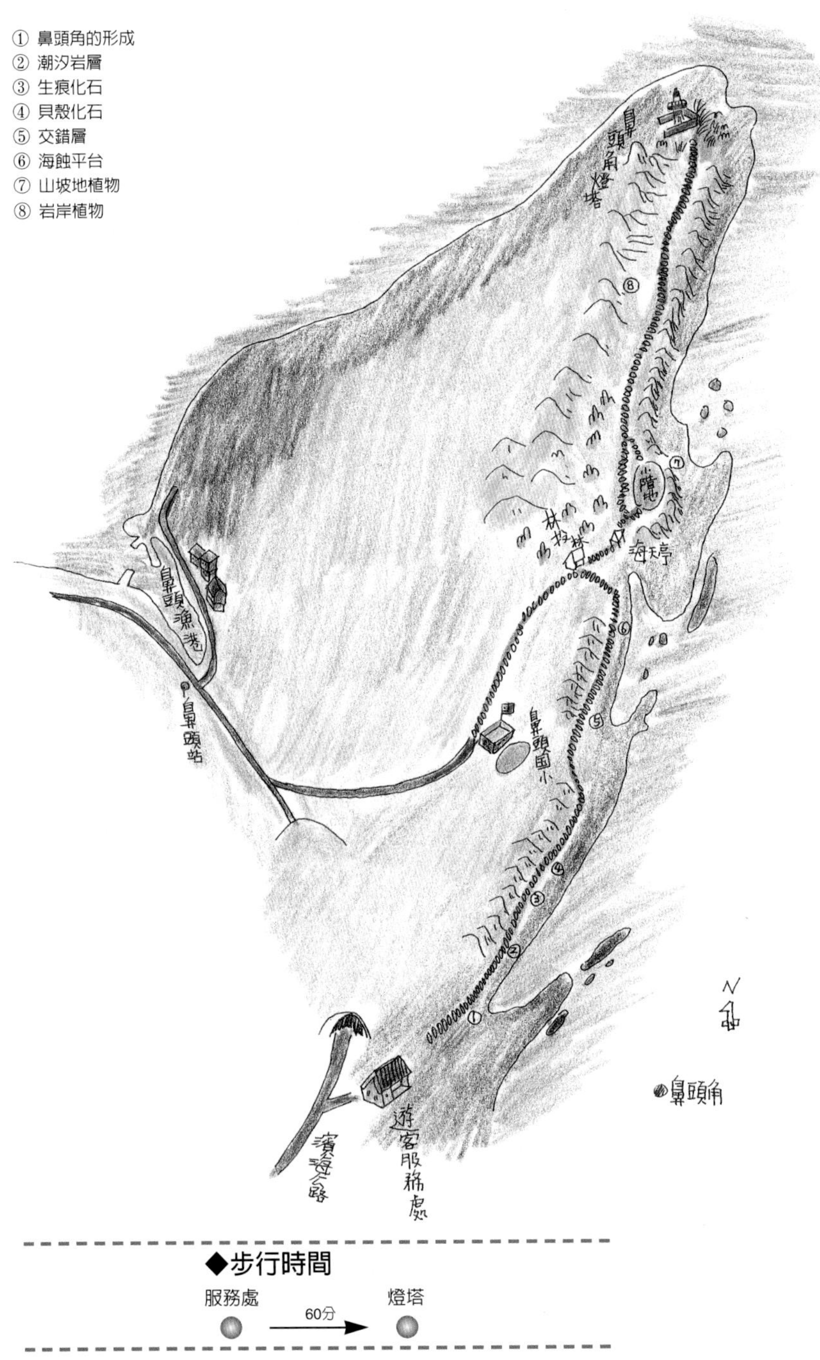

① 鼻頭角的形成
② 潮汐岩層
③ 生痕化石
④ 貝殼化石
⑤ 交錯層
⑥ 海蝕平台
⑦ 山坡地植物
⑧ 岩岸植物

◆步行時間

服務處 —60分→ 燈塔

觀良好，向右看去，是著名的龍洞灣，遠方有三貂角、基隆嶼。海面下的海蝕平台，也有步道可以走下去。這是一個很容易炎熱而明媚的環境，春秋之日較適合前來，平常時日很不適合郊遊或者當成戶外教學場所。

過了涼亭，旁邊林投開始增加，最後密佈整條路上。夏天時，可以看到纍纍的紅色果實。四、五月時是鼻頭角最美麗的時候，因爲山壁上長滿了台灣野百合，射干也開出帶著紅點的花朵，而石板菜也開著黃色的花朵，讓整個岬角好像舉辦盛宴一般。

半途有一塊綠草如茵的斜坡小台地，有人稱爲望月坡，長滿了耐旱耐鹽的狗牙根。天氣好時，許多人喜歡在那兒徜徉。這塊小台地是瀏覽岩岸植物生態分佈的最佳地點。台灣蘆竹、山欖、脈耳草和紅楠等都可以看見。由於風大，形成風衝矮林。

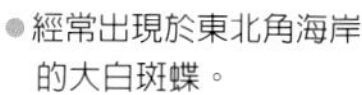
●經常出現於東北角海岸的大白斑蝶。

走至燈塔處就必須回頭，這座北邊的燈塔屬於管制區，並未對外開放。它在日領時期建立，原本是一座六角形鐵造燈塔，後來毀於第二次世界大戰。

■特殊景觀

◆海蝕地形

在海蝕平台受到海水不斷侵蝕的形成過程裡，平台上的景觀也起了變化。隱藏在岩層中的「結核」硬石塊露出地表，形成蕈狀石和蜂窩石。岩層上被擠壓出來的裂縫則被海水浸蝕成又深又長的海蝕溝和豆腐岩。這都是典型的海蝕地形。

行程

沿著濱海公路前行，過了水湳洞就可看見；再過了鼻頭隧道即抵達。

適宜對象

全家大小皆宜，惟走至斷崖要小心。

餐飲

附近無餐飲，宜自備。

參考書籍

《北部海濱之旅》莊展鵬主編　遠流　1994

《與山海有約》　聯經　2000

金瓜石小鎮

（金礦、神社、日式屋宇、小鎮、陰陽海、廢銅礦舊址、山巒）

●禮樂煉銅廠早已廢棄多時，成為進入金瓜石的重要地標。

通常，我都是從水湳洞的公路上山。先經過著名的陰陽海、禮樂煉銅廠，過橋沿彎路而上。由於地形的關係，沿山而上的彎道特別多。這裡有一段是March汽車拍攝廣告的地段，如今也成爲金瓜石公路的特色。從那兒一直往前就會抵達金瓜石鎮上。

中途在長仁社區，可以欣賞十三層製煉場的美，以及著名的黃金瀑布。黃金瀑布爲何會形成，主因是雨水和黃鐵礦、硫砷銅礦接觸的結果。但是，爲了個人健康和安全，最好避免到本區戲水。在此區同時可看到類似萬里長城的廢煙道，那是當時礦場排煙管。

金瓜石有許多條步道沿山勢而修築。通常，我的教學是從教堂旁的停車場開始。從那兒一開始往上走中央斜坡道的階梯，直接進入日式宿舍。這裡的日式宿舍特色爲黑瓦屋頂，地板亦是木造。外表牆壁則是白色石灰，圍牆多爲紅色的磚牆。上了斜坡道就是派出所，那兒可以通往太子賓館，以及黃金神社和本山五坑。

平時，太子賓館並不開放，只能從外頭感受其特色。這間賓館是1922年日本礦業株式會社爲皇太子視察金瓜石所建之臨時行館。館內都是上等檜木，保存良好，是一處具代表性的日本建築。後來因風災曾破壞多處。1995年時台電公司以專案依原貌保存。

1933年，日本人在五坑旁的山腰建立了一座神社（當地人稱爲山神廟）。光復後，神社破壞，柱上的字也日漸模糊。只留下部份石柱的遺跡，殘存之跡倚靠著山壁，仍有一特殊的美感。當地人用「天空之城」的綽號形容。由五坑沿石階而上，約十來分鐘抵達。中途會看到依舊存在的鳥居和石燈座。在此俯視銅山里聚落和遠處的海，景觀特別美麗。

● 雞籠山是九份和金瓜石的分界地標。

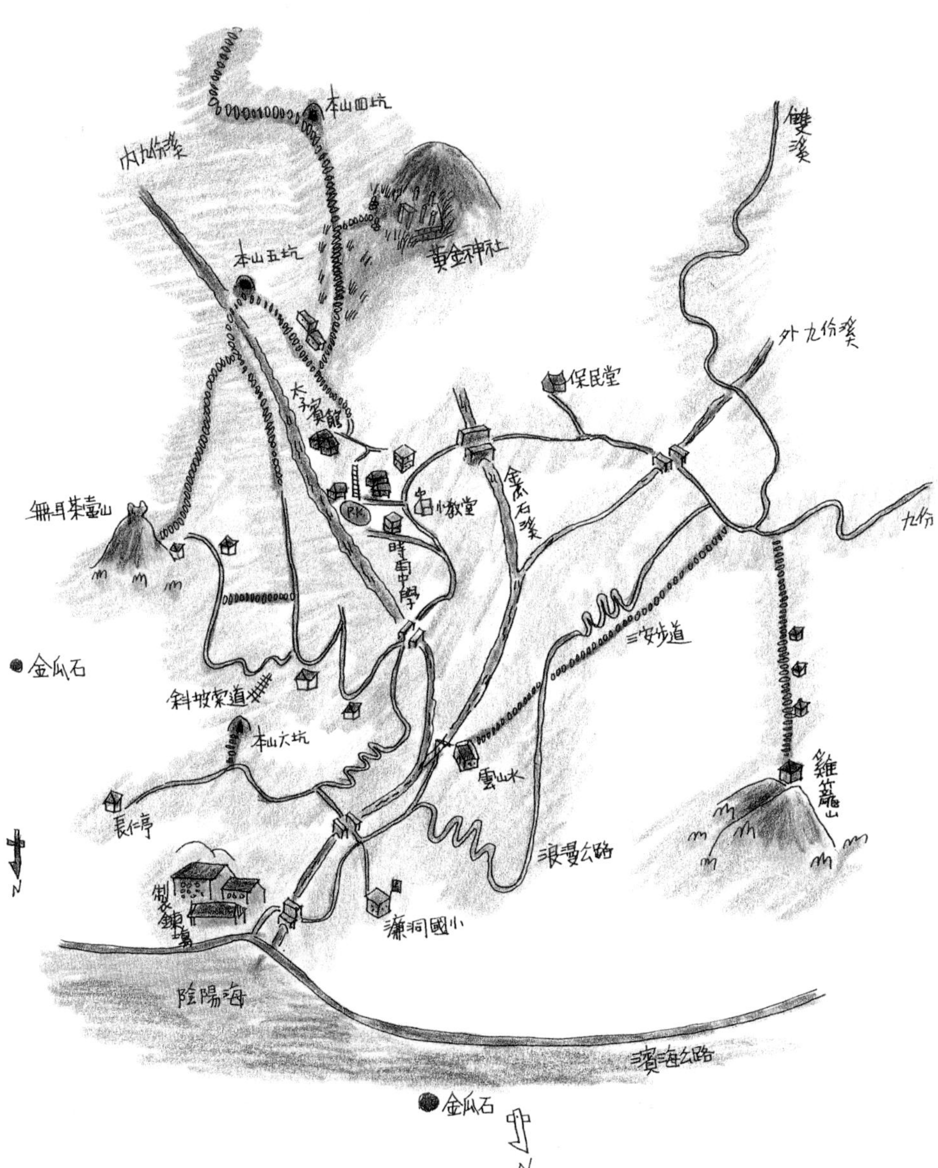

本山四坑
內九份溪
黃金神社
本山五坑
雙溪
外九份溪
保民堂
太子賓館
P.K.
小教堂
金瓜石溪
無耳茶壺山
時雨中學
九份
三安步道
金瓜石
斜坡索道
本山六坑
雲山水
雞籠山
長仁亭
浪漫公路
製鍊場
濂洞國小
陰陽海
濱海公路
金瓜石
N
N

●金瓜石路上到處可見採礦的遺跡。

金瓜石由於採金礦的關係，日領時期成為日本人規劃最為完整的社區。在空間、景觀和交通方面都相當的用心。這裡有車站、派出所、郵局、醫院等，成為金瓜石重要的區域。由金瓜石車站經派出所，依階梯經昔日醫院舊址，穿越銅山里由階梯上勸濟堂，這段路是金瓜石早期最繁華熱鬧的地段。每逢勸濟堂關聖帝君大拜拜時，男女老幼擠滿街坊。

站在停車場往東邊的山頭便可看到關聖帝君的銅聖像，這座高達35台尺的銅像，是東南亞最高的關公銅像，更是金瓜石的地標和守護神。

◆步行時間

停車場 —5分→ 太子賓館 —5分→ 坑口 —15分→ 黃金神社 —60分→ 無耳茶壺山

景觀特色

◆金瓜石簡介

金瓜石東擁無耳茶壺山、西憑基隆山，北面陰陽海，南靠金瓜山等山陵和九份相鄰。山海交疊、風景秀麗。

金瓜石原是一片人煙絕跡的荒山，由於本山山形像一顆南瓜，閩南稱為金瓜，露頭屬火成岩，因含金礦而得名。

早在光緒年間，這兒只有五戶農家；到1893年，因為發現黃金，住民激增。由於地形限制，這裡依山勢逐漸開發，房屋多半分佈在兩百公尺到三百公尺間。分別有金瓜石溪、九份溪和內九份溪做放射狀奔流於聚落間。原有的建築裡，屋頂使用木樑，頂層用油毛氈，以柏油為黏劑。連牆面為了防水有時也將柏油塗在上面。黑色是金瓜石昔日建築的主要特色，但是目前因為改建，這個特色正在逐漸消失。

行程

由濱海公路前往。

適宜對象

全家大小皆宜。

餐飲

附近無餐飲，宜自備。

參考書籍：

《金瓜石》吳乾正　1997　根源

九份小鎭

(老街、小吃、古道、山巒、金礦)

前往九份旅遊時，最好先認識一下周遭的主要道路，對於九份小鎭開發的過去，才能有清楚的了解。

如今到九份多半是由汽車路前往。這條路原先叫自動車路，1937年完成後，成爲九份對外往來的主要交通要道。向西可通達瑞芳，往東則可到達金瓜石，接102號公路可到雙溪、福隆等地。從九份站附近也有一條路，可通往青雲殿和海濱。繞過一個大彎後，就是最繁華的暗街仔出口。再過去，左邊是基隆山的登山口。到岔路時，左邊往金瓜石，

● 豎歧路是九份往昔下抵海邊的重要路線。

●昇平戲院是九份街道的重要參觀景點。

●輕便路上廢棄的輕便車。

右邊接102公路。

暗街仔即基山街。九份最早的發展在基山街以上，介於聖明宮和福山之間。1905年左右，在和豎崎路交叉附近就有幾排店鋪出現。1916年這裡已經成爲重要的商業道路。由於九份多雨，街道加搭蓋頂棚，形成暗暗的巷弄，因而如此稱呼。以前的九份人常說，短短的基山街店舖就包辦了一個人從出生到死亡的一切物品。

豎崎路步道，是以前的保甲路，這條陡峭的石階路，由九份通往庚仔寮港口，爲當時九份居民民生補給運輸的主要通道。一般遊客進入九份都從橫向的汽車路和豎崎路的交叉口，由客運車的九份站牌進入。入口有派出所和石碑。一路走上，還有輕便路、基山路兩條橫路，和它交會。

輕便路起於第二次黃金時期的興盛，原先的保甲路的人力步行道運輸不敷使用。1931年時，台陽株式會社在顏國年主持下，完成了輕便間的鐵路建築，加強了九份和瑞芳之間的貨物運輸。但是這條路在1954年時拆除。當年輕便路上吸引了許多酒家、茶樓和暗間仔（妓院）。這些店面多半集中在昇平戲院到城隍廟間。往大竿林方向多半是茶室和撞球間。

另外有一條木馬路，在九份國小後方，它是九份居民進入上面礦區的主要步徑。同時，分隔出聚落和礦區的部份。大竿林四番坑往下也有一條木馬路。木馬即爲在滾木上置台車，用人力拖動的搬運工具。木馬路之名亦由此而來。

清楚知道幾條路後，有幾個重要景點如廟埕、餐館和礦坑等都必須認識。九份的土地公廟（福山宮）位於基隆山旁，已經有兩百年的歷史，這裡舊稱土地公坪。採金興盛時，香火鼎盛；採金沒落後，九份的宗教中心轉移到奉祀關帝君的聖明宮。聖明宮坐山面海地勢絕佳，廟埕和戲台聳立突出，在九份很多地方都可輕易看到聖明宮。

昇平戲院建於1937年，原本的戲台在基山街市場旁，後來崩垮了，才遷移到輕便路和豎崎路的現址。一樓以石頭搭蓋，二樓以木造爲主。後來因颱風才改爲石造。日領時期，昇平戲院是台灣最大的戲院。

一九八〇年代，許多藝術家選擇房價便宜的九份做爲藝術創作的地點，這些藝術工作者多半在福住里和頌德里，房屋在此改變較少。

頌德公園位於大竿林，裡面有九份首次黃金時期的主導者顏雲年的紀念碑。從這裡可以遠眺九份聚落的中心，並且看到無耳茶壺山和聖明宮。

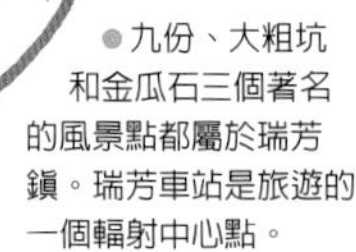

●九份、大粗坑和金瓜石三個著名的風景點都屬於瑞芳鎮。瑞芳車站是旅遊的一個輻射中心點。

●從九份遠眺蕃子澳是重要的景觀。

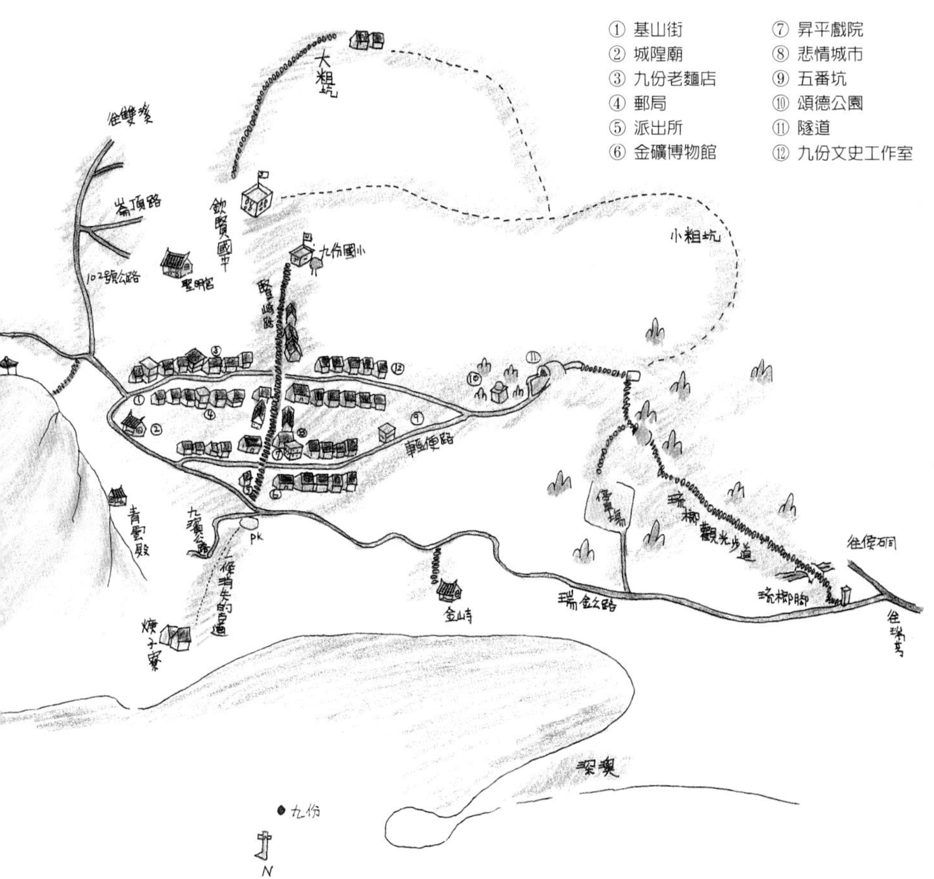

特殊景觀

◆流金歲月

九份聚落的成長主要是因爲金礦的發現。未發現之前只有幾戶人家和零星的水田。1892年發現金礦後，快速形成小鎮。草創期採金靠運氣，附近房子以木造草頂的房子爲主。日領時代初期，開始有安山岩的石頭屋出現。採金穩定後，許多發跡的礦主和富商開始築洋樓，巴洛克式建築開始出現。一些木造屋則拆除屋頂，用油毛氈代替。當時九份繁榮的商業景象使九份博得了小上海、小香港的封號。等採金沒落，九份一度沒落。晚近一些藝術家到九份購屋，加上鄉親子弟回流，本土意識高漲，一度沒落的九份竟成爲熱門的休閒旅遊觀光區，但也迅速流於一般觀光區的惡質環境，如果要到九份，絕對要選擇非例假日的時間。

◆九份的消費文化

●九份以小吃和舊時文物，吸引各地的觀光客。

1980年11月，九份民俗藝術小集成立。此後一波一波的人潮到來，同時炒熱了九份的旅遊。

1981年12月，九份茶坊首先登場。

1982年初，藝術村泡沫紅茶開幕。

1982年6月，悲情城市茶吃喝店啓用。

1982年8月，九份咖啡室營業。

1982年9月，老松之家上場。

1982年10月，天方夜譚現身。

◆九份小吃

小吃是到九份旅遊非常重要的活動。過去的九份即有許多小吃攤，形成這兒重要的特色。目前較爲著名的店面和特產如下：

1. 阿婆魚羹，位於基山街9號的「阿婆魚丸」是早期九份興盛時期僅存數家小吃店中的一家。除了魚丸外，招牌菜豬皮魯和乾麵，口感亦特別。
2. 鹼光餅，相傳是明朝將領戚繼光征倭寇時士兵必備的乾糧，可儲存四、五天不變味。基山街82號的「九份張老店」仍在賣，已經有五十餘年。一份十元。
3. 舊道口牛肉麵，位於基山街3號，中藥調製出的牛肉麵十分獨特。
4. 九份老麵店，位於基山街45號，已經有二十多年歷史，湯頭好和牛肉佳。
5. 草仔粿、芋仔粿，九份附近賣的保證新鮮，都是一邊做一邊賣。一個十元，有各種口味。
6. 水晶果，源自日本，是口感和涼沙圓極爲相似的素食小點心。蓮藕和麥芽是主要成份。一個十元。
7. 花生糖，九份地區的注重巧思和創意，可變換多種口味，還有包冰淇淋和包香菜的。花生糖一塊約三十元。
8. 小香腸，它源自基隆，是這兒的特產之一。一條五元。著名的店街在基山街6號斜對面的小攤子。
9. 芋圓，這是九份最重要的特產，三兩步就有一家。都以純手工製成，以芋頭爲材料，Q度佳。

◆琉榔路觀光步道

如果要選擇一種九份的另類旅行，從琉榔路觀光步道走上九份不失爲新的旅遊方式。原來，這條路是以前瑞芳通往九份的主要山路。這條路從瑞芳琉榔腳站牌右邊的小徑走上去，長約二點四公里路程，約一個小時可抵達九份。

走這條路上九份比較能有一種不同其他遊客前往的感覺。琉榔的名字源自

琉榔路觀光步道是進入九份的重要古道。

以前九份採礦時，除了輕便鐵道外，許多煤礦等物品都是用流籠送下山的，步道入口叫琉榔腳，顧名思義即流籠運送的山腳終點。這條路和昔時「舊路」前段重疊多處。以前的舊路也從這兒通往瑞芳。因爲是由人民共同「做公工」所修建，所以又叫「保甲路」。以前到瑞芳都是要走保甲路，迎馬祖時也是走這條路，中途會在頌德公園休息吃點心。

由於第二次黃金時期的興盛，原先的保甲路的人力步行道運輸不敷使用，1931年時，台陽株式會社在顏國年主持下，完成了輕便道的鐵路建築，加強了九份和瑞芳之間的貨物運輸。輕便路完成之後，出隧道處有一絞盤機具場，稱流籠頭；下至內瑞芳之前，則有另一座絞盤機具場，在今天之流籠腳（琉榔腳），惟目前都以消失。過去這種流籠可以載人，一次可搭乘四人，平常沒有頂棚，下雨天時，才拉起頂棚。每人費用約幾角錢。不過，住流龍頭附近的居民說，搭乘的人並不多，以前的人很會走，不願意花錢在交通上。

這裡的景觀較爲潮溼，充滿筆筒樹、野薑花和次生林的白匏子、紅淡比和紅楠等植物。動物相亦相當豐富，尤其是蝴蝶類。不像九份山區屬於面北的山頭，只有栗蕨和芒草等乾旱植物。步道登頂後的出口銜接輕便路，中途有一處當時挖掘的山洞，可能爲輕便車使用，經過常會遇見蝙蝠。山洞出口還有一叉路通往停車場，許多大型遊覽車停放在此。上了山頂，往右邊的石階步道前行，會經過一些墓園；再過一個隧道後即爲輕便路，接著是頌德公園，然後進入九份的核心。

行程

從瑞芳有公車通往九份和金瓜石。亦可直接開車從濱海公路前往，從明燈路上山，亦可從金瓜石方面進去。

欲至琉榔腳，可搭乘前往九份、金瓜石之客運，在琉榔腳站下車（站牌在猴硐和九公路）交會口附近，往前走約三百公尺左右，就可看到右邊有清楚指示牌。

步行時間

走逛九份可以一個上午，也可一、二個小時，端視你的走逛目的。如果有一份指南，認識人文史蹟，恐怕需要一天的時間方能盡興。

適宜對象

全家大小皆宜。

餐飲

附近無餐飲，宜自備。

參考書籍

《九份之美》陳世一　晨星1995

大粗坑古道

(古道、廢棄村落、金礦、老街、煤礦)

●大粗坑自1978年棄村後，就無人居住了。

以前要前往大粗坑，當地人最常行走的路線多半是搭乘平溪線火車，或者北宜鐵路在侯硐車站下車，從這兒前往大粗坑。電影「戀戀風塵」片頭開始，一對男女青少年放學搭乘火車回家，所走的路線就是這條路線。

●侯硐老街是前往大粗坑的必經之路。

侯硐站雖小，車站卻是有兩個月台的大站，車站的腹地也相當寬廣。相對於平溪線其他車站，有的連月台都沒有呢！

走出月台，前方的柴寮路有兩家麵店，據說是相當好吃的小吃攤。車站的小廣場對面就是這兒的大煤礦場。迎著廣場的門口，豎立著一塊鋁製導覽解說牌，介紹了附近的重要景觀和煤礦區。

大煤礦場的重點包括了日據時代遺留的辦公室，如恐龍遺骸般的工廠，以及橫跨基隆河的運煤橋，成爲我們觀賞的重點。

沿著柴寮路往左，約五、六分鐘，過了橫跨基隆河的介壽橋，就是通往大粗坑的侯硐路。往右轉是煤礦坑；左轉前方是侯硐社區。橋頭豎立了一座紀念碑和涼亭。涼亭敘述的是此地煤礦的大富李建興籌資建橋的經過。這座橋於四十年前建立。涼亭旁有一百階步道可往上，抵達一座林子裡的日本神社。

穿過只有一條窄小街道的侯硐路。街上兩旁沒有便利商店。砂岩砌成的老房子仍有四、五間。有幾家矮小的雜貨店，賣著過時的物品，還有一家兩個座椅的老式理髮店。因爲山勢的關係，左邊的房舍有些房子的二樓成爲家門。較特殊的是，還有一家賣金子的老店，雖只有一個櫥櫃，卻成爲這兒最亮麗的店家。另外一個特殊的門面是社區入口，有一對砂岩的壯觀石柱，顯見早年這個社區其實相當有規模。

再往前轉一個山腳，進入九芎橋。兩旁的街景更是蕭瑟、荒涼，兩排幾乎都是矮小的砂岩之屋。居民都是老人爲多，有幾間房門改爲鋁製的。一間教會設在廢棄的砂岩間，用木柴封著。

過了九芎橋，往左便是前往金字碑古道和大粗坑古道的半嶺產業道路。左邊有一座漂亮的小學——侯硐國小。

沿著大粗坑溪往前，約莫十分鐘後抵達金字碑古道分叉口。根據歷史文獻記載，1893年者鐵路工人沿著基隆河發現金子後，數以千計的人溯河而上，在沿岸發現了不少砂金。短短三年之間，採砂金者到汐止，再至大粗坑溪和基隆合流地點，就絕跡不見了。

有些人試著繼續沿著大粗坑溪上溯，果然找到相當豐富的山金，大粗坑因而成爲重要的礦區。隨即當時的九份和金瓜石也在尋金的風潮下，成爲重要的金鎮。

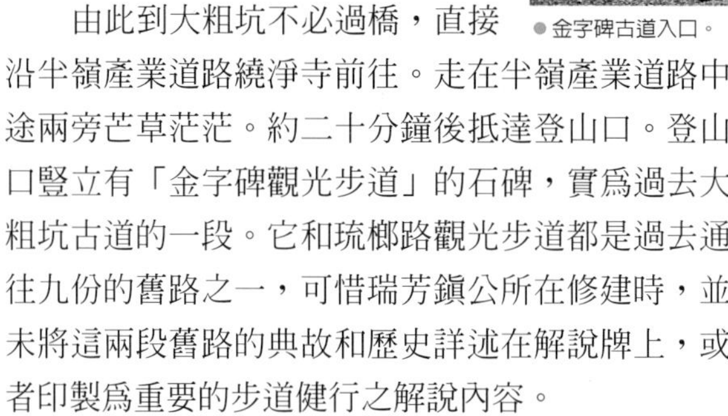

金字碑古道入口。

由此到大粗坑不必過橋，直接沿半嶺產業道路繞淨寺前往。走在半嶺產業道路中途兩旁芒草茫茫。約二十分鐘後抵達登山口。登山口豎立有「金字碑觀光步道」的石碑，實爲過去大粗坑古道的一段。它和琉榔路觀光步道都是過去通往九份的舊路之一，可惜瑞芳鎮公所在修建時，並未將這兩段舊路的典故和歷史詳述在解說牌上，或者印製爲重要的步道健行之解說內容。

上了石階步道，隨即看到右邊的昇福坑金礦，礦坑和宿舍仍完好健在於溪邊。它是台灣最後一個仍在採金的礦坑。

石階步道貼著山壁，似乎久未有人行，芒草侵入石階上，冬天雨季來時，愈形荒涼而孤寂。石階路旁就是大粗坑溪，溪谷林木茂密，但石階旁盡是芒草叢的景觀。不久可看到一間古樸的砂岩小廟矗立茅草叢，前有涼亭遮蓋，是一間有應公廟。

根據一位登山家謝永河曾經有如下的精彩記錄：「裡面安置台灣人所稱骨罈叫『金斗』，堂後老樹下立碑，碑上刻有：『金盈發、蔡紅毛、潘燭燭、尤阿明、蘇盛、蘇先致叩謝。』此碑之於七十年前，叩謝什麼？對何人叩謝？隻字不見。五位都是當時鼎鼎大名的金礦老板，由此推知，此碑或與萬善堂無關，而與開闢這磴道有關。」

約莫二十分鐘後，接近山頂，看到了以前運送礦產的石梯橋形式建築，架空於山谷間。旋即看到

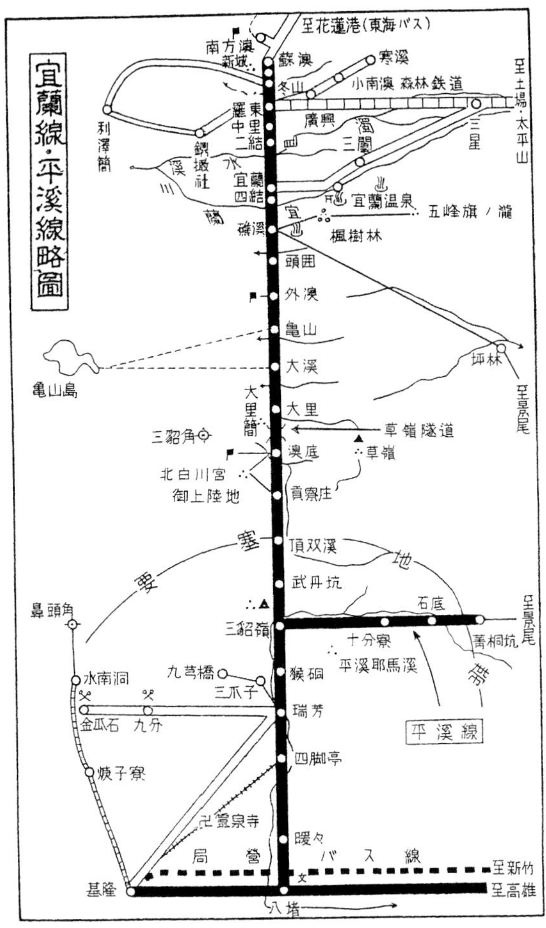

● 從這張一九三〇年代的旅遊圖「宜蘭平溪線略圖」，可以瞭解當時附近的旅遊景觀和現今的差異。

左側廢棄的大空屋，三四間矗立於小台地上。這是一所廢棄的小學，叫做大山國小。

再往前有一間二樓的洋樓空屋，可能是這兒的大戶人家。接著是狹窄的石梯橋，通往山上的產業道路。在橋上時，可清楚看見左邊的草叢裡有不少廢棄之舊石屋。以前大粗坑採金，如今金子不在，整個山谷的小村也杳無人跡。當時有千人居住，如今卻人去屋空。

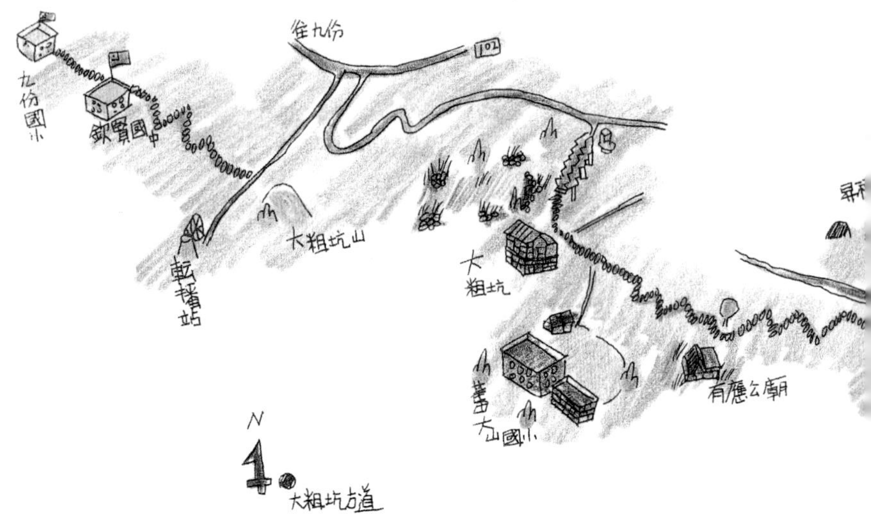

上了彎曲的產業道路，已經近山頂，再走一小段，左轉切入往轉播站的柏油路。如果天氣好，可上大粗坑山俯瞰美麗的山海景觀。接著是金門花崗岩鋪設的步道。約莫二十分鐘可抵達欽賢國中，再經過九份國小抵達九份老街。

◆步行時間

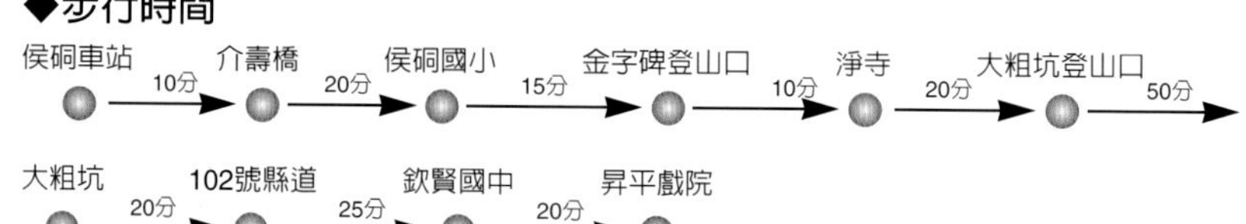

由九份下山可搭乘基隆客運公車，一個人十元，可搭乘返回瑞芳車站，或請參考「九份」旅遊一文。

行程

瑞芳火車站莒光號8:44分抵達，在侯硐站有停。或搭9:04至菁桐的平溪線。若由菁桐出發可搭7:32、8:10、9:55三班之一，在侯硐站下車。

適宜對象

青少年以上爲宜。

餐飲

九份附近有餐飲，亦可自行備用。

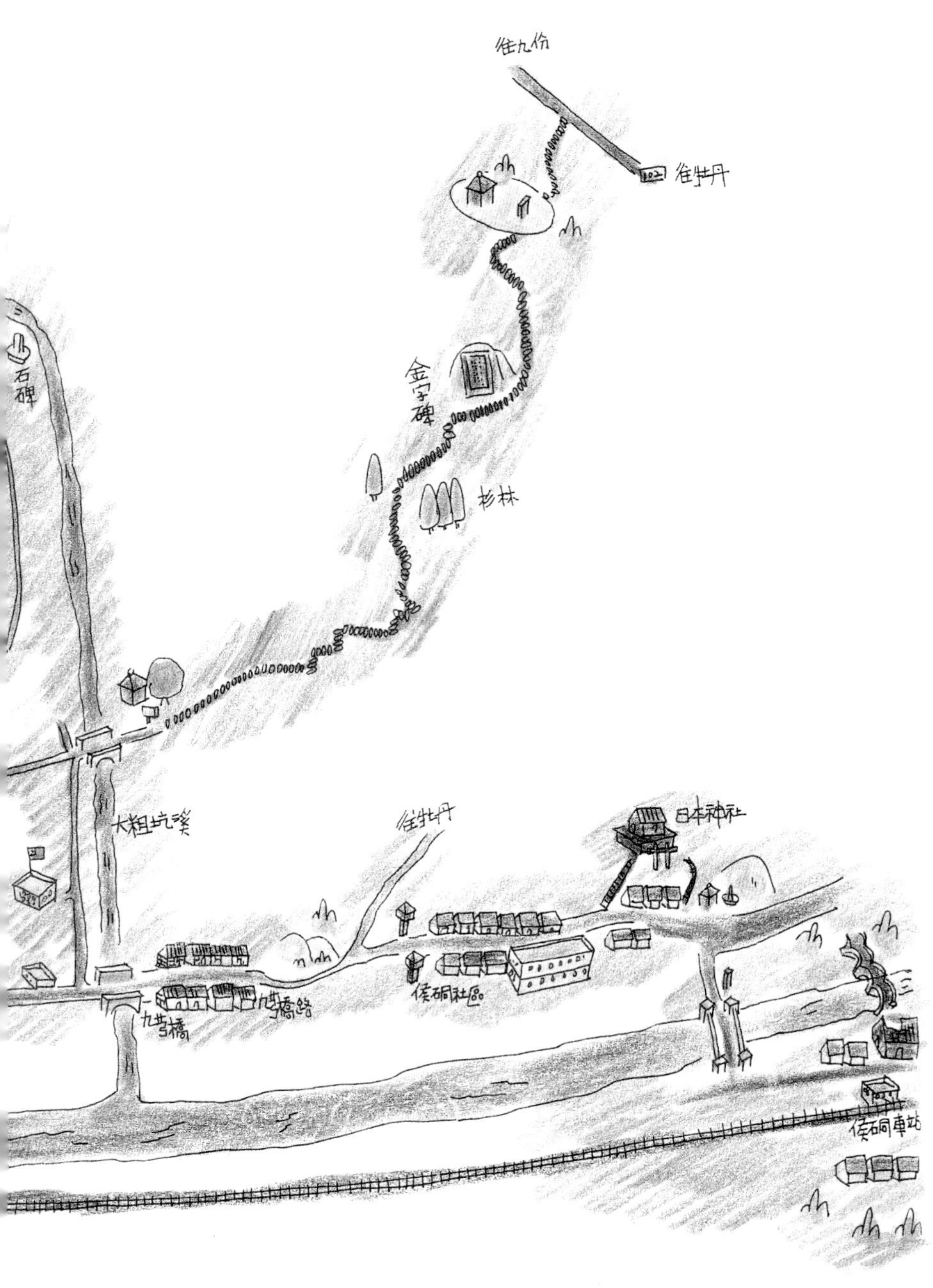
往九份
往牡丹
金字碑
杉林
石碑
大粗坑溪
往牡丹
日本神社
侯硐社區
九芎橋
九芎橋路
侯硐車站

暖東苗圃森林

（森林、苗圃、自然教室）

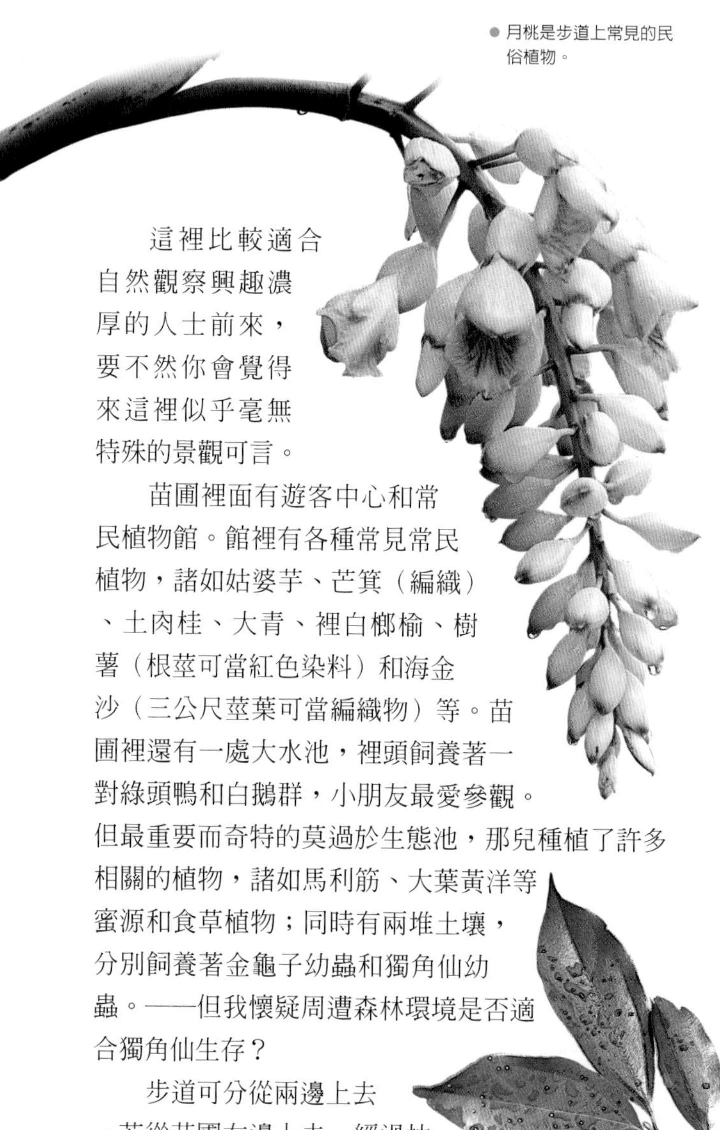

月桃是步道上常見的民俗植物。

這裡比較適合自然觀察興趣濃厚的人士前來，要不然你會覺得來這裡似乎毫無特殊的景觀可言。

苗圃裡面有遊客中心和常民植物館。館裡有各種常見常民植物，諸如姑婆芋、芒箕（編織）、土肉桂、大青、裡白楤楡、樹薯（根莖可當紅色染料）和海金沙（三公尺莖葉可當編織物）等。苗圃裡還有一處大水池，裡頭飼養著一對綠頭鴨和白鵝群，小朋友最愛參觀。但最重要而奇特的莫過於生態池，那兒種植了許多相關的植物，諸如馬利筋、大葉黃洋等蜜源和食草植物；同時有兩堆土壤，分別飼養著金龜子幼蟲和獨角仙幼蟲。——但我懷疑周遭森林環境是否適合獨角仙生存？

步道可分從兩邊上去。若從苗圃右邊上去，經過枕木步道不久，隨即發現周遭有許多

土肉桂是步道上常見的喬木。

●林子下的腐植土常有菌菇生長。

原生的紅淡比生長在芒草叢裡。這是一個開發過的次生林。紅淡比是一種像榕樹但不會流乳汁，也沒有鬚根的植物。紅淡比特別多，相當特殊，可能是海岸多風而潮溼的環境關係。

中途有一棵特別巨大，足足有一個人抱，算是相當少見。土肉桂、菊花木也是這兒的特產。此外，包籜矢竹形成一片，也是這兒潮溼地形的指標植物。

枕木步道不長，繞著草地的小徑走，昆蟲特別多；附近山谷地形潮溼，筆筒樹和水同木成林。中途不時有小路出現，可折回苗圃，也可至四腳亭。過了第二個高壓塔，是陡急的下坡路。此段路亦是潮溼不受風的山谷，鳥聲特別多。最後下抵溪谷，有一條小溪流過

●球蕨在潮溼的環境較容易看見。

，可聽見斯文豪氏赤蛙的叫聲。這兒台灣山香圓是優勢植物。再往前十餘分鐘，出東碇公路。

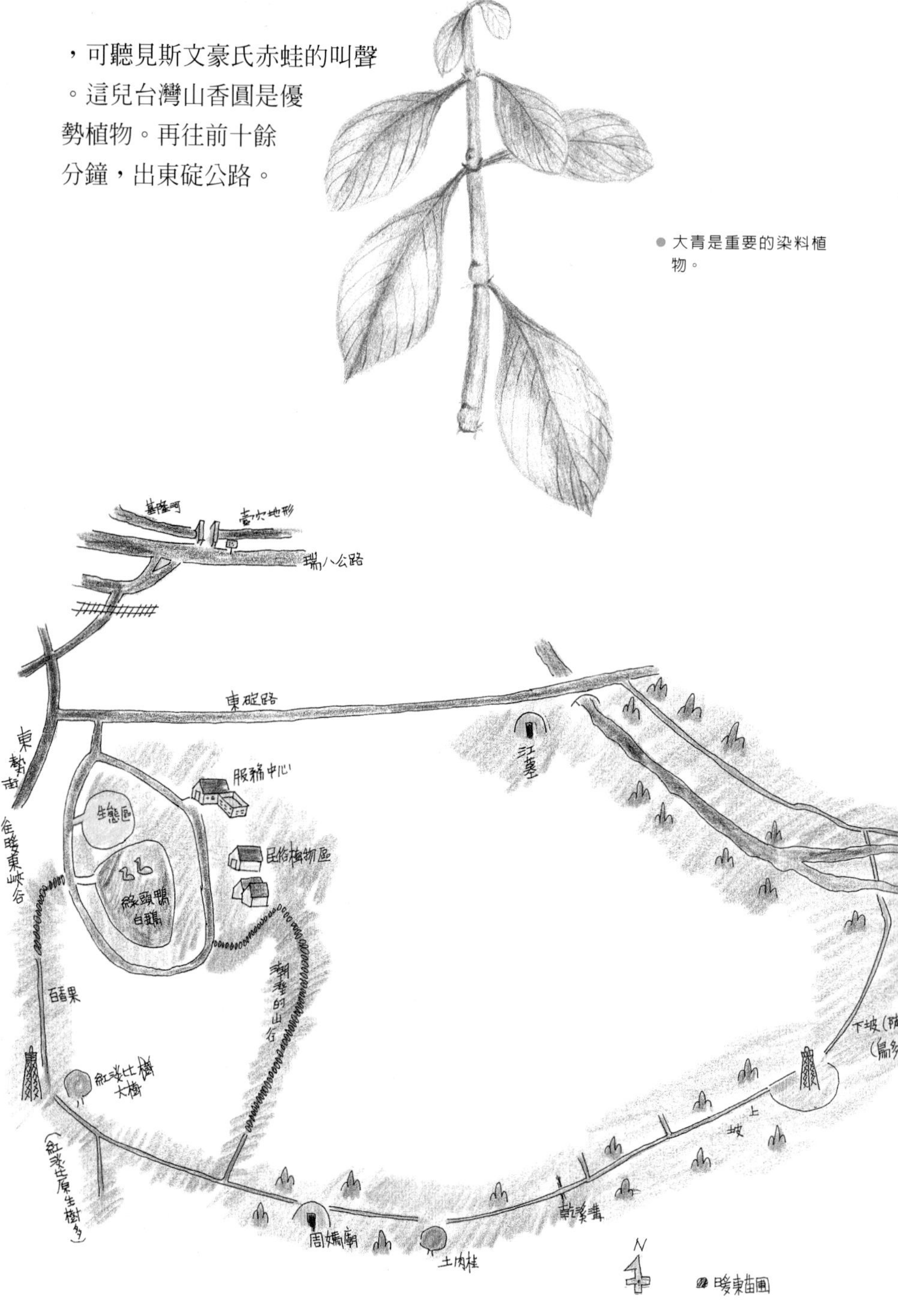

● 大青是重要的染料植物。

台灣黃蝶常出沒於鄉野間。

◆步行時間

苗圃 →(20分)→ 周媽古墓 →(40分)→ 小溪流 →(10分)→ 東碇路

行程

由濱海公路下，轉瑞八公路，馬上至暖暖，在壺穴地形前右轉至暖暖街，再轉東勢街，隨即再轉東碇路至暖東苗圃，時程約半小時。

適宜對象

青少年以上適宜，路途略陡峭。

餐飲

附近無餐飲，宜自備。

延伸路線

暖暖壺穴：進入暖東苗圃前，不妨順便到基隆河壺穴地形觀察這個特殊的地理景觀。

暖暖基隆河壺穴地形是前往暖東苗圃值得觀賞的景點。

平溪小鎮

（煤礦、山巒、溪流、老街）

基隆河上游在狹窄的谷地裡急促地流動著，流到平溪附近時才平緩下來。所以，當時這兒叫平溪仔，即平溪的舊名。

早年平溪鄉的移民多半來自福建安溪和惠安，從乾隆迄今，這兒的住戶仍以這些人爲主。他們散居著，依著有限的谷地種植水稻和生長容易的地瓜，並且種植大青染料，直到日領時期的煤礦業興起，以迄今日的沒落。只有到元宵節點燈時，大家才知道這個旅遊地點。

平常，我來到平溪並非爲了天燈，或者是搭乘平溪線火車而已。這裡還有其他有趣的旅遊景點。

多數的旅客應該都是搭乘平溪線火車，在平溪車站下車，沿著鐵道走，或者沿著山坡下來，到達中華路和平溪街的交會口。這裡的街道不如深坑等老街還保有原來的樣貌，只有零星的地方殘存著傳統式的長條街屋，大部份都改建爲二層樓的店鋪住宅。街上的商業種類相當單純，多半是雜貨、米店、肉攤等日常用品的老商鋪，沒有便利商店。過了石底橋就是106號公路，街道旁仍是老屋和公寓大樓夾雜，左右分別通往瑞芳和深坑。仔細觀

● 平溪是基隆河上游最為平緩的河段。

● 平溪老街仍保有淳樸的六、七〇年代風貌。

● 非例假日時，不放天燈的小鎮十分寧靜。

察這些老店宅和住家，或者老人們的工作，都會有有趣的發現。

沿著基隆河有人行步道，可以躲開來往的車輛。另一方向的公路過了鐵道，經過鄉公所和分駐所，連接汐平公路，可以抵達汐止。在平溪線裡，平溪是交通最爲四通八達的地點。

平溪街上也不像其他老街，座落著歷史較長遠的廟宇，主因是開採的煤礦不在街上。如今經過煤業的興盛期，平溪街上只保有一份安靜和祥和，唯例假日時較熱鬧。

在平溪小鎮閒逛，往西望去，可看到平溪三尖（薯榔尖、峰頭尖和石筍尖）的後兩座，尤其是石筍尖赫然矗立，彷若地標。這幾座山是登山者的最愛，石筍尖更讓人有著想要去攀爬的慾望。

通常，我會建議去攀爬慈母峰、孝子山和普陀山這幾座較易攀爬的代表性小山。山雖小卻因陡峭而有「小黃山」之美名。進入此山走訪，更能了解當地的險惡地質和地形。同時，由這個緊鄰著平溪的山巒鳥瞰平溪時，除了美麗小世界的讚歎外，更能感受平溪線各個小鎮的存在意義。不過，因山勢如黃山之險奇，最好是有爬山經驗者爲宜，膽小者不宜前往。

慈母峰的險峻小徑。

普陀山的登山口在106號公路平溪站站牌下車，往前有瀑布石壁，旁有登山小徑的石階可以爬上。抵達廟寺後，有兩條登山路線，都可攀爬。若由左邊的石階步道走去，先抵達孝子山。由於是谷地，步道兩旁相當潮溼，林相豐潤，一路上大青尤其多；冬天時開紫花甚爲奇特而漂亮。孝子山主峰爲一座險峻的石山（360），仰望這座尖銳直立的山峰時，很懷疑如何爬得上去。膽子小的人最好不要攀爬。上抵頂峰，可鳥瞰平溪小鎭，或者往東南遠眺，旁邊還有四、五座奇形尖峰出現眼前，共同形成湖狀地勢。

若有勇氣，再攀爬慈母峰（410）更要小心了，往上的稜線相當陡峭，膽小的人更不宜嚐試。之後，可再到普陀山（450），展望點也很棒。接著從另一條步道走回，亦可繞遠路，由電信局旁邊的產業道路回到平溪街上。

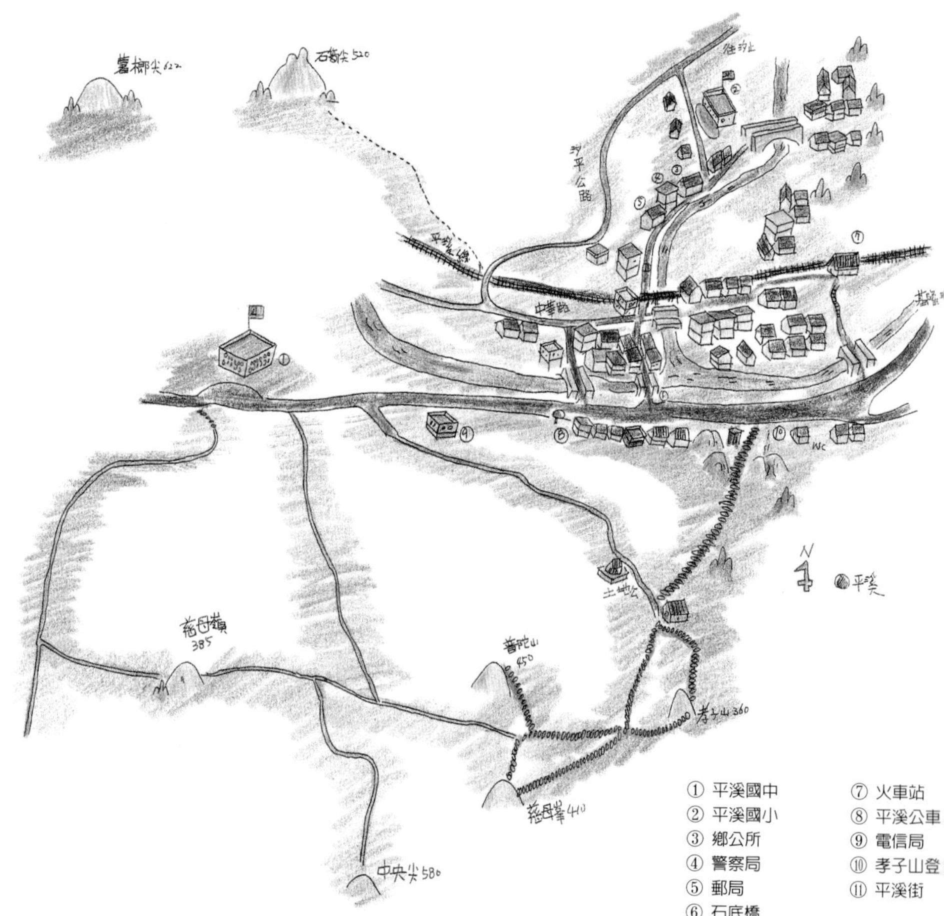

◆平溪線火車的站次如下：

菁銅→平溪→嶺腳→望古→大華→十分→大華→三貂嶺→侯硐→瑞芳

◆爬普陀山行程如下：

登山口→(15分)廟寺→(15分)孝子山→(15分)慈母峰→(15分)普陀山→(25分)登山口

特殊景觀

◆平溪線火車

這是台灣四大支線火車之一。其他三條分別爲阿里山線、集集線和內灣線。其中只有平溪線主要是運送煤礦。

平溪線起點在瑞芳，終點於菁桐。它和縱貫線有一段是共用的，但是到了侯硐時，縱貫線由三貂角前往宜蘭，平溪線繼續沿基隆河駛往平溪和菁桐。平溪線最大的特色是山洞、壺穴和瀑布景觀。由於是基隆河上游，水質十分清澈。平溪附近的十分寮和野人瀑布等都是著名的風景區。

搭乘平溪線火車，很多有趣的東西可發現。譬如注意每一站的特色。有的車站只有月台，沒有候車室。有的地方有煤礦，有的沒有。有的地方有鐵路分叉線。還有火車會經過好幾個山洞，平溪線最大的特色就是山洞多。

在自然觀察方面，不妨注意基隆河床的壺穴，鐵道兩旁都有。這裡是基隆河上游，另外一個重點便是瀑布。加上氣候潮溼，筆筒樹也值得觀察。同時，還可尋找老鷹。

◆天燈

「南烽砲北天燈」，平溪放天燈的習俗流傳至今已有百年歷史。到了農曆元宵節夜時，一盞盞天燈緩緩升起，成爲最特別的民俗文化活動。這個習俗源自於昔日居民以放天燈做爲信號和傳遞消息。原來道光初年，有一回，由於附近有盜匪活動，村民躲到山裡。盜匪離去後，村民以施放天燈報平安，告知上山避難的村民。那天正好是農曆元宵節，此後放天燈成爲報平安的象徵。

行程

搭車方式：可直接由濱海公路開車到瑞芳火車站等候，或者由深坑開車前往菁桐。此外，搭乘公車亦是好方法。搭乘基隆客運和平溪線台北客運都能抵達。

步行時間

平溪小鎮繞完約一個半小時即可。

適宜對象

青少年以上皆宜。

餐飲

附近有小型餐飲，自備爲宜。

延伸路線

可搭乘支線火車至菁桐、十分寮、大華、侯硐等地健行和旅遊。

菁桐小鎮

（煤礦、日式屋宇、老街、瀑布、平溪線）

一般遊客多半從瑞芳搭乘平溪火車到終點站的菁桐，我卻習慣直接開車抵達菁桐，從那兒搭車來回瑞芳，避開人潮。

菁桐小鎮或許不如平溪的熱鬧，也沒有整條平溪的風景點。但是，小鎮本身的繁華褪盡的沒落感卻別有一番風味。不論有無帶孩子，我也寧願選擇在這個沒落的小鎮走逛，避開例假日的人潮以及火車潮。

它大致有三個點可供遊客徜徉。一處是日本宿舍區。這裡仍存留有許多日式建築的宿舍、舊橋以及周邊的建築，座落在濃密而幽靜的鄉野裡。樹種以台

87.-6.14.
臺灣鐵路局
普通、快車通用
菁桐站
至
瑞芳站
限發售當日有效
票價22元

● 菁桐至瑞芳的支線火車車票。

● 菁桐小鎮是個沒落的煤礦區。

●這兒仍存留著許多日本式房子。

灣三角楓最具特色。旁邊緊鄰的中埔和白石腳，都是貧窮的村落，過去也是煤礦坑的聚落，那兒有一些產業小徑值得到處走訪踏青，進行賞鳥和昆蟲生態的觀察。

菁桐小鎮只有一條狹窄的舊街，不到兩百公尺長。入口賣雜貨、果菜和野菜，周遭也都是以雜貨店爲多。車站的候車室小小一間，不到四坪，裡面經常張貼一些當地歷史和人文的小故事。由於是鐵道終點站，擁有煤礦和鐵路的特殊景觀，常有人在此拍照。

最大的煤礦坑舊址，就在火車站上方。它是菁桐的地標，從遠方就能看到這棟紅磚廢棄大樓。左右都有隱密的小徑可以前往。同時，可以看到舊的煤礦坑，以及集聚煤礦的漏斗狀建築。當地人正努力在那兒規劃一處煤礦坑的博物館。

● 菁桐火車站候車室，不過六、七坪大。

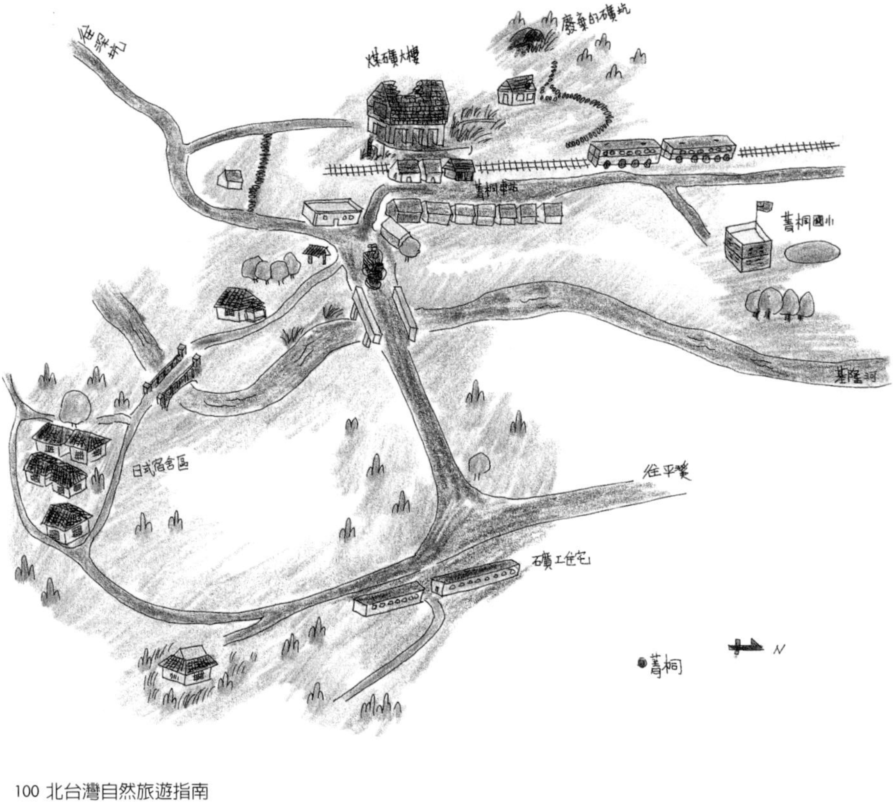

往深坑
煤礦大樓
廢棄的礦坑
菁桐車站
菁桐國小
基隆河
日式宿舍區
往平溪
礦工住宅
● 菁桐
N

● 平溪線火車目前仍維持營運，例假日時遊客多。

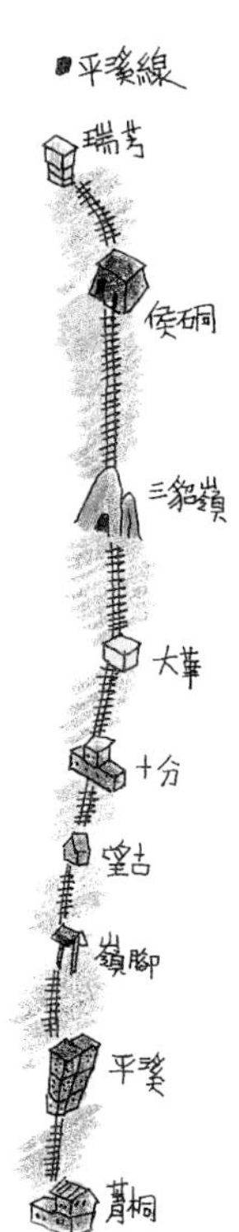

◆搭火車行程

菁桐 → 平溪 → 嶺腳 → 望古 → 大華 → 十分 →

大華 → 三貂嶺 → 侯硐 → 瑞芳

行程

可直接由濱海公路開車到瑞芳火車站等候，或者由深坑開車前往菁桐。此外，搭乘公車亦是好方法。搭乘基隆客運和平溪線台北客運都能抵達。可上網查對火車時刻表。

步行時間

菁桐小鎮繞完約一個小時即可。

適宜對象

全家大小皆宜。

餐飲

附近無大型餐飲，宜自備爲宜。

延伸路線

可搭乘支線火車至平溪、十分寮、大華、侯硐等地健行和旅遊。

The North Taiwan

陽明山線

- 菜公坑山環形步道
- 二子坪步道
- 向天池步道
- 小油坑步道
- 七星山步道
- 魚路
- 絹絲步道
- 富士古道
- 鹿堀坪古道
- 平等古圳
- 大嶺路步道
- 鵝尾山步道
- 天母古道
- 龍鳳谷步道群
- 紗帽山猴洞和半嶺小徑

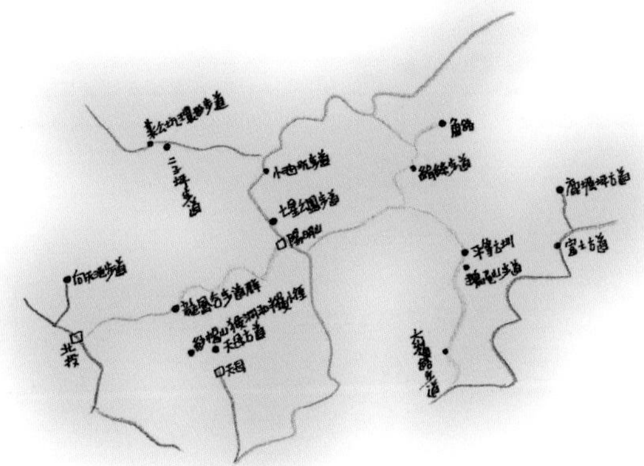

菜公坑山環形步道

（森林、反經石）

假如用交響樂來形容，走在著名的「蝴蝶花廊」二子坪步道上時，像是在聆聽一首二部曲，因爲我們會經過了闊葉森林和開闊的草原。走在對面的菜公坑山環狀步道時，卻像是聆聽三部曲。我們先進入潮溼的闊葉森林，再前往一處草原；然後，又進入另一處受風面的森林。

菜公坑山環狀步道有兩個入口。我形容的是順時鐘方向，從大屯自然公園入口對面的登山步道開始。一開始隨即進入隱密而寧靜的森林——夏天除外，因爲有各種蟬聲。步道邊秋海棠、鴨腳木和卷柏頗多，這些植物意味著這兒是個潮溼的林子。

這條新發展出來的路線，近年來是陽明山國家公園最新的解說路線。在步道旁邊，最豐富的內容並非昆蟲、鳥類，或者喬木等內容，往往是附生、寄生類的攀藤類植物。這段森林幽徑並不長，約莫半小時即可走出，進入草原的世界。

●山頂的反經石是菜公坑山的重要景觀。

接近芒草草原時，陽光充裕，倒地蜈蚣之類向陽性的花朵就多了些。這是一塊看似曾發生過大火的地方。草原裡仍殘存著黑松。在林子和草原邊緣，黃蝶、斑蝶之類喜愛陽光的蝴蝶和蜥蜴經常出沒步道上。

中途有隱密的小路，綁有登山步條，這是一條傳統登山小路，有興趣者可由此前往百拉卡山。

過了草原，又進入森林。但這次的森林環境不若前面的陰溼，森林也因接近山頂，多風而較爲低

● 菜公坑山鋪設有良好的石階步道。

● 星期假日國家公園常有解說員帶領遊客步道解說。

矮，林下的優勢植物換爲山菊，落葉甚多，偶爾可見到幾隻攀蜥出沒。一路上鳥類十分稀少。

不久，抵達山頂空地，空地上有巨石盤立。菜公坑山上的這些巨石爲著名的反經石。何謂反經石呢？原來，如果你帶有指南針，這時取出來測位時，會發現指南針無法使用，或者指錯方向。這是反經石在旁邊的結果。反經石的能力來自岩石中「磁鐵礦」的集聚。集聚程度愈高，猶如岩石內暗藏一個磁力愈強的磁鐵棒，靠近著自然受影響。

離開山頂繼續前行，情形類似先前的環境，先是森林，接著是林木稀疏的草原。但原來的森林屬於西南坡，這兒是東北迎風坡，草原較寬廣而開闊。草原之下，隱密的森林則再度出現。最後，抵達菜公坑登山口。

在草原中途開闊之地，有一座解說牌，詳細敘述了對面森林——小觀音山的特殊景觀。

翻越菜公坑山所須時間不到兩小時，但慢慢地觀察，我們可以小見大，具體而微，清楚地閱讀到陽明山火成岩山頭的自然環境。

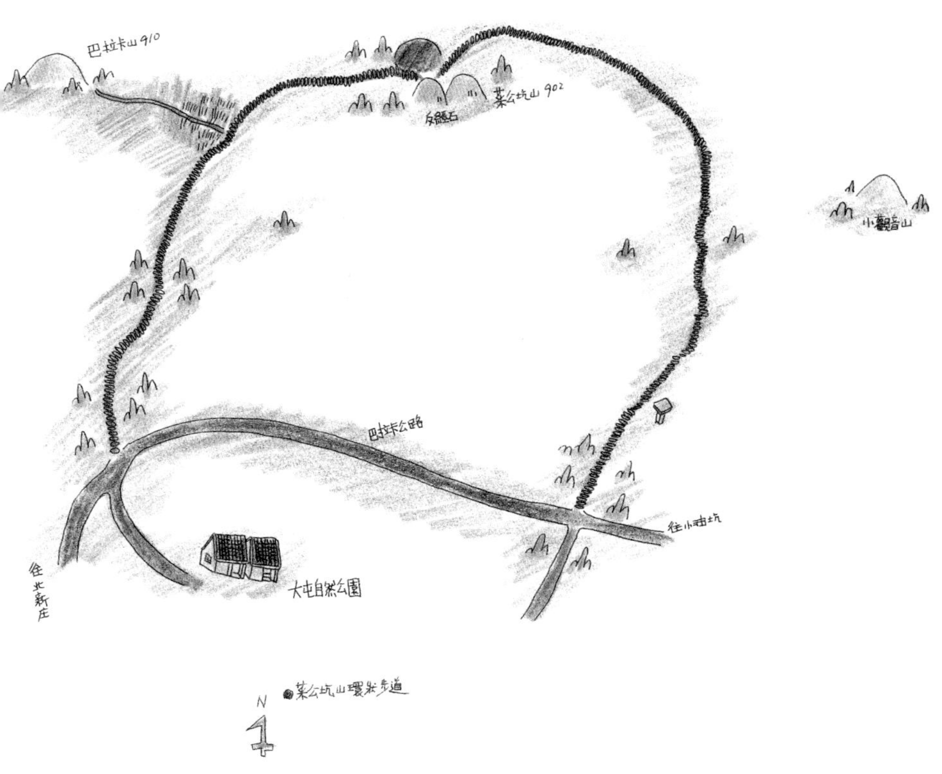

特殊景觀

◆小觀音山

小觀音山位於大屯、七星、竹子等三座火山間，海拔1073公尺，昔時火山爆發，流出的熔岩流漫流入海，形成麟山鼻和富貴角兩個岬角。狀似仙女舞衣的長裙，因而有觀音火山或小觀音火山之稱，具有大屯火山群中最大的火山口，大致呈圓形，俗稱「大凹崁」。

行程

在陽金公路線七星山上下車後，沿百拉卡小徑前往。或是搭車到大屯自然公園附近停車。

步行時間

慢慢繞完約一個半小時。

餐飲

山上無餐飲，宜自備。

適宜對象

青少年皆適宜，行程約兩個小時。

二子坪步道

（蝴蝶、池沼、森林、蟬）

●冬天時的大屯山。

●半途時可看見大屯自然公園。

●森林裡有寬敞而平坦的自然步道。

如果把自然步道分等級，那麼要選擇五星級的一條最寬敞而舒適的自然步道，莫過於這條了。而如果去過大屯自然公園，未進入二子坪步道，你也等於沒有來過大屯山，看到它真正的林相。非例假日時，這一條路也是我最喜歡帶孩子教學，和全家

● 蝴蝶是二子坪步道的重要資源。

人旅遊的路線。

它緊鄰著大屯自然公園，彼此有小路互通。海拔約八百公尺，全程並不長，不過一點七公里，而且是路面單一的碎石路面。然而，它全程穿過的地方，正好是台灣中海拔闊葉林帶的典型樹種。同時，在夏季時以蝴蝶群飛舞著名，尤其是青斑蝶，因而這裡被讚譽爲蝴蝶花廊。

這裡更是全台北最平坦、陰涼的自然步道，像雙線道般寬敞，娃娃車都可在上輕易地推動。此外

二子坪沿路有解說牌。

國家公園有各種自然步道導覽圖和「步道篇」叢書，實用性高。

，透光和遮蔽適中，山路兩旁植物相當豐富，無疑是認識陽明山森林植物和各種昆蟲——尤其是蝴蝶的最佳場所。國家公園在步道旁也設立各種簡易而生動的解說牌，讓民眾認識各種區域性代表性植物。舉凡此地常見的墨點櫻桃、長梗紫麻、水鴨腳、秋海棠、島槐、牛乳榕等植物，都有詳細說明。

二子坪步道，除了前面的枕木棧道和平台外，一路林相並無任

墨點櫻桃是二子坪步道的代表性植物。

夏天時步道上常見的瘤喉蝗。

何變化。直到二子坪，環境才變得開闊，出現芒草、漥地和枯松樹。

但一條步道的內容，隨著時序變化還是會有不同的面貌。春天時，各種植物都在努力冒芽。其中，紅楠和牛乳榕甚至已經長出紅葉，山景最美。緊接著狹瓣華八仙白花也熱鬧地盛開。夏天時，大型甲蟲最常走動，五顏六色的蝴蝶翻飛，騷蟬、蟪蛄齊鳴，最具生命力。秋天時陽明山暮蟬繼續大鳴，叫聲最是淒涼。冬天時落葉滿地，冷霧冷雨瀰漫山谷，又是另一番淒清景象。

夏天時這兒的昆蟲種類豐富。

縱使不識鳥獸草木，一路在平坦、寬敞的路面散步，又無炎炎日曬，任何人都會覺得輕鬆而愉快。

終點在二子坪遊憩區。這是一處開闊的草原區，過去叫中興農場。顧名思義，往昔曾開闢為

夏天時陽明山暮蟬的鳴叫聲讓人印象深刻。

農場，種植有茶園和松樹造林。目前，建有人工遊憩的水塘三、四處，同時有打水泵，以及三、四座涼亭，供遊客憩息。此外，闊葉樹林也重新取代茶樹和松樹，整個景觀彷彿煥然一新。

草原區還有一處特別的解說牌，介紹窪地裡棲息的台北樹蛙。冬天時，谷中溼地一定會聽見台北樹蛙如摩托車在山谷行駛的聲音，不斷傳來。牠是台灣唯一會築泥巢繁殖的蛙類。

由二子坪再往前，可通往大屯坪和面天坪，周遭景觀時而開闊、綺麗，時

● 二子坪終點為池沼和戲水的空間。

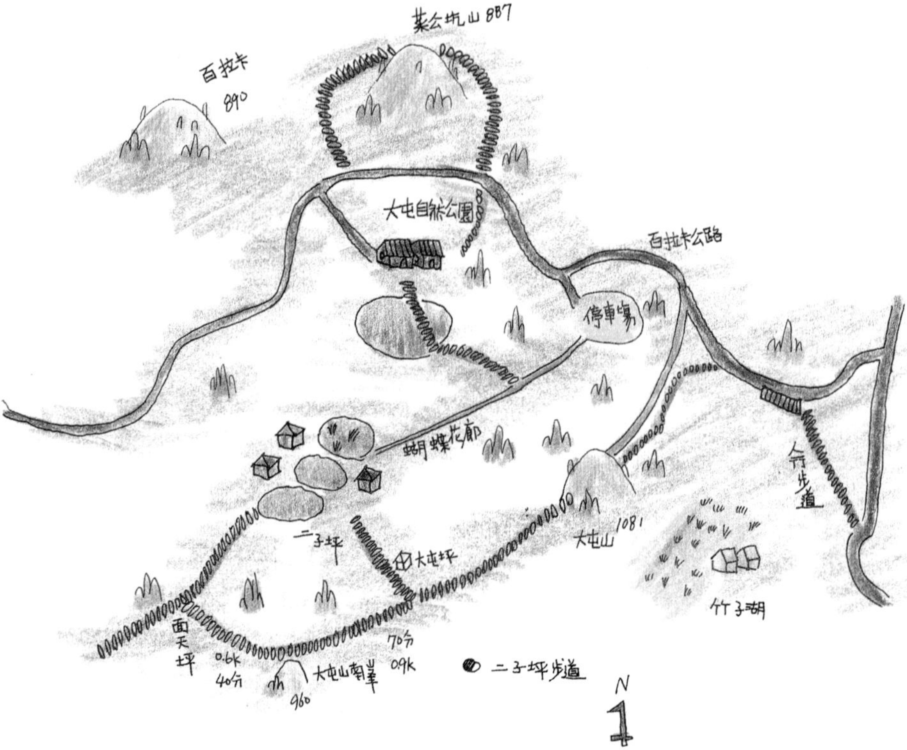

而爲隱密蓊鬱的森林。腳力健者可繼續前行，抵達面天坪約須四十分鐘。中途會看到一處廢棄的石屋，有專家疑爲凱達格蘭平埔的住屋，也有人認爲是早年農家之牛棚。例假日時的面天坪像西門町。由此再往前約半小時可抵達三聖宮。（可參考向天池步道一文）

冬天時很容易在二子坪聽見台北樹蛙的鳴叫。

◆步行時間

入口 —60分→ 二子坪 —50分→ 向天坪

特殊景觀

◆蝴蝶花廊

二子坪步道，由於日照時間較短，環境林相蓊鬱，十分適合蝴蝶，尤其是喜陰暗的蛇目蝶和蛺蝶較爲常見。但陽光充裕的樹端也常有大型的鳳蝶停棲。每年夏天時，最具代表性的莫過於琉璃蛺蝶，經常滿路飛舞，因而又叫蝴蝶花廊。而二子坪的開闊環境則有黑端豹斑蝶、青斑蝶這類豔麗的蝴蝶在澤蘭爲主的草叢上飛舞。

◆台北樹蛙

台北樹蛙是台灣特有種，在北部山區並不難發現。生活的範圍以中低海拔的池沼爲主，全身以墨綠色爲主。在二子坪的草澤，入冬以後到春天是牠們的繁殖期，經常可以聽到台北樹蛙的聲音，不過卻不容易發現，因爲雄蛙喜歡挖洞，將自己隱藏在裡面鳴叫。

行程

搭台汽客運在七星山站下車，循巴拉卡公路人車分道進入，中途可遠望小油坑。走約五十分鐘，可抵達蝴蝶走廊入口。或開車由陽金公路至七星山站前，按指標，沿巴拉卡公路進入。也可搭小型6號公車，由清天宮登山前往。

餐飲

山上無餐飲，宜自備。

適合程度

全家皆宜，一路都有解說牌。

延伸路線

大屯自然公園：

二子坪步道中途有叉路前往，係菜公坑和大屯山之間的谷地。以前叫草濫仔，此名爲溼地之意。園內人工設施甚少，集中在水池附近，闢有遊客中心、枕木棧道和停車場，例假日經常吸引大批遊客。

向天池步道

（竹林、松林、橘園、火山口）

遠在國家公園未成立之前，這條通往向天池的自然步道，便是台北市民例假日經常攀爬的登山路線，更是早年大屯山古道之一。國家公園成立後，規劃了許多遊憩區，這條步道的特色更加完整。

一般登山者多半在清天宮下車，由此拾級而上。這座古樸的老廟前有一棵大榕樹，上山的路上則有紅楠、茄冬等老樹零星矗立。

●向天池是陽明山最為完整的火山口。

由清天宮右邊小路上山，穿過幾間例假日販賣蔬果的民宅後，馬上就是陡急升高的石階山路。山路兩旁都是如拱門般陰涼的竹林羅列。這些隱密的竹林和一般常見的綠竹不一樣，主要用來當圍籬，保護裡面的柑橘園。一般稱這種竹叫

●向天池步道的重要登山口——清天宮。

蓬萊竹，也有人稱為長管竹，屬於刺竹屬，俗稱篩竹，台語又叫B台竹，因為竹枝細長，竹筍較苦，大部份用來做米篩。

約莫半個小時的辛苦攀爬，一直到三聖宮，石階兩旁都是單調的竹林和橘子園，整個自然環境幾無其他植物生長的空間。過了三聖宮，景觀才有新而複雜的變化。三聖宮對面的步道上，還有一座以安山岩石頭厝就地搭蓋的道祖廟，環境素淨，展望視野也十分開闊。

過了此，開始看到樹腰寬胖而高大的黑松林，原始森林也逐漸出現。這些高大的黑松是日治時代栽植的，因為松斑天牛帶來的病蟲害，枯死了不少株，形成枯木林的奇景。此處也有高山常見的黃菀出現。

不久，前方有分叉路。右邊往二子坪，可通大屯自然公園，左邊可往向天池。國家公園還立了解說牌，提醒遊客：小心！這兒是森林了，步道旁經

步道旁可看見枯死的松林。

常有竹雞出現。

若是由此往大屯自然公園，會通過幾處寬敞的鞍部。有幾戶住家在此，例假日時，這兒經常人潮爲患。半途，有幾處廢棄的石厝屋，可駐足觀賞。許多學者研判這些石厝屋，可能是早年漢人到此開拓留下的，也有人認爲是平埔族人的遺跡。之後，進入隱密的森林，約莫半小時後，可抵達二子坪。（可參考二子坪步道的介紹）

牛乳榕是步道上的常見植物。

如果繼續往向天池的方向，依舊是石階小徑，但路途平緩，抵達一個風化已久的日治時期石碑（紀念日皇太子來台所立）時，中途有觀景亭，可以鳥瞰面天山和向天山交會的大草原，欣賞火山地帶的山景，還有垂垂危矣的黑松林。這條橫向小徑，夏秋之交路旁有相當多的開紫花的倒地蜈

秋末以後，步道旁可以看到黃澄澄的草山橘。

● 冬天時大屯山的芒花最為漂亮。

蜙。

過了大草原，前方有三條分叉路，如果往左邊的路，可前往向天池。五、六分鐘後，來到一處賞鳥小屋。

緊接著的路程，繼續有竹林出現，雖然陸續聽到竹雞的叫聲，看到身影的反而以赤腹松鼠、小彎嘴畫眉，以及其他林鳥爲多。赤腹松鼠特別喜愛在竹叢吃新生的嫩葉。

接著，高大的黑松林又出現。接近向天池時，山稜出現不少結滿紅色漿果的七星月桃。翻過後，便是視野開闊的向天池。這個小盆地被周遭的山頭隱密的圍繞，是台灣保持最爲完整的火山口。

如果接連三、四個月沒有大雨，盆地的向天池往往呈乾涸狀態，池底都是禾本科植物林立，零星的安山岩孤石散落其間。中間的低窪部份，就只剩燈心草叢生。

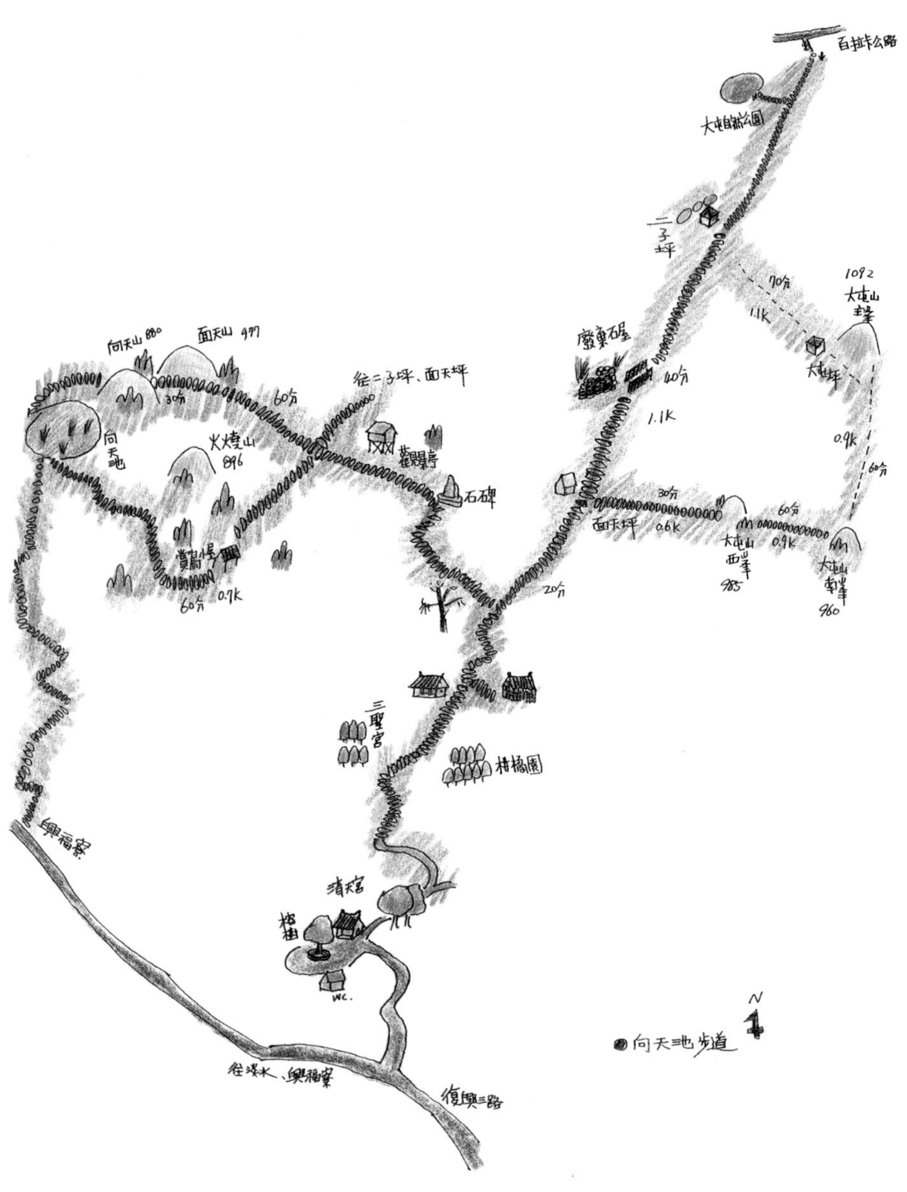

百拉卡公路
大屯自然公園
二子坪
1092
大屯山主峰
70分
1.1K
大屯坪
廢棄石屋
40分
1.1K
0.9K
60分
30分
面天坪
0.6K
60分
大屯山西峰
985
0.9K
大屯山南峰
960
向天山 880
面天山 977
30分
60分
往二子坪、面天坪
向天池
火燒山
896
觀景亭
石碑
賞鳥小屋
60分
0.7K
20分
三聖宮
柑橘園
興福寮
清天宮
榕樹
WC.
往淡水、興福寮
復興三路
N
向天池步道

這是一個老化的池子。燈心草是溼地慢慢朝向陸地演化末期的代表植物。如果向天池再積聚成池，應該還會有其他溼地植物出現。冬末春初，若站在燈心草旁，到處可聽到台北樹蛙的鳴叫聲。

向天池往北邊還可登上面天山。面天山視野開闊，可眺望海洋。左邊分叉路，還有一木牌，指示前往興福寮，實際長度爲三點六公里，一路陡降，頗爲辛苦。不過，森林相貌原始，極少開發，喜愛原始自然環境的人，值得一探。如果往回走，由天清宮下山較爲舒坦，或前往大屯自然公園。

◆步行時間

清天宮 —30分→ 三聖宮 —30分→ 賞鳥小屋 —25分→ 向天池

特殊景觀

◆火山口

向天山和面天山都是大屯山系最西邊的山頭，兩山隔岸對峙，大約在四十萬年前形成山形，峰頭渾圓，遠看像兩個和尚頭，是典型的鐘狀火山。

向天池位於向天山西側，呈漏斗狀的火山口遺跡，直徑三百七十公尺，深一百三十公尺，底部平坦，是陽明山地區最大最完整的火山口。在大雨過後，通常可維持三至四天的幽邈景觀；許多小生物都利用這樣短短的幾天生命（例如豐年蟲），完成傳宗接代的使命。

◆燈心草

台灣北部許多山上寬闊的溼地和草原老化的池沼，都有這種植物。通常都是一叢叢的出現。它代表著一塊溼生地轉化爲陸地的末期。諸如桃源谷、富士坪、擎天崗都有。爲何稱燈心草？原來它的綠色外皮若去除，可以見到裡面的髓心，曬乾後截成小段，醮些煤油或沙拉油，再點燃，就像昔日的油燈了。

行程

由新北投搭小型公車六路，到終點站清天宮下車最爲方便；或者自行開小客車前往，沿北投復興四路接復興三路，一路上山，此路通往淡水，至清天宮有小路指示牌上山。

餐飲

山上無餐飲，宜自備。

適合對象

青少年以上較適宜，路上有解說牌。

小油坑步道

（箭竹、芒草、硫磺坑）

從七星山站停車場的登山口上山，初始兩邊以五節芒的草原爲主。一般次生林的向陽性樹種，諸如野桐、構樹並不多見。我大膽研判，可能是附近遭受火災侵襲的結果。

沿著之字形的石階步道往上走，不久抵達小油坑人行步道入口的觀景台。從觀景台，可遠眺下方的竹子湖盆地。一般遊客都知道這裡以花卉和蔬菜著名，殊不知它在台灣農業的發展史裡，有著更重要的地位。

● 箭竹林是小油坑步道的特色。

小油坑是遊客參觀陽明山的重要景點。

由於地形封閉，不易受到外來病蟲的侵害，而且有天然湧出的溫泉可消毒，日領時期，這處盆地就做爲中村種稻米的原種田。蓬萊米便由此發跡，進而盛名遠播。

從這處停車場，又有另一條石階小徑前往小油坑。這時石階兩旁的景觀不再是五節芒，轉而是包籜矢竹的箭竹林，隱密地叢生於石階兩旁。這種箭竹是台灣分佈緯度最低的箭竹。

在這種優勢的箭竹林叢裡，其他植物很難存活，多半只能在石階旁的細縫生長，諸如火炭母草、倒地蜈蚣和山菊等，都是較爲常見的種類。在此生活的動物也十分稀少，在下方的芒草原尙可記錄小彎嘴畫眉、褐頭鷦鶯和白頭翁等，到了箭竹林似乎只有山紅頭和粉紅鸚嘴等小鳥。石階步道則有石龍子出沒。

這段箭竹林並不長，走不到半途，就可看見小油坑嬝嬝白煙自硫磺火山口冒出的特殊景觀。約走個十分鐘抵達遊客中心後，由此再往前的植物，主要以外形優雅的台灣芒爲主。但有的專家認爲五節芒和台灣芒是同一種。無論如何，在外貌上，接近

● 纖細的「台灣芒」。

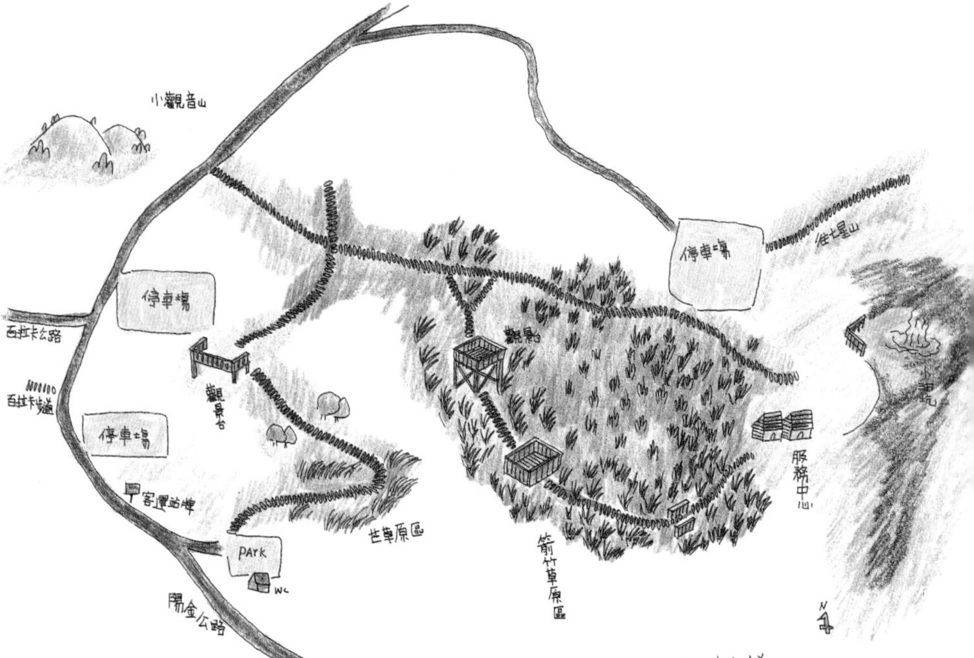

● 小油坑步道

●步道上最高點。

火山口的台灣芒確實比一般的五節芒纖細而漂亮。

火山口的生態環境十分單調，本身幾無任何植物生長，多半是被硫氣燻黑的石頭，僅有少許地衣、石蕁生長。遠一點則是芒草林。

從停車場旁邊有一條步道可爬往七星山。（可參考七星山步道）

特殊景觀

◆小油坑口

進入小油坑崩落口，不止出現縷縷白煙，翻湧上昇，同時還有惡臭以及蒸氣聲伴隨傳來。崩落口內景色一片荒涼。在最熱的硫氣孔周圍和溫泉發源處，溫度高達98度，幾無植物生存。外圍溫泉源流中才有一些藻類、苔蘚和地衣出現。此外有些小動物依靠它們生存，牠們分別是搖蚊、渚蠅、虎甲蟲、蜘蛛等，形成一個微妙而獨特的體系。

◆包籜矢竹

稈莖纖細，株高約在兩公尺左右，葉片常呈全綠。約十公分長，兩公分寬。在此，竹叢密生，形成絕佳的抗風屏障；同時也是陽明山山區八百公尺以上至山頂稜線的優勢植物。北邊自竹子山經小觀音山至大屯山，這條南北縱長16公里的山脈，以它爲主要的被覆植物。再由中段的小觀音山向東南延伸到七星山區，都有它的蹤影。台灣另外兩種原生箭竹是台灣矢竹和玉山矢竹。台灣矢竹生長在中南部的闊葉森林，玉山箭竹生長在高山區域。

行程

在七星山站下車，往回走約一百公尺，左邊停車場有登山步道上山。全程約半個小時，一公里不到。

餐飲

山上無餐飲，宜自備。

適宜對象

國小以上皆宜。

參考書籍

《陽明山火山的故事》陽明山國家公園　1994

七星山步道

（古蹟、三角點、森林、箭竹、芒草原、高山湖泊）

七星山是台北盆地北邊第一大山。這條通往山頂的舊石階步道遂成為我帶小朋友教學一定要走的必修路線。它也是傳統攀爬七星山的熱門地點，晴朗的例假日，經常吸引眾多登山的人潮，成為台北近郊最熱門的登山路線之一。

原本，在日領時代就有登山小徑，目前鋪設更加寬敞。登山口就位於陽明山國家公園遊客服務中

● 七星山是台北盆地北邊最高峰。

心左側邊。抵達遊客服務中心後，沿左邊童子軍活動中心場地，按著一路的指示牌隨即可抵達。在童子軍活動中心門口就有一個地面指示牌，清楚地告知周遭的登山路線。

陽明山國家公園諸多登山步道中，多數都暴露在硫磺、箭竹和芒草原等視野開闊的地理環境中。這

● 七星山步道是陽明山最早出現的步道之一。

裡的森林背風，是少數全程幾乎都在隱密森林中穿梭的一條，直到七星公園。夏天時走在其間特別感受到陰涼的愉悅。

一路上除了鋪有完整的石階，國家公園還設立了人文味非常濃厚的解說牌。在各處重要的景觀位置，都逐一介紹整條步道的森林和其他區域的差異和特殊性。

入口處步道兩旁，成排迎面而來的是別地比較少見到的松樹。這些松樹爲何單獨出現於此呢？

原來，日治時期一九二三年，日本裕仁皇太子曾來台旅遊。爲了此事，總督府特別在草山（當時的陽明山）地區，興建賓館、築路、搭橋、設電燈和電話等公共設施。隔年，裕仁結婚，爲了慶祝他的來台旅遊和結婚，台北州還訂了十年紀念造林計劃。在七星山和大屯山規劃了十六甲山坡地，進行人工造林，主要以琉球松和黑松爲主，並且在現在的七星山登山口立牌。所以，登山遊客一路上山時，周遭都可看到這些當年種植的樹種。這些樹種對原來的植被影響甚鉅。我們在第一個解說牌後，就看到一座日領時代造林紀念碑豎立。

不過，一進入密林，這裡的優勢樹種，仍以原生的紅楠和香楠爲主。山腳香楠，山腹以上就以紅楠較常見了。春天時，紅楠冒出嫩紅的芽苞；而夏天時香楠黑紫色果實落滿石階步道，都是走在這條林子最爲常見的景觀。

這條步道鋪設於七星山西南坡的林子，並未受到外在風力的影響，森林演替的狀況較東北面的迎風坡成熟。除了紅楠和香楠外，密林裡還有江某、墨點櫻桃、山枇杷、牛乳榕等複雜的喬木樹種，形成一條天然的森林步道。

棲息在這個區域的動物也和西北面有很大差異。譬如以哺乳類而言，在林子裡，很容易就發現赤腹松鼠的蹤影，或者聽到鳴叫。但是西北面山坡較容易出現的鼬獾在此就不易遇見。蜥蜴類也一樣，森林裡是黃口攀蜥棲息的家園，在芒草區見到的卻以麗紋石龍子爲多。

至於，族群更多的鳥類和昆蟲方面，情況更加顯著，喜歡在芒草棲息的台灣小鶯、灰頭鷦鶯、番鵑，就不會進入密林生活。相對的，林子裡的繡眼畫眉、黑枕藍鶲也不會到芒草區活動。在森林裡很容易就看見鹿角金龜、蛇目蝶之類的昆蟲；反之，在芒草則以螽斯、紋白蝶爲多。

從整體外貌感受，它更有別於大屯山區其他步道的特色。放眼望去，兩邊的林相多樣，各種攀藤、樹幹和落葉複雜而錯綜地交疊，因而產生不同層次的綠色，圍繞四周。步道兩邊的延伸性也相當豐富，具備了開放而親切的空間特色，不像其他步道多半都有視野的阻隔，或者過於單調。

●這張日治時期陽明山的地標圖，背景就是七星山的形狀，左邊為主峰，右邊則為東峰。

這是一片森林的綠海，登山者幾乎都走在這片綠海的海底。六月以後，更會聽到喧鬧的伴奏；那是陽明山草蟬、騷蟬、暮蟬等蟬鳴和蟋蟀、螽斯等蟲子的多重大合唱，一直持續到深秋，加深了林子的綠意。秋天時，一路上很容易遇到美麗的紅圓翅鍬形蟲。

步道中途會出現一段包籜矢竹區，這段區域的出現，意味著密林已經到了尾聲。接近頂點時，遇見一處叉路口，左邊往七星山東峰，右邊往七星公園。

●七星山上的指示牌。

● 七星山擁有一顆一等三角點。

● 具有滄桑美感的石階步道。

● 冬末時長嫩芽的紅楠。

● 俗稱活化石的代表性植物昆欄樹。

如果往左邊，可以爬上七星山東峰和主峰。這兩座山相連，走在其間，總感覺像是在高山的稜線行走。

如果往右邊走，隨即來到杜鵑花和芒草叢爲主的公園景觀區。附近的植物以古老時代的植物昆欄樹和此區常見的野鴉椿最佔優勢。灌叢方面則以唐杜鵑、狹瓣華八仙花叢等較爲常見。

公園的景觀視野開闊而明亮，不論晨昏、夜晚，都有遊客駐足。由此遠眺，山腳橫陳著如烏紗帽的紗帽山和台北市景。

紗帽山是七星山旁的寄生火山，因形成時的岩漿比較黏，流動性小，慢慢地形成圓滑、優美的鐘狀火山，最具陽明山火山山頭的代表特色。

由公園再往前，經過涼亭時有三條路，左邊往聳立的七星山，右邊往冷水坑風景區，中間則前往夢幻湖。

如果要欣賞較爲特殊的山區沼澤生態，豐富這段旅程的見聞，建議你朝夢幻湖前進。夢幻湖海拔高八百六十公尺，整個湖水的面積不過一個籃球場寬。可惜，湖泊經常缺水。但湖水裡仍擁有許多稀有的植物諸如沈水植物台灣水韭，以及穀精草。還有浮水植物小莕菜；挺水植物水毛花、荸薺等旺盛地棲息在泥沼水面，同時，湖岸還有旱生植物日本柳葉箬和稃藎，生長在五節芒的環境。此外，湖裡還有一種特殊的小型魚類，七星鱧，棲息在隱密草叢的淺池裡。

夢幻湖邊還有一個解說亭突立於池上，這兒是遊客觀察水生植物的唯一地點。繼續往前，步道通往冷水坑和擎天崗草原。步道旁有一涼亭可遠眺七股山芒草林、擎天崗短草草原、冷水坑吊橋，以及大油坑嬝嬝昇起的白煙。

如果由此走下山，一路穿過芒草原可直接抵達陽金公路，在中湖站搭公路局。或者在冷水坑搭車。冷水坑位於七星山與七股山東側谷地，由於水溫比一般溫泉低，僅有四十度左右，故而稱之。從下冷水坑之步道可望見特殊之牛奶湖。也可走回遊客服務中心，下山時程約五十分鐘。

由公園走左邊的路線可以登上七星山東峰，行程約四十分。但路途陡峭，登頂頗爲辛苦。此時一路上多半是芒草林。秋天時芒草開花風景最爲美麗。步道上可見台灣肺形草、倒地蜈蚣、山菊和假柃木等植物。

上抵東峰，往左邊眺望即可看見主峰遙遙在望。這兒有一顆三等三角點。再前可爬上主峰不過十來分鐘即可。從兩座峰都可看四周的景觀，主峰猶能看到竹子湖的風貌。

主峰上有一等三角點和一等衛星點，往南下看，看見一片低漥小平原，前方有一三角形金字塔狀的小岩山，即傳說是凱達格蘭平埔族人祭拜祖先的神壇。

主峰山頂本身並無特殊之樣，惟有些安山岩位置錯落，形成怪石嶙峋的樣子，被許多宗教團體認爲和外太空的某些事物有關，因而在此很容易就看到紙錢、鮮花等不應該出現的東西，也有考古學者引經據典，認爲這裡是南島文化的發源地。

若從主峰繼續往小油坑方向，大約一個小時可抵達。下山的景觀和先前截然不一樣。這裡面北，優勢植物爲包籜矢竹和芒草。先是步道被包圍在包籜矢竹的林海，緊接著都是芒草原的景觀。在包籜矢竹區，中途有一舊土地公廟，可能是以前採箭竹之人興蓋的廟宇。兩處觀景台中途，有零星硫磺坑谷地形。第一個坑谷的山凹深處，左邊有一片美麗的昆欄樹，如非洲草原上的樹種，林立於芒草原上，算是中途一處較爲特殊的景觀。

● 夢幻湖擁有特殊而稀有的池沼植物。

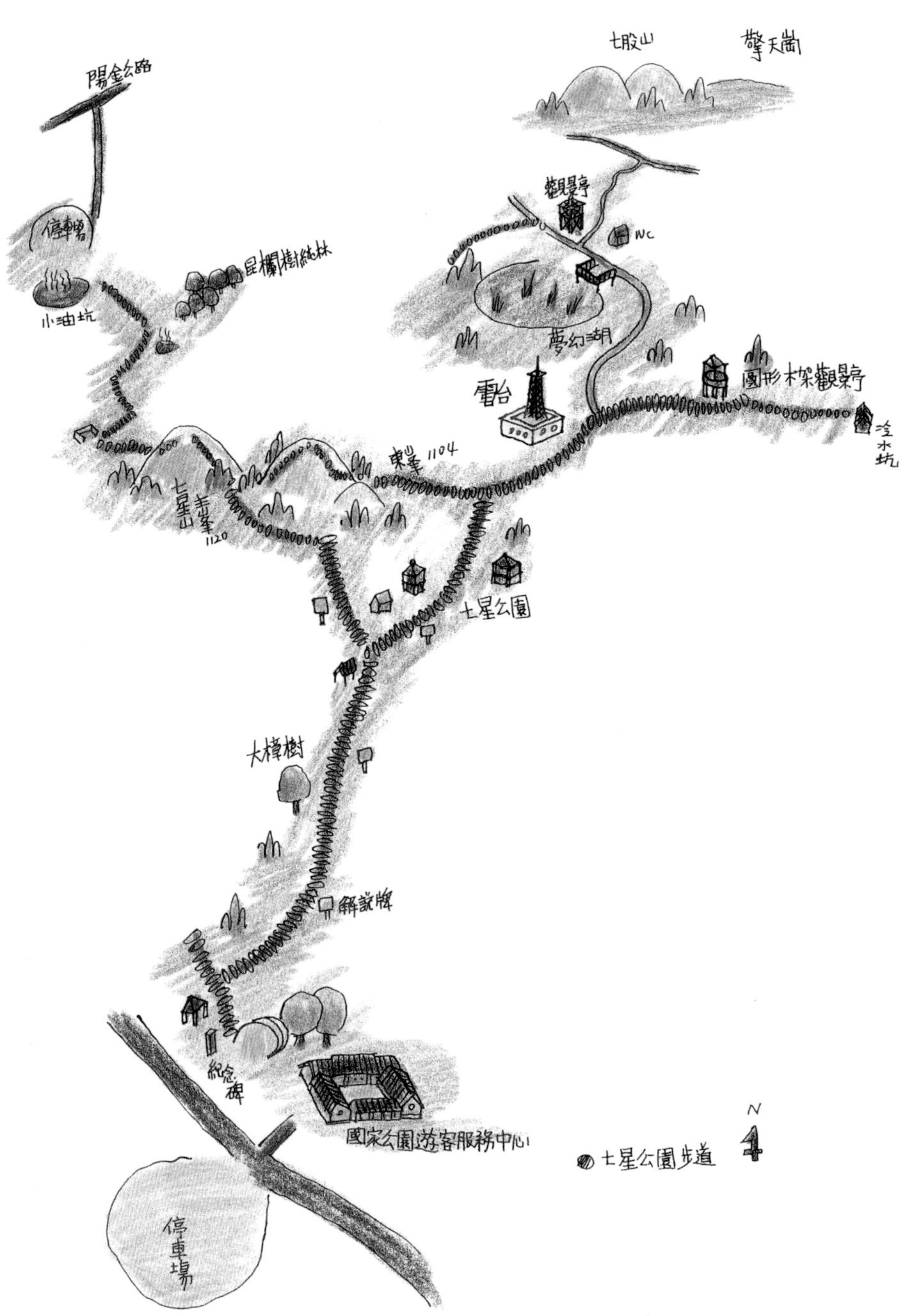
陽金公路
停車場
小油坑
昆欄樹純林
七股山
擎天崗
觀景亭
WC
夢幻湖
雷台
圓形木架觀景亭
冷水坑
東峯 1104
七星山主峯
1120
七星公園
大樟樹
解說牌
紀念碑
國家公園遊客服務中心
七星公園步道
N
停車場

◆步行時間

遊客中心 →(60分) 七星公園 →(15分) 夢幻湖 →(30分) 冷水坑

七星公園 →(55分) 七星山主峰 →(55分) 小油坑

特殊景觀

●黑土

七星山的土壤形成，主要是火成岩風化，以及火山灰堆積的結果，再經過當地氣候的長期滋潤、水的經年淋洗，才化育而成。其中，火山灰特別黝黑且肥沃。當我們經過這片林子時，撥開豐厚的落葉層，就會看到土壤的層份。可是，下雨時，黑土相當容易流失，所以不少地面會裸露出黃色土堆。

◆紅葉森林

基本上，台灣的森林不會大量落紅葉，形成枯林滿地的國度。但在這片森林裡，秋末後，葉子轉紅掉落的植物特別多。一直到春末，石階步道上也經常有落葉塡塞細縫，彷彿爲其鑲邊，頗爲雅緻。這些植物以山漆、賊仔樹、青楓、楓香、牛乳榕爲主。它們在春天時也搭配紅楠，長出淺綠爲基調的嫩芽，爲森林穿上漂亮的淺綠外衣。

◆昆欄樹

大型喬木，侷限分佈於韓國、日本、琉球和台灣的孑遺植物。常見於中海拔1800~2200公尺的紅檜林地帶。陽明山山區在600~1000公尺可見到大片純林。如七星鴨池斷裂乾谷和大屯山西坡等處。它是溫帶氣候下的先驅植物，在演替早期大量出現，並於地熱區和火災頻繁地區維持一定族群和數量。

◆野鴉椿

陽明山地區的代表性植物，只生長在基隆河北岸山區的環境。夏季時開始結實滿樹，異常醒目，成爲陽明山重要的指標植物。它的紅色果肉反捲裂開，露出裡面黑色的種子，相當特殊而可愛。在國家公園遊客服務中心前的草坪和七星山公園都可看到大片存在。

◆七星山主峰

台北盆地周遭山巒，最高的山峰，標高1120公尺，峰頂原有水泥塔，目前被拆除。向四方遠眺，東方有大尖後山與磺嘴山並列，西方大屯主峰如寬大堡壘，面天山如大鐘，北方竹子山有如長城，東北方可及金山海邊，景色綺麗。

行程

可搭260、230到陽明山終點站，由此走十五分鐘，抵達國家公園遊客中心的登山口，或搭台汽客運在苗圃站下車，也可直接開車至陽明公園第二停車場。

餐飲

山上無餐飲，宜自備。

適合程度

青少年以上適宜，一路都有解說牌。

魚路

（古道、石屋、石橋、瀑布、水圳、硫磺坑、梯田、森林）

位於七星山上的金包里大路又被簡稱爲魚路，一般人也以此稱呼，遂成爲一個約定俗成的名稱。目前它是台北近郊新興登山路線裡最熱門的一條。例假日時經常人潮爲患。有一陣子關閉，後來重新整修，按照當年的古道情形，加蓋了許多早年的草屋、石厝、拱橋和城門，再對外重新開放。

目前，最常被登山人健行的魚路路段，主要從擎天崗至頂八煙，這段穿過陽明山國家公園的路線，途中經過台灣芒草原、栗蕨草原、森林、梯田、火山口、溪澗和瀑布，景觀豐富而多變，堪稱魚路最精彩的一段；路況經過國家公園整修後也相當適合健行。

一般的行程多半從擎天崗走下去。我們一走上擎天崗草原，就可以看到草原入口之前的土地公廟。廟後還有一個小廟。這裡便是魚路著名的中途

●魚路古道是台北近郊最熱門的登山路線。

●金包里大路是擎天崗草原上魚路主要入口。

站，以前叫大嶺。沿著土地公廟旁最左邊的芒草小徑走下去，這條小徑叫砲管路，也有人叫日本仔路。它是日據時期日本人爲拖砲車而修建的山路。我們一般遊客所走的魚路大致上就是指這一條。

遊客也可以選擇沿著旁邊的環形步道走到金包里大道城門，由當地人叫河南勇路的石階走下山。原來，這條路就是過去河南士兵來此修築的山路。從城門開始，整條路線都有解說牌，非常適合帶孩子在此認識歷史和自然生態。

不論從哪一條下去，兩旁最初的景觀都是長相類似五節芒的台灣芒，長像比較細密而小。遠遠如饅頭的大山則是大尖後山。如果由砲管路走下山，細心者不難在半途發現湮沒於台灣芒草叢裡的挑磺路。這條路由大油坑上來的，過去是往昔挑硫人走的捷徑。

一路下坡半途，就會看見山腰彷彿發生火災。原來是大油坑冒出的白煙飄出。在百二崁石階前，會遇見一處溪泉。這處看來無啥稀奇的山泉卻大有來頭。當年挑魚的漁販從金山走至此，就在這兒休息喝水。它不僅清潔可嚐，而且清涼可飲。百年迄

● 魚路上的栗蕨草原。

今，山泉猶源源不絕，一如往昔。

中途有一往右之叉路可往另一條林道，也是泛稱魚路的小徑之一。從這裡也可通往頂八煙。不過，一般人都走石階而下，回來時再試走此路。

這時路邊的芒草已經逐漸減少，轉而是火山地形常見的蕨類——栗蕨。這種喜歡在乾旱地帶生長的蕨類，在此形成廣闊草原，連綿到大油坑附近，是這兒半山坡的優勢植物。但可不要以爲是過溝菜蕨之類可以吃食，有人吃了曾中毒死去。

進入林子前，有一個叫大石公的景觀，國家公園設有解說牌。這塊石頭是安山岩。周遭幾乎都有安山岩座落，這一塊是最爲顯著且最大的一顆。

走下百二崁後，進入隱密的森林，換成鋪著青苔的石階步道蜿蜒在隱密的森林。幽靜而涼快的林子裡，小溪淙淙相伴，遊客彷彿進入世外桃源。隱密的森林裡留存有廢棄的舊石屋和乏人看護的綠竹林。這些都是過去在此種田的人遺棄之舊屋。林子中途，有一處日據時代修建的土地公廟，座落在小徑旁。

● 栗蕨是魚路上的重要代表植物。

再往前一小段，林子豁然開朗，出現風景綺麗的廢棄梯田景觀，梯田盡頭又有小溪潺潺流過，猶若別墅之庭園。在此若欲往大油坑，可涉過先前的小溪，往左邊穿過密林，進入另一處開闊的廢棄梯田。在這塊可以向四周遠眺魚路和四周的草原，運氣好時，還會遇到放牧的牛群正在啃草。惟近年來遊客多，牛群已經不易發現。

繼續前行，經過一處淺水灘，半路上都有登山

●古道上古樸的土地公廟。

布條路標指引，前往大油坑。穿過低矮的栗蕨林叢時，會先聞到濃重的硫磺臭味。當栗蕨消失，各種色澤的安山岩纍纍出現，先是黑色，接著褐色、紅褐、白色皆有；由於氧化之作用，附近的石塊也相當鬆軟，容易碎裂。

● 大油坑是魚路古道上重要的古蹟和自然景觀。

這兒便是著名的大油坑，一個適合地質和地理教學的環境。放眼望去，寸草不生，只有禿裸的山，和從地底發出巨大轟隆聲的白色硫氣。以前這兒還有採硫的事業，目前已經停工，但硫氣噴孔前，仍有一些遺留的採硫設備。坑谷對岸的公路上有一間舊屋，是當地原先在此採硫人家的舊屋。

遊客可沿此公路走下山，到大油坑站，搭乘台汽客運。也可按此路回去，繼續進入森林，順著石階往前行。旁邊繼續有急湍般的溪水並行。不久，石階再和砲管路交會。

有些人喜歡由此順砲管路走回去。這條山路未鋪石階，林相也相當隱密而蓊鬱。半途有更多廢棄的舊石屋。還有此區少見的人工柳杉林。

遇到和先前林子裡相似的土地公廟時，沿左邊山路繼續往前，半路上都有登山布條指引，約莫半個小時可走出森林，又是栗蕨的世界。然後，山路再和石階的河南勇路相會，由此可走回原先的城門。

在這片早年先民定居的美麗森林裡，國家公園重新搭蓋了好幾間草厝、涼亭和石屋，並有解說，分別座落在林子的兩條路上，讓遊客可以回味早年的農村生活。

如果不想走回頭路，建議您繼續再往前探訪，隨即來到新蓋好的石造拱橋——許顏橋。橋身狹窄，別有一番獨特的風味。第二道橋是簡便的木橋，有強大的水瀑自橋下流過。過了橋，有一個光復後建造的紅磚灶，這個舊灶是過去當地人採磁土建的，如今已長滿了青苔和蕨類。磚灶前建有一個新的觀景台，可以遠眺大油坑冒煙的地理景觀。

半途，遇有一往下行的叉路，有指示牌，走捷徑，可通往下磺溪停車場，一路行程大約半小時。那兒也是一處重要的入口，設立有完整的解說牌。大體說來，整條魚路的解說應該是所有古道裡最爲詳盡的一條。

第三道橋大石纍纍，長滿苔石。由此再往前，景觀比較單調。約半個小時後，可遇見水圳路。水圳路也是過去魚路的路線，但尚未全部開闢，不宜前往。

一般人可沿左邊的苗圃前行，經過賴家墓地抵達陽金公路的頂八煙站，可從那兒搭乘台汽客運回台北。但千萬記得，走到此地時，最好是在下午四點半前，以免沒有台汽可搭。從金山出發到台北的台汽客運，最晚兩班爲四點二十分和五點。

● 許顏橋是古道重要的建築。

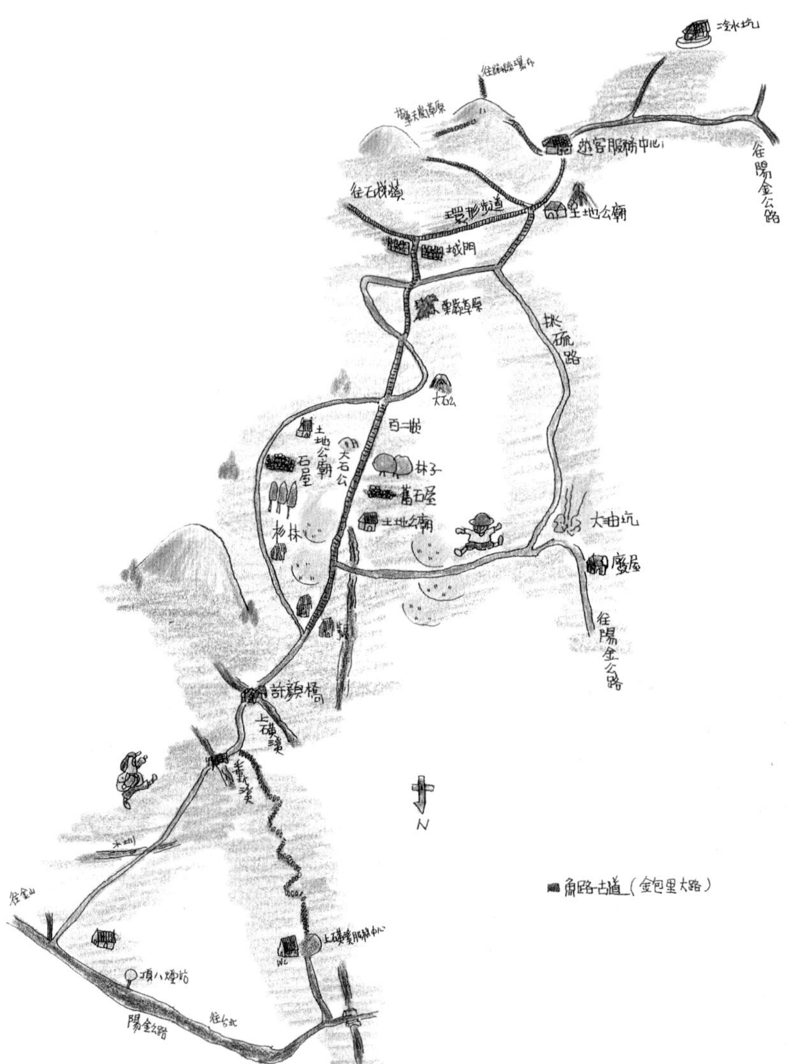
冷水坑
往絹絲瀑布
擎天崗草原
遊客服務中心
往陽金公路
往石梯嶺
環形步道
土地公廟
城門
挑硫路
大石公
百二崁
土地公廟
石屋
大石公
林子
舊石屋
土地公廟
杉林
大油坑
廢屋
往陽金公路
許顏橋
上磺溪
水圳
往金山
上磺溪服務中心
WC
頂八煙站
陽金公路
往台北
N
魚路古道（金包里大路）

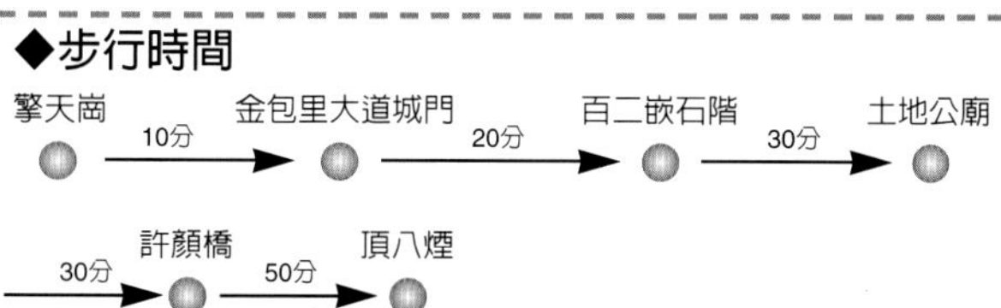

特殊景觀介紹

◆魚路歷史

魚路，一條從北海岸金山小鎮出發，穿越過七星山脈通往台北盆地的山路。目前，在國家公園的特別規劃下，尚存的古道已經重新鋪設，遊客中心也設立了展覽室，讓遊客認識這條別具人文意義的古道。

魚路如何形成的呢？根據民俗學者林衡道生前早年的描述，由於金山附近海岸線綿長，水產豐富，自古漁業極盛。往昔金山當地的漁民便漏夜挑其魚蝦，沿磺溪上行，翻越擎天崗，經山仔后，黎明才抵達士林、大稻埕銷售。光是從漁業的角度，這條魚路在台灣的漁業史就有其重要的地位。

魚路也不只是金山鎮村民挑魚專用，或者買賣貨物。早年清軍的移防，甚至遠在三百年前，荷蘭人時代，平埔族人就靠此路來去。

魚路至日據時期仍照樣有漁民在利用。後來，金山至基隆的輕便台車開通，金山的漁民就不再走魚路，而把捕獲的魚用台車轉運至基隆，再靠火車載至台北大稻埕，魚路遂漸爲人所淡忘。

等到太平洋戰爭爆發時，嚴禁魚肉販賣，這條路又成爲漁民走私魚貨的路線。這期間，日本人又開闢了寬敞的砲管路，登山人也將它併爲魚路的一部份。

現在，這條魚路業已支離破碎，有的與陽金公路、菁山路、仰德大道或產業道路重覆。倖存的路段，多數地方也沒入荒湮漫草裡。

保持較完整的、遊客最常攀爬的路線，主要從擎天岡到頂八煙。這一段山路正好通過瀑布、梯田和大油坑，又銜接著名的擎天崗草原，風景相當綺麗。在二、三年前的一波古道熱下，它已成爲陽明山國家公園最熱門的旅遊路線。此外，目前的絹絲瀑布步道也是當年魚路的主要路線。

行程

一般的走法多半從中湖站下車，走一個小時到擎天崗，再下魚路。出發前，可詢問台汽客運金山站，有關陽金公路的車程時刻；或在士林站、山仔后站搭乘小型公車15路至冷水坑；也可自行開車前往。

餐飲

山上無餐飲，宜自備。

適合程度

青少年以上較爲適宜。

絹絲步道

（古道、水圳、瀑布、森林）

● 絹絲步道是古道也有舊水圳。。

從登山口進入時，沒多久，就有日領時期的水圳和步道平行。同時，步道有高大而優雅的篷萊竹竹林，隱密而蓊鬱地林立兩邊。大概附近「竹篙山」之稱呼就由此而來？

這條水圳叫山豬湖圳。昔時，山豬湖居民農作為旱作，種植甘藷、玉米等；水圳出現後，方改為水稻。唯目前水圳已經廢棄，成了適合蛙類、蜻蜓和水生昆蟲的棲息地點。

● 台灣鹿角金龜是陽明山代表性昆蟲。

單純的竹林和青苔滿佈的古圳相伴，所形成的步道空間，自有一番獨特的美感，尤其是天氣明亮時，陽光照射下來，被竹林篩濾，光影之感覺相當奇特。這種特殊的視覺享受，實非其他古圳所能比擬。

竹林間，豐富的森林不時錯落兩旁，形成另一種陰涼而令人愉快的環境。第二處解說牌前不遠處，右邊有一條小徑，可往下行，沿著水圳走至源頭的內雙溪溪邊。

● 常見於擎天崗草原溼地的燈心草。

繼續沿著步道再往前行，可以清楚地聽到瀑布的聲音。絹絲瀑布附近容易崩塌，不宜久留。

往前行有兩條去路，向左可前往冷水坑，完成一趟短程的森林浴散步。

繼續往前可至擎天崗。一般遊客都會走上擎天崗，這裡海拔771公尺，是一片低平而美麗的大草原。過去稱之爲大嶺崎，其意係指鞍部關口的意思；往西走，可通金包里大道；往東南可走到頂山步道到風櫃口，約三至四個小時，路途長而無遮陰；往南可至竹篙山，竹篙山上有廢棄的碉堡。

● 上抵擎天崗草原時，可以看見小雲雀，或者聽到牠在天空鳴叫的聲音。

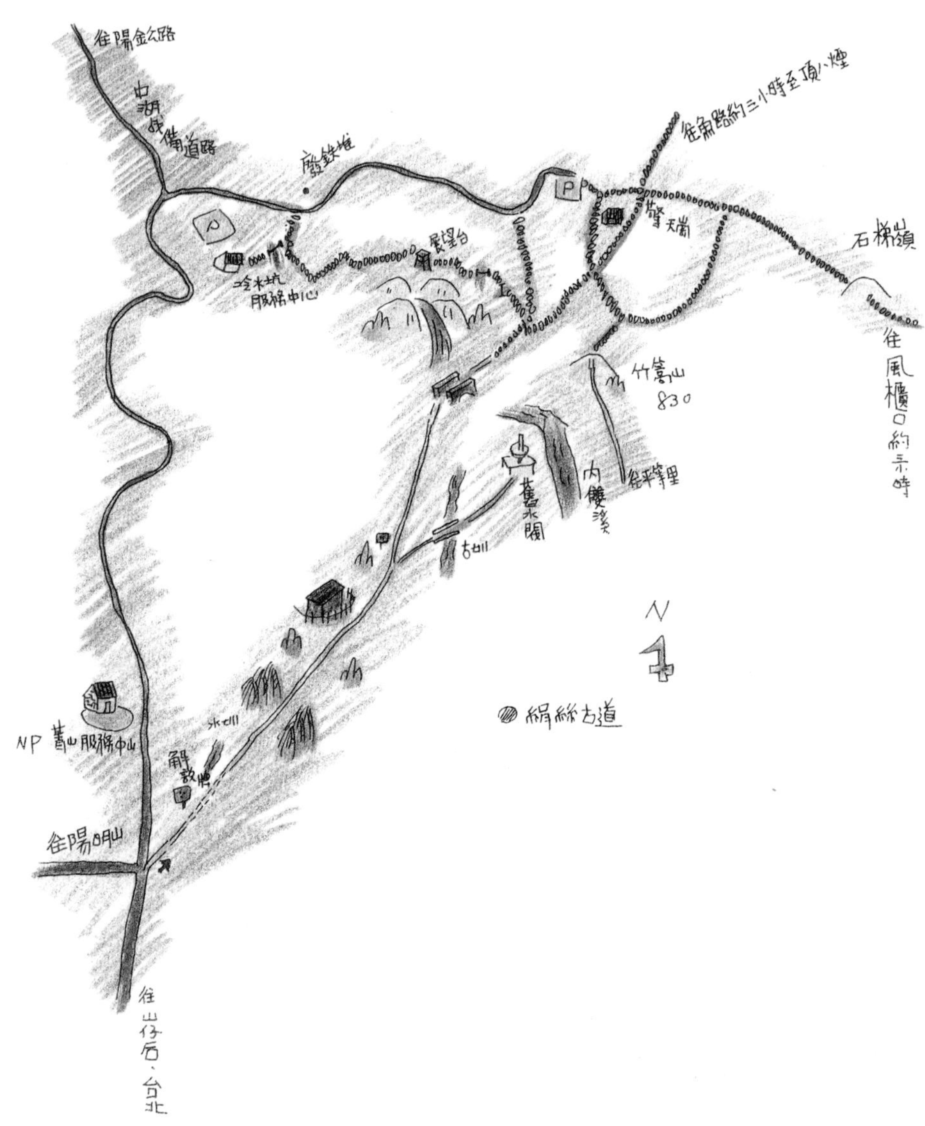
往陽金公路
內湖戰備道路
廢鐵塔
往魚路約三小時至頂小煙
擎天崗
石梯嶺
往風櫃口約二小時
展望台
冷水坑服務中心
竹篙山
830
內雙溪
往平等里
舊水閘
古圳
水圳
解說牌
NP 菁山服務中心
往陽明山
往山仔后、台北
絹絲古道

秋天開花的野鴉椿是陽明山的代表性植物。

◆步行時間

登山口 —30分→ 絹絲瀑布 —30分→ 擎天崗

特殊景觀

◆瀑布景觀

內雙溪上游源流，由於位於來自竹篙山和七星山兩個不同成份的熔岩流，因兩者抵抗侵蝕能力不同，形成瀑布、底下瀑潭和往下河道巨石、岩塊廣布。河上游湍急，常見巨大稜角的石塊，形成急湍、瀑布；下雨時也容易崩塌。

行程

可搭乘小公車至山豬湖登山口。

適宜對象

青少年以上適宜。

餐飲

附近無餐飲，宜自備。

參考書籍

《步道篇》　叢培芝　陽明山國家公園　1991

富士古道

（牛群、草原、梯田、森林）

● 萬溪古道旁的典雅古厝。

大屯山巒眾多古道中，最讓我深感到好奇的是富士古道，因爲它幾乎是最晚發現，最少歷史符號的一條。

由內雙溪通往萬里的公路雖然尚稱舒適，但這裡沒有公車，必須駕駛小客車前往。

越過風櫃嘴，經過唯覺老和尚發跡的靈泉寺後，隨即遇見叉路。左轉跨過溪底五號橋，沿著昔時萬溪古道舊路線前行，十來分鐘便可抵達溪底分校。

中途，不妨慢慢欣賞陽明山特有的石頭厝民宅。或簡單的一條龍，或成直角的轆轤把，或典型的三合院屋宇。它們多半用安山岩等暗灰色石塊，砌成長方形石磚，再堆疊成整齊而美觀的石屋。

富士古道的登山起點，在大坪小學溪底分校正門前。它位於這兩條舊古道交會的小山丘上。

從學校正門旁的小山徑前行，一百公尺左右，山路向右轉，出現人工柳杉林的陡坡，位於林子裡的山路一如一般登山小徑，甚至是一般農人臨時劃出的小山路，難以界定爲古道。不過，路旁暗綠而優雅的叢生細竹林，可能是蓬萊竹，顯示這裡至少是一條存在已有一段時日的產業道路。約莫二十來分鐘，抵達大尖山東南尾稜。

● 冬天時樹林下的紅果金素蘭，經常長出紅澄澄的果實。

這條山稜是富士溪和瑪鍊溪的分稜，大尖山海拔八百三十七公尺。由東南尾稜前進，一路不時可聽到的富士溪湍急的水瀑聲，從山谷下傳來。

山稜線上，只有一條明顯路徑，照著登山布條的指示，不容易迷路。愈爬愈高，溪聲隨著逐漸升高的地平線而漸遠消失。等到溪聲再出現時，即抵達一處明顯的叉路口。一條通往溪底的梯田和廢棄古厝，另一條繼續沿稜線上行到草原。

繼續順著稜線，右邊溪岸即可看到梯田景觀的草原。山路上還有零星廢棄的茶樹，散佈在山路間和坡地，顯示這兒早年至少有茶葉的產業。

小路旁有一簡陋的小土地公廟，由三片長方形厚重的安山岩堆成，已經覆有青苔，更加證明曾有人在此耕作的遺跡。過了土地公廟，不久抵達富士溪上游的小溪徑。此後順著溪邊的闊葉林上行，半個小時便上抵草原。

● 富士古道的終點是一片漂亮的草原。

小溪的左岸還有堆砌良好的石牆護岸，相當完整而高大，保護著

位於大尖山下的大尖池常有水牛泡澡。

這條溪坡；這座石牆護岸存在年代已有一段時日，一如魚路。顯見這裡早年就有人往來，可能是一條山地農夫挑運貨物來往，或保護附近產業的山路。

山溪消失時，草原也在眼前開闊地展現。相較於擎天崗草原的廣漠無垠，這裡的開闊性比較拘謹卻多變化。春天時野百合盛開、刺莓結果最爲吸引人。

台灣藍鵲是陽明山的代表性鳥類。

根據過去的資料，這處草原上經常有牛隻出現。草原上仍留有早年的大嶺牧場的水泥界碑。草原左側，有明顯路徑，可繼續爬上大尖山，也可沿西北稜土堤，前往磺嘴山生態保護區，左轉接魚路古道。如果未申請許可，不宜進入。此外，時間有限下，最好按原路走回。

右邊有山路，沿著草坪走往鹿堀坪古道。前往的草原上有一座古墓存在。最高點視野良好，可看到鹿堀坪的山谷（可參考鹿堀坪古道），從這裡前往約須半個小時。

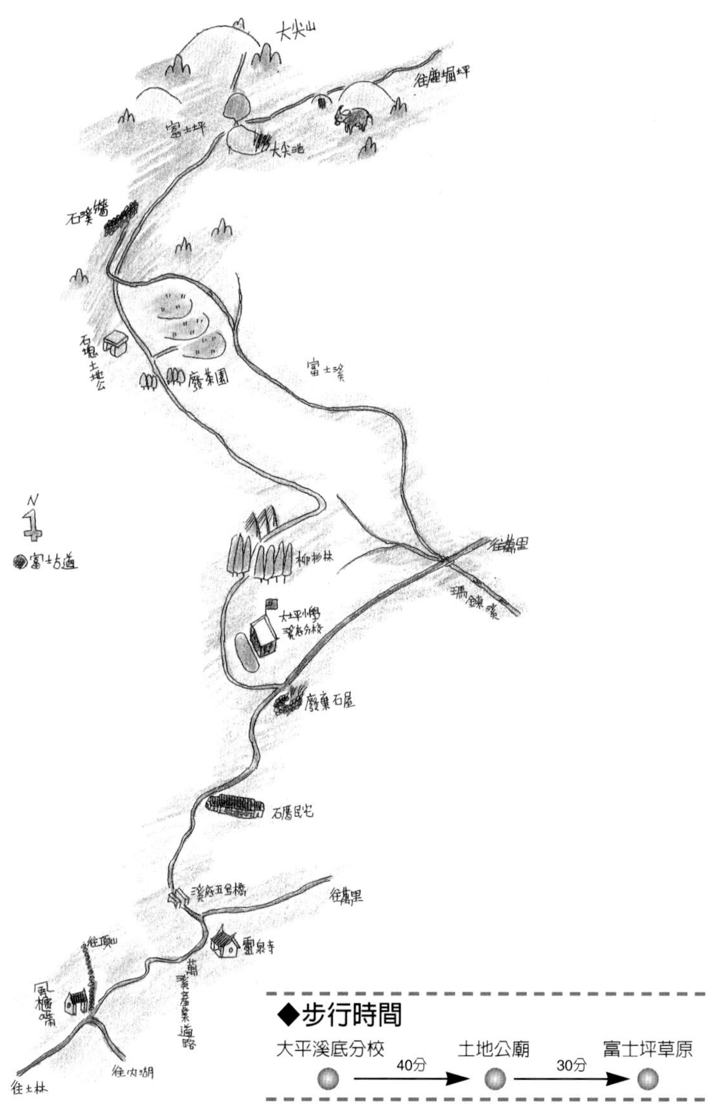

◆**步行時間**

大平溪底分校 → 40分 → 土地公廟 → 30分 → 富士坪草原

行程

自行開小客車前往，由內雙溪往萬里，越過風櫃嘴（此路亦可通內湖、汐止），經過唯覺老和尚發跡的靈泉寺，遇叉路左轉，跨過溪底五號橋，沿著昔時萬溪古道舊路線前行，十來分鐘便可抵達溪底分校。

適宜對象

少年以上適宜。

餐飲

附近無餐飲，宜自備。

鹿堀坪古道

（梯田、石屋、瀑布、水圳）

大坪是一個普通地圖找不到的地方，它位於從萬里到雙溪的產業道路上。如果從台北出發，過了風櫃口後，還要經過隱密的靈泉寺。接著，再上到一處高原，始能抵達。

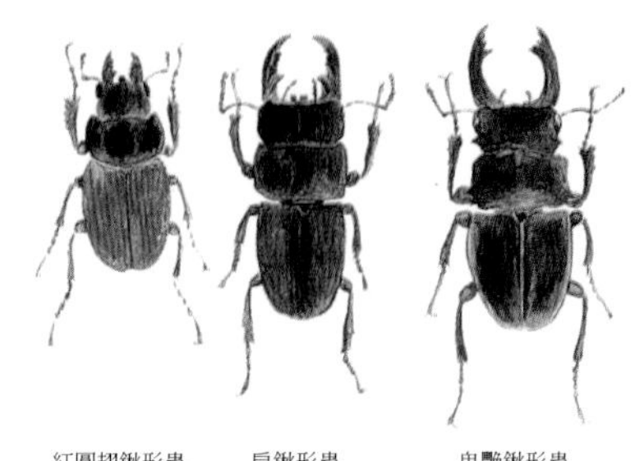

這個村落拓墾的歷史可能不到兩百年，拓墾的人是從萬里上來，先到二坪，再上山到大坪。大坪的意思就是山上的一處大平原。

站在這處小高原上，不免讓人想起平等里的環境。但是，平等里接近士林，百年前文風便頗盛，現在則已經商業化。這裡從過去到現今，仍然相當淳樸。

● 紅圓翅鍬形蟲、扁鍬形蟲和鬼艷鍬形蟲是三種常見於陽明山的鍬形蟲。

以前的人上到這座高原拓墾，可能種稻自給自足。現在有公路了，不需要產稻米，所以改種地瓜。只有一片地仍維持種水稻。現在到處是地瓜

● 水圳是大坪的重要特色。

●古道旁邊目前以地瓜為重要產物。

●登山口廢棄的石屋。

田，想來這裡的地瓜應很好吃！

跟平等里一樣，這裡有許多水圳。前往鹿堀坪的路上，水圳更爲豐富而密集，可見大坪的農產需要水的灌溉。

從公車站牌進入後，沿著水旁的柏油路前行，不久抵達一處土地公廟，旁邊有一棵老楊梅樹。那兒有三條小水圳，分別通往不同的地方，顯見這兒的水利設施相當複雜。

住在這裡像世外桃源，如果不是例假日，少有人前來。半路上有幾間老屋子，有一戶人家仍維持土厝的三合院。有一戶靠山裡的石頭屋則已經變成廢墟，不僅見證了這裡的拓墾歷史，同時也顯示了一條古道的沒落。這條古道就是鹿堀坪古道，一條通往擎天崗和魚路交會的道路。

繼續往前，不久抵達停車場。由停車場有一條水圳。走過水圳後，過一石橋，就是這裡最完好的土角厝石屋。

從石頭屋沿石階上去，經過一片地瓜田，緊接著進入次生林，抵達一處廢棄的舊水圳。沿著水圳可以前行，但是路途潮溼而滑，必須小心前進。水圳旁就是山谷溪澗。走約半小時，抵達一處水瀑區，在此可以休息。水瀑區有許多平坦的石階可以休息，整個環境也像是台灣早年的原始森林內容。過了水瀑區，有一條山路可上抵杉林。進入杉林前，有一條叉路可以走回舊石屋。

往杉林走，約半小時可以經過，抵達鹿堀坪草原。這是一塊廣闊而風景綺麗的山谷梯田。目前此地已經廢耕，偶有牛隻來啃草。山谷中間有一條溪流過，適合休息。溪旁有一棵大紅楠。這裡很少遊客到來，昆蟲和爬蟲相當容易發現。鳥類亦不少。春天時，草原懸上的勾子和台灣百合都是常見的植物。

●沒有欄杆的水泥橋。

若欲往富士坪和富士古道，必須跨過小溪，溪對岸有兩條路，通常由左邊的山路往上走，約半小時後可抵達富士坪草原。

往回走時，建議走另一條叉路回去。路途也十分溼滑，但沿途都是密林。下抵山谷，遇見一個大型的廢棄石屋，以及一系列梯田，草叢已經蔓生。那兒也有水圳，沿水圳可以走回。

這座廢棄石頭屋的主人偶爾會回來，到山裡採筍。鹿堀坪美麗的梯田正是主人以前的產業。日據時代，梯田後的山是另一處類似擎天崗的牧場，由日本人經營，這裡的老人小時候多半到過那兒牧牛、打工。

百年前，從這裡走到擎天崗草原從事買賣，大約需要兩小時。如果走下山到萬里買物品也要同樣的時間。至於，由此到外雙溪的士林，就需要一天了。它和魚路一樣都是由北邊的海岸小村通往台北。金山靠魚路聯絡士林，萬里和大坪則靠鹿堀坪古道、萬溪古道（萬溪產業道路前身）。由於交通不便，來往的人少，因而也有人稱這裡爲小魚路。

◆步行時間

建議由大坪國小開始步行，感受高原風光。

大坪國小 —10分→ 土地公廟 —15分→ 舊石屋 —30分→ 水瀑 —30分→ 鹿堀坪 —40分→ 富士坪

● 鹿堀坪擁有美麗的梯田。

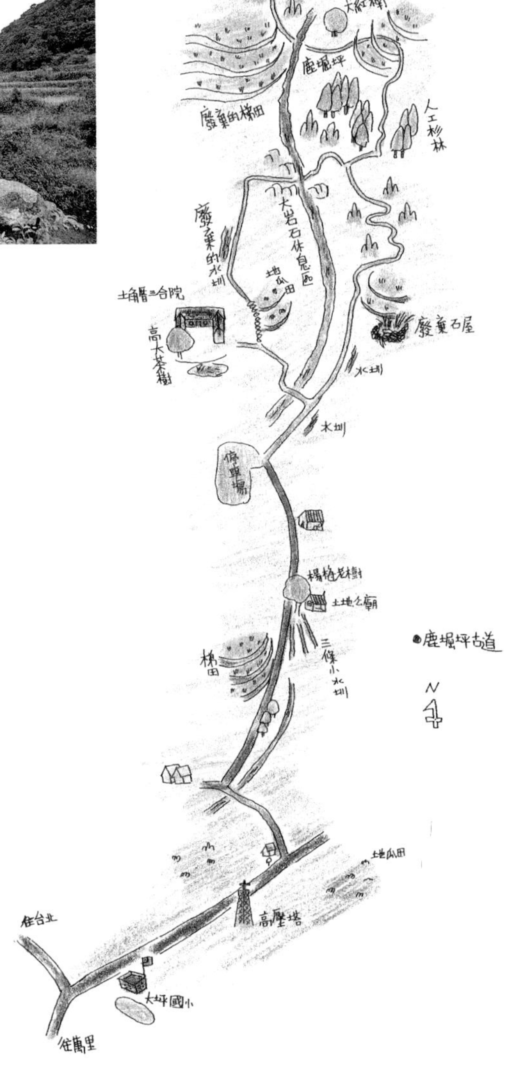

行程

可坐基隆客運從萬里到此，時間必須查詢。或由台北開車，從明德樂園或內湖經風櫃口、靈泉寺經過大坪國小到此。時間約一個小時至一個半小時。

餐飲

附近無餐飲，宜自備。

適宜對象

少年以上爲宜。

平等古圳

（水圳、昆蟲、森林、古橋）

非例假日時，走進平等里，雖然仍在台北市，卻彷彿進入了另一個孑然遺世的小村落，一個小小的高原。平菁街上有水圳汩汩流過，意味著這是一個靠水圳拓墾的山區。遠眺左邊，隔著內厝溪的鵝尾山時，這座山形扁長而渾圓的山頭，確實有點像鵝的肥胖屁股。

一般若是要由平等里上鵝尾山，最簡捷的山路，便是從95巷走進去，經過內厝橋。內厝橋下是整治良好的內厝溪，旁邊有解說牌，展示這條溪流整治後的景觀。過了內厝橋，前方五十公尺處，右邊95巷12號第一間民房旁有石階可登上鵝尾山頂。上鵝尾山山頂還有一條下山路可走至鵝尾山步道，再走至車登腳橋。

如果要前往山腰著名的坪頂古圳，必須沿著95巷繼續前行。

若是走到底，簡易自來水過濾設備塔不遠處有一座廢耕的桶柑園，經常有豐富的昆蟲棲息。走到

● 平等古圳已有二百多年歷史。

● 古圳的自然資源豐富，已經成為重要的旅遊地點。

● 平等里處處有水圳。

46號的住家附近，就是新近受到矚目的平等古圳入口。

看見陽明山國家公園的指示牌時，沿著右邊的石階上山，路旁有一棵樹根盤繞的大榕樹異常醒目。接著，抵達清風亭，亭子旁有幾棵大榕樹相伴，古意盎然，且幽邈而寧靜。

下了清風亭，小小一個彎路，隨即抵達坪頂古圳尾端的水渠石洞。上刻「坪頂古圳」四個大紅字，並簡略敘述有關坪頂古圳開鑿的歷史。眼前的石階路旁，水量豐沛的古圳源源不絕地流入石洞至平等里。鵝尾山山前山後都有水圳。這條路上集中了最主要的三條，都是先民來此拓墾，最早開鑿的水圳。坪頂古圳是最先開鑿的一條。

此後，石階步道即和水圳並行。水圳緊貼著山壁，不僅豐沛、寬敞，水質也相當清澈。一邊緩慢前行，觀看這條古圳的建設，不妨懷想早年居民在當時這塊山區胼手胝足拓墾水圳的辛苦。

古圳的石階沿著鵝尾山腰，一邊是山壁，右邊卻是開闊的山谷。山谷對岸則是美麗的雙溪山。大約三、四百公尺後，遇叉路右轉

● 低海拔森林常見的攀木蜥蜴。

，順石階下山。若繼續往前走，可以走到源頭，從那兒可以爬上擎天崗。但如果你不是登山老手，最好不要冒險。

桃仔腳橋是古圳必經之地。

不消幾分鐘，又抵達第二條古圳——坪頂新圳。圳寬與坪頂古圳相近，但從水圳旁修築的工程可以看出，這條水圳修築的年代較近。

第三條古圳「登峰圳」也在不遠處，旁邊有老樹頭盤根錯結。它在日治時代由士紳吳登峰出錢開鑿，長達七公里。

由於石階路上森林隱密，再加上旁邊就有豐沛的水域環境，昆蟲和爬蟲等動物非常多樣。三條古圳本身的水域也相當豐富。不僅水裡棲息著各種水生動物，諸如水蠆、石蠶、貝類等等小動物，更有溪蝦、溪蟹和苦花之類的小魚。

地面和空中更是目不暇給，最常見的莫過於蜻蜓和蝴蝶。許多平地難得一見的蜻蜓，這兒特別容易發現。諸如，台灣最大型的無霸勾蜓或者常見的杜松蜻蜓、霜白蜻蜓，以及許多美麗的豆娘，都是古圳上隨時可見的棲息者。蝴蝶也經常在步道飛舞；陰暗的環境多半是蛇目蝶；有陽光的地方，各種鳳蝶和蛺蝶也不斷出現。

甲蟲類的金龜子、步行蟲和鍬形蟲偶爾也常會駐足步道，帶來意外的驚喜。尤其是美麗而奇特的鹿角金龜、彩豔吉丁蟲等也不難發現。至於

喜愛棲息溪澗的斯文豪氏赤蛙是這兒常見的蛙類。

盤谷蟾蜍、斯文豪氏赤蛙和蜓蜥，更是步道旁隨時可見的常客。天氣晴朗時，古圳旁的天空也常有大冠鷲飛掠、盤旋，發出悠揚的鳴啼。

離開第三條古圳後，不久便接近桃仔腳橋旁的涼亭。這座涥亭的石桌上灑滿了奇怪的糞便。仔細一看，都是黑褐長條狀，裡面還夾雜著甲蟲、螳螂和蟬的殘骸。原來，這些糞便都是台灣葉鼻蝠的傑作。這些黑色排遺告訴我們，晚上經常有一群台灣葉鼻蝠回來，倒吊在屋頂休息。

過了涼亭，就是古意盎然的桃仔腳橋，橫跨了水量豐沛的內雙溪。溪澗經常傳來紫嘯鶇的聲音。整段路程中這裡的景觀視野最爲開闊，不妨在此多逗留欣賞溪景和兩岸山色。

接下來兩種走法。一條是溯溪邊而下，有時必須踩在溪床的石頭上，路途稍有危險，一般孩童較不適宜。這條路直通田尾仔橋。另一條路就是桃仔腳橋對岸陡急的上坡，必須穿過隱密的蓬萊竹和果園。中途會遇到一處叉路，往右邊下山繼續是步道的石階路，可以走至田尾仔橋，過了橋附近有住家。由至善路三段370巷29號沿柏油路下山，至車登腳橋旁有土地公廟。再往前行經聖人瀑布。在聖人橋附近可搭小型公車18號回市區。

如果由叉路往左繼續上行，不久抵達另一條較爲現代的水圳。這條水圳緊鄰萬溪產業道路。沿溪前進，旁邊有農家，門牌號碼爲至善路三段370巷40號，至此已經翻抵另一座山頭。繼續沿水圳往前三、四百公尺處，可遇見一對土地公廟，畔著古圳，矗立公路旁山腰上。再前行一公里遠，有家店叫山農小吃。順此路前行，可抵達萬溪產業道路。

● 常在水圳活動的無霸勾蜓。

往陽明山
平菁路
往士林
平等國小
95巷
土地公廟
內厝溪
竹林
往礁坑溪橋
尾山
510
平等自來水簡易廠
陽明山國家公園牌
榕樹
榕樹
坪頂古圳
坪頂古圳
坪頂新圳
登峰圳
往萬里
至善路三段370巷40號
土地公廟
往士林
土地公廟
山農小吃
竹林
田尾仔橋
土地公廟
車登仔腳橋
往聖人瀑布、士林

◆步行時間

平等國小 —10分→ 內厝橋 —30分→ 坪頂古圳 —30分→ 登峰圳 —10分→ 桃仔腳仔橋 —40分→ 聖人橋

特殊景觀

◆水圳的歷史

平等里古稱平頂，以前是七星山山腰的河谷台地。十八世紀中葉，乾隆初年（1741年），就有福建漳州人何士蘭率先來開墾。由早期房舍位置的訊息得知，漢人初進坪頂時，選擇在北邊有山坡遮蔽風雨的山谷建立家園。初期的聚落出現於當地公廟，也就是合誠宮的所在地「大莊」，然後逐漸擴散成六個小聚落。

爲了飲水和灌溉，當地人集資，開鑿了「坪頂古圳」，長達三公里。後來又有「坪頂新圳」的開鑿。以及二十世紀初日領時期「登峰圳」的開鑿。當地居民世代飲用坪頂三條古水圳水源的習慣迄今依然不變，至今仍未使用自來水。他們深信古圳清淨、冷冽的山泉水質比過濾過的自來水還要好。

◆平等里的產業

在水盡其用下，早年的坪頂也地盡其利，將最好的平地用來種植水稻、蔬菜。溪邊地則種大青，建青礐染池，取染料賣錢。住家房舍則依起伏的山傍立。隨著農業獲益的取向，鵝尾山區的產業從清末時茶園、大青，到了日領時代轉爲燒木炭的相思木和製樟腦的樟木，同時還有甘藷和柑橘。

1960到1970年代，陽明山區以果碩汁甜的草山桶柑出名，價錢好。百斤桶柑可換百斤白米。每當春節時，鵝尾山一定掛滿滿山黃澄澄的桶柑。

1970年代末期，柑橘沒落，價格下滑，果樹老化，病蟲害頻生，居民改種樹苗、蔬菜、花卉。適逢養蘭熱潮，價格看漲，意外地也使農民一夕致富。曾經，這兒出現一間間黑網密佈、警衛森嚴的溫室。

從早年的純樸到絢爛，再回到平淡，平等里的產業見證了土地的開發和利用過程。如今這裡多半已經成爲觀光果園、花園、菜圃、山藥田和市民農園等特色農作。

行程

可在士林中正路口搭乘303公車前往，經由山仔后，繞平等里至平等國小站下車。或搭小型公車19路，從外雙溪上山。班次不多，要特別注意時刻。抵達後，再沿平菁路95巷巷子進入，過內厝橋，不久即可抵達入口。亦可反方向搭18小型公車至聖人橋，由田尾仔橋上山。

餐飲

山上無餐飲，宜自備。

適合程度

若要上鵝尾山山頂，國中以上年齡較適合，若只是走平等古圳，青少年以上皆適宜。

大嶺路步道

（老樹、古道、小鎮）

● 大嶺路步道一路有老樹相伴。

這條由南向北的登山步道，解說牌上叫平明步道。從外雙溪明德樂園起至平等里大坪尾，全長約1.2公里，是一條小品型的步道。入口的地點在明德樂園右側至善路三段處，設有一處解說牌，詳細說明了附近的步道狀況和簡圖。

這條路不斷地和至善路交會，步道缺少連貫性，但這種情況多少亦證明，這是一條古道。它由七星山山脈東側，鵝尾山和小草山之間的高地開闢下來。

在早年交通不便的時代，平等里居民便是靠著這條舊山路來往於士林和大稻埕的路上，以扁擔將山谷和台地上自家的稻米或柑橘等等農作產物，挑運下山，交易貨物，再把日用品挑回。根據許多平等里老人的回憶，當時的山路相當崎嶇而陡險，多半是大小形態不一的石頭仔，還沒有今天的石階步道鋪設。

由於路況不佳，居民往返相當辛苦，1954年時平等里里長等人發動里民擔任義工，並且向陽明山管理局和士林區公所爭取經費，花了三年的時間竣工。

初始兩旁有不少綠竹林的產業和果園，景觀相當單調，難以發現不同於其他林子的特性。中途約兩百公尺處，可以遠眺大崙尾山，路邊方有特殊的大樹出現。這裡是明顯的斷層河谷地形，居民沿河谷而居。

最値得注意的是兩棵大葉楠大樹。夏天時，這些大樹下，落滿黑色漿果，近似香楠，唯葉柄較短，但葉子長了許多。相對附近山區，一般步道的大樹多半是香楠和紅楠爲多。

六百公尺處爲半嶺，半嶺之名緣起於山嶺半途，挑擔上山居民必定在這裡休息。「半嶺」又名辭職嶺。以前交通不便，下山唯一方式即徒步登山，許多應聘上山的警察和老師行至此處，發覺疲憊不堪，不久即辭職他去，因而有此名。

半嶺居民多經營果園，遊客到此除了可親自入

● 大嶺路是平等里早年最重要的對外道路。

園採果外，還可至產業道路旁的大樹下，買到鮮美的橘子、蓮霧、柿子、柚子和草莓等水果。

抵達平溪福德宮後，步道旁邊又有另一棵綁著紅布條的老樹，竟是隨時都長有紅葉的杜英。一般山區常見的老樹，多半以樟樹、茄苳和榕屬的樹爲多，杜英的老樹倒是相當罕見。

通常，一處地點若全是杜英的純林，往往意味著這是一塊較少開發的原始林地。只有一棵時，難免是當地山林破壞的見證。

此段全程若慢慢觀察，約一個半小時可走完。經過蔣緯國舊宅時，已接近山稜線，相思樹林開始出現，視野也更加開闊。過了相思林和農莊後，步道旁出現小溪圳相伴，但遠不如坪頂古圳那般的規模。終點處有兩家豪宅，此地爲大坪尾，眼前是平等里的高原台地。

大坪尾之稱呼緣於古早時，當地居民以一大塊平地的尾端而命名。順著平菁街走，兩邊都是士林觀光園藝農場。如果是草原，或者低矮的森林，登山者不妨想像當年住在平等里的人家，走在這塊高原時的旖旎景觀。

不久，抵達三棵老榕樹下的土地公廟。我個人將平明步道的終點定在此，因爲平等里的舊路在此分成兩大條，一條往山谷合誠宮舊屋聚落前去，另一條繼續前往平等國小和平菁街105巷前去，另一個舊聚落在這塊高地上。土地公廟和三棵老榕樹則是平等里重要的地標。

行程

若由明德樂園前往，可搭19小公車，或由陽明山搭203公車至平等里。

餐飲

山上無餐飲，宜自備。

適宜對象

一般青少年皆適宜。

參考書籍

《鵝尾山e眠夢》　平等國小編　1997

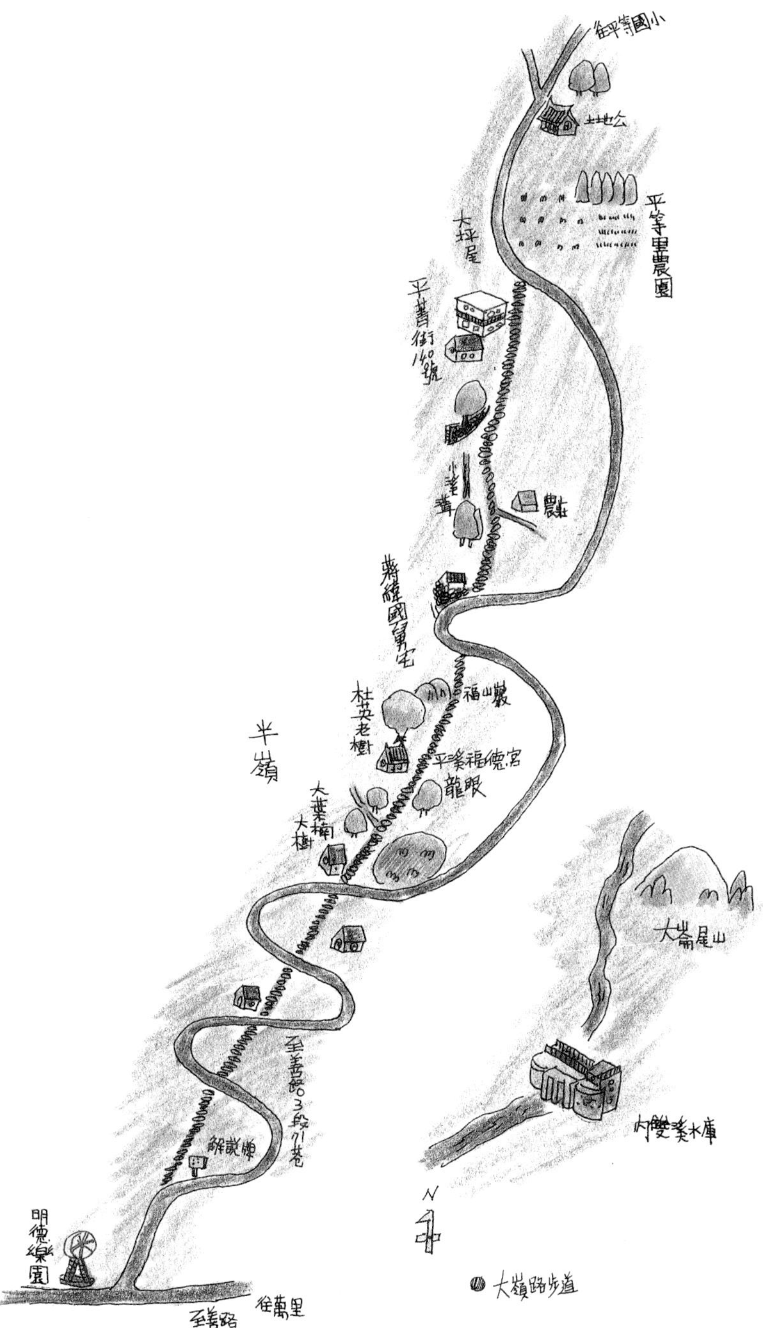
往平等國小
土地公
平等里農園
大坪尾
平菁街142號
小溪
菁礜
農舍
蔣緯國舊宅
福山巖
杜英老樹
平溪福德宮
龍眼
半嶺
大葉楠大樹
大崙尾山
至善路3段71巷
解說牌
內雙溪水庫
明德樂園
N
大嶺路步道
往萬里
至善路

鵝尾山步道

（橘園、農家、梯田、聚落）

鵝尾山是平等里的重要地標。有一位平等國小的老師在撰寫當地的步道記錄時提到：「當我們從七星山東峰找尋平等國小時，鵝尾山成爲指引我們尋找平等里的指標，找到鵝尾山就等於是找到平等里。」

從駐在所出發，眼前的地方叫金坑仔，它位於鵝尾山前方，是一塊高起的小山丘。根據他們的回憶，過去這裡曾經產金，六十年代開採過，但因產量少而結束了。

經過平等國小和峰岳社。峰岳社成立已經有一百多年的歷史，最早期名稱爲大鈑鑼鼓，1934年才改名。目前會員有三十多人，都是男性。大部份十幾歲就加入。以前每年的農曆十月到二月農閒時是他們練習敲鑼打鼓和演戲的時間，如今只剩下樂器演奏。每年農曆2月14日迎媽祖當天是一年中最熱鬧的日子。

以前，在鵝尾山的路牌，遇見了一位住在平菁街105巷紅磚老屋的老先生，經他指引，意外地走出了這條路線，也不知這條通往溪山派出所的路叫什麼名字。後來才知它就是鵝尾山步道，今人也有稱之爲平溪步道。大概是它通往溪山里吧，因而如此取名，就像平明步道一樣。

老先生住的地方，小小的聚落叫金面仔。金面仔和金坑仔有著密切的關係。以往要去金坑仔，一定要經過金面仔。住在這裡的人都姓何。一百二十年前，他們的祖先從陽明山山豬湖遷移至此，跟大坪尾

●鵝尾山擁有古道和舊水圳多條。

● 鵝尾山山形如鵝身。

的林姓家族買地開拓出來。在金面仔還留存有不少的石頭屋、磚頭屋，這些安山岩的石材，都是從鵝尾山步道的溪谷地取得，敲成一塊一塊，再搬運上來。至於磚頭，在還沒有平菁街時，也是請工人從故宮和衛星電台的車道盡頭，挑磚頭上來。

老先生還跟我說，這條路是以前平等里住民採柑橘下山，擔運到溪山販賣的路線。這條路繞得較遠，爲什麼不走平明步道呢？我帶著這個疑問出發，走不到五分鐘就了然一切。

原來，一下山就是幾近四、五十度的陡峭山路，伴隨著鵝尾山。如果在這一面山坡或山腳栽植任何果物，最好的運送方法，當然是繞道溪山派出所的方向較爲適宜。

過去，在還沒有溪山國小之前，住在溪山里的學生必須一階一階爬上平等國小讀書。後來何氏家族有些人住到溪山去，他們也靠著這條路往來。

此外，這條步道還有宗教祭祀上的意義。從平等里下到溪山里，再爬過一座山頭到內湖碧山巖進香是他們很重要的大事。

在步道的入口，不僅可看到鵝尾，在鵝尾山的後側還可看到一條綿延不絕的山脈，這是屬於五指山的山脈。兩座山之間隔著一條斷層叫「嵌腳斷層」。這個斷層從萬里出發，南端通過外雙溪中央社區和士林，沒入台北盆地。這條斷層區隔了兩個不同的岩層，一邊是火山岩（鵝尾山），另一邊是沈積岩（五指山山脈，台北盆地老地層裡的大寮層）。

沿著修有欄干的步道急速走下去，多半是蓬萊竹竹林的產業。這條石階路完成於1970年代。步道兩邊有錯落的相思樹和竹林，以及石砌的坡崁。坡崁的作用是爲了克服山坡的坡度，增加橘子的種植面積，種竹子是爲了阻擋東北季風。早年，滿山黃澄澄的橘子猶若黃金，一百斤橘子的賣價勝過做工好幾天的工資。可惜，好景不常，橘子的價格一路下滑；加以病蟲害肆虐，橘子的盛況不再，只剩下竹林隨風搖曳。

抵達山腳，荒廢的橘園，再度成爲次生林。此地林相蓊鬱而潮溼，可能是平等里周遭步道裡最爲潮溼的一條。走至谷底雙溪支流的小橋時，林空蝴蝶飛舞，顯見附近昆蟲不少。一路上，我也不時聽到不同林鳥族群的鳴叫。

過了橋就來到鵝尾山山尾處，路邊附近都是田地，有茭白筍、山芋、嫩薑等；緊接著是柑橘、柚子和蓮霧等的果園。

果園之後是蓬萊竹林，之後是至善路371巷的古厝聚落。有些房子已經上百年，顯見這條山路早有百年之歷史，是一條和平等里之間聯絡的便道。

目前，371巷有產業道路通下山，但原有的石階還在，旁邊有小溪相伴，穿過連綿的綠竹林後，抵達另外一條產業道路。不遠的交叉口則是至善路溪山派出所和溪山國小。

特殊景觀

◆橘園

1930年代，附近山坡地開始栽培椪柑。1950—1960年代時，這兒的椪柑有過一段黃金期。後來由於中南部柑橘新產地興起，加上樹齡老化，病害不斷，收成大不如前，轉而改爲園藝作物和餐廳。

行程

可搭19小型公車或203公車至平等里。由山上往山下走，行程大約一個小時。

抵達溪山派出所後，可搭18小型公車回台北。

適宜對象

青少年以上較適宜。

參考書籍

《鵝尾山e眠夢》　平等國小編　1997

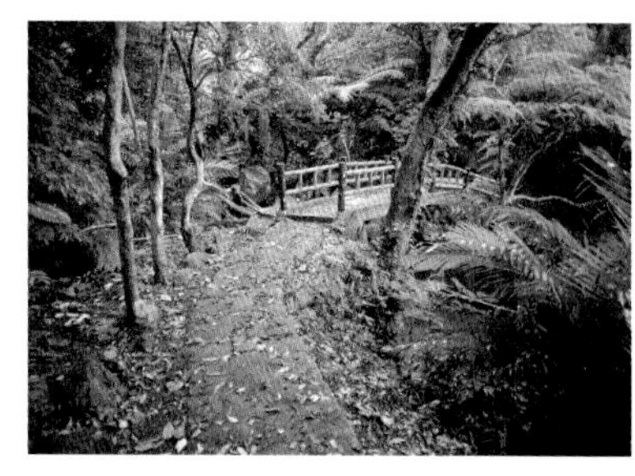

● 通往溪山的步道密覆於森林中。

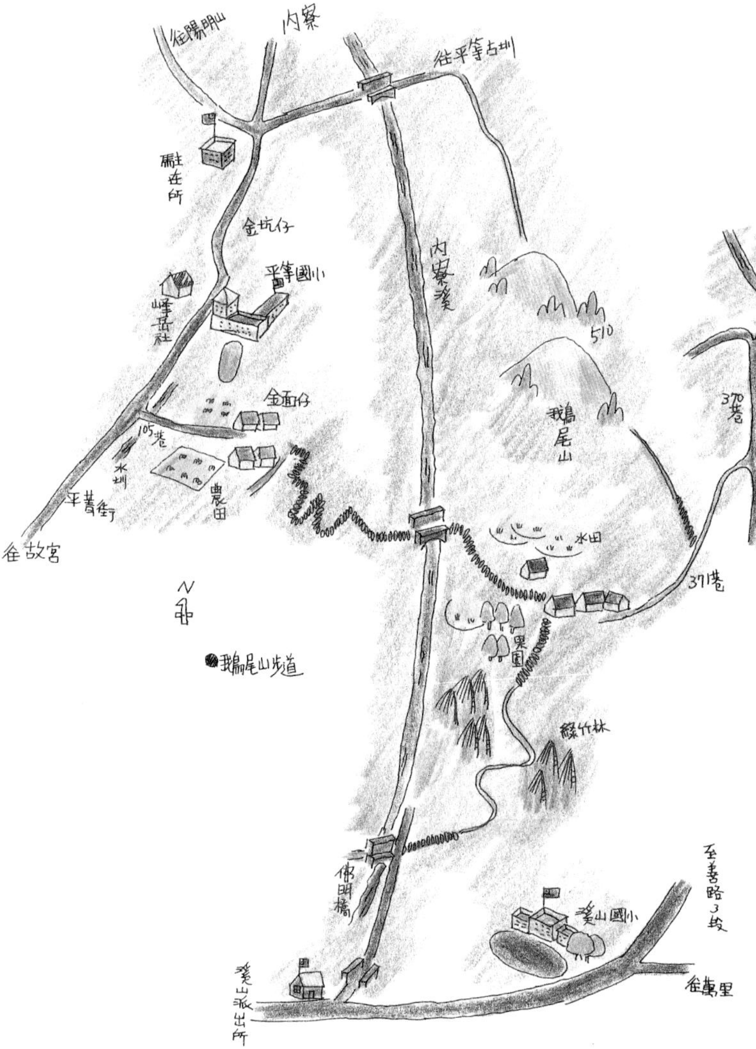
往陽明山
內寮
往平等古圳
駐在所
金坑仔
平等國小
峰岳社
金面仔
105巷
水圳
農田
平菁街
往故宮
N
內寮溪
510
鵝尾山
往平等古圳
370巷
外雙溪
水田
371巷
果園
綠竹林
鵝尾山步道
佛田橋
至善路3段
溪山國小
往萬里
溪山派出所

天母古道

（水管路、瀑布、森林）

天母古道是晚近因爲古道熱而被開發出來的舊登山路線。主要路程從紗帽山山腳和文化大學之間的山谷出發，以迄天母，行程約一個半小時。路途平坦而陰涼，林相豐富。近來例假日時，登山者逐漸增多。

一般健行，多半搭車至山仔后下車。過馬路，往前行，不過百來公尺，即可抵達愛富三街。沿途的街道旁座落著台灣銀行著名的美軍庭院宿舍，綠草皮的木屋，一棟毗鄰一棟。

愛富三街走到底，向右轉不到三百公尺，左邊有一條清楚的石階小徑，就是入口。有人稱爲天母古道，當地人則稱之爲水管路。銜接處右邊也有一條路通往水源地。如果不走下石階小徑，繼續沿柏油路下行，過了磺溪上游的石橋，迎面而來的是紗帽山邊的陽投公路。

● 天母古道最重要的古蹟是淨水廠。

● 通往淨水廠的古橋。

●天母古道在天母入口。

水源地附近有一些日領時代的舊屋，包括氣曝室等有趣的水利設施。同時，還有淨水廠的石屋和古樸、典雅的石橋。這些建築有許多都是一九三〇年代初就興建。可惜近年來遊客增多，築有圍籬，不再對外開放。

長著青苔的舊石橋旁邊，有水瀑聲如雷的文大瀑布轟隆瀉下。再往回走，一路都是寬敞、平坦的山路。從日領時代起，這兒就屬於水源地的管制區。近年來，因應休閒旅遊而開放，又因為探訪古道成了熱潮，遂被稱之為天母古道。

●古橋旁的瀑布。

一般不知情的遊客經過時，難免會疑惑，山區裡為何會有如此平坦的路面出現？原來，這兒以前是水管之路，並非供人做其他商業經濟等用途的古道。當時，就是靠水管接引水源地之水，運送到天母、士林。

一九三〇年代，水管上就鋪了石板和泥土保護。從以前迄今，走在天母古道上時，下面也有大量滾滾的天然水，順著鋪設的大水管快速地往山下流去。

天母古道雖然適合健行，但古道旁多處位置的山壁緊鄰斷崖，頗為危險。如今旁邊都鋪設了木橋和扶梯，就比較適合小朋友的郊遊和親子教學。

古道旁還有許多平坦的空地，環繞在大樹的包圍下，適合休憩；半途還有一座土雞城的農場。

前半段的古道林蔭扶疏，陽光難以穿越。最初路旁的石壁有圳溝，從地層湧出來的泉水中經常棲息著許多溪蝦和蝌蚪。

●巨大的黑色水管和古道交會。

中途有一條石階小路，可通往紗帽山瀑布和下方松溪，也可聯接中山北路7段219巷。約莫一個小時，隨即走到和一條石階步道交會的蓄水池。若往上走，可通往下東勢產業道路，走回文化大學。沿著石階往下走，未幾，抵達小池塘的農舍。

這兒過去叫番婆嶺，旁邊石階的成份都是安山岩。石階兩旁生長著不少巨大的老龍眼，有的樹腰粗到要兩人合抱。原來，這裡過去以龍眼爲主要產業，已經好幾個世代。中途也有幾間老屋，居住著在此生活好幾代的人家。

爲了趕豬和通行方便，天母古道上的石階全靠附近山區居民合作，利用石塊鋪設的，鋪設的年代大約在民國四十六、七年；現在此處稱之爲中山北路232巷1弄。石階旁不斷出現的方形石塊則是政府做來壓水管，因爲由山上下來的水量甚大，必須用水泥塊壓住，免得水管變形、扭曲。

由番婆嶺走大約半小時，這條路即可下抵古樸的三角埔發電廠（原來以前天母此地叫三角埔）。順著發電廠直直走出去，便是天母公車總站。

■特殊景觀

◆淨水廠

水管路最源頭的地方叫雙溪淨水廠，從日據時代迄今已近一甲子多。這兒的水源是從地下湧出的，水質乾淨，含豐富的礦物質，屬於典型的天然礦泉水。但這些水經由黑色大水管運送到山下的三角埔發電廠時，經過漂白、過濾，礦物質就減少了。以前，台北人口少，這處水源可以供給天母和士林的住戶；現在人口倍增，只能當輔助的水源。

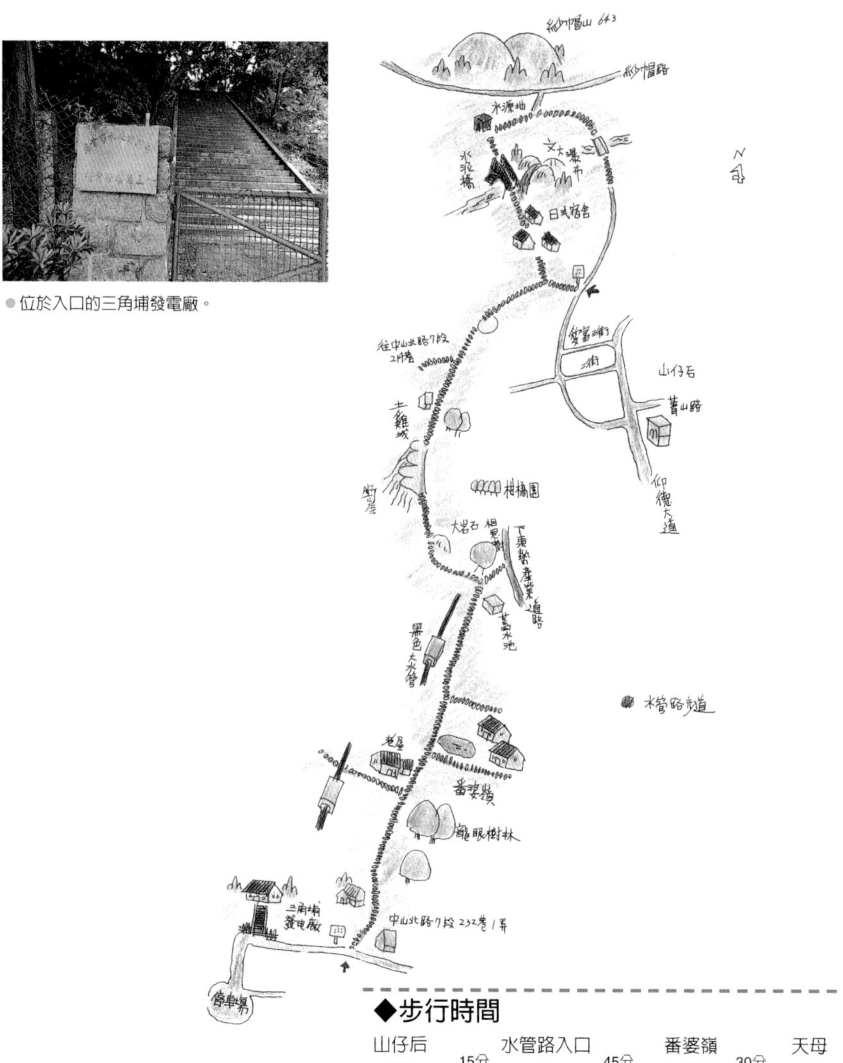

●位於入口的三角埔發電廠。

◆**步行時間**

山仔后 —15分→ 水管路入口 —45分→ 番婆嶺 —30分→ 天母

行程

搭乘260公車至山仔后下車，或者搭220、224等公車到天母總站，往上走。

餐飲

山上有餐飲，但宜自備。

適合程度

青少年以上皆適宜。

龍鳳谷步道群

(溫泉、水圳、硫磺、溪澗、市民農園)

在陽明山的眾多步道裡，這裡是最容易被人忽視的位置，我卻偏愛它們的多樣性。這處位於紗帽山西側的火山地形環境，規劃了各類型的自然步道，有適合教育解說的，有適合泡溫泉的，有適合沐浴森林浴的，也有適合參觀果園的，更有一般登山性質的小徑，遊客可依憑自己的興趣，選擇前往的路線。

● 大磺嘴是清朝旅行家郁永河採硫的地點。

首先，站在惇敘工商之前的公車站，眼前即有兩條風貌相似，但景觀內容卻截然不同的步道，分別位於左右兩旁的山谷下。

左邊是硫磺谷自然景觀，中間有人工溫泉池。周遭爲硫磺裸露、火山噴氣和溫泉湧出之天然景觀。國家公園按地質特性，在這兒設立了多處內容生動而翔實的解說牌、標準的自然步道和雅緻的休息涼亭。遊客無須專門導遊，即可自助式旅行，按圖

● 龍鳳谷步道群多樣而複雜。

● 大磺嘴步道設施良好。

索驥，從解說牌的內容吸收地質、溫泉的知識，並且了解火山口景觀植物的差異。

若是沿右邊的石階步道下山，就是著名的龍鳳谷溫泉區。這處溫泉區有南磺溪流經，過去以溫泉的水質著名。目前，多半是老人前往泡溫泉的所在。一路上私人和公共浴池不斷，廟寺也處處可見，唯環境略嫌髒亂。沿著溪邊的步道常見的雀榕、茄冬和山麻黃等樹種最具優勢。抵達長春園後，分有男生和女生兩座小石橋，通往個別的公共浴室。過了小石橋再會合之處爲妙天宮。此段路上可看到日領時期殘留的石椅沿步道林立，彷彿猶在細說當年泡溫泉之盛況。一般說來，這個區域叫媽祖窟溫泉，翻過一個小山嶺後才是眞正的龍鳳谷溫泉。

龍鳳谷的景觀和先前相似，浴室周遭設施較爲乾淨而整齊。由龍鳳谷石階上山，可銜接泉源路和紗帽路的水圳步道和登山步道。

若是從惇敘工商走至陽明自來水淨水廠路程約半小時。淨水廠旁邊有兩條上山的石階小路，從左邊小路上去，兩邊多半爲已開發的農地。不久即可遇見灌溉用的水圳。

水圳流向左方，通往十八份產業道路的市民農園，此區整個範圍稱之為北投觀光草莓園。在惇敘工商對面，許多地攤擺售的菜類蔬果，多半是從這兒栽植運送下山的。如果沿著十八份產業道路前行，可抵達東昇路。

如果順著水圳沿半山腰繞行，可前往頂湖。水圳是陽明山早年農業相當重要的特色。清朝時，為了灌溉士林、北投一帶的農田，漢人便在附近山區修築許多水圳，引大量山泉、水溪灌溉。所以附近

●龍鳳谷的舊步道一景。

芒草是近硫磺環境唯一能生長的植物。

山區水圳設施也特別發達。這些水圳少說都是百年歷史的灌溉水道。北投觀光草莓園的水圳步道，有部份便是十九世紀中葉開闢的唭哩岸圳的部份支段。由於洪水爆發成災時，水圳經常沖毀，這兒的水圳步道都已重新鋪設過好幾次，只有少數地方仍有早年修築隄岸的殘留遺跡。

沿著水圳步道走約五、六分鐘，可抵達叉路口。繼續往前爲水圳步道的源頭，步道的隄岸經常遭山洪損壞，並不好走。如果往下，穿過開發的次生林，四、五分鐘後，隨即走回淨水廠。

如果沿石階上行，抵達山頂土地公廟，視野變得開闊，彷彿走在鄉間小路。這裡是頂湖的觀光農田花圃，栽植著精緻而細密的園藝植物。種植有蘿藦科的汽球糖棉和菊科的向日葵、馬格麗特等美麗的外來種植物。在頂湖梯田的產業間也有水圳，屬於十八份圳的支段，早在清朝道光年間就已修築。由此可以選擇搭乘219公車，或小型9號公車下至北投。

在淨水廠旁，過了林立著老榕樹的鼎筆橋，有一間自來水廠的小木屋，門牌爲紗帽路三號。木屋左邊有一條接近登山小徑性質的泥土山路，沿著這條叫紫明溪的山溪上行，大約四十分鐘可抵達陽明山公園。這條陰涼的登山小徑，不時可看見栽植的花圃，諸如菖蒲、天堂鳥和菊花等產業。但這些陰涼潮溼的山區，各種蛇類出沒頻繁，走山路時必須要小心。

紗帽山附近森林原始多爬蟲類。

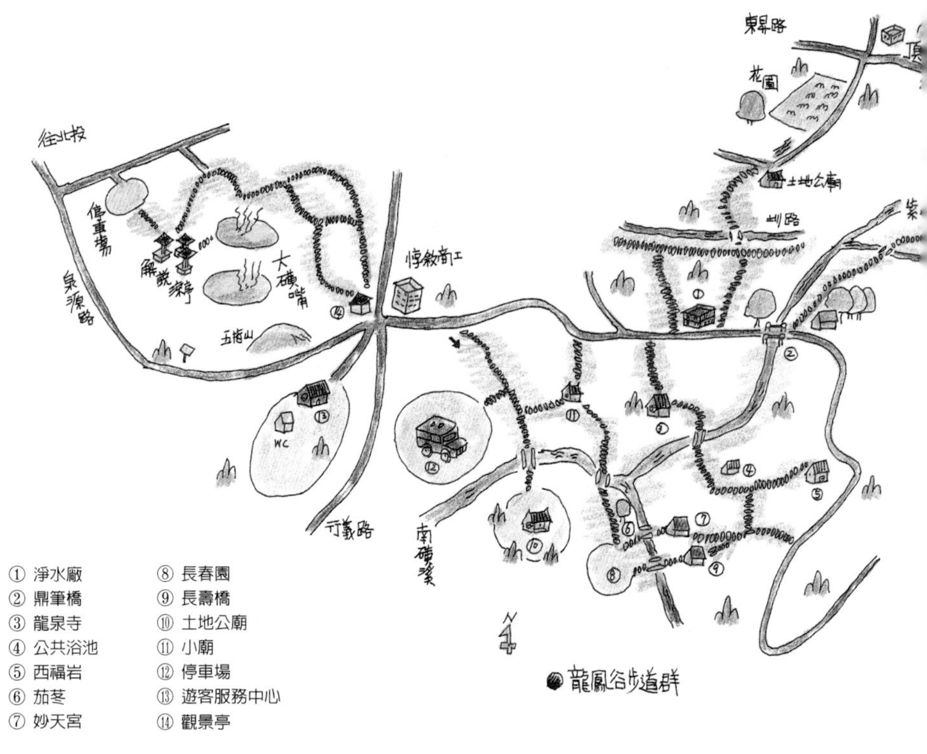

抵達陽明山公園後，行人和車道分離，有一條長達七百公尺寬敞的行人步道直抵公車站，非常適合做爲認識陽明山代表性植物，諸如野鴉椿、紅楠、楊梅、華八仙、狹瓣華八仙等植物的步道路線。

在這個步道群裡，還有一條登山小徑叫紗帽山步道。由前山公園陽明湖登山口沿步道走上紗帽山，下山的地方在陽投公路大埔登山口。全程約一個半小時，是一條大眾化的健行登山路線。這座山位置得天獨厚，又位於水源保護區，林相濃密而蓊鬱，彷彿是整個陽明山林相精華的薈萃地。上山沿途，處處可見日領時代種植的山櫻花、濕地松、柳杉等，樹齡都已達二十年，步道沿途相當清幽。下山途中則以天然闊葉林爲主，筆筒樹尤其爲代表性樹種。下山後，可搭230公車回北投。

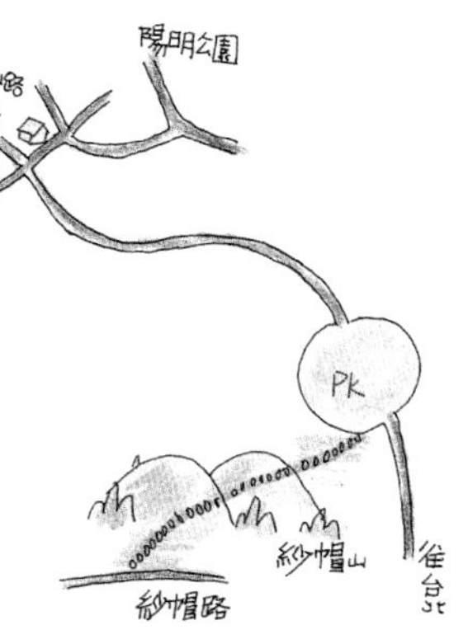

◆步行時間

硫磺谷步道約40分，龍鳳谷步道約一小時。

淨水廠 —40分→ 陽明山公園

淨水廠 —30分→ 頂湖

陽明山公車總站 —50分→ 紗帽山 —40分→ 大埔

特殊景觀

◆溫泉步道

龍鳳谷溫泉步道上，有兩個著名的溫泉勝地，分別爲媽祖窟溫泉和羅漢窟溫泉，僅一小嶺之隔，都是大屯山火山群的溫泉露頭之一，但泉質不是火山地形所形成的硫磺泉，有別於北投和陽明山的溫泉點。本區的溫泉露頭，因含有鐵質，故又稱爲「鐵泉」，日領時期曾以「鐵之湯」聞名。據說長期浴洗對皮膚病、風濕和神經痛都具有相當療效。目前兩地都有市政府建設的免費公共浴室，也有私人闢建的浴池和餐廳。幾乎全天都有人來此泡溫泉，清晨時，老人猶愛前往。

◆郁永河

十七世紀末，清朝初年時，有一位中國的旅行家郁永河曾經來台灣採硫磺。他渡海來台，先到台南，再一路北上抵達北投。然後，再尋溪而上抵達大磺嘴採硫。目前，大磺嘴有碑文紀念。郁氏在名著「稗海紀遊」有詩云：

造化鍾奇構，崇岡湧沸泉；
怒雷翻地軸，毒霧撼山巔；
碧澗松長槁，丹山草欲燃；
蓬瀛遙在望，煮石迓神仙。

此詩相當傳神地將附近的植被和地理景觀做了一番形容，也讓這裡增添了豐富的歷史色彩。

行程

可由天母搭乘508、612公車，或在北投搭230至惇敘工商站下車。左邊山谷即爲龍鳳谷溫泉區的溪谷步道，也可繼續搭230至龍鳳谷站下車。

餐飲

山上有餐飲和農產，但宜自備。

適合程度

青少年以上皆適宜，硫磺谷步道有解說牌。

紗帽山猴洞和半嶺小徑

（水圳、溪澗、農園）

許多人都走過天母古道——水管路步道，卻不知，山谷對面有一條更爲隱密的半嶺小徑。

要前往那兒，跟到水管路步道的方向相似。從山仔后下車，沿愛富三街前往水管路步道。順水管路下行，約三百公尺左右，左邊有叉路可前往水管路，右邊繼續前進，穿過水廠的宿舍和氣曝室等日據時代老屋，隨即抵達典雅的石橋。

● 半嶺小徑有水圳一路伴隨。

石橋旁爲轟隆的文大瀑布，瀑布匯流成南磺溪。橋的另一端則是淨水廠，將潔淨的溪水轉運至山下。

淨水廠旁有一條狹窄小徑通往橋下的南磺溪，它就是半嶺小徑。緊接著，半嶺小徑貼著山壁蜿蜒而去。可能遠在清朝時，就有人在此開鑿水圳。半嶺小徑會出現，與這些灌溉水圳的存在息息相關。小徑就是和水圳一路並行。

未幾，就遇到一處嚴重的崩塌地，水圳毀壞，小徑也消失。過了崩塌地後，水圳又恢復原樣。大

●奇特的石頭土地公廟。

約十來分鐘後，佇立在一處開闊的彎道，回頭遠望淨水廠的山谷，這塊水源保護區，猶如半圓形劇場，面對著我。它不僅森林蓊鬱而林氣十足，更彷彿遠在百年前，就以如此原始、複雜而豐富的林相矗立著。

再往前行，遇到險急陡坡。周遭有山友好心製作的登山繩，輔助登山者上下攀爬。附近還有小徑可下抵溪谷。

過了陡坡，又是古圳和小徑並行的景觀。隨即看到竹林和柑橘園，這些產業型植物的出現，證明附近也是重要的農產地區。

緊接著又是崩塌地再出現，路上有不少大棵的九芎樹。古圳因崩塌之關係，圳溝已經乾枯。所幸，前方又有瀑布，農民將其水源引進古圳內。

古圳若爲鵝卵石堆砌之內容，猜想是清朝或日領初期的工程。水泥之圳壁，端視其新舊，若是舊

● 山路旁偶爾可見到的黑眶蟾蜍。

型，應該是日領時期的；若是水管裝置，有的應該是光復初期的吧！而新的塑膠水管則無疑是現代的工程。

李登輝說台灣的水圳比萬里長城還長，此言可不誇張！光是統計陽明山的水圳，相信就比環繞的公路長。

約四十五分鐘後，經過一處巨石堆積處，再往前視野突地開闊，眼前赫然是一處美麗的梯田，梯田裡種植了各種園藝植物，也有農作諸如水稻、茭白筍等，梯田下方則是天母街鎮。

繼續沿著水圳走，穿過一些民宅後，在紗帽路60號房子處有路變成兩條，一條繼續前行，可銜接紗帽路，另一條通往天母。

沿通往天母的路下山，又是另一番情趣，大大不同於前段路程。小徑旁以農產作物和園藝植物爲主。中途有土地公廟和老樹相伴，周遭是旖旎而明媚的鄉村風景。

大約走個半小時後，可抵達半嶺產業道路，橫越半嶺產業道路後，還有一小段石階，通往終點的土地公廟。

緊接著是攀登猴洞小徑。

這條登山小徑，也有人稱之爲尋夢溪小徑。如果從半嶺產業道路上山，它位於半嶺產業道路旁邊的第三涼亭旁，橫跨水泥小橋的南磺溪後，一路沿石階拾級而上，不消三、四分鐘就會遇到廢棄的古圳遺蹟。

緊接著小徑和古圳並行，沿南磺溪旁前進。和先前的半嶺產業小徑隔岸遙相呼應。

半嶺小徑陽光充裕，這裡缺少日照，又緊鄰溪邊，林相較爲潮溼。

古圳的廢溝裡鋪設有現代水管。這裡是南磺溪上游，溪床因硫磺之故，呈現金黃色之特殊景觀。有一段溪床相當平緩，黃色小溪和鏽紅色之石壁相連，頗爲特殊，這是此條小徑最大之特色。

抵達一處水源分道，附近設有七星農田水利會牌子。左邊爲古圳橫跨南磺溪，右邊爲上行的石階小徑，此時小徑又有叉路前往瀑布。

繼續由小徑上爬，隨即抵達一處涼亭空地，涼亭旁有李漢卿先生之紀念碑。上書「義行可風」，由山友捐贈金錢，感懷其鋪設山路之義行。涼亭旁有猴洞產業道路，車輛可直接上山。

從涼亭起山路寬敞而舒適，繼續往前行，中間又有一處空地。空地後再走一小段，隨即連接著名的水管路步道。其步道之寬敞與平坦在台北無出其右。

如果往右下山，可走至天母公車總站附近；若是往左行，可走回文化大學和山仔后。

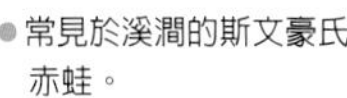

●常見於溪澗的斯文豪氏赤蛙。

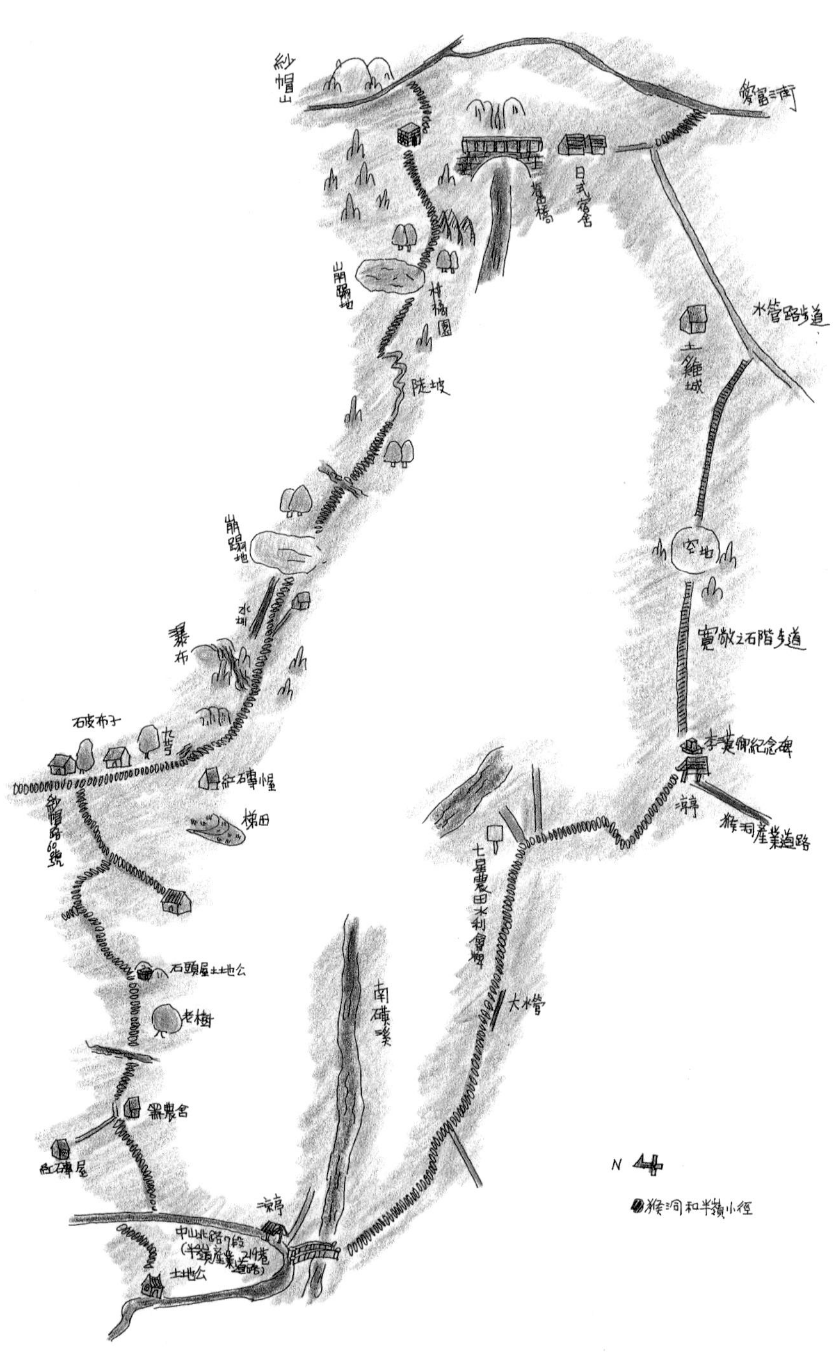

紗帽山
日式宿舍
崩塌地
柑橘園
陡坡
水管路步道
土雞城
崩塌地
空地
水圳
瀑布
寬敞之石階步道
九芎
紅磚屋
梯田
涼亭
猴洞產業道路
七星農田水利會
石頭屋土地公
老樹
大水管
南磺溪
紅磚屋
涼亭
中山北路7段
(半嶺產業道路219巷)
土地公
N
猴洞和半嶺小徑

● 半嶺小徑藏在蓊鬱的紗帽山森林。

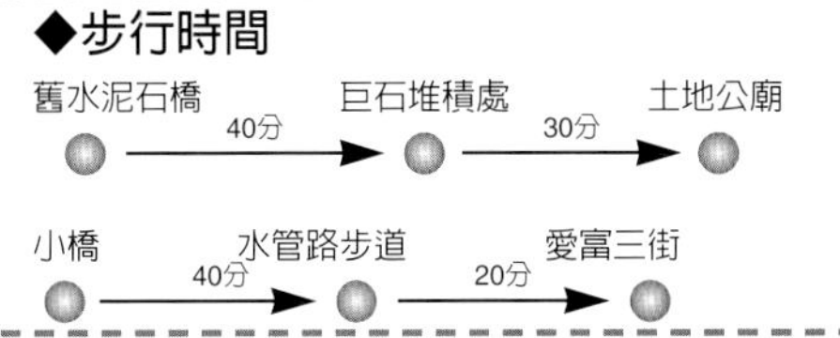

特殊景觀

◆破布子

破布子是中南部常見的農家產業果樹，一般都是醃漬果實當下飯的小菜。也有當做各種煮菜用的佐料。往昔北部一些農家也很容易發現破布子的存在，現在農家少了，破布子也不易發現，只有一些老廟和老村落仍有破布子生長。

◆陽明山之水圳

清朝時，居住於陽明山的漢人爲了開墾山坡地，種植水稻、柑橘等作物，勢必要引豐沛的溪水做爲灌溉之水源。爲此，農人必須沿山腰開闢水道，將溪澗和瀑布之水引至灌溉處。此爲陽明山多水圳之由來。水圳多貼山壁行，因而也成爲後來之登山步道。

行程

若往半嶺小徑，可搭乘前往陽明山的公車至山仔后站下車，由愛富三街走進去。如果自來水廠未開放入口，可從天母古道從猴洞小徑走去。

餐飲

山上無餐飲，宜自備。

適宜對象

青少年以上較適宜。

The North

Taiwan

淡水線

- 淡水沙崙河口
- 淡水老街
- 淡水紅樹林
- 挖子尾紅樹林
- 觀音山步道

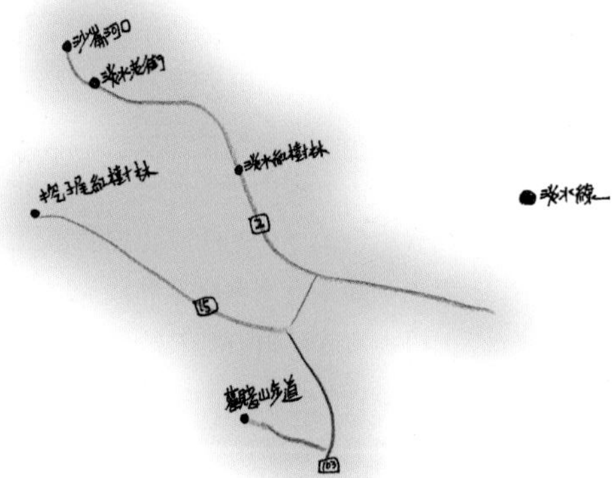

淡水沙崙河口

(石滬、沙岸、候鳥、防風林)

從淡水捷運站出發，另一條熱門的旅遊路線是前往淡海。從淡水到淡水沙崙海水浴場，十來分鐘即可抵達，公車多而便利。

這裡也是台北捷運線最靠近海邊的地點。淡水河港就位於河口旁邊，那兒有許多海釣船，和出海遊玩的新設施。淡水河口北岸還擁有一處絕無僅有的石滬，是當地漁民捕魚和採集貝類、海菜的重要地點。退潮時，形成十分特殊的自然景觀。

● 沙崙河口擁有綿長的沙岸。

如今石滬已經傾圮，但是遺跡仍在，平常退潮時都有當地漁民來採摘海藻和撿拾貝類，甚至垂釣。

● 退潮時石滬常有漁民來撿拾貝類和釣魚。

●濱刺麥是這兒的重要植物。

夏天時，在石滬裡的魚類，以豆仔魚和臭肚仔爲多。海中生物非常豐富，是附近海岸相當難得的一個海岸自然教室。

綿長的沙丘景觀是另一個相當獨特的生態環境。這段海岸的沙灘長達兩公里，連接沙崙海水

●河口沙岸堆積著河上游漂來的垃圾。

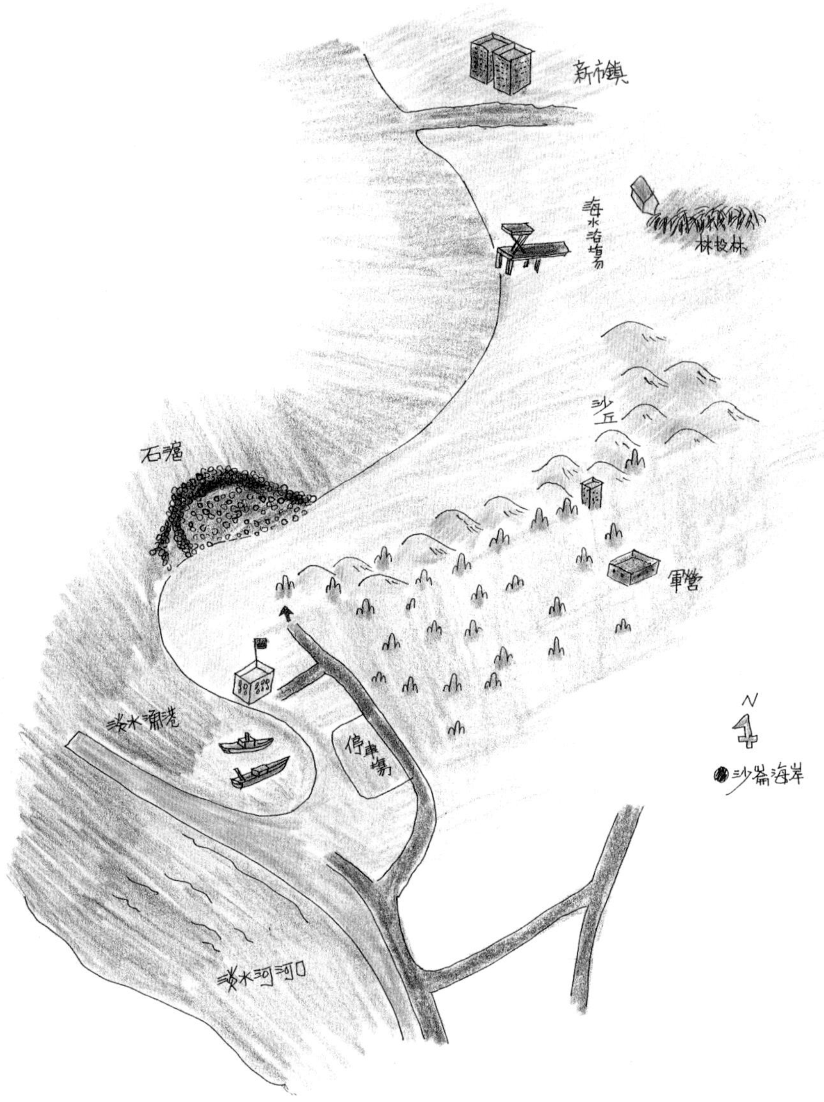
新市鎮
海水浴場
林投林
沙丘
石滬
軍營
淡水漁港
停車場
淡水河河口
N
沙崙海岸

浴場，相當適合散步。從這裡以迄東北海岸，多半是河流沖刷下來的淡黃色沙灘，沙灘表面經常鋪陳著美麗的砂紋。起伏的沙丘上到處可見海濱的先鋒植物，諸如馬鞍藤、濱刺麥、海埔姜等。

●花嘴鴨在淡水河河口很常見。

沙丘後頭是防風林，以木麻黃爲主，林緣則不難看到草海桐、黃槿和林投等植物。旁邊的淡水港防波隄，不時都有海釣者在這處淡海交會地垂釣。

水鳥是這裡的主要景觀。春秋兩季是河口最熱鬧的時候，這時是水鳥南來北往的季節。這裡的水鳥和關渡的差異很大，主要以大杓鷸、翻石鷸、黃足鷸、斑鴴和反嘴鴴、蒙古鐵嘴鴴爲主。到了夏天時，多半只剩東方環頸鴴在此繁殖，偶而有岩鷺和小白鷺會來覓食。

●東方環頸鴴是沙崙海岸沙灘上常見的鳥類。

◆**步行時間**

石滬 —40分→ 海水浴場

行程

在淡水捷運站下車，若只是逛老街，沿中正路或中山路散步即可。如果想再前往沙崙海水浴場，凡是往淡海的指南、新店、三重和台汽客運皆可搭乘。或自己開車由淡水新漁港的方向進入，開到底。

適宜對象

全家大小皆宜。

餐飲

附近無餐飲，宜自備。

淡水老街

(老街、碼頭、小吃、古蹟、洋樓)

福佑宮是老街上的大廟。

淡水位於淡水河口。它不但是捷運的終點站，還是一個擁有三百多年輝煌歷史、東西方文化交會的河港城鎮。

以前的淡水叫滬尾，爲何如此稱呼，說法分歧。有一說法是，凱達格蘭人指淡水是平地積水的地方，或說早年漁民在海邊利用碎石築石滬捕魚，石滬的尾端在淡水河口，因而取名。更有一說是台北盆地下雨，但是這兒雨下不到，故而稱之。後來，因爲滬尾和神戶（Kobe）近音，日領時代被改爲淡水。

目前，淡水傳統的中正路上仍保有各種傳統的風俗文物、工藝器具和海產飲食。河口的沙丘、石滬、防風林和海水浴場等自然景觀，在例假日也常吸引大批人潮前往垂釣、戲水。

如今面對觀音山，形勢開闊的淡水捷運更構成一個新的休閒和旅遊之生活空間，深深地影響了整個淡水市鎮的生活節奏。這裡例假日經常有藝文活動，搭配山水景色，讓淡水進入一個更典型的休閒市鎮。

若以淡水捷運站爲起點，過了公明街就是著名的老街中正路，新鋪好石階的路上，經常擠滿觀光的遊客和車輛。建議你用徒步逛街的方式，慢慢地朝渡船頭方向走去，欣賞沿街的各種風貌景觀。另一條路線則是沿著河邊朝渡船頭走去。

整條中正路上和周遭巷弄裡，都有大小不一的老店舖和新的藝品工作坊，販售著各類民俗工藝和食品文物，甚至舉辦各類文化演講、參觀活動。

老街上最重要的地標無疑是居中的福祐宮。福祐宮前正對面的菜市場，往昔原本是空曠的廣場，當年各種船隻都在這個碼頭卸貨、交易。

福祐宮重建至今已經兩百年，廟宇古樸，裡面供奉媽祖，是早期整個淡水的信仰中心。除了供奉媽祖，另有觀音菩薩、水仙尊王，都是保護船隻航行的神明，可見福祐宮和當地生活的密切關係。福祐宮旁邊還有一個望高樓碑址，書寫著此樓的意義。原來是以前用來指示漁船進港，具有燈塔功能的塔台。

福祐宮對面右邊的商店就是淡水最熱鬧的地方，許多淡水的著名小吃如阿給、魚丸湯和阿婆鐵蛋等都集中在此。

淡水聚落的發展拓墾先是依福祐宮形成街肆，而後逐漸由福祐宮沿山勢形成新的巷弄。由於商業行爲和防禦的需要，遂造

清水祖師廟是居民集會的中心。

成了俗稱的蜈蚣陣的線形街道，即所謂的長形街屋，重建街和清水街即具備這一種特性，且向北延伸至水碓、城仔口，向西則延伸至布埔頭和暗街仔。

●馬偕興建的牛津學堂位於淡水工商。

沿著福祐宮旁邊的小巷弄，很快便通達著名的祖師廟和龍山寺。祖師廟前身是挑夫苦力聚集的蕭府王爺廟。日治時期，淡水港沒落，蕭府王爺廟拆除，才擴建而成。

站在寬闊的廟埕向四方望去，祖師廟在淡水聚落的重要地位隨即明顯突現。前有熱鬧的市場，廟前左右各有巷道，直通兩條大道——中正路和中山路。後頭清水街，以前是繁榮的米市。這些巷道不寬，坡度大，最適合成為遊街的步道。祖師廟則是這個老鎮步道網的樞紐中心。

●紅毛城是淡水的重要地標。

淡水不僅是早期漢人移民社會發展成熟的城鎮，更受到西洋文化的衝擊。十七世紀西班牙人建築的紅毛城，十九世紀馬偕醫師在淡水的行醫、宣教，以及英國領事館的設立，都對淡水的建築聚落產生重大的影響。

沿著三民街往下坡走，不久即可抵達相當具代表性的馬偕街。走進這條以「馬偕醫師」為名的狹窄小街，首先映入眼簾的是一棟灰白色的平房，它就是往昔馬偕醫師行醫之診所；馬偕醫館旁邊還有紅磚的長老教會教堂矗立。

從長老教會教堂繼續往前走，順著馬偕街往上坡，穿過中山路，抵達眞理街。這裡是早年外籍人

●淡水碼頭一景。

士的集中地。巷弄幽深、雅靜的海關宿舍、馬偕住宅、理學堂等歐式建築，集聚成特殊的聚落。此間對外開放，值得觀賞的是淡水工商管理學院，裡面有一座牛津學堂，是北台灣西式教學的開端。此學堂於1882年落成，建材都是用淡水石材和福建的紅磚，以傳統石灰拌合煮熟的糯米、黑糖做為水泥的替代品。

沿此路繼續下行，著名的紅毛城和領事館便遙遙在望。

一般說的紅毛城，概指紅毛城古蹟區。包括了紅毛城主樓、英國領事館、清代城門的南門等。進入該區參觀必須購票。穿過隱密的林子，隨即看到截然不同建築型式的房子。

紅毛城主樓屹立小山崗上，居高臨下，以前適合瞭望，對防守非常有利。現今則是觀望淡水河四周的最佳觀景台。樓旁設有解說牌，敘述著整個興建過程。樓內空間擺設有各個時期相關的歷史圖片。孩子最感興趣的可能是當時的囚牢空間，以及砲台。

紅毛城主樓東側為紅磚、拱廊的領事館。這間十九世紀末期才興建的洋樓，是典型的殖民地式建築。色調優雅而溫暖，截然不同於主樓造形的封閉、森冷。館內的陳設佈置是後來再模擬的，一般遊客可藉由家具佈置，了解當時英國人在此按傳統生活的起居內容。

走下紅毛城，過了街就是日本式屋宇。這裡是早年日本人來此定居的一些宿舍，和老街的漢人房子及西洋式的樓房，形成各自不同的內容，豐富了淡水多樣的文化面貌。不過，這些日本式建築乏人照顧，恐怕會在幾年內率先消失。

如果走累了，不妨沿環河道路欣賞淡水河風光，或搭渡輪往返八里，憑弔往昔各種人文和歷史之風貌。

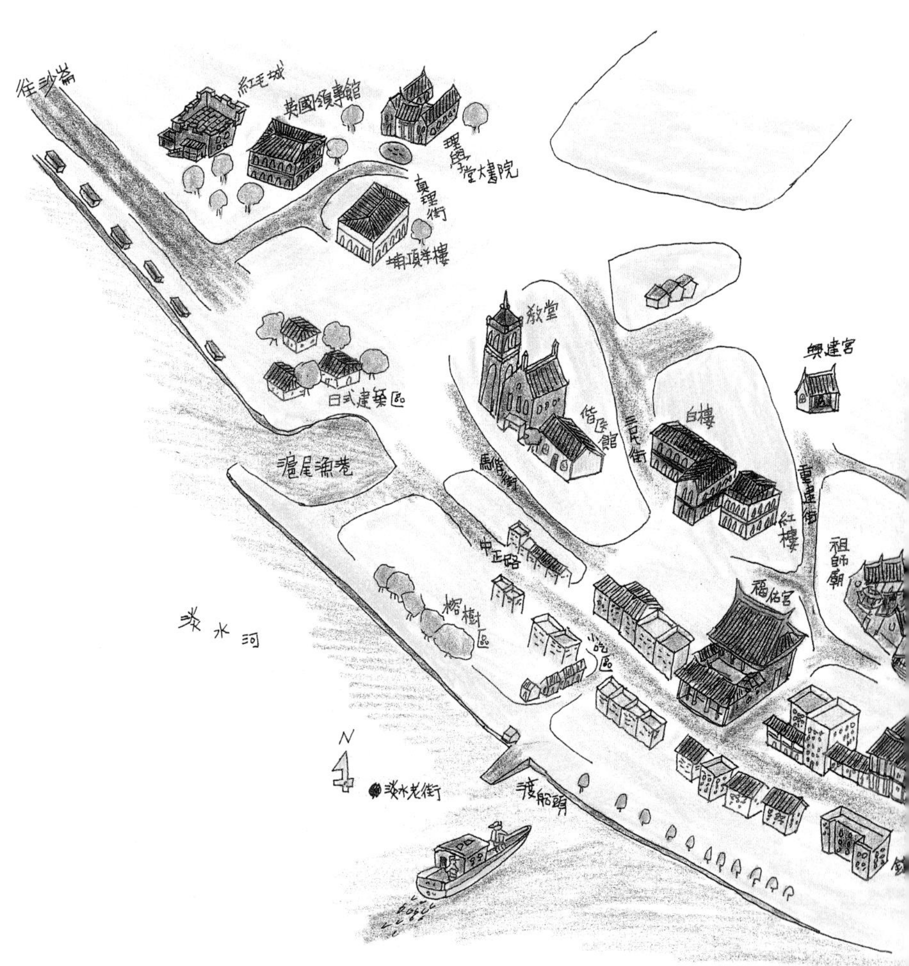

行程

在淡水捷運站下車，若只是逛老街，沿中正路或中山路散步即可。如果想再前往沙崙海水浴場，凡是往淡海的指南、新店、三重和台汽客運皆可搭乘。如果想直接到紅毛城參觀，可搭至淡專下車。

步行時間

最好一整天。

餐飲

附近到處有餐飲店。

適合對象

全家大小皆宜。

延伸路線

鄞山寺：位於淡水鄧公路十五號，由捷運站沿中正路往東走，到學府路口左轉，五分鐘可抵達。全省唯一保持完整的「定光佛寺」，小巧精緻。

淡水砲台：位於油車口，忠烈祠旁。中法戰爭時，劉銘傳修築的砲台。

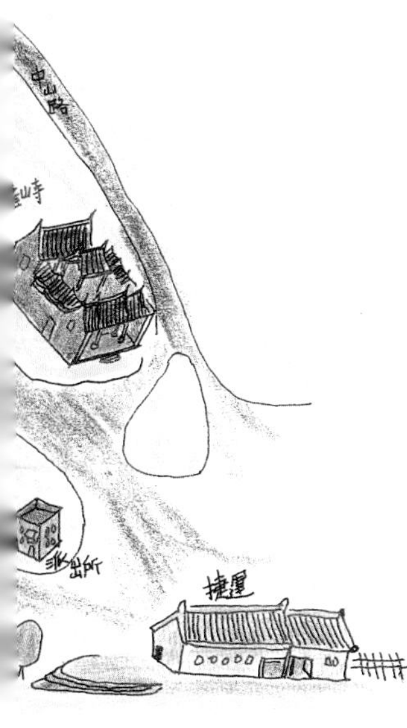

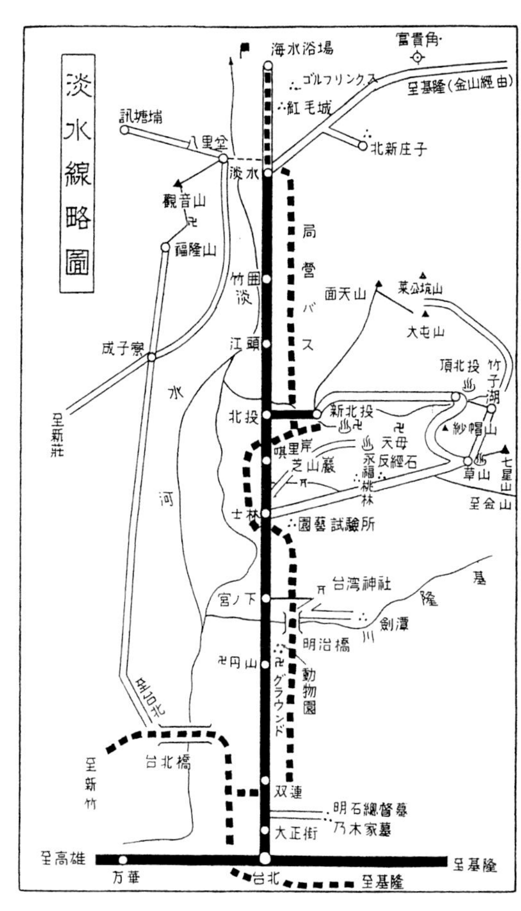

一九三〇年代日治時期旅遊導覽手冊裡的「淡水線略圖」。從這張早期的旅遊圖，可清楚比較兩種時代前往淡水方向旅行的差異。

淡水紅樹林

（水鳥、招潮蟹、水筆仔）

這裡是觀賞紅樹林和觀音山夕照的最佳地點。淡水河出關渡後，在此接近出海口，因而變得寬廣，形成一個大河灣。流水緩慢，沙泥大量淤積，紅樹林便在這個大河灣出現，成為台灣最廣闊最壯觀的紅樹林。同時，也是台灣最早公告劃為自然保留區的紅樹林。

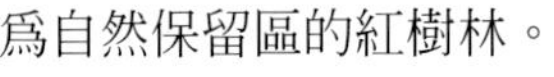

●觀音山和淡水夕照等地在日治時期都已是重要的旅遊景點。

●紅樹林是淡水河最重要的海岸森林。

最佳的旅行方式是搭捷運在紅樹林站下車。抵達時就會看到河邊座落著墨綠而廣闊的紅樹林。捷運站二樓還有紅樹林展示館。由紅樹林站左邊小路，通過捷運涵洞右彎，就會看到一間土地公廟在分叉的小路上。若順大路前行，也有路線抵達紅樹林。但一般自然觀察都由小路走進去。

過了土地公廟後，未幾便看到林層厚密的紅樹林。這裡的紅樹林種類只有一種：水筆仔。竹圍紅樹林保留區的面積達七十六公頃，光是主要的水筆仔就佔了六十公頃。

抵達紅樹林時，小路分成兩條。沿著紅色木橋筆直進入，隨即抵達高壓電塔。兩邊紅樹林緊緊貼近，可以清楚看清水筆仔的長相，像奇特的果實、花朵，以及寄生的動物等。

如果由右邊沿欄杆前行，不久即可看到左邊有漁塭出現。此後，一路前行至盡頭約五百公尺長，右邊共有大小不一七個漁塭。左邊淡水河北岸盡是紅樹林夾雜著五節芒緊貼著欄杆。

但眞正的紅樹林比步道的長度長達十倍。這是一塊由北往南逐漸縮小的海岸林，長達五公里，形狀如倒豎的台灣。

手上有一本賞鳥圖鑑是必須的。一邊走，不同的季節可以發現不同的鳥種，主要以鷺鷥科爲主，有全身潔白、黃腳的小白鷺，也有夏天時頭頸金黃

●紅樹林上的紅橋步道。

●水筆仔以胎生苗傳播後代。

的黃頭鷺，以及全身暗灰、眼睛深紅的夜鷺。水鳥方面以喜愛搖屁股、發出尖銳鳴叫聲的磯鷸最容易發現。秧雞類方面，全身灰黑、頭上有紅冠的紅冠水雞和肚腹潔白的白腹秧雞最常出沒。平地鳥類裡的褐頭鷦鶯、粉紅鸚嘴、八哥都相當常見。當然，翠鳥也常來這兒的漁塭捉魚。

沿著欄干，如果有空間，不妨蹲下來，仔細端詳水筆仔的長相。水筆仔著根在泥質灘地時，板根較爲寬厚；在沙質灘地時，樹幹基部會側出綿密的支持根。水筆仔夏天開花，數星期後就結出綠色的果實；胎生苗即由突出的果實長出，冬天時胎生苗遂掛滿樹梢。隔年春天，成熟的胎生苗尖端呈紅褐色，一碰觸即掉落。

●玉蜀黍螺是水筆仔上的重要動物。

中途有小溪溝，適合接近泥質地，可以觀察生活在紅樹林下的各種動物。紅樹林的環境不僅提供了多種招潮蟹生活，讓牠們依習性，在不同的泥灘環境棲息。彈塗魚則是水筆仔最典型的代表性動物。此外，貝類的玉黍蜀螺、礁石常見的藤壺也常攀爬在水筆仔樹幹上。

此段路程末尾和蛇龍河床相接，蛇龍河床是爲防範潮汐而整修。整段路程來回約一個小時左右即可走完。

另外，有一條參觀和觀察路線，由淡水捷運站下，往回走自行車步道，沿著捷運右邊小徑抵達。

●水筆仔上的藤壺。

行程

在捷運站旁左側，過涵洞即抵達。或搭乘往淡水公車或公路局至中嘉站、北勢橋站下車，過馬路。

餐飲

附近無餐飲，宜自備。

適合對象

全家大小皆宜。

延伸參考書籍

《台灣紅樹林自然導遊》　郭智勇著・徐緯繪圖　大樹文化出版　1995

《台灣野鳥圖鑑》　王嘉雄等　台灣野鳥資訊社　1991

《招潮蟹》　施習德　國立海洋生物博物館　1994

挖子尾紅樹林

（漁村、水鳥、招潮蟹、水筆仔、沼澤、沙岸）

如果帶孩子生態課、旅行，要在關渡和挖子尾兩地選擇一處沼澤的環境，我偏愛這裡。我總覺得，這裡有一種親近感，整個人就在環境裡面；在關渡常有一種疏離，你是隔著一種遠遠的距離在觀察。

●挖子尾漁村在此已經有百年的歷史。

要進入漁村前，在第一處木造的觀景亭，可以鳥瞰南岸茂密的紅樹林景觀。淡水河其他紅樹林都集中在北岸。據當地人描述，這一片紅樹林往昔並沒有如此茂盛，晚近幾年才蔚成海岸森林。

●村子入口的土地公廟。

沿著漁村的小路緩緩進入，另一種著名的海岸林植物——黃槿開始出現。漁村的入口有兩棵年紀上百的黃槿和老榕樹相伴，老樹下則有一間古樸的

●黃槿是漁村的重要圍籬。

土地公廟。

黃槿是昔時農家常見的樹種，葉子可以當粿葉。它也是海岸的防風林。當黃槿在海岸成群出現成為森林時，多半是人們刻意栽植，用來保護海岸。如果這片林子的年代更為久遠，像挖子尾的黃槿林，主要是為了來保護漁村的生活環境。

離開老樹，沿著漁村唯一的馬路進入，旅遊者會發現，所有房子的大門和窗口都面向南邊，主要是為了避開東北季風的影響。有間舊屋已經上百年，前面仍有池塘環境殘留，暗示著早年的生活環境。近年來可能自來水發達，這些池塘才逐一消失，或者縮小了。

有些地方已經翻新成公寓，村子裡住的人都是老幼婦孺多，因為村裡的年輕人都到城裡做事了。

村子中途有一條窄小的巷道，可通車子，穿過黃槿林子，便是挖子尾溼地。

這時有一條寬敞的隄岸和溼地並行。隄岸左邊是濃密的黃槿林子，保護著漁村和旱地。右邊的溼地上有水筆仔，以及停放的漁船，更遠處則有蚵仔

●在紅樹林內避風的漁船。

插枝。

繼續前行，抵達一處分岔路，往前行，可前往海灘的河口，那兒有海防警衛隊駐紮。遊客多半由右邊深入溼地隄岸走去。這條隄岸左岸和右岸的自然環境截然有異。

左岸因隄岸的阻擋，受到潮水影響較淺，形成草澤地帶。蘆葦和鹽地鼠尾粟是裡面的優勢族群。

這塊草澤也是褐頭鷦鶯、灰頭鷦鶯、斑文鳥和白腹秧雞等鳥類棲息的場所，水面上也有各種蜻蜓

● 挖子尾海灘是重要的自然保留區。

逡巡。

右岸因爲直接受到潮水漲退的影響，水筆仔純林以及幼苗在泥沼地上到處林立。另外一邊則是沙丘地形，生長著馬鞍藤和濱刺麥之類的海邊植物，菟絲子則寄生在馬鞍藤上。有些沙灘也堆積了不少漂浮上岸的垃圾。

如果不是過境期，泥沼地上棲息的鳥類以小白鷺和東方環頸鴴居多，小白鷺在靠水邊的位置，東方在泥灘地。

● 挖子尾是北部招潮蟹種類最多的地方。

泥灘地上棲息著這兒最著名的動物，各種招潮蟹、和尚蟹和幽靈蟹。天氣好，退潮的時日，幾乎都可發現。遠方則有蚵仔插枝，那是台灣西海岸最北的蚵枝架。千萬記得不要漲潮時到來，或者是天氣過於寒冷的時日，都無法找到招潮蟹。

● 海岸沙丘上常見的植物——蔓荊。

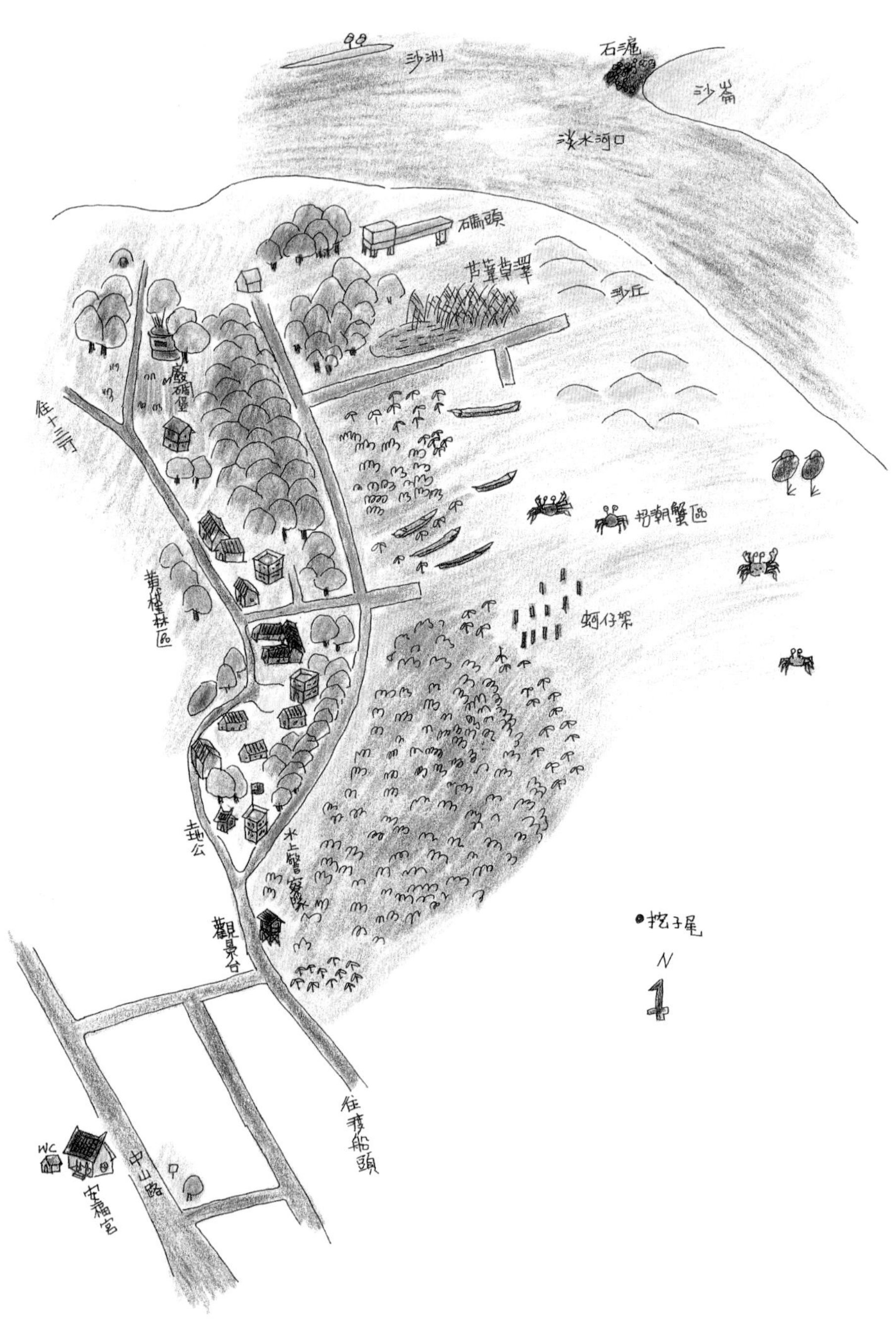
沙洲
石滬
沙崙
淡水河口
碼頭
蘆葦草澤
沙丘
廢碉堡
往十三行
招潮蟹區
黃槿林區
蚵仔架
土地公
水上警察隊
觀景台
挖子尾
N
往渡船頭
WC
中山路
安福宮

在觀察招潮蟹方面，最好帶一本相關的圖鑑，仔細地觀察每一種的習性，做記錄表，把每一種看到的都打勾，收穫才會多。千萬不要去捕捉、傷害牠們，甚至帶回家。

再往前，沿河隄走到淡水河邊，那兒適合觀察水鳥和對岸的城市景觀。

也可在那兒撿石子，仔細注意看看河口的小石頭，和其他河段的差別在哪裡？這兒多半是沖刷、洗磨許久的小石子和貝殼殘骸。

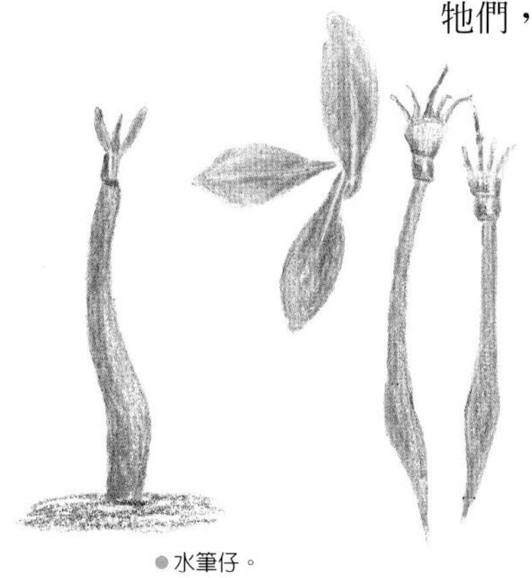

●水筆仔。

◆步行時間

觀景台 —30分→ 沼澤

特殊景觀

◆豐富的招潮蟹

由於環境豐富，這裡是北台灣招潮蟹種類最多的地帶。天氣好時，在泥灘地會發現許多種招潮蟹、幽靈蟹、和尚蟹等。不同的螃蟹，生活的習性就截然不一樣，帶一本相關的書和圖鑑是絕對必要的，會更加認識這個沼澤的生態。

行程

如果由台北出發必須經過關渡大橋，沿台15公路前進，經過渡船頭，在行經加油站時，往右邊的公路（左邊是外環道路），由往挖子尾指示牌右彎進入，遠遠即可發現觀景亭。

亦可搭三重客運（板橋～八里線，北門塔城～八里線）在挖子尾站下車，詢問當地人即可獲知。

另外，也可以搭渡輪過淡水河到八里，再沿河岸走到挖子尾。

適宜對象

全家大小皆宜。

餐飲

附近無餐飲，宜自備。

延伸參考書籍

《台灣紅樹林自然導遊》郭智勇著．徐偉繪圖大樹文化出版1995

《台灣野鳥圖鑑》　王嘉雄等　台灣野鳥資訊社　1991

《招潮蟹》施習德　國立海洋生物博物館　1994

觀音山步道

(安山岩、廟寺、賞鷹)

觀音山的海拔不高，只有612公尺，但橫躺觀音，側成峻嶺。它和淡水、八里風景區連成一氣，莊嚴地矗立在淡水河畔，早年即成爲重要的台北地標，以及登山地點。山頂上的凌雲禪寺更是名聞遐邇，香火鼎盛。再加上交通便利，上山的路線四通八達，迄今仍是各方攀爬的重要山岳。

遠眺凌雲禪寺。

目前，觀音山亦設有風景區管理所，管理所就位於觀音山的心臟地帶，那兒設有遊客服務中心，提供旅遊資訊和解說服務。同時，有一石雕地標「龍的傳人」矗立所前，將全省各風景區管理所都刻繪

古樸的愣嚴閣是這兒著名的廟寺。

缺少溼氣的觀音山一景。

在上。

在我的旅遊觀裡，這塊和紅土台地緊緊相連的火山地形，是一個缺乏溪澗和潮溼林澤的環境，森林相主要以相思樹和綠竹林爲主。

一般初登山者的大眾路線，最好是由觀音山站爲起點，一來交通方便，二則坡緩容易攀登。登頂後，可以選擇龍形、渡船頭、八里、獅子頭、林口、觀音坑等多處方向下山，或按原路折返；（渡船頭和龍形落差較大，路徑不整，需要多休息。）腳健者可繼續走俗稱小富士山的占山。

如果由觀音站出發，前行約十分鐘，遇石階叉路。再沿石階，可遇兩百年歷史的凌雲禪寺。這座古樸而寧靜的寺廟舊時步道有108座石觀音像，如今還剩下四、五座，就在附近。行至兩公里處，抵達供奉千手佛觀音的禪寺，附近有兩座名園，其建築全以觀音山石所建造，造型古幽。登山石階也都是觀音山石

秋天時，在觀音山可看到灰面鵟過境。

所建造，平穩而開闊。約五十分鐘，抵達海拔608公尺的主峰硬漢嶺。

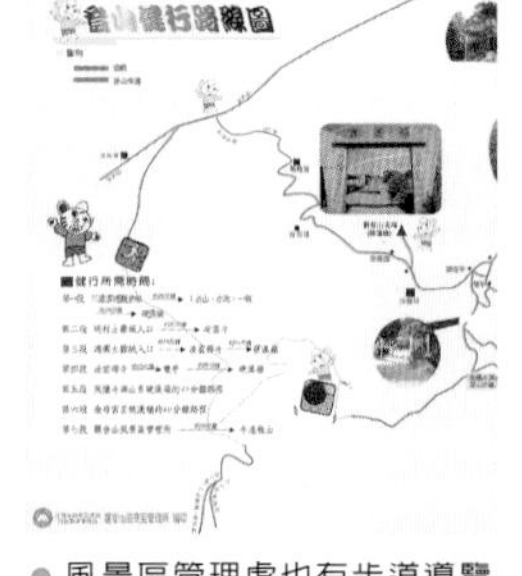
● 風景區管理處也有步道導覽圖。

嶺上有一座牌樓，兩旁一副石刻對聯，「走路要找難路走，挑擔要練重擔挑，爲學硬漢而來，爲作硬而去」。據聞是過去日本憲兵隊訓練的場所，因而得名。過去在山頂有兩顆基石，一爲二等三角點，編號1069號，一爲三等三角點，編號爲1125號，但是如今已經不容易找到。通常走上山頂約兩個小時。

● 觀音山風景區管理處的三重客運時刻表。

在此景觀的觀賞，遠勝於昆蟲、蛙類的自然觀察。站在一處視野開闊的高地，既可觀賞海洋景觀和淡水河美景；同時，可一覽台北盆地和大屯山巒景觀；似乎觀察昆蟲、鳥類變成多餘的事情。

我來此旅遊或自然教學，多半是選擇賞鷹的時節。同時，一邊進行地質環境解說，認識安山岩、火山的成形，以及介紹附近山脈環境。遠流出版的《台北地質的故事》是必備的良書。每年春秋候鳥過境時，這裡是一個相當不錯的賞鷹觀察點，經過近年來鳥友的提倡，慢慢地和大肚山、墾丁並論。惟猛禽種類不多，但是，不同的地點總是有不同的樣貌，在這裡享受到的賞鷹情境絕非其他兩地可比擬。最好是跟賞鳥的朋友或加入鳥會前來，收穫較大。

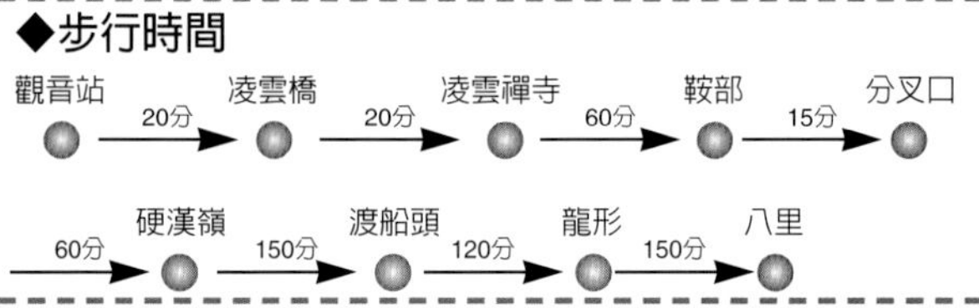

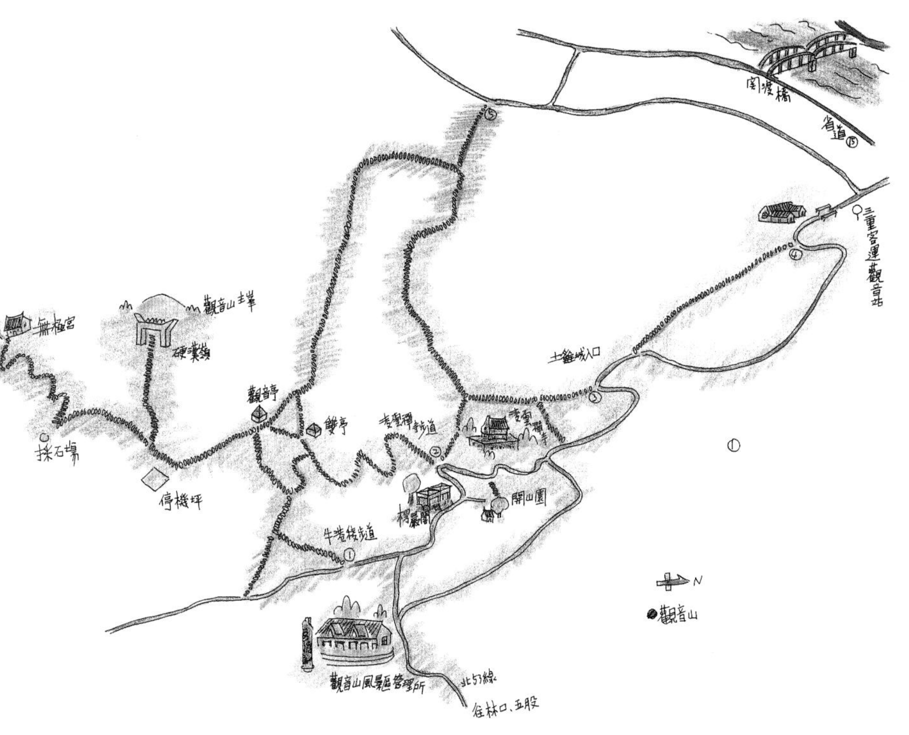

特殊景觀

◆凌雲禪寺

凌雲禪寺（新寺）位於觀音山山下，規模宏大，寺容巍峨。正殿立面是洋樓式，供奉千手觀音菩薩；左側各旁殿牆壁的壁畫和色彩，頗有日式味道。

◆安山岩

安山岩是火山爆發出來的岩漿冷卻，凝固而成，最大特色是有很多礦物斑點（輝石、角閃石、黑雲母）。台灣北部火山群（如大屯山、觀音山、基隆山）的組成，安山岩多爲灰黑色，質地堅硬而密，不易風化，是非常優良的石材。觀音山產的「觀音石」聞名全台，常被用來做雕刻龍柱、石獅等。但資源若過度開採會枯竭，目前已經受到法律保護了。

行程

由五股交流道下高速公路，先走新五路接成泰路，即107縣道，再轉凌雲路；或由關渡大橋轉103縣道再轉成泰路，再接凌雲路，直抵凌雲禪寺。搭公車者自台北北門塔城街搭乘三重客運開往觀音山線的班車，在觀音站下車，就是登山口。

適宜對象

路程較遠，青少年以上爲宜。

餐飲

附近無餐飲，宜自備。

The North Taiwan

士林北投線

- 關渡平原河隄步道
- 小八里分山步道
- 下青礐步道
- 北投溫泉公園
- 丹鳳山軍艦岩步道
- 芝山岩
- 士林官邸花園
- 福山步道

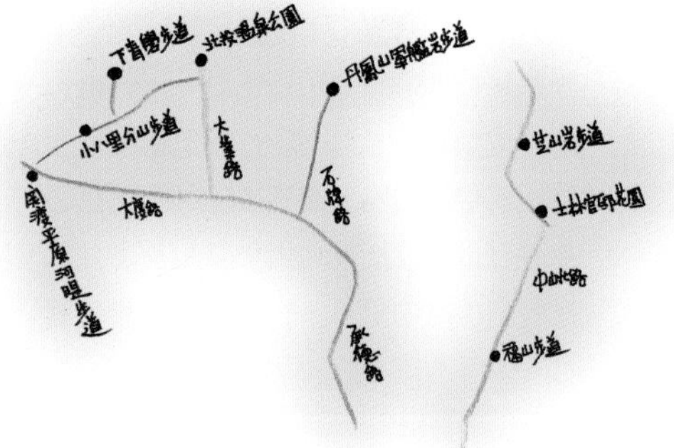

N

● 士林.北投線

關渡平原河隄步道

(水鳥、鹼草、紅樹林、蘆葦、稻田、溪流、水圳、廟寺、老街)

在台北的平原要看到如此綺麗風光的步道，已經難得一見。這是一條早期傳統的賞鳥路線，但關渡自然公園出現後，多數人都由關渡宮前直接進入，或者就直接到自然中心觀賞。這條沿著河隄的步道反而較少人前往了。

● 關渡沼澤被譽為台北盆地最後一塊綠地。

如果要清楚了解基隆河下游的景觀，還是要完整地沿這條步道旅行，才可能對基隆河下游的自然景觀有全盤的了解。建議你搭公車，在大同電子廠下車，過馬路後，憲兵營旁邊就是磺港溪上的朝籟橋。

由磺港溪右邊的柏油路前進，從這裡到關渡宮前，原本叫八仙里。整條路有三個小村。起初的地點叫上八仙，就在今天紅娘餐廳的附近。餐廳後路邊即有土地公廟。廟旁即爲寬敞的八仙圳源頭，這條圳是灌溉關渡平原水稻的主要水源。

再往前約三百公尺，隨即可走上磺港溪河隄，這條河隄可通往基隆河。磺港溪以前寬達六、七公尺，早年行駛於基隆河主要的船隻紅頭船，可以駛到朝籟橋橋頭。不遠的大同電子廠後面，那兒曾有一個內陸的小碼頭。碼頭過去就是關

● 白鸛曾在關渡平原築巢，轟動一時。

水鳥是關渡自然公園重要的自然資源。

渡平原最突出的山腳，海拔約九十公尺的唭哩岸山。目前，唭哩岸公園入口前有石碑依舊詳載了早年開拓的歷史。山腳另一側，有明朝末年即興建的慈安宮，它是盆地最早興建的廟宇，周遭的環境是台北盆地最早開發的地區。

目前，漲潮時的磺港溪仍可以讓寬約一公尺的小漁船進入，但多半只能抵達五分港溪河口的沼澤區。白花苦藍盤和蘆葦在這兒構成另一種沼澤溼地的環境，和下游關渡自然公園的紅樹林、蘆葦，呈現不同的景觀。這個面積相當廣闊的沼澤區，動物資源相當豐富。冬天時有雁鴨科鳥類棲息外，平常也有巢鼠、黃鼠狼之類喜歡在沼澤溼地活動的哺乳動物。

這裡的河岸還有一些碩果僅存的鹼草，它們是這塊沼澤早年的代表性水生植物之一。據說，北投當地的農夫仍定時來採割，帶到傳統菜市場，用來捆綁魚類、豆腐等食品。

再往前走，隨即抵達一處基隆河和磺港溪交會的河口。河口有中八仙村落和一處停泊著漁船的小港口。村落附近也能看到黃槿，閩南話叫粿葉、朴仔。它是台灣西海岸海邊農家聚落，以及北部海岸的指標植物，一般人最熟悉的或許是它鐘形的黃色花。這兒也有南部人熟悉的破布子，種植在民宅旁邊。

在中八仙的舊村落裡，住戶主要有陳、黃和郭姓人氏。早年這兒對外交通並不方便，主要靠的是水運。他們是從淡水搬來的，祖先在淡水住了二十多年，六、七十年前才沿基隆河搬到此。當時只有

濱鷸常成千上百出現在泥灘地。

幾戶人家，跟社子和關渡之間的關係並不緊密。

由此往前走，河床內主要是泥灘地，河隄外是廣漠的水稻田。關渡沼澤平原栽植的稻作，分一、二期在七月和十一月左右收割。不同時節的稻田環境棲息著不同的昆蟲、貝類和蛙類。稻田的環境變化和水鳥的過境也息息相關。三月初秧苗初長時，

由賞鳥牆遠眺三百多年歷史的關渡宮。

是鷹斑鷸過境的時期，較隱密的稻子裡則有龐大的田鷸群。四月是家燕集聚的時日，六月有燕鷗到來，而第一、二期稻作收割後的廢田，往往變成了金斑鴴和黃眉黃鶺鴒過境的重要棲息地。一、二月水田翻耕時，喜愛蚱蜢、蝗蟲的牛背鷺則是常客。

山黃麻、構樹、苦楝、烏桕和血桐是基隆河右岸常見的主要樹種。河隄附近的廢土堆

沼澤區的賞鳥堤防步道。

上，只要荒廢個六、七年，也會長出四、五公尺高的山黃麻、血桐。

抵達大排水溝後，主要分兩條路線，沿著這條大排水溝往前走，越過大度路，往前至中央北路，兩邊都是一望無垠的水稻田區。如果左轉過橋，沿著八仙產業道路前行，隨即來到仍有紅磚老屋和刺

竹林的下八仙村落。下八仙仍存留有一些紅磚三合院，周遭是刺竹、黃槐的樹林，村尾則有土地公廟一座和水門並列。

村落裡也有兩條路，一條繼續沿八仙產業道路和百年的水圳，直接伸入水田區。另一條繼續沿下八仙的河隄走，每走個百公尺都有石樁，標示離河口還有多少公尺。

從這個河段區，逐漸進入關渡自然公園的範圍

，蘆葦少了，水筆仔逐漸增多，惟獨缺了過去常見的、外形優柔的茳茳鹼草。原來，十年前蘆葦從五分港擴張勢力，河口又有粗獷的水筆仔河岸森林，不斷地以幼苗四處落地胎生；夾在這兩種優勢族群之間的茳茳鹹草成了輸家，一九八六年以後，在這個河床就難以找到茳茳鹹草的後代，只有隄防外的淺灘還有零星生長。

●關渡後山較少遊客前往，那兒最適合鳥瞰沼澤平原。

目前，高大、蓊鬱的水筆仔已經像森林般隱密，擋住了遠眺社子的景觀。同時，也將水鳥原先棲息的泥沼環境徹底改變了。根據野鳥學會近十年來的統計，冬天時棲息的雁鴨數量已經遠遠超越過去常見的鴴鷸科水鳥，小水鴨是最多的一種。除了雁鴨外，河岸森林裡最容易看見的鳥類以夜鷺和小白鷺爲主，黃昏和清晨最容易看到牠們漫天飛舞。泥灘地面上則棲息著各種玉黍蜀螺、招潮蟹以及彈塗魚。

右邊的河隄內，四季風光明媚的草澤淺灘，叢生著蘆葦、水燭等水域植物，乾燥的地面則以五節芒爲主。這塊多樣的內陸溼地，不論漲退潮，同樣地吸引許多秧雞、鷺鷥科鳥類棲息。最重要的季節在春秋兩季水鳥的過境期，各類型候鳥紛紛過境，每年鳥會都會在此舉辦賞鳥季，吸引許多市民前往。

這裡也是觀察大自然的生態教室，豐富的昆蟲樣貌和水生植物群落，經常吸引不同的自然生態團體和小學生前來旅遊。

沼澤區內有一處賞鳥牆和一處賞鳥走廊，可以供遊客下去觀賞。賞鳥牆範圍寬廣，大部份的水鳥都集中在西北邊的沼澤灘溼地。另外，過了水門不久，又有一處賞鳥走廊，設計於隱密的林子裡

●夜鷺最常出現在中港河河港。

● 關渡早年曾以鹹蛋聞名全台。

。它是一個枕木的環形步道，可以深入沼澤內部，從不同的角度可看到不同的沼澤樣貌。林子的環境也提供了不同鳥類的棲息環境。

河隄終點便是關渡宮和中港河。位於中港河河口的小港口，經常有二十來艘小船停泊。它們依季節在滿潮時，由當地的漁夫駕船到淡水河和基隆河交會的地方捕捉魚蝦等漁獲。但在河水嚴重的污染下，目前漁夫們能撈捕到的恐怕只剩一些耐污的水產，諸如文蛤等貝類和鱘了。關渡宮前的漁販攤上，擺出的魚貨多半是外地運來的海產。

中港河上游貴子坑溪和水磨坑溪交會處，已經建立了自然中心，擺設有關渡自然公園的相關內容。過了橋後，右轉約十分鐘可抵達。這兒有一個小步道適合賞鳥。同時，自然中心有相關的沼澤資訊，適合自然鄉土教學。如果在河隄步道賞鳥意猶未盡，不妨到這兒走走。

早年被騷人墨客吟詠的關渡宮，光復時還是台灣重要觀光風景區。除了初一、十五祭拜節慶之日，香火鼎盛、人潮洶湧外，平時遊客也絡繹不絕，唯獨少了原本應該擁有的人文氣息。未來，如果能將自然環保的觀念和

● 設備完善的賞鳥牆。

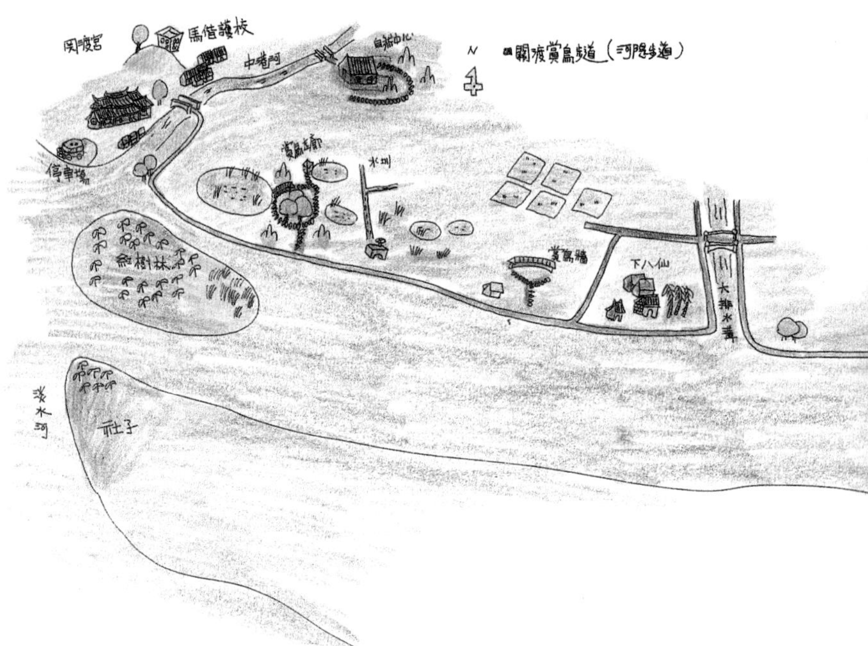

藝術活動也帶入，重新灌注歷史、史蹟等文化意義，再透過捷運的便利，這個區域將會構成相當獨特的遊憩空間和環境。

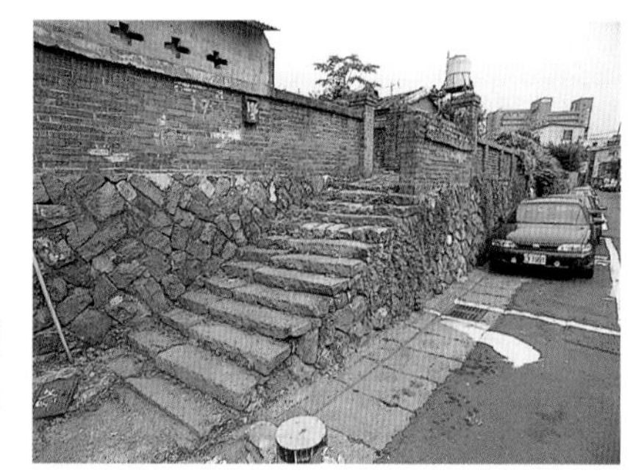

● 關渡老街常被遊客忽視。

特殊景觀

◆關渡宮歷史

關渡宮原名靈山廟，創建於清康熙五十六年，最初是建在山上，經過數十年的經驗，確定河岸無水災之患，才遷建於面臨基隆河的現址。以前有話「南北港北關渡」，都是香火鼎盛的寺廟。每年農曆初一、十五都是拜拜的日子，廟前必定是車水馬龍的熱鬧景觀。

關渡宮的景觀早就是百年著名的風景勝地，以前就有二、三首清朝旅人的詩，展現了早年人們與自然間的對話位置，值得在此一提。

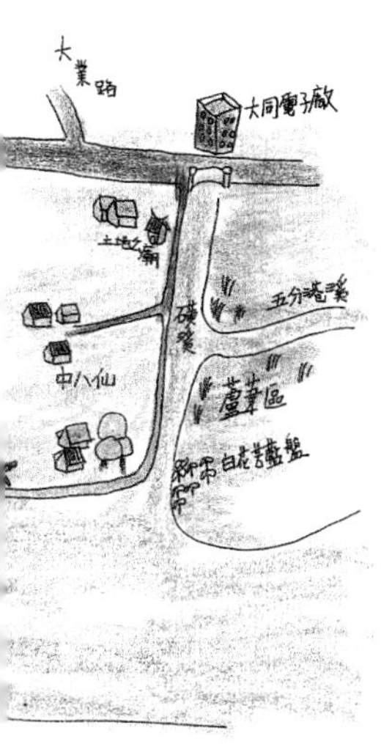

●經常出現於基隆河河岸的磯鷸。

●台北市野鳥學會出版有各類完整的「關渡自然公園」手冊。

◆步行時間

大同電子 → 180分 → 關渡宮

重重關渡鎖溪雲，
潮往潮來到此分，
練影東西拖燕尾，
濤聲日夕助犀軍，

———十八世紀詩人陳逢源「關渡分潮」

◆溼地環境

台北唯一最方便觀賞河岸下游景觀和溼地的環境。沿河隄，可以清楚一覽基隆河岸下游景觀和自然生態。從五分港的蘆葦和苦林盤的草澤，經過水稻田、淺灘地、池塘，到河口紅樹林的沼澤。旅遊者可以觀賞到不同多樣的溼地景觀，以及平野的各種動植物面貌，並且深入了解這塊台北盆地最後一塊綠地的環境狀況，想像早年台北的自然景觀。

◆關渡老街

關渡宮旁邊的老街，以前和關渡港的商業貿易相互關聯。目前，仍有許多早年的舊紅磚屋。這些房子基本上築得比較高，主要是在防水患。從街屋的位置和建築角度，都可感受出這個緊臨基隆河的小漁村的早年特色。

行程

在大同電子廠站下車，或搭捷運在唭哩岸站下車，過馬路沿磺港溪右岸前行，或反方向，搭302公車至終點站關渡宮，由關渡自然公園往回走，時程約需三至四個小時。

飲食

中途無餐飲店。

適合程度

全家大小皆宜，最適合健行活動。

小八里分山步道

（廟寺、森林）

●陳懷公舊宅已經租給許多團體使用。

●行天宮一景。

●北投行天宮是一座遠近馳名的大廟。

小八里分山是台北盆地最接近關渡地區的小山頭，以前稱嗄嘮別山，因為山腳過去有平埔族嗄嘮別社居住；如今稱為忠義山，就不知是何典故了。它的山稜與小坪頂相接，為大屯山山稜末端，海拔233公尺，山勢寬緩平坦。

昔時平埔族嗄嘮別社人（又稱八里坌社人），遠在荷蘭時代，即從淡水河口遷移至此。由於懷念舊地，仍以舊地名懷念之。嗄嘮別音也近挖子尾。

登山前，有兩處地點可走訪：一處是歷史古蹟

●廟旁的老榕樹。

陳懷公紀念堂，一處是行天宮。

陳懷公紀念堂係紀念拓墾關渡地方的陳懷。整棟古厝仍保持當時四合院的院落，顯見是當時北投之大戶人家。

行天宮即所謂之忠義廟。它和台北民權東路之行天宮、三峽的白雞廟均屬同一財團法人所有。廟寺建築堂皇而宏偉、明淨而肅穆，氣勢有如大陸北方之廟宇。四周則遍植園藝植物，有如景觀花園。平時即香火鼎盛，善男信女和觀光客絡繹不絕。

從行天宮後院的花園，有兩處上山的步道皆可登上忠義山。此處花園種有各種景觀植物，但亦保持不少原生樹種。

如果從左邊的山徑上山，兩邊都是園藝植物居多，同時有開墾之菜畦，和蓮霧、柚子等果樹；約莫五、六分鐘即可抵達一處叉路。叉路邊有陳氏古墓一座。由古墓左邊水泥小徑繼續上山，未幾和一條公路交會。此路即中央北路四段三十巷。交會處也有一處古墓。沿公路往上行，隨即遇見另一條叉路，通往楓丹白露社區。旁邊有一條陡峭的小山徑，順著小山徑上行，多半是無石階的陡坡，路況並非十分良好。

半小時後，上抵山頂之高原，隨即遇見三、四座古墓。這兒的地質屬於紅土層，相當貧瘠。高原之中央視野開闊，有何太夫人寬廣而雍容之大墓座落山頂之上。此墓係日本華僑何國華母親安葬之地，附近有其早年經營之國華高爾夫球場。

整修良好的何母之墓，周遭有朴樹和龍柏栽植，左右更有土地公廟。右邊之小土地公廟，集中有二十多座土地公，一起供奉，成爲相當奇特之景觀。附近也有一等衛星控制點。

從這裡可向四周遠眺，西望淡水河出海口和觀音山，南眺關渡平原。東北爲大屯山山脈，山頂上

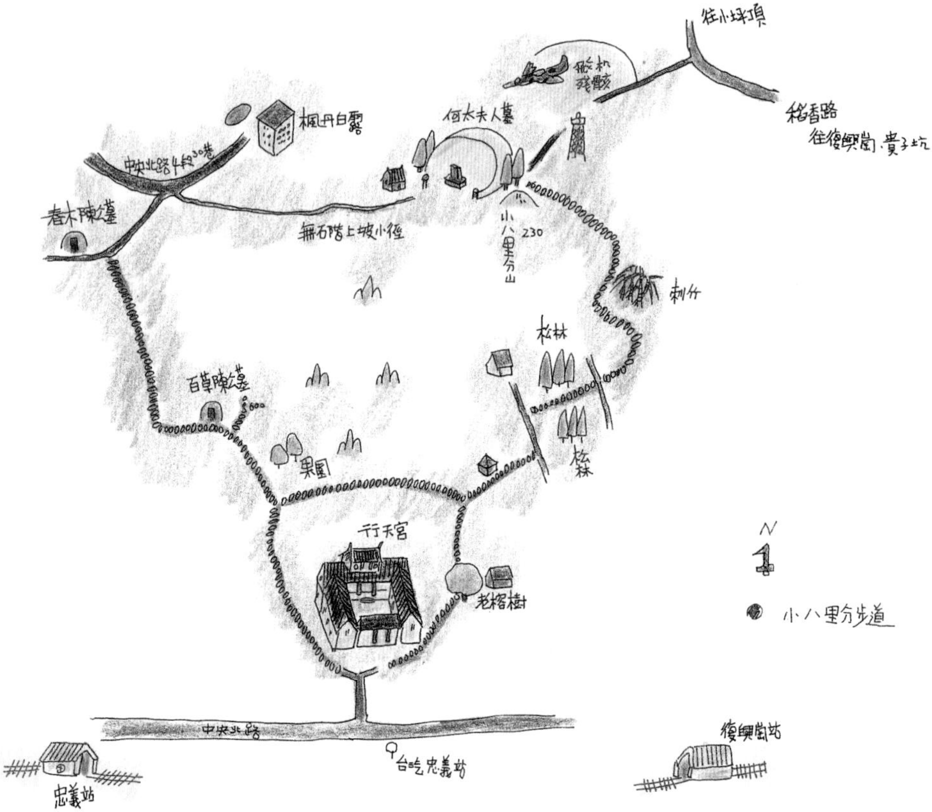

山頂的飛機殘骸。

另有兩條通路，一條朝北行，經過另一個寬廣的台地，堆放有一輛飛機殘骸。沿泥土路出去，未幾，和稻香路接頭。順著稻香路半小時，可至小坪頂，

小八里分山山頂的土地公廟。

也可在抵達小坪頂前的小路，向右折向不動瀑布、下青礐步道和貴子坑水土保持教學區。

另外一條往南下，鋪設良好之石階，可回到行天宮。小徑旁植物多而隱密，比先前上山景觀宜人；自然殘留林裡鳥類活動頻繁，最醒目的景觀特色是大量刺竹集聚在路邊。二十分鐘後，抵達一處叉路口。按指示路牌，繼續沿石階下行。穿過濕地松、油加利的林子，以及人造的竹柏林子，便回到行天宮。由上山到忠義山頂再下山，一個半小時即可走完。

◆步行時間

行天宮 —50分→ 何太夫人墓 —30分→ 行天宮

特別景觀區

◆陳懷公紀念堂

陳懷原爲清朝雍正年間年羹堯大將陳時英。年羹堯被雍正處死時，他到處躲藏，化名陳懷來到台灣，和平埔族女子結婚，並向嗄嘮別社人購買土地，拓墾水田。他買的地從忠義到關渡一帶，約五甲三分。每年向關渡宮繳納稻穀三十八公斗，因此當時每年農曆正月初一關渡宮大門均由陳懷前往開啓。關渡宮大門一對石獅亦由其捐贈。

關渡一帶水位低，容易灌溉；忠義一帶較高，無法自關渡取水，陳懷乃自忠義山湧泉（現忠義山行天宮登高約四百公尺處）挖掘佔地七分多的埤池，灌溉附近水田，約六甲餘。此處後人取名爲「公司埤」（現爲桃源國中），後來因各地交通和學校之建立，僅剩四百坪土地，在中央北路四段30巷，興建紀念堂。

行程

捷運忠義站下車，往回走，第三個紅綠燈處，向右轉中央北路四段三０巷上山，即抵達登山處的行天宮，或由復興站往前行，搭台汽在忠義站下車亦可。

飲食

附近無餐飲店。

適合對象

少年以上，全家人適宜。

下青礐步道

（水圳、溪流、森林、水土保持教學園區）

●貴子坑教學園區的地質地標「五指山」。

貴子坑位於貴子坑溪和水磨坑溪之間，自然環境相當特殊，屬於台北最老、最底層的五指山層。因爲含有品質極純的高嶺土，過去是有名的礦場。由於每逢大雨，經常發生水土流失，目前已停止開採，成爲遊憩區，規劃爲水土保持教學公園，但周遭仍可見開採之遺跡。

環繞著貴子坑有一條下青礐步道，繞到山上的森林裡去。它的路線如下：從教學園區右側水磨坑溪的步道上山。若是沿著左側教學園區側門秀山路八十五巷往前行，旁邊就是貴子坑溪。貴子坑溪溪

●溪邊設有解說牌。

●貴子坑溪整治良好，也是參觀的好景點。

●溪流整治防洪工程一景。

流目前已經有完善的排水整治工程。溪流旁邊還有建設局設立的解說牌，以圖形清楚的解說各種排水工程和護坡之功能。

溪裡的靜水池像一個個小池塘，棲息著豐富的水生植物和昆蟲；兩岸也有北部山區常見的野生植物，代表性植物如車桑子、紅珠樹等。

登山小徑的入口在貴子坑溪左岸，秀山路八十五巷九十五號的民宅，沿石階扶梯左轉上山。

此段山徑較陡，雖然吃力，不妨欣賞兩邊的植物種類。小徑旁邊除綠竹林外，自然殘留林的植物種類不少，如常見的相思樹、青剛櫟和香楠皆可發現；市府也在小徑兩旁種了不少山櫻花。

上抵石階頂稜線，路標指示牌，分指左右兩個方向。左邊往淡水小坪頂，右邊往北投，依舊是步道範圍。右邊小徑旁有涼亭，可遠眺台北市景。稜線上地形平緩，猶如高原。小徑旁有花圃和各類蔬菜的菜畦。過了菜畦，小徑旁出現灌溉的小水圳相伴。途中有山友休息站的觀景台。

過了觀景台，右邊出現密林。天氣好時，鳥類出沒頻繁。左邊則是山高水深的溪壑景觀。聳立在前的獨立山頭，是貴子坑教學園區五指山層的背面山景。小徑旁設有坐

●稜線上的步道有舊水圳。

椅，中途還有一棵六、七人環抱的大榕樹。

大約十來分鐘左右的路程即可抵達另一處岔路口。往上可至下青礐、清天宮，甚至可前往陽明山國家公園的面天山。往下行繼續走步道，可至土地公廟和教學園區。

沿扶梯石階下行，不久，抵達一處水磨坑溪上游的小橋。溪流聲潺潺不斷，斯文豪氏赤蛙的聲音也不少。過了小橋，沿小徑上上下下，到處有綠竹林產業。未幾，經過一處涼亭，隨即來到一座小土地公廟。周遭有茄苳和香楠等老樹，小徑旁依舊有新栽植的山櫻花。愈往山下，視野愈開闊，隨時皆可清楚看見裸露的白色石壁。這是二十年前，十餘家瓷土業者在此開採高嶺土和石英砂的遺跡。

接近山腳時，水磨坑溪出現，再度看到水土保持的護岸，以及解說牌。整條步道至此結束，全長約一點八公里。一邊觀賞自然景觀，緩緩觀察，一個早上即可旅行完畢。

● 步道上一景。

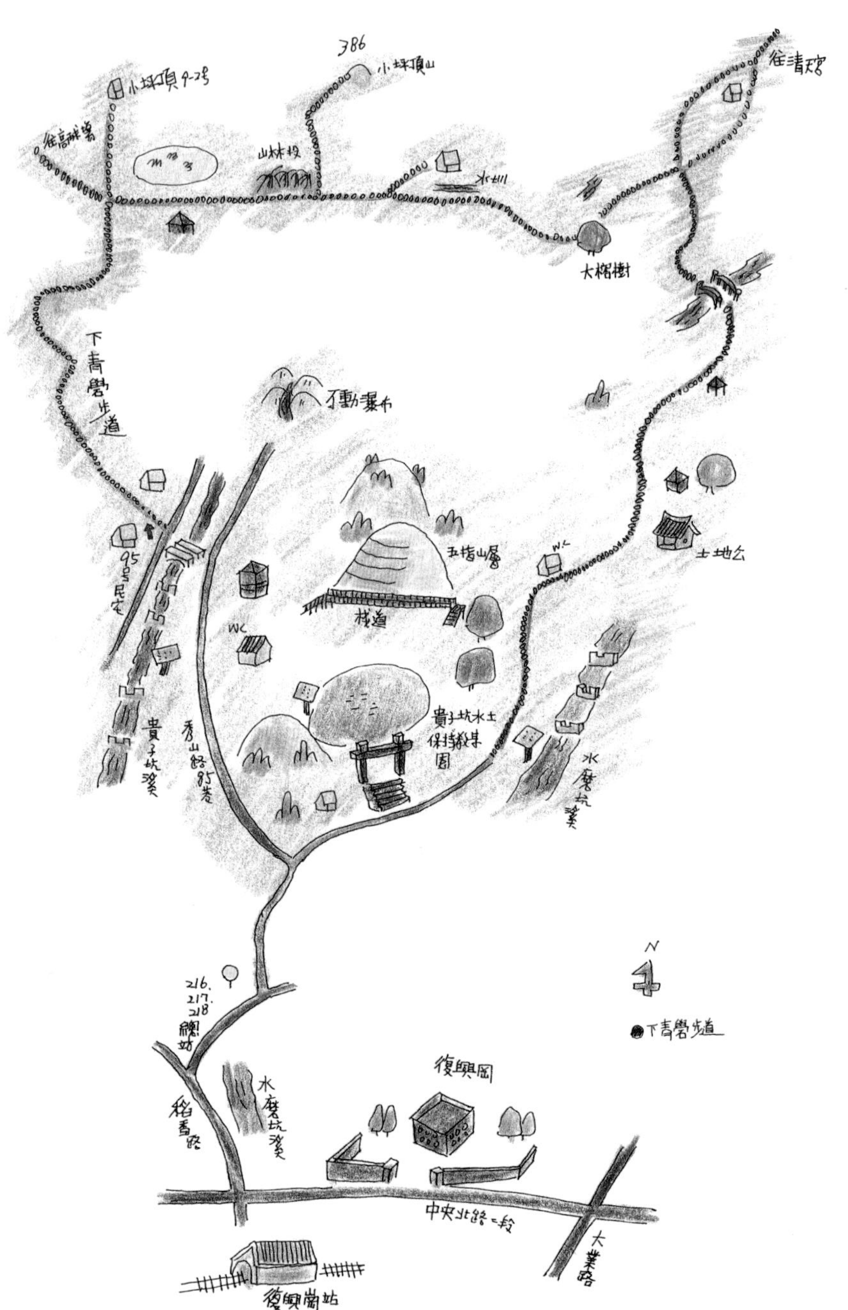
386
小坪頂山
水圳
大榕樹
下青礐步道
不動瀑布
棧道
土地公
WC
WC
95號民宅
貴子坑溪
秀山路85巷
貴子坑水土保持教學園
水磨坑溪
216.
217.
218
總站
稻香路
水磨坑溪
復興園
中央北路二段
大業路
復興崗站
N
下青礐步道

●步道上的土地公廟。

走完步道，建議您進入教學園區參觀，園區內是觀賞五指山層的最佳位置。這塊大面積的裸露岩壁是台北最古老的地層，蘊藏豐富的瓷土礦和矽砂。廣大的園區內，還設立各種水土保持解說牌及枕木步道，讓遊客對當地的地形有更進一步的了解。同時，設置露營地、觀景台和小木屋區，非常適合自然教學。

◆步行時間

左側登山口 —30分→ 稜線 —30分→ 土地公廟 —25分→ 右側登山口

行程

由復興站下車，往回走至中央北路和稻香路交會口，再搭乘216、217等車至終點站，循秀山路，可看見貴子坑水土保持教學區指示牌，十來分鐘可至。或在北投站下車，過街搭乘216、217公車亦可。

適合對象

少年以上，可全家人登山。

延伸路線

不動瀑布：順著貴子坑教學園區貴子坑溪側門緩升小坡前行可抵達，係一天然大瀑布，當地人稱爲水叮噹瀑布。

小坪頂：傳統登山路線，上抵下青礐步道稜線後，左邊有小徑可通往。

餐飲

周遭無販售。

北投溫泉公園

（溫泉、公園、老樹、古蹟、北投石）

銀河在這裡曳下了瀑布，
撒得滿山零碎的星子，
北投，像生了綠苔的酒葫蘆，
這小小的醉谷呀，
太陽永不升起來。

這是前輩摯友鄭愁予先生六〇年代的名詩「北投谷」裡的一段，清楚地描繪了北投的環境特色，也爲當時迄今的北投下了一個美麗的註腳。

北投爲凱達格蘭語言裡「女巫」之

● 新北投是日治時期的重要景點，迄今仍是日本人來台旅遊的重要參觀地。

● 北投溪蜿蜒地流過北投公園。

● 公園內的著名石拱橋，往昔經常發現北投石。

● 北投溫泉博物館重新修建後，已經成為重要地標。

意，每當蒸發水氣化作霧氣，便是她施展魔法時。北投盛產溫泉，當時凱達格蘭人認爲是一種毒水，加上地熱谷終年雲霧飄渺，更增添了神祕感。

北投早年最有名的歷史，應該是清朝初年時郁永河曾經來這兒上山採硫。1887年清朝在這兒設立腦磺總局，北投街市才出現，就是今天的舊北投。1919年爲方便遊客前往，在台北淡水間的鐵路線上，開闢了1.2公里長的新北投支線。1988年7月因爲捷運即將興建而步入歷史。1960年代時北投粉味多，國外來的觀光客都會到此一遊，如今本地遊客重視的是鄉土文化特色。

流經北投公園的北投溪是這條自然人文風景線的主軸。北投公園已經近九十年，園內有曲徑、噴泉和拱橋；同時，早年即栽植許多本地和南洋的老樹。北投溪上游附近又有地熱谷火山和溫泉的天然教室，以及三級古蹟「北投公共浴場」。六、七○年代，這兒即是觀光旅遊風景的重點，一度沒落；近年來，地方人士正在推動，希望整條路線能成爲北投溫泉親水公園。

到此的遊憩路線如下：從新北投站下車，對面即是北投公園大門。從公園正門起至地熱谷，整個區域是著名的觀光風景線。隨著捷運站的興建，附近也早已形成新的商圈，台灣吉野家、屈臣氏、麥當勞、頂呱呱等店面，都沿著捷運站旁的光明路座落。北投公園只比二二八和平公園小一些，興建於1910年。園內有許多老樹如魯花樹、楓香和正榕，更有不少建園時便已栽植的南洋植物。這些植物各有特色，諸如入口處有棵大葉桉，將鐵椅包起來的生長。噴泉後有一棵白千層，樹幹形成扭曲的怪狀。圖書館邊，有一棵高大的鳳凰樹，六月時紅花盛開非常壯觀。溪邊還有大葉合歡被雀榕纏勒，生命已走至終點。

在公園內，就可看到北投溪蜿蜒流過。過去的建設裡，唯一殘存的是溜冰場後面，尚有一個復古的石拱橋，穩固而優雅地橫跨在北投溪上。過了石拱造橋，溪對面是北投圖書館，館前有古典而優雅的老式噴泉。

未幾，抵達溫泉博物館。這是北投人的一個驕傲，原先它叫北投溫泉公共浴場。這座浴場，建於1913年，仿日本靜岡縣伊豆山溫泉館建成，頗具歐洲古建築特色。這個因當時日本裕仁皇太子走訪過而盛極一時的浴場，光復時還是台北縣議會招待所和北投民眾服務社；後來人去樓空、滿目斑駁，只剩門口猶留有招牌，旁邊則淪爲私人菜畦。後來北投國小的老師帶領小朋友從事鄉土教學資源調查時，才將它從歷史的記憶裡喚醒。這裡過去曾經被指定爲三級古蹟，如今已經重新修建成爲北投溫泉博物館，例假日時變成遊客最常走訪的地點。

通往銀星橋的溪段，過去因溪水落差，形成五個稱爲「瀧」的天然小瀑布，分別稱爲一瀧、二瀧、三瀧、四瀧、五瀧。後來，因怪手挖掘過而不復存在，溪裡更充斥垃圾。北投公園也僅剩現今三分之一左右。

北投溪的主流是從地熱谷流出，屬於酸性硫酸溫泉，高溫強酸，侵蝕性強。這道湧出溫泉，匯入北投溪後，水溫降低，原溶於水中的礦物沉澱，遂產生了菱形結晶的北投石。

●地熱谷是北投溫泉公園的源頭。

● 九〇年代，北投溫泉公園重新改造後，逐漸吸引新的旅遊人潮。

從銀星橋到地熱谷的溪段，曾經是北投石盛產的主要溪段，目前幾乎被採集一光，只剩青色的溪水，汩汩流過。北投石是九十年前一位日本礦物學家來此調查發現。這種呈白、淺黃褐色條紋狀的半透明礦物，是目前唯一以台灣地名來命名的礦石。

在銀星橋之前，往左邊道路進去，即可抵達著名的地熱谷觀光區。此區過去又叫地獄谷，又有人稱之爲磺水頭，是一個硫氣和溫泉的大出口，發現迄今已有兩百年的歷史。現今爲了安全，整個地熱谷周遭都圍有欄杆保護民眾，中間則是冒出溫泉和硫磺熱氣的水域，遊客不時可聞到沖鼻的硫磺味。

● 在地熱谷溪溝泡溫泉的遊客。

入口處有不少攤販，販賣各種蛋和地瓜一類的食品。過去，購買者可以借用容器和筷子，攜入園內，放入硫磺溪水中煮燙，不消幾分鐘即可食用，別有一番硫磺味。現今考慮遊客安全已經禁止。

著名的北投溫泉業，爲了吸引遊客洗溫泉的水，主要便是利用地熱谷的青磺和更北邊十八分的白磺。

過了銀星橋，往山上不久可抵達春天酒店，這兒以前叫南國飯店，後來大手筆改裝後，吸引了不少到此泡溫泉的遊客。

除了一些溫泉飯店、旅社附設的澡堂外，北投目前僅存的幾處公共溫泉浴室中，就以位在捷運前光明路上的「瀧乃湯」歷史最久。

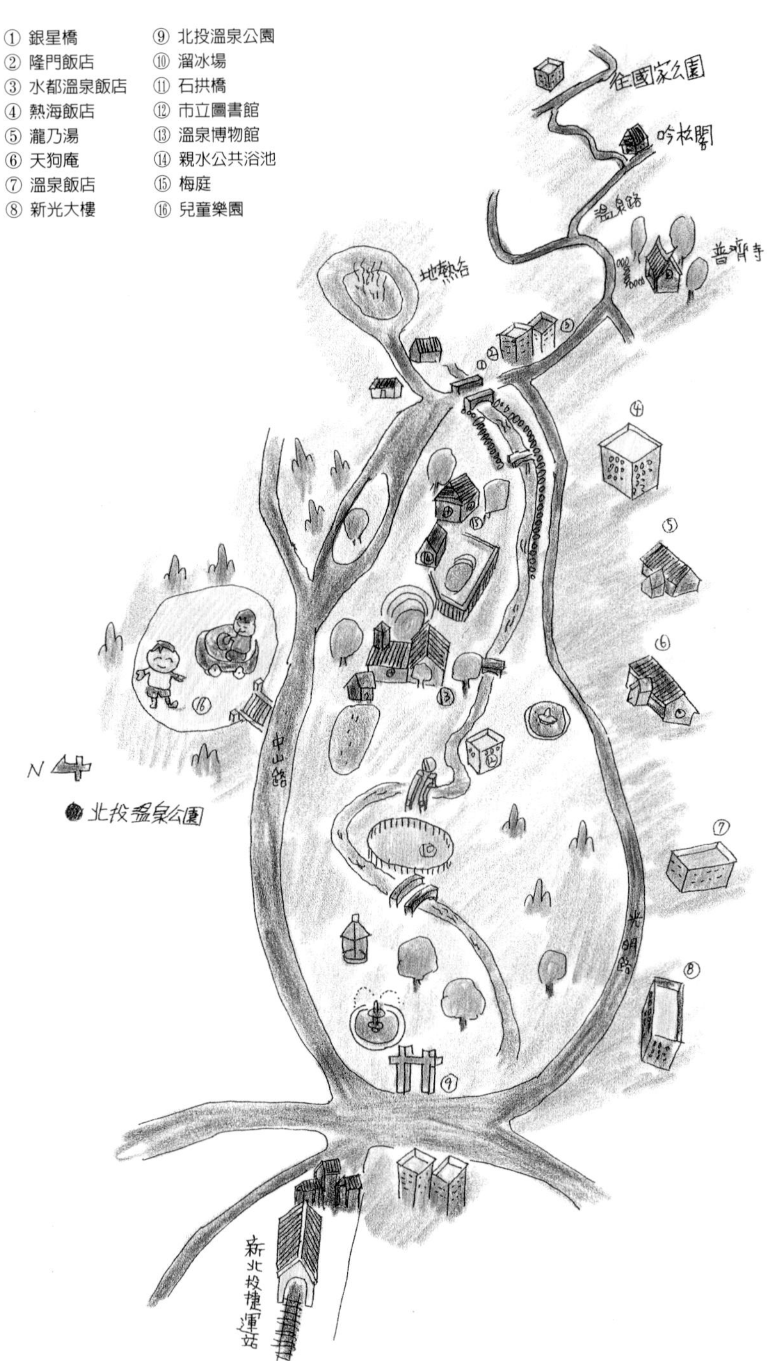

① 銀星橋
② 隆門飯店
③ 水都溫泉飯店
④ 熱海飯店
⑤ 瀧乃湯
⑥ 天狗庵
⑦ 溫泉飯店
⑧ 新光大樓
⑨ 北投溫泉公園
⑩ 溜冰場
⑪ 石拱橋
⑫ 市立圖書館
⑬ 溫泉博物館
⑭ 親水公共浴池
⑮ 梅庭
⑯ 兒童樂園
往國家公園
吟松閣
溫泉路
普濟寺
地熱谷
中山路
光明路
N
北投溫泉公園
新北投捷運站

◆步行時間

捷運站 —40分→ 地熱谷

特殊景觀

◆溫泉

北投是台灣著名的溫泉地區。溫泉業到今天已經有百年的歷史。最初在1893年時，就有台北洋行德籍商人奧大利設立溫泉俱樂部。日本人佔領後，更大力推展溫泉休閒產業，帶動了此地的風潮。台灣光復後，加上越戰時期大量美軍駐台，北投溫泉休閒業在七〇年代達到最高峰。只是溫泉和色情共生，日後，美軍撤離時，溫泉業也沒落了。目前吟松閣、逸邨大飯店和先前介紹的「瀧乃湯」並列爲「北投溫泉建築三寶」。位於幽雅路的吟松閣建於1934年，是目前台北僅存少數日式木造旅館，也是北投溫泉旅館成熟期的建築，是國內第一家古蹟旅館。逸邨大飯店爲日據時代軍方專用溫泉招待所，建築風格優雅，懷舊氣氛濃烈，石磚砌成的大眾浴池別具特色。瀧乃湯知名度亦高，是一純浴場。該澡堂前身是1896年3月，日人平田源吾在台開設的第一家溫泉旅社「天狗庵」，因爲收費便宜只要三分錢，又叫「三仙間」。天狗庵開啓北投和台灣溫泉的利用，附近溫泉林立，稱爲新北投。原來的農村地區稱爲舊北投。

◆北投石

1905年，一位日本礦物學者岡本要八郎在北投溪發現，主要成分是鉛、鋇的硫酸鹽化合物，並含微量的放射性鐳、鉢、鈊而轟動一時。1912年正式命名。1933年日本殖民政府公告列爲天然紀念物。在全球四千多種礦石中，北投石是唯一以台灣地名命名的礦石。在台灣也只有北投溪的青磺可以產生北投石。它不是地表裡的天然礦石，而是附著在北投溪底岩石的礦物結晶。地熱谷地底的高溫泉水溶解地底深處的特殊礦物元素，帶出地表後順階梯式河床流向下游，隨著泉水逐漸降溫，所含金屬礦物逐漸飽和，最終在溪谷自然分布的礫石表層沈澱、結晶、成長。中央研究院院長李遠哲當年在清華大學的碩士論文，就是探討北投石的放射性。

行程

至新北投下車，斜對面就是北投公園，通常的觀光路線即由公園開始前行。

適合對象

全家大小皆宜。

餐飲

周遭附近都有販售。

丹鳳山軍艦岩步道

（地層、松林、植物）

前往軍艦岩的交通相當方便，有好幾個方向可進入。不過，一般旅遊的路線，大概都是從榮總出發，或者從陽明大學正門走上去。

如果從榮總，可由第一門診大樓直接進去。思源大樓後面，有兩條明顯分岔路，路口也有指示牌告知，從左或右皆可。

一般登山者都由右邊前進，抵達變電場。在這個分叉點要特別注意，有三條路可上到軍艦岩，時程大約都只要三、四十分鐘。

第一條由變電場右邊的狹窄小徑前行，一路爲石階；第二條由前方不遠的賞鳥步道上山，爲泥土小徑；第三條步道可穿過隧道，由陽明醫學大學旁大路的登山口上山，此地小徑鋪有觀音石磚。

若由第一條上山，最初由步道走上軍艦岩，最大的感受，或許是裸露的白色砂岩階梯，以及因長期風化作用，呈現出美麗的鐵褐色紋路。軍艦岩的地質是兩千多萬年前沈積的木山層。原本是濱海地區，經過海水的長期沖刷，沈積成雪白的砂粒。後

● 軍艦岩屬於古老的木山層，有點像海岸環境。

來，經過造山運動而隆起。

由於地質上的特殊性，再加上位於東北季風入口，步道旁的植物也因環境的變異，有著相當的特殊相。一些原本生存於中高海拔的植物，諸如馬醉木、米飯花、包籜矢竹等都看得到。一些海濱常見的植物，在這裡也可覓得蹤跡，諸如車桑子、桃金孃等。基隆河以北，較耐旱耐風的的植物如灰木、紅子莢迷、細葉饅頭果，這兒也很容易發現。

●軍艦岩擁有特殊的林相和步道。

●包籜矢竹在軍艦岩已經可以發現。

由於環境乾淨，從這個岩石階梯的位置，我往往會建議，脫下鞋子，試著赤腳走在這個裸露的環境，感受一種特別的自然體驗。

從步道上，不時可鳥瞰蓊鬱的相思林，和天母全貌的壯麗景觀。上抵軍艦岩主峰時，更可鳥瞰台北市。山頂上，幾無任何草木。由北面仰望，它是一塊壯觀的裸岩，矗立山頂。可惜過去的遊客生態意識不強，都在此刻字，甚至刻佛像留念。附近有路牌，指示著前往照明淨寺和丹鳳山的登山小徑，以及往下前往陽明醫學大學和小軍艦岩。

● 俗稱情人廟的照明寺，位於丹鳳山和軍艦岩之間。

一般遊客抵達軍艦岩，都選擇往小軍艦岩的方向下山。下山時，左邊緊鄰高崖，小徑上鋪有良好的觀音石和涼亭，並有欄干以防危險。欄干消失處左邊，有一不明顯下山小徑通往對面的小軍艦岩和陽明大學操場。若由石階繼續往下行，未幾即可抵達山腳。

前往小軍艦岩的山腳有一處聳立的攀岩場。由這條隱密的小徑往北走，路徑平緩，十分幽靜，旁邊有小溪溝和菜畦，猶若身處桃花源。自然景觀和動物相截然不同於軍艦岩上的環境。此路銜接軍艦岩，也可通往照明淨寺。若往南，再度銜接第三條石階步道，走下陽明大學，通過隧道，回到榮總；或者由陽明大學下山。

若有體力，可由此前往丹鳳山。一路上，小徑彎曲上上下下，不時有私人菜畦出現，但主要爲相思樹殘留林。約莫半個多小時，可抵達照明淨寺。

● 松林密生是丹鳳山的特色。

過去，此地叫情人廟，常有情侶一塊至此膜拜。

由此再往前，就是南坡視野開闊的丹鳳山。丹鳳山山勢圓緩，不若軍艦岩陡峭，但同屬木山層地質，植物內容相近。這裡過去曾經火燒山，再加上受到東北季風影響，草木重新生長緩慢。諸如芒箕、車桑子、細葉饅頭果等軍艦岩常見植物，這兒都有，而且更加遼闊。當然也有常見的樟樹、相思樹競相生長。但最大特色莫過於大片琉球松林子的出現。遊客踩踏其間，不時有松香傳來。空曠的稜線和山坡也不時有松樹孤立或兩三成群的景觀。

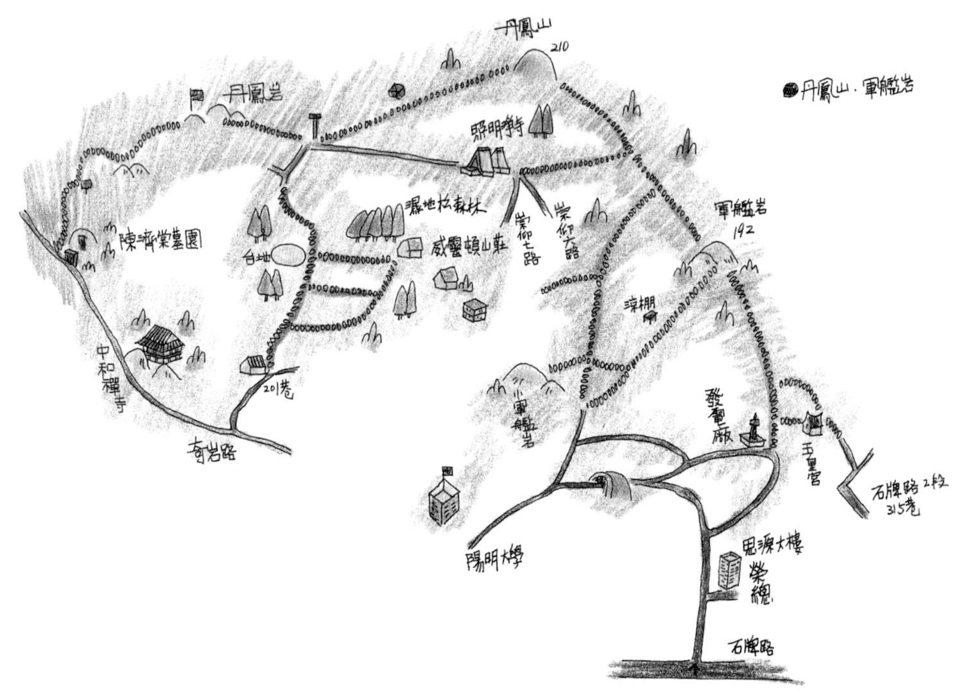

從軍艦岩鳥瞰，台北盆地常有雄壯之感；從丹鳳山山坡望遠，視野卻是一種豐厚而開朗的感覺。北投的稻田，乃至台北市區都能一一望遠，在丹鳳山石階步道旁的山岩上，還能俯瞰全部的北投市景，此地刻有丹鳳二字，常被誤為丹鳳山山頂。

丹鳳山小路紛歧，主要有兩條下山的步道，有一條可走石階步道，由陳濟棠墓園下山。另外一條由登山指示牌往南，走開拓的產業道路，沿著禿裸的山徑，這兒是松林生長的主要地點。由此可走到奇岩路201巷的丹鳳山莊。

●南嶺蕘花是軍艦岩代表性植物。

● 桃金孃是軍艦岩代表性植物之一。

◆步行時間

陳濟棠墓園 —30分→ 丹鳳山 —30分→ 軍艦岩 —20分→ 陽明大學

特殊景觀

◆木山層

軍艦岩雄立於榮民總醫院之後，被茂密的相思森林所環繞，唯獨山頭禿裸，遠望頗為雄偉。在地質上，這座山頭屬於二千多萬年前的木山層，接近山頂環境，棲息著許多海邊才適合生長的植物如車桑子、桃金孃等。然而，它也受到大屯山、七星山吹來之東北季風的影響，雖然標高一百九十二公尺，冬天卻比其他地方冷，造成植物生態帶的大幅下降。沿著山路旅行，不僅可以看到海邊植物相，也可看到諸如馬醉木之類的中高海拔植物。地理環境特殊，再加上氣候的關係，它形成相當富有特色的動植物景觀，迴異於大部份台北地區的山陵。

◆松林

這是一個琉球松為優勢族群的山頭。松樹本身由於蘊藏油脂，容易著火，很容易引起火災，一如軍艦岩。但火災後，現場環境依舊被松樹所迅速佔據。因為火災後，埋藏在地底的毬果種子，遇熱成熟，迅速發芽。在松林下，往往也不容易看到其他植物生長。此外，松葉還會釋放讓土壤呈酸性的物質，壓抑其他植物的生長。所以丹鳳山的植物種類比起其他山頭較為稀少，植物相較為特殊。

行程

有216、224、285、290、508、601、606等多路公車可抵達榮總。最適合的路線由榮總醫院進入，從思源大樓後面的公路上山，或者從陽明大學進去。也可搭216、217，在公館路石門或福安宮下車，從北投奇巖路陳濟棠墓園方向上山，或由中和禪寺右邊201巷29號右邊石階上山。

適合程度

青少年以上為宜。

芝山岩

(古蹟、歷史、植物、考古、廟寺)

芝山岩小丘陵是台北盆地的重要資產，它不僅是台灣考古學的發源地，自然景觀更是一絕。在這裡可以看到台北盆地百萬年來的地質環境變化，以及後來人類在此拓墾、發展的縮影。如今整個芝山岩也被列爲二級古蹟，區內則有惠濟宮和西隘門兩處三級古蹟。

自從自然步道意識興起，它也變成許多人來台北的重要觀光地點；同時也是台北市小學鄉土教學的聖地。許多小學老師把它當成和木柵動物園、陽明山國家公園一樣重要的地方。

如果從惠濟宮牌坊入口處的階梯進去，往山上走，第一站隨即可看到榕樹的纏勒景觀和「洞天福地」四個大字。纏勒是芝山岩三大自然景觀之一。遠望時，同時也可以看到秋天時無患子葉子變黃、掉落的淒美特色。「洞天福地」是遠在1873年就有的漢人題字，主要是指這裡爲一塊福地，四個字旁

● 洞天福地是清朝人所題字。

● 惠濟宮是芝山岩的重要地標，列為二級古蹟。

● 西隘門是台北僅存的舊城牆，旁為大葉楠老樹。

邊有聖水。以前漳泉械鬥，四百多名漳州人退到此處被圍困，靠飲用其水撐過，因而被認爲是仙水。1933年，有人認爲出口太小，乾脆鑿開，結果仙水卻不再湧出。

緊接著是西隘門，係砂岩建築而成，石牆上設有雉堞、銃眼，是台北市目前僅存的石造隘門。

西隘門城門旁也有巨大的老樹群矗立著。這些老樹不止有榕樹，還包括了茄苳、樟樹、大葉楠、龍眼和相思樹。

過了西隘門，蛇蛙石附近更是整個山頭森林最爲蓊鬱的地方，經常可聽到不同鳥類的鳴叫，以及赤腹松鼠的活動。

芝山岩原本設有四個隘門，目前就剩西北兩個隘門，西隘門尤爲完整。這些隘門是漳泉械鬥時，漳州人士爲了防患攻擊，當地鄉民搭建的城牆。

隘門之後，山頂上座落著惠濟宮。它建於1751年，前殿供奉開漳聖王，後殿供奉觀世音和文昌帝君。在墾殖拓荒的年代，開漳聖王是漳州人得以保庇平安、確立血緣關係的守護神。

廟左側爲「懷古園」，放置著惠濟宮歷年來改建時拆卸下來的舊建材。園中收集了石柱、柱礎、石堵、石碑等等。

冬天時變黃色的無患子枯葉。

廟寺典雅的惠濟宮旁左邊，高聳著一棵難得一見的無患子老樹。無患子夏天開花，秋天結果。它的果實是以前民間洗衣滌物的天然清潔劑，但浸洗過的衣服容易變黃。

如果沿著廟寺左邊的小路上行，可抵達以前軍事管制的舊營區平台、舊砲台和觀稼亭。一般山區的相思樹都相當年輕，這兒因爲是保安林，相思樹年紀都有一定歲數。通往軍營的石階上有海星的化石和各種白色貝殼的遺跡，證明早年芝山岩逐漸上升，然後成爲海岸島嶼，由此亦可證明台北是個鹹水湖。

過了亭子，就是北隘門。由北隘門一路下行至石頭公廟，小徑上缺乏隱密的林相，多半是開發的林地，園藝植物和常見野花野草比比皆是。石頭公廟前後有幾個比人高的天然石硯、石墨、石筆和石紙。

過去，這裡是平埔族麻少翁社的活動範圍，因此有人認爲石頭公爲原住民崇拜之神。根據研究，麻少翁社的地盤很廣，士林、北投，甚至遠到汐止都有遺跡，他們駐守在陽明山下，守衛山上的硫磺礦。

位於北邊山麓的石頭公。

如果由惠濟宮右邊小徑，可通往山頂的大石頭和樹

● 台北盆地最大的老樟樹。

木園區。在途中山頂的幾處大岩石，裸露的岩石表面分布著許多圓形和方形的凹洞。根據凹洞的形式，研判可能是以前人類干欄式房屋建築所遺留的痕跡，由此足以證明芝山岩曾經是以前人類居住活動的地方。

這裡的土地較為貧瘠，但原生樹種頗多，至少有二十多種，都是過去就被保留下來。這裡也可看到正榕的氣根蓬勃橫生、纏勒宿主植物的奇景。附近還有低海拔山區不多見的特有植物八芝蘭竹三、四叢，各自娉婷玉立。這種竹是日本一位植物學者率先在芝山岩發現的。

中途遇到一間同歸所（大墓公）。它是早年一些漳泉械鬥時的無主屍骨；還有更早時，林爽文事變，難民的屍體，全部埋葬於此。

六氏先生碑是六位日籍老師的紀念碑。他們準備在台灣教學，經過這裡時被土匪殺害。石碑是在最近又重新建立。

●最早在芝山岩發現的八芝蘭竹。

過了六氏先生碑和同歸所後，就是芝山岩最高點。這兒碑石林立，每一座碑都記載著一段豐富的歷史故事。雨農圖書室過去是日本神社的位置，旁邊有一棵難得一見的大樟樹，年歲大約有三百多歲，三百多公分胸圍，二十多公尺高。不僅是此山最老的樹種之一，也是台灣開發的指標植物。光是從它身上懷想，早年爲了製作樟腦油，砍伐大片樟樹林的感傷情景，就足以教人駐足流連。

沿著步道繼續前進，有好幾個方向可參觀。在左角瞭望台，可看到泰北高中後面的相思樹林。山

● 百二嵌以前是參拜芝山岩神社的重要步道。

● 芝山合約碑記如今被豎立為後現代建築的石牆，成為新地標。

坡上的林相均勻而和緩，枝葉看起來也相當細致而綿密，這個景象正是北部低海拔山區最常見的景觀。

相思樹是薪炭材料，以前的人家常撿拾販賣，或做爲家裡燒煮使用。現在生活都使用瓦斯，相思樹的利用價値減低，和我們的關係似乎也遠離了。但相思樹仍然是我們最爲熟悉的森林，裡面有許多植物仍是我們最常見的種類。

在百二嵌下去的右邊小徑可通往一處砲台遺跡處，那兒有搭肉刺等海岸植物，再次證明這兒曾經是海岸島嶼。

百二嵌是當時爲參拜神社所修建的參道。只是今天的神社已經拆除，改建爲圖書館。如果想下山，可由百二嵌大階梯走下去，這兒也可看到榕樹的纏勒景觀。從右邊的石階梯穿過榕樹纏勒的大石壁，百二嵌下方山腰半途有枕木步道可繞回水池廣場和停車場。這兒是遠眺整個芝山岩林相景觀最好的場所。在這個面南的山坡地，構樹特別多。構樹的出現意味著這兒是個向陽的坡面，而且出現較爲密集的開發。

從水池旁有條狹窄的森林小徑，一路上灌叢植物豐富，常可記錄鳥類和昆蟲活動，由此可走回惠濟宮的牌坊。

芝山岩旁邊的濁水港即今之雙溪支流。據說過去有九十九個彎曲，像鴨子的腸一樣，所以也稱爲鴨母港。此處水質良好，魚蝦豐富。昔日士林水路交通便利，濁水港有舟筏往來於芝山岩和士林、台北間。

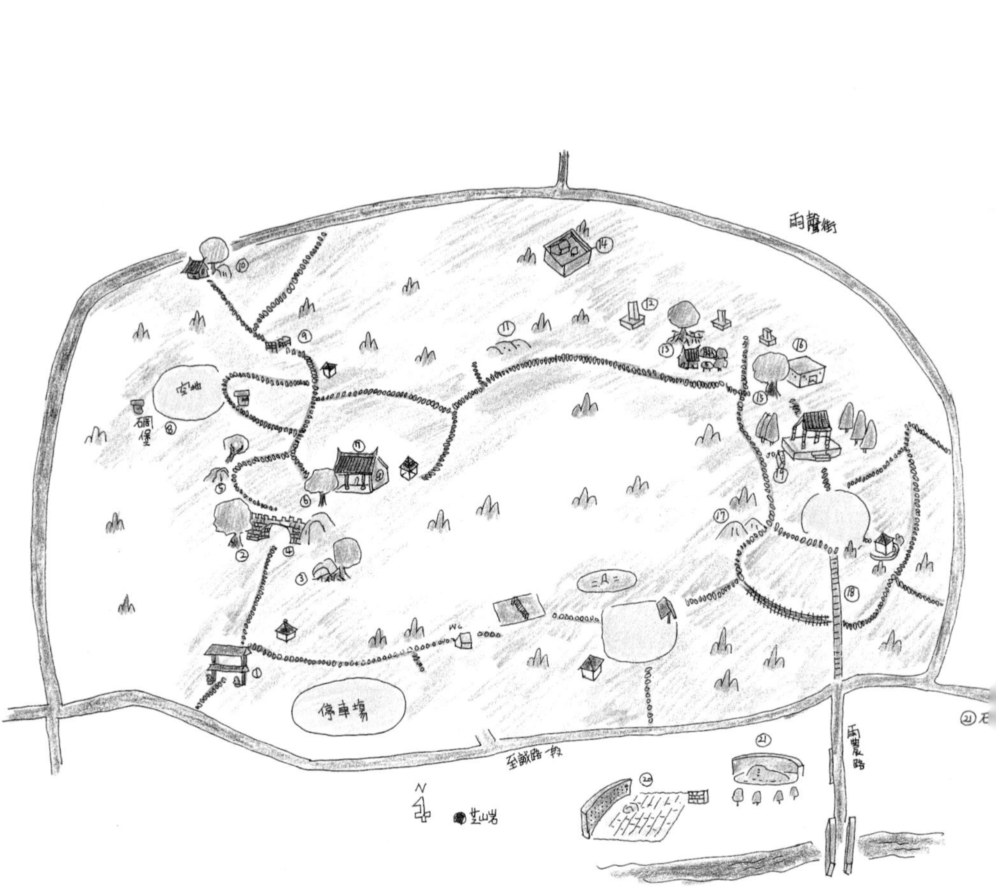

① 牌坊
② 大葉楠
③ 洞天福地
④ 西隘門
⑤ 蛇蛙石、獨角仙
⑥ 無患子老樹
⑦ 惠濟宮、懷古園
⑧ 環山景觀
⑨ 北隘門
⑩ 石頭公
⑪ 柱洞與化石
⑫ 六氏紀念碑
⑬ 大墓公、同歸所
⑭ 軍營
⑮ 樟樹
⑯ 雨農閱覽室
⑰ 太陽石
⑱ 百二崁
⑲ 學務官僚遭難之碑
⑳ 芝山合約碑記石牆
㉑ 石馬

● 重新出土的石馬，據說是開漳聖王的坐騎。

■特殊景觀

◆芝山岩的歷史

芝山岩土名叫圓山仔，士林的漳州人覺得它很像漳州故鄉的名勝芝山，因而取名。日領時期，它是風景保安林，並指定為史蹟名勝和天然紀念物，進行動植物和地質的研究。這是芝山岩林相得以蒼翠茂盛之故。芝山岩亦是可以多樣角度觀察的；從自然生態，我們可以在此找到海岸植物，諸如穗花棋盤腳，意味著這兒以前是溼地環境；也可以發現大樹林立，證明這兒是保安林。從考古，我們又好像在看一部五千年來台北盆地的演變史，從芝山岩可以看到它的濃縮歷史。從歷史的角度，我們也閱讀到台灣史在此發展的脈絡。惠濟宮的沿革代表了土地所有權由私而公的情形，大墓公埋葬的骨骸背後則衍生了漳泉械鬥的族群意識。諸如此類事件，有心者不難看到這座山頭在台灣史開發意義上的特色。

◆石馬和芝山合約碑紀

這兒有不少傳說和福建漳州人開墾有關。位於雨農橋和至誠路口，左側隄防下的馬形巨石，便是傳說為開漳聖王當年的座騎，也是保護漳州人的靈獸。牠因為幫漳州人擊退同安人，遭同安人作法，在石馬身上鑿了九個洞，並沾黑狗血。石馬後來失去靈性。也有一說，鑿洞後，洞口流血，就不再出來。

此外，石馬旁邊有一高大的石牆「芝山合約碑紀」，上面書寫著許多跟芝山岩有關的文字。這份芝山合約碑文敘述當年捐獻廟地時並未立定界碑，捐獻者的後代子孫在山上放養耕牛，遭到民眾抗議；另有人在山上破壞老樹、廟塚，被罰演戲。當地士紳重申前令，除明令嚴禁砍伐芝山岩的樹木外，並建碑以為永久憑據。這份當地人所簽署保護山林的重要文獻格外珍貴，今人以此牆壁立，當可留給後人參考早年的人是如何重視自然資源。

◆滴湧泉

位於芝山岩山頂惠濟宮附近的滴湧泉，傳說該泉曾在漳州人和泉州人械鬥時，幫被逼到山上沒有飲水的漳州人渡過難關。不過，當初開漳聖王表示：「洞口雖小，但水源不竭」的滴湧泉，後來因人們的貪念想要鑿大洞口，反而剩下乾涸的遺跡。

行程

由捷運芝山站下車，沿福國路往回走至中山北路五段，上福林橋隄防。也可由士林站下車，順中山北路抵達福林橋，沿河岸散步。或搭乘206、220、303、285、267前往。

步行時間

可花一整個早上。

飲食

附近有餐飲店。

適合程度

全家大小皆宜。

士林官邸花園

（苗圃、園林）

●往昔神祕的士林現在是觀賞花卉的重要景點。

士林官邸分爲平面與山區兩個部分，山區是大直要塞地，主要有隧道供爲作戰時的指揮所，平地則有外花園、溫室栽培室、內花園、招待所、正房、慈雲亭、西式庭園、中式庭園、園藝所、玫瑰園、凱歌堂等等。蓊鬱的庭園林木與蜿蜒幽徑外，就是百花齊放的花園。當年，所有的建築也一律塗上迷彩墨綠色，搭配隱密的環境，整座官邸周遭盡是一片綠。目前，市府將此規劃爲市民遊憩的花卉主題公園，配合其歷史意義，形成特殊的人文景觀庭園。

●早年旅行士林，有一個重要的景觀就是芝山岩和劍潭山山脈。

士林官邸位於中山北路五段和福林路南側，原爲日據時代的園藝支所所在地，蔣介石總統復行視事後，正式進駐士林官邸，直到民國六十四年逝世爲止，和蔣夫人在此共同度過二十六年生涯。

進入士林官邸至少有兩條主要路線。假如沿著木麻黃的福林路，依循當年蔣介石總統所習慣出入的主要道路進入官邸，路旁兩邊是隱密的竹林和果園，接著右邊有過去的哨所。營房和停車場，目前改成販賣部和公共廁所等設施。

左邊有狹窄山徑可登上二樓高的慈雲亭，這是此區唯一可登高望遠的地點，次生林隱密，常可發現鳥類和松鼠，山徑上也保有過去之崗哨遺跡。過去，蔣介石總統常登此山頭鳥瞰。

由慈雲亭下山，馬路對面即是溫室盆栽區、表演廣場和左邊的玫瑰園區，官邸人習慣稱之爲「外花園」，離官邸正房較近的中西庭園則稱之爲「內花園」。

● 在此也能觀賞到中國園林和西方庭院的差異。

外花園的溫室外圍栽培各式盆栽，春夏秋冬展現不同風貌，花種以萬壽菊、日日春、雞冠花、四季海棠、秋海棠、菊花、巴西鐵樹、聖誕紅爲主。園內的兩間溫室花房，一間是竹子搭建的，室內極涼爽，都用來栽植國蘭、素心蘭；另一間是水泥建的玻璃花房，光線較佳，以培育西洋蘭、石斛蘭及文珠蘭爲主。

●玫瑰花圃據說是蔣夫人宋美齡最喜愛的園區。

外界最感興趣、遊賞的重心，主要是蔣夫人最喜愛的玫瑰園。它位於盆栽右邊，共有七十多畦，兩千一百種玫瑰。通常玫瑰花期是每年十月至翌年六、七月，盛開期在三至五月。過去，這兩個地方，主要也是提供蔣總統夫婦遊賞，以往一般市民並無觀賞的機會。

●白千層形成巨大的街道樹景觀。

盆栽區馬路對面，有一條白千層林立的大道，通往正房和招待所。大道前有迴車道，過去是供蔣總統的隨從座車迴轉。大道左側林木隱密，後面有警衛人員的宿舍。

大道右邊是內花園。接近正房的地方是大片修剪整齊、綠草如茵的草坪，中間有一處中式涼亭山水；靠馬路的位置，是一片織錦般亮麗的開闊花圃。

由大道往前，就是平常時日都不開放參觀的招待所和正房官邸。招待所，除了美國總統尼克森下榻過外，當年蔣夫人的外甥女孔二小姐，在此也住過一段很長的日子。

再深入就是警衛最森嚴的正房。官邸右側有一個大魚池和鳥園。蔣介石在世時，每天下午都要在這兒消磨一些時間，賞鳥餵魚。鳥園後是早年收藏官邸寶物的兩處倉庫。坐南朝北的官邸建築正前方是總統座車迴車道和升旗桿。蔣總統在時，每天都有四名槍兵準時升旗。

只有兩層樓的官邸正房依山勢修築，大致可分為前半和後半兩部分，前半部分屬於舊建築，後半部分是新建築；兩部分貫通使用。一樓是官邸的客廳、餐廳。客廳內擺設

● 早年藝文人士愛集聚附庸風雅的新蘭亭。

士林官邸花園

福林公園

福林路

中山北路5段

停車場

WC

販賣部

表演廣場

溫室栽培區

玫瑰區

慈雲亭

武官宿舍

內花園

正房官邸

中式庭園

西式庭園

菜畦

凱歌堂

園藝管理所

第倫林

福山營區

新蘭亭

花卉培育區

奇石展覽館

園藝展覽館

WC

● 雅歌堂是蔣介石夫婦以前星期日做禮拜的地方。

有無數名貴的中西古老家具、骨董。二樓是蔣介石夫婦的書房兼臥房。從《士林官邸導覽》一書內部詳細的示意圖，可以略窺這兩位歷史人物早年生活的風貌。

三面環繞官邸的福山山系，迄今尚未開放。位於官邸主建築南側福山山坡下，有一處巨大的防空洞，目前仍有憲兵駐守。據說這座十分寬闊堅固的防空洞原本可以穿過福山，直通蔣經國居住的大直七海官邸，也是蔣總統時代規劃的戰時地下最高指揮所。

過了內花園，未幾，來到中、西式庭園。在日治時代，西式庭園是少有的示範性庭園。中式庭園是爲慶祝蔣總統生日而造的，假山、泉石、拱橋和八角亭，和西式庭園的幾何圖形，截然有異。

再往前行，隨即來到園藝館附近。這裡有三棟重要的建築物。一棟是蔣總統夫婦每個星期天作禮拜的「凱歌堂」，現在常有新郎和新娘在此拍照。另一棟是鮮紅的中國式四角亭——新蘭亭，又名壽亭，每年設有壽堂爲蔣介石作壽。五〇年代，全國詩人聚此修禊過。新蘭亭旁邊是園藝展覽館和奇石展覽館等，例假日時，經常吸引賞花鑑石的人潮。

無論如何，手上若有一本市政府編著的《士林官邸導覽》，會是遊覽的最佳導遊。

行程

由士林捷運站下車，走往中山北路五段和福林路交叉口，即可抵達。可由福林路60號進入，也可從中山北路五段460巷進入。

步行時間

可花一個早上。

餐飲

周遭附近都有販售。

適宜對象

全家大小老幼皆宜。

福山步道

（森林）

由於軍事管制的關係，這裡一直披著神祕的面紗。直到晚近開放，才逐漸爲外人所知，但縱使現今，依舊只有少數人知道這裡。儘管它是少數位於市中心的山區。

福山又名劍潭山，高約一百五十二公尺。這個位於台北市中心的山巒，就位在鼎鼎有名的圓山飯店之後。當我們從銘傳管理學院仰望時，後面的連綿山巒就是福山山脈。

●福山步道入口之一。

龐然聳立於劍潭站東邊的福山，是淡水捷運線最接近的大山。它也是唯一深入台北市中心的一座山脈。再加上緊位於基隆河畔，四方景觀獨出一幟。在東南方的相思林環境和北方的火山地形環伺下，它的自然生態位置也益加顯得重要而醒目。

前往福山的方法很多，301、220、285、260等絡驛於天母、士林和陽明山的公車，都可抵達。下車的位置在中山北路五段的銘傳管理學院。由左邊的282巷進入，走沒幾十公尺，前有紅鐵門阻擋時

●劍潭捷運站是登福山的最佳出入點。

，往左彎有一條小石階路，扶梯而上，此後都是石階的山路。

最先，會遇見一條小溝渠，這是附近唯一的溪澗。旁邊有不少農家，多半種植綠竹林。綠竹林是附近的主要農作。一路上，尚未抵達稜線前，石階路旁都是綠竹林分佈。愈往山頂，愈爲深邃、清幽。葉

●福山步道位於圓山飯店後，較少為人所熟知。

大而高挺的麻竹也有一些。途中，偶爾可看到楊桃栽植，還有香椿之類的民俗植物。綠竹筍的盛產期在六、七月。清晨時，常可看到筍農荷鋤挖筍，附近有時還可以買到新鮮的綠竹。

綠竹林是昆蟲和其他植物種類都相當少的地方，偶爾夾雜在竹林間的雜木林，才有多樣的昆蟲在活動。鳥類不多，冬天時偶有鶇科鳥類和紅尾伯勞出現。一些空曠農地旁也有小水漥，吸引豆娘集聚。到了山稜線，蜻蜓倒是不少，可能兩邊山腳下都有水池分佈之關係。

穿過沿山栽植的大片綠竹林後，開始接觸軍營和崗哨的範圍。以前，這兒因軍事管制而封閉，最近才開放山稜線，讓民眾爬山。這兒原始林相較爲

完整。綜觀台北的地景和植物面貌時，這兒無疑爲盆地北部和南部自然景觀的交會中心。

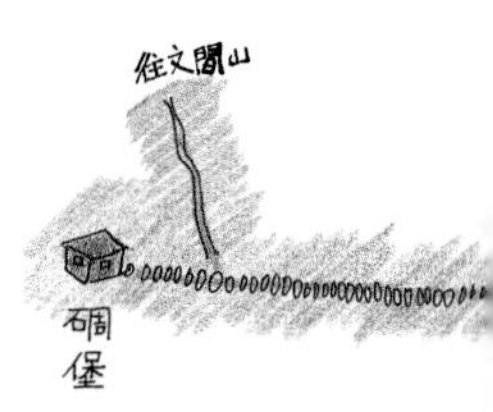

穿出竹林後，不久就進入多風的山稜線。山紅柹、相思樹、大頭茶之類迎風樹種不時可見。青剛櫟尤其多，在多風的林子裡沙沙作響。一路都是石階步道，窄小而陰涼。

到達山頂時，附近有許多芒草叢，旁邊還有一處私人偷偷濫墾的菜畦，以及拆除的軍房。此處往北，可清楚眺望大屯山系和觀音山，也可俯瞰整個台北市中心的景觀。

從山頂往前，一路走在山稜線上，路旁多半是喜歡迎風的植物，挺立在路旁。諸如紅楠、相思樹、大頭茶、青剛櫟、山紅柹等。這條山稜線並不短，幾乎和原先上山之路相等長，但棲息動植物卻截然有異。林相比較完整而豐富，林鳥棲息也較多。

山路的盡頭是一處碉堡，禁止市民進入。旁邊有一條小叉路，狹小、陡峭，而且未鋪設石塊。此山路通往大直文間山與通北街，例假日常有登山人穿越。

折返後，可試著走另一條稜線，由另一條石階路前往圓山飯店。不過三、四分鐘後，就會看到一處寬闊的台地，可完整飽覽士林以北的地景。

再往前行，又是綠竹林的環境；但翻過一個小山頭後，就是圓山飯店後。許多公園型態的空地和水泥出現，那是附近早覺會的設施。整個山頭遍佈寺廟和涼亭。遠望是墨綠的林子，其實下面已經開發相當嚴重，山路眾多如蜘蛛網星羅棋布。

圓山的現象，或許可以視爲一般市民利用有限自然環境，經營出的一種緊迫空間；相對於福山山稜線，以前屬於禁區，因而造成無人之領域。這兩個場域的緊緊相鄰，形成有趣的對照，此段行程約須兩個小時左右。

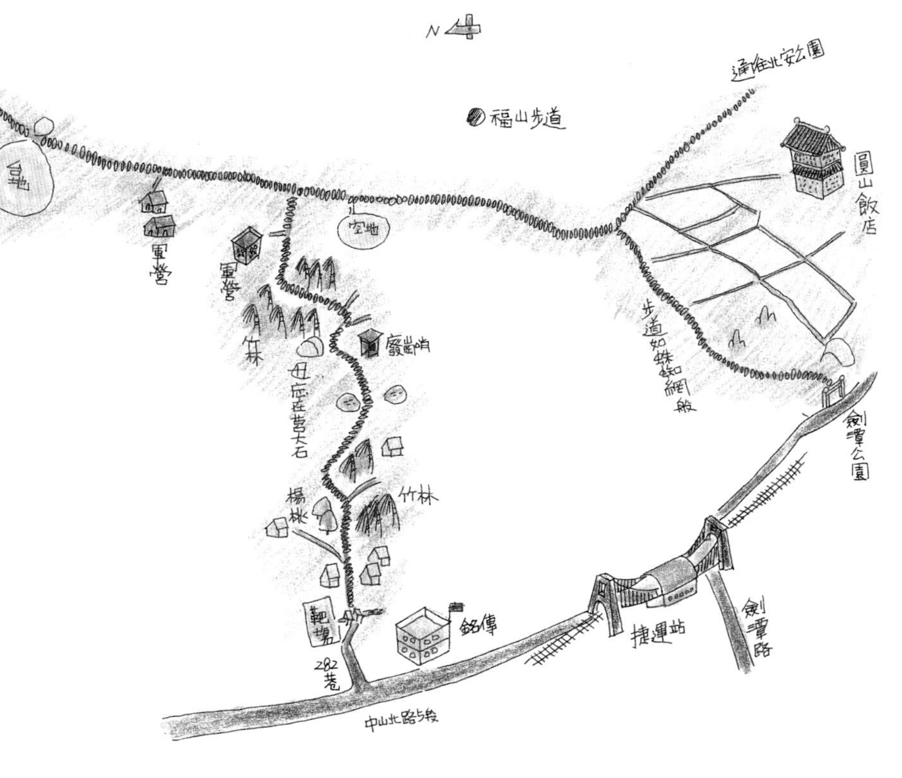

◆步行時間

登山口 —30分→ 稜線 —30分→ 入口

行程

由捷運站下車，過中山北路往左轉，由銘傳管理學院旁中山北路六段282巷進入。

適合對象

青少年以上皆宜。

延伸路線

長壽公園：位於圓山飯店後，小徑多而複雜，廟宇和涼亭頗多，晨操遊客亦眾。

北安公園：位於圓山飯店下方的小型公園，平時遊客不多。

劍潭公園：位於中山北路上，圓山風景區出入口，係一狹長現代味景觀之公園。

The North
Taiwan

內湖南港線

- 虎山自然步道
- 象山自然步道
- 金面山
- 忠勇山、鯉魚山
- 康樂山和明舉山自然步道
- 內溝里步道
- 新山夢湖
- 白鷺山步道
- 台北森林步道
- 福壽公園步道
- 望高寮古道
- 舊庄茶山

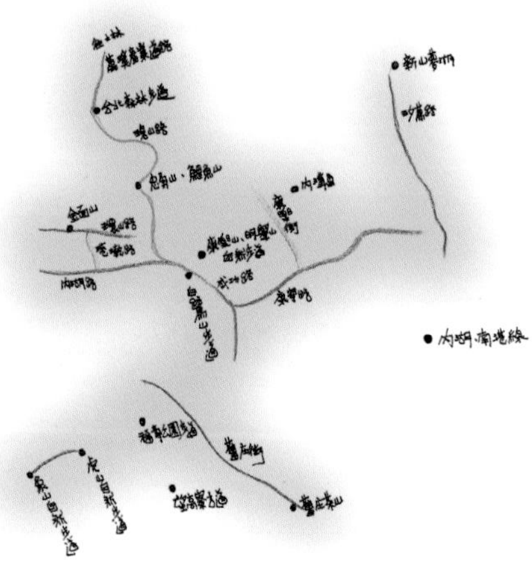

虎山自然步道

（森林、溪澗）

● 虎山以前的步道多用當地的砂岩鋪設而成。

虎山在四獸山裡是最北邊的一座，和南邊的象山一樣都規劃有自然步道，平時即有許多市民前往，例假日人潮更多。

一般人登山，都從慈惠堂旁邊的山路上去。這條山路有兩個入口，如果不走石柱的主門，從靠寺廟旁邊的石階小徑登山，一上山就進入自然殘留林的環境。這兒分佈著香楠、江某、白匏子、筆筒樹等常見樹種，石階旁也有附近農民栽植的芒果樹。手邊若攜帶一本主婦聯盟編的《虎山自然解說步道手冊》，逐站閱讀，可以更加了解這座山的林相。這是一條開發甚久的路線，過去因爲登山客的長年來去，砂岩石階的步道磨出了古樸之色澤，連兩邊的路徑都被踏成禿裸的小徑。相較於象山的工整、美觀，虎山的步道似乎和周遭的景色已然混合成一體。如今它又經過整修，變得寬敞而煥然一新，但是也失去了原先的古樸味道。

虎山的腹地雖然較寬廣，周遭開發卻因而更加厲害。過了山腰的相思樹林後，隨即是綿延的綠竹林和檳榔樹。此外，私人民宅、空地、涼亭和寺廟林立山頂各處，整體環境不若象山的雅緻。

抵達水源涵養保安林牌，遇見叉路。若往上，可前往南港山和九五峰，屬於一般登山人的路線。步道繼續往右，時而進入潮溼的樹林，時而在綠竹林和檳榔林的小徑上前進，有若走在產業道路。

●錫瑠環境綠化基金會贊助的「虎山自然步道」導覽摺頁。

抵達復興園後，山景突然開闊，可遠眺台北市東區景觀，以及緊鄰的豹山。豹山上多半已開發，或爲火災後的芒草環境。山稜線也設有石階步道，和虎山相連。

再往上行，園藝景觀植物頗多，桃花、山櫻花和杜鵑四處可見。一路上視野良好，都有觀景的位置和休憩涼亭。九五坪和大裸岩地理位置最適合鳥瞰，可以回望虎山，和山下的慈惠堂。從這裡可通往其他三個山區。

若由復興園往下，經過數個涼亭後，抵達紅松林區，這裡原本有生長良好的琉球松，後來因松線蟲肆虐之故，只剩兩三株。

再往下行，虎山溪上游出現路邊。這條山溪的溝壑水源經常乾涸；但下大雨時，由於水土保持不良，山洪沖刷甚大，對附近山坡地環境影響甚烈，後來遂有虎山溪下游的景觀整治工程。過了眞光禪寺後，上抵柏油路面，走至南天宮，再往下行，沿石階可至虎山溪景觀區。

●虎山溪經過整治後成為重要的親水區。

在兼顧防洪的功能下，建設局將溪流整治成山溪型態的自然景觀公園。山徑不僅拓寬，鋪設整齊的石階步道，清澈的溪流裡，也放養不少原生魚種，以及螢火蟲幼蟲。石階旁還因地形之便，修築了石橋、戲水平台、打水泵、親水公園等設施。

●虎山的新攔砂壩。

此外，還在虎山入口豎立解說牌，介紹整治工程，諸如沈砂池、淨水池、水潭、砌石護岸、煤礦碴跡地等特色。登山者順此溪流，可回到慈惠堂入山口。

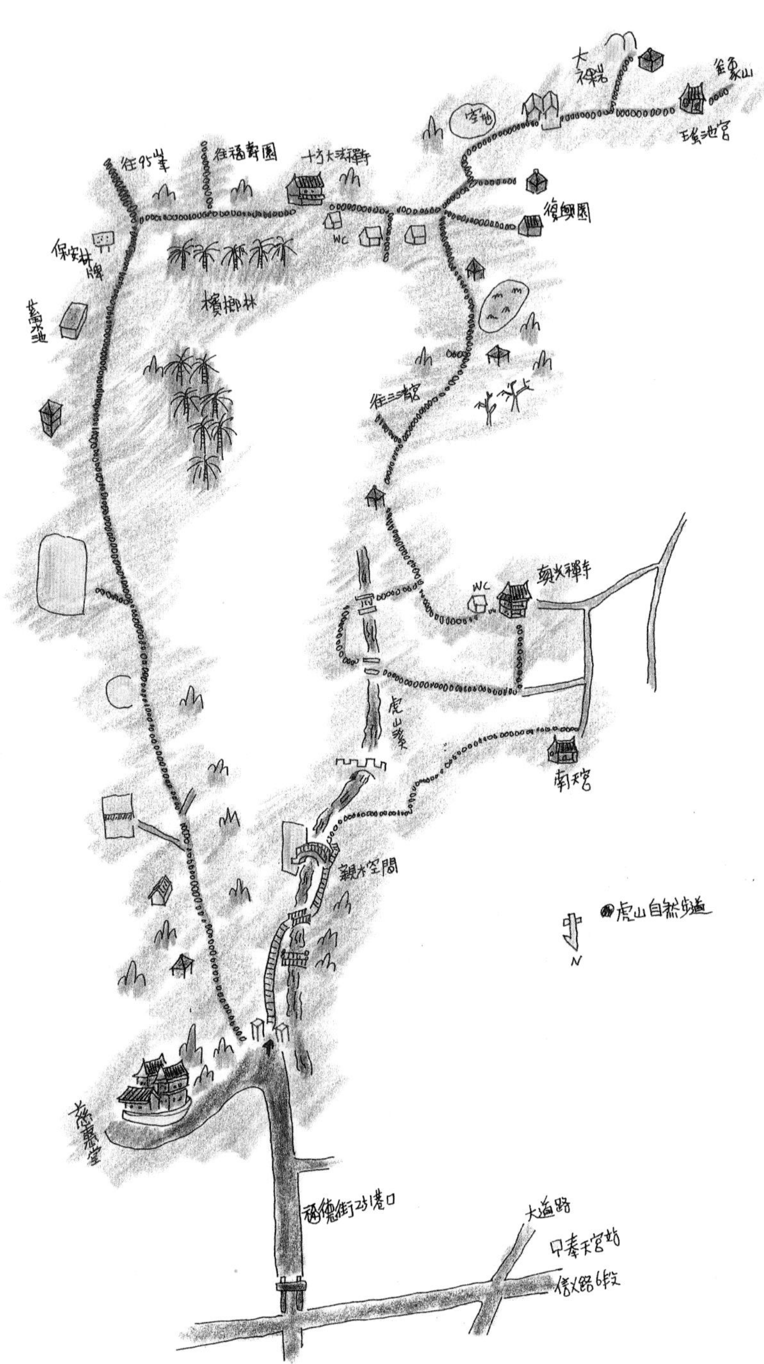
大禮岩
金象山
空地
玉賢池宮
往95峯
往福壽園
十方大球禪寺
復興園
WC
保安林牌
檳榔林
蓄水池
往三清宮
靈光禪寺
WC
虎山溪
南天宮
親水空間
虎山自然步道
N
慈惠堂
福德街251巷口
大道路
奉天宮站
信義路6段

◆步行時間

虎山入口 —30分→ 保安林牌 —25分→ 復興園 —15分→ 九五坪

復興園 —35分→ 南天宮 —15分→ 虎山溪入口

特殊景觀

◆四獸山

四獸山位於南港山北麓，屬於南港山主稜側面的四個稜，兩壑四壁，形態各異，因酷似虎、豹、獅、象各獸而得名。這四座小山最靠近東區，猶若東區的後花園，登頂望遠時，高樓緊鄰，卻又小如火柴盒，感受特別奇異，因而常有人說，爬四獸山志不在登山，而在居高臨下一覽台北市景。

◆虎山溪整治

往昔山洪暴發時，虎山溪溪水經常暴漲氾濫，造成河道改變，山坡地流失，整個生態環境大受影響。目前經過整治後，附近山坡地不再受到威脅。在整治上也採取休閒功能的考量，所以溪邊兩岸規劃了許多親水設施，諸如涼亭、廣場浸水階、打水泵、解說牌和寬廣的步道等等，讓整個溪段成為步道的主要風景特色。

◆螢火蟲

這裡經過幾位傑出的昆蟲專家在附近的圳溝培育，夏天四、五月時，已經

● 虎山曾經有螢火蟲的復育工作。

可以看到螢火蟲的蹤影。希望小朋友在戲水時，不要傷害幼蟲，或者破壞當地的環境，螢火蟲需要清澈而多水草的環境。同時，附近不能燈光太亮。

行程

可搭乘公車207、263、57、70、286，以及忠孝線等公車，至奉天宮站或瑠公國中下車。沿福德街251巷進入即可抵達。

適合程度

國小以上，全家大小皆宜。

參考書

《台灣螢火蟲生態導覽》　陳燦榮　田野影像　1999。

《虎山自然解說步道手冊》　主婦聯盟　1994

象山自然步道

（森林、岩壁）

四獸山是距離北市松山、信義區最近的山頭，由山上遠望市景，高樓大廈近在咫尺、歷歷可數；這其中，象山位於最南，卻也因直逼東區市中心，而最具代表性。

目前象山地區，已將過去登山人走過的山路，重整出完善的自然步道。在台北諸多環山的自然步道裡，象山算是規劃最爲完善的一條，平常晴朗時日，登山者即絡繹於途。不僅路途寬敞便利，沿途也都有解說牌，幫助市民認識整個山頭的特色。

通常一般市民進入象山，有三個主要進出口，分別在靈雲宮、市立療養院和松山商職。

若由靈雲宮進入，從登山口便鋪設了寬敞的石階步道，附近還經常有賣野菜野果的攤販形成小市集。未幾，抵達第一個步道分叉路，立有解說牌，告知南港山系和四獸山系的分佈地圖位置，以及象山和虎山自然步道的範圍和路線圖。

如果往永春公園的方向前行，一路隨著雅緻的石階步道前行。石階旁，隨時會有佇立的解說牌，每一站都會跟你解說現場的環境植

● 從象山鳥瞰台北市區。

● 九〇年代時，象山是所有台北自然步道裡建設最為精緻的一條。

●大石壁是步道的重要景觀。

●大石壁因風化的結果，呈現赭紅色的壁景。

物。譬如，前面幾個解說牌分別提到了水同木、大花曼陀羅等。前者是潮溼植物的指標，後者是有毒的植物，解說牌都會詳細地敘述。你可以攜帶一本野花野草之類的圖鑑，象山步道旁植物緊緊貼著步道，種類豐富，非常適合自然觀察。大體上，在林子裡的植物最初的優勢植物是台灣山香圓，接著是偏向潮溼環境的九節木為多。

隨即，來到分叉多條的永春亭，在此，建議你繼續往上走，按著刻有「象山自然步道」的石階繼續前行，旁邊的坡地上有許多人栽植的小樹苗和白色小牌，這些小樹多半是烏心石、淡紅比和茄苳為多。解說牌繼續介紹附近的指標性植物景觀，諸如香楠、華八仙、筆筒樹等。

接著是避風坡面，此地比較潮溼，土壤肥沃，生長著筆筒樹、台灣桫欏、華八仙等，樹上也可看見山蘇花、伏石蕨等。

穿過西側蓊鬱而潮溼的林子後，抵達猶如山洞的三仙園。緊接著是有著石乳特色的彩繪大石壁。大石壁乃石英砂，因風化之關係而出現大片紅褐的鐵鏽色；石乳，乃地下泉水因為頁岩地層之阻隔，由雨水積聚所形成。這個奇異的景觀在壁前解說牌都有詳細介紹，不用專家介紹即可一目了然。石壁兩旁則

●象山山頂。

分佈著不少金狗毛蕨。

　　此後，一路貼著石壁，抵達僅容一絲天空露於上方的「一線天」奇岩。過了「一線天」，視野大開，最適合鳥瞰整個東區台北的景觀。不久，抵達「南無阿彌陀佛」碑，右邊開闊之石階，乃下山路線，在這條「象鼻子」上，生長著典型的山坡植物，諸如江某、杜英等，這裡既不潮溼也不貧瘠，香楠是此處的優勢植物。

若選擇左邊的登山路線穿過巨石公園，登上象山頂，繼續自然步道路線。登頂的山路保留了原先登山人鋪設的砂岩石階。這個山稜環境，陽光充裕又多風，植物多爲較耐強風、乾旱的種類，例如青剛櫟、大頭茶、鐵冬青等，它們都具有厚厚的革質葉，可以減少水份的蒸發。

此段陡坡不長，中途有叉路可前往獅山，上抵頂峰，有兩間木亭相連，形成遠望象山的標誌；從市區時即可看到這兩座亭子。亭子右邊即陡峭之石壁斷崖，左邊係荒涼的相思樹林山頂，北星宮位於林子間。繼續往前走，中途有叉路

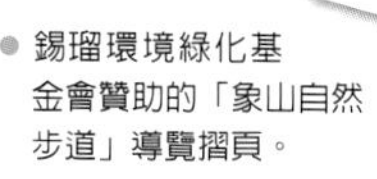

● 錫瑠環境綠化基金會贊助的「象山自然步道」導覽摺頁。

● 老萊峽亦是象山的重要景觀區。

前往姆指山，再往前便是象山最高點，有石碑佇立、國旗飄揚，海拔183公尺。整條路上，不時出現空地，那兒專供早起的晨操者和行人活動，並沒有其他山區常見到的私人菜畦，唯山頂搭蓋了許多小屋。

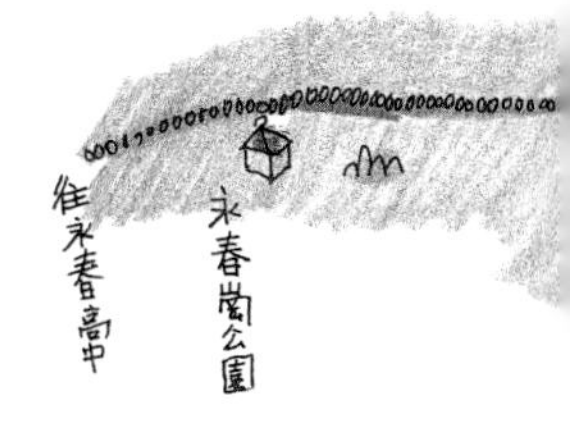

走下象山崗後，半途又有一涼亭，亭前有埋於地面的指示地標；天晴時，可遠望四周山景，包括南方之雪山。緊接著是巨石林立的奇特景觀六巨石，又稱老萊峽。然後是分叉路，往左沿寬敞之步道可回到靈雲宮入口。旁邊繼續有解說牌，分別提到雀榕和野桐。前者提供許多無花果，常成爲鳥類棲息的主要地點，因而被稱爲野鳥大飯店。野桐因近葉柄處的葉腺分泌甜汁，常吸引螞蟻前去，因而叫螞蟻樹。經過此又回到步道原點，整段行程約兩個多小時。

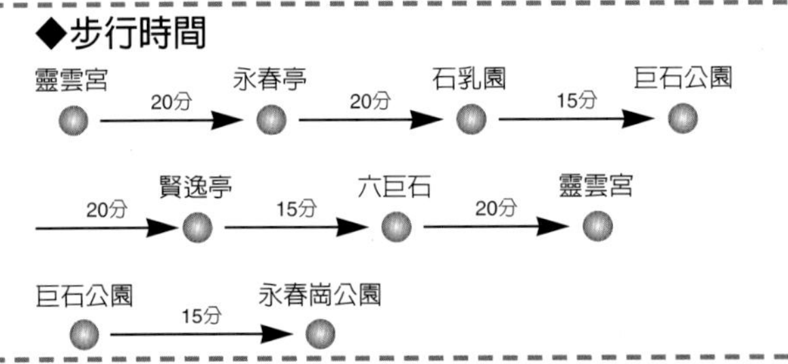

特殊景觀

◆自然步道

象山是目前台北市規劃最爲完善的自然步道之一，石階本身設計，以及石頭上的象形字體，都充滿自然樸拙的巧思和雅趣，整條步道的感覺也相當寬廣而典雅，讓登山的民眾不會有凌亂、壓迫的感覺。在解說牌的設計上，象山的解說牌也不會和附近景觀產生不協調的的視覺效果。

行程

◆原則上有三條路線

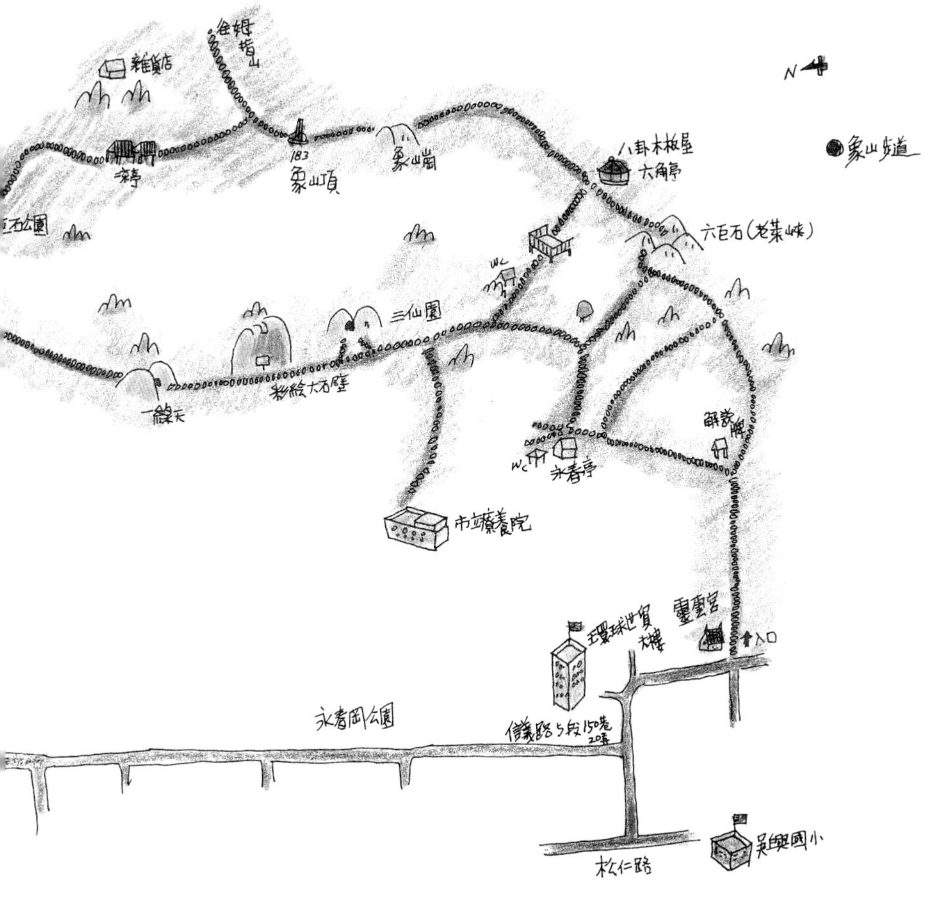

一、可搭1、22、226、266、288、503等公車至吳興國小站下車，走約五分鐘路，至信義路五段代天殿靈雲宮象山入口。

二、可搭27、46、258、259、504至永春高中或松山商職站下車，再步行到永春崗公園從公園旁入口進入。

三、也可搭54、69、277到市立療養院站，從療養院右側的石階進入，再接石階步道，（停車不便）。

適合程度

全家老少皆宜，一路都有解說牌。

延伸路線

請參考前面「虎山」一節。中途皆有小徑，可循指示牌前往姆指山和南港山，或四獸山之獅山、豹山和虎山。

金面山

（岩壁、歷史、森林）

● 金面山是過去台北城建城取石材的主要地點。

這是一條兼具登山、健行、史蹟、攀岩和自然觀察的山路，比起一般的步道稍長了一些，但植物景觀多樣而豐富。

上山的路線有好幾條，如果從環山路的方向，主要有兩條登山道。第一條，可從環山路二段50巷走進，順著妙音菩提寺，沿左邊柏油路上山。半途時，遠眺北方，就可清楚看見金面山美麗的山巒。

爲何叫金面山呢？原來當地人從環山路136巷主要登山步道遠望時，往往會看見山頂閃閃發亮，因而如此稱呼。但也有人因山頂石頭長相獨特，而稱之爲剪刀石山。

如果由第一條，過小橋後，即有上山的石階路出現。登山口有兩棵破布子佇立，附近多爲菜畦和果樹園區。經過一處涼亭後，幽靜的竹月寺座落眼前。寺後又有登山小徑，沿小徑前行，兩邊盡是陰涼的自然殘留林。台北近郊山區林子的特色，在此

● 金面山山頂因陽光照射會閃閃發光，故而取名。

一覽無遺。抵達麻竹林，過了小溪溝後，山勢呈孤稜。原來，五指山系支稜金面山和小金面山朝東南向伸出，在此又有小支稜分出呈南北走向。登山者正走在南北走向的小支稜，準備登上金面山。這裡的孤稜山路是由樹根和岩塊組成，不像一般自然步道的平坦。

翻上背稜後，和通往小金面山的支稜交會。往左行，經過高壓電塔，整個山的內容又有了另一番氣象。兩千多萬年前的木山層出現了。

我們走在雪白的砂岩背稜，就好像走在海岸一樣。形成砂岩的安山石則因含有石英而在陽光下閃閃發光。植物的種類也截然不同了：桃金孃、車桑子、細葉饅頭果、細梗絡石和南嶺蕘花等耐風耐乾旱的植物不斷出現，景觀奇特，不免讓人想起軍艦岩的環境。但軍艦岩較爲平坦開闊，金面山的山勢彷彿突然聳起，登山者往往一時不察，猛然才感受

金面山山頂多巨岩步道。

到它的差異。

再者，軍艦岩頂峰顯得孤高，金面山卻是群石並起，危岩纍纍，錯落不一。或孤懸崖壁，或堆擠成團，或一柱擎天，氣象險絕雄渾。環顧台北市周遭群山，此山最具高山的不凡氣勢，視野也最開闊清澈。尤其是風和日麗的天氣，北看五指山系，東望內湖大埤，南邊則俯仰台北市景和基隆河灣道，有著一覽天下的暢快。

翻過剪刀石山後，有兩條山路，一條通往外雙溪、文間山，另外一條可沿石階步道走回內湖環山路一段136巷底。

建議您，如果想往回走，可繼續走在寬闊而陰涼的稜線，約半小時即可爬上小金面山。小金面山山石不若剪刀石山的亮麗而突出，彷彿被林木緊緊包裹。只有山頂一塊風化的岩壁較爲突出，必須靠輔助的繩索攀登。只要小心捉緊繩索，一般市民皆可安然通過。

小金面山山頂下有一涼亭，由此山路分兩條，繼續往東可通往內湖路。若想回到麗山新村，必須走右邊小徑下山，整段路行程約兩個半小時到三小時。

第二條由環山路上山的路線，就是由環山路一段136巷底的台北花園城上山。當地登山人以此路線爲主要步道，上金面山路程最快。上山入口有漂亮的觀音竹叢，一上山隨即遇見明顯的叉路。

右邊路較爲平坦，其實愈往前愈難行，是一條相當陡急的山路，最後一段必須攀爬連續的陡峭岩壁，非常適合訓練年輕人的膽識和體力。孩子若太小，較不宜冒險。

一般人都是走左邊的石階步道。石階步道旁左邊即有大溪澗，下大雨時溪水飛濺的景觀相當壯麗。左邊還有小路可接近，可以觀察市區難得一見的溪流生態和鳥類、昆蟲相。

這條石階步道上，最大特色莫過於半山腰還有廢棄的採石場。早年台北城建城，石牆的主要採石地點便在附近。登山者不難在山裡的巨石找到當年開鑿後所留下的鑿孔痕跡，還

● 內湖山區天氣晴朗時，一定會看到大冠鷲鳴叫飛行的身影。

● 中途鳥瞰內湖的石階小台地。

有石塊堆疊的石堡，或者石材。這兒也可遠眺台北市景，登山者不妨多駐足流連，欣賞難得一見的景觀。

在此，我們也可看到火燒山的遺跡。一九九六年元月時，因為有市民郊遊烤肉，導致這兒發生大火，燒了近一、二公頃面積的山林，原本草木茂盛的森林遂禿了一大片。

過了採石場，路旁白匏和白毛臭牡丹叢生特別多。石階上巨岩纍纍，突兀崢嶸，聳立於步道兩旁，或橫陳山稜線上。偶爾有小涼亭出現，更有分叉的小山路。這些小山路都是一般人下山時走的路線。上山時，多半是走石階步道。翻過一片豆腐般的巨岩後，山稜線上就是金面山山頂。

◆步行時間

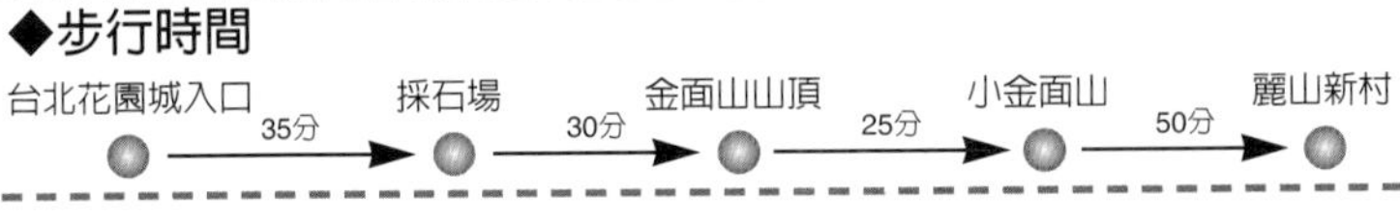

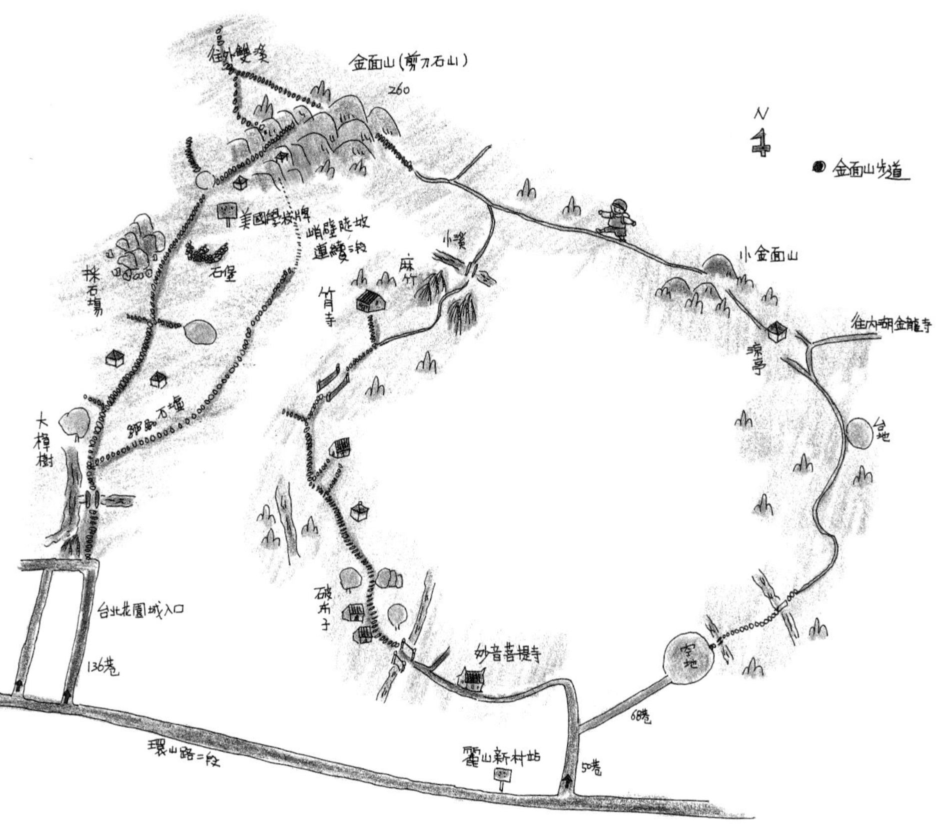

特殊景觀

◆採石場

台北城建城約在一八七九年到一八八四年間，金面山便是當時做爲城牆石材的主要來源。當時的工人在山上開採、切割石塊後，便由事先建好的斜坡道運下山，再用牛車，載送到現已不存在的舊渡船頭，運石船再順著基隆河至圓山附近，穿過社子和圓山之間的舊河道，行抵忠孝大橋下的二號水門卸貨。此處距現存的北城門直線距離僅有一百公尺。

行程

搭乘247、256、267、283等公車，在麗山新村站下車，如果想由一段136巷主步道上山，必須在台北花園城站下車。

餐飲

山上無餐飲，宜自備。

適合程度

青少年和中年人士爲宜。

忠勇山、鯉魚山

（森林、廟寺）

這是條廟寺之路，一路上可以看到各種大大小小的廟寺。

步道主要入口從內湖路三段256巷昇陽機構大樓旁登山口進入，順著柏油路前行，六、七分鐘後，抵達金龍禪寺。寺旁最大特色是十八羅漢林立路邊，接著是白色觀音像和典雅、淳樸的舊廟寺。如果沿著寺廟旁右邊的小徑前行，隨即可看到路標指示牌。

●忠勇山以金龍寺白色觀音像著稱。

●右側的鯉魚山因狀似鯉魚而取名。

由此沿石階往前行，旁邊有小溪溝。附近植物都是一般常見的野花植物。沿著網球場旁邊小徑，上抵柏油路後，旁邊繼續有石階上行，抵達碧山路邊的碧霞寺。遠遠的山腰上則矗立著碧麗輝煌的碧山巖。

由此上去，林相逐漸隱密，周遭多是低海拔自然殘留林的景觀。石階盡頭再度是碧山路。不久，抵達西鞍，這是四條路交會的鞍部，有兩家雜貨店分立左右邊。鯉魚山橫陳在右，圓覺尖山聳立正前方，碧山巖則座落左側。

往最右邊的山路前行，過了涼亭又是石階山徑，一路通往鯉魚山。山徑半途有遠眺周遭景物的觀景台，可以仰望圓覺尖和碧山巖附近山勢。山徑上，險石突立，這是附近山區最具代表性的景觀。山稜線頗乾旱，樹種多半爲迎風樹種，如虎皮楠、紅楠爲多。

● 碧山寺是遠眺時的重要地景。

● 碧山寺的寬敞階梯。

● 多岩石的鯉魚山步道。

● 鯉魚山上被人批評破壞環境的人工「萬里長城」。

在山頂附近，石頭多半被登山者雕飾爲各種假山假水，仿台灣各地風景名勝造型，破壞了原本的自然之美。山頂最高點海拔222公尺，有一涼亭可供遊客休息。繼續前行都是下山的路程，可至葉祖厝，以及大湖街，行程比回金龍寺總站略長。

往回折返西鞍，不妨至右邊第二條山路。鯉魚山和圓覺尖山在此圍成綺麗的山谷梯田景觀，附近更是展望鯉魚山渾圓、秀麗山形的最佳位置。

接著，沿寬闊而筆直的石階走上碧山巖。石階旁，春天時杜鵑花叢經常盛開，吸引許多蜂類採蜜。碧山巖是著名的廟寺，例假日時，遊客如織。由碧山巖後的山徑繼續

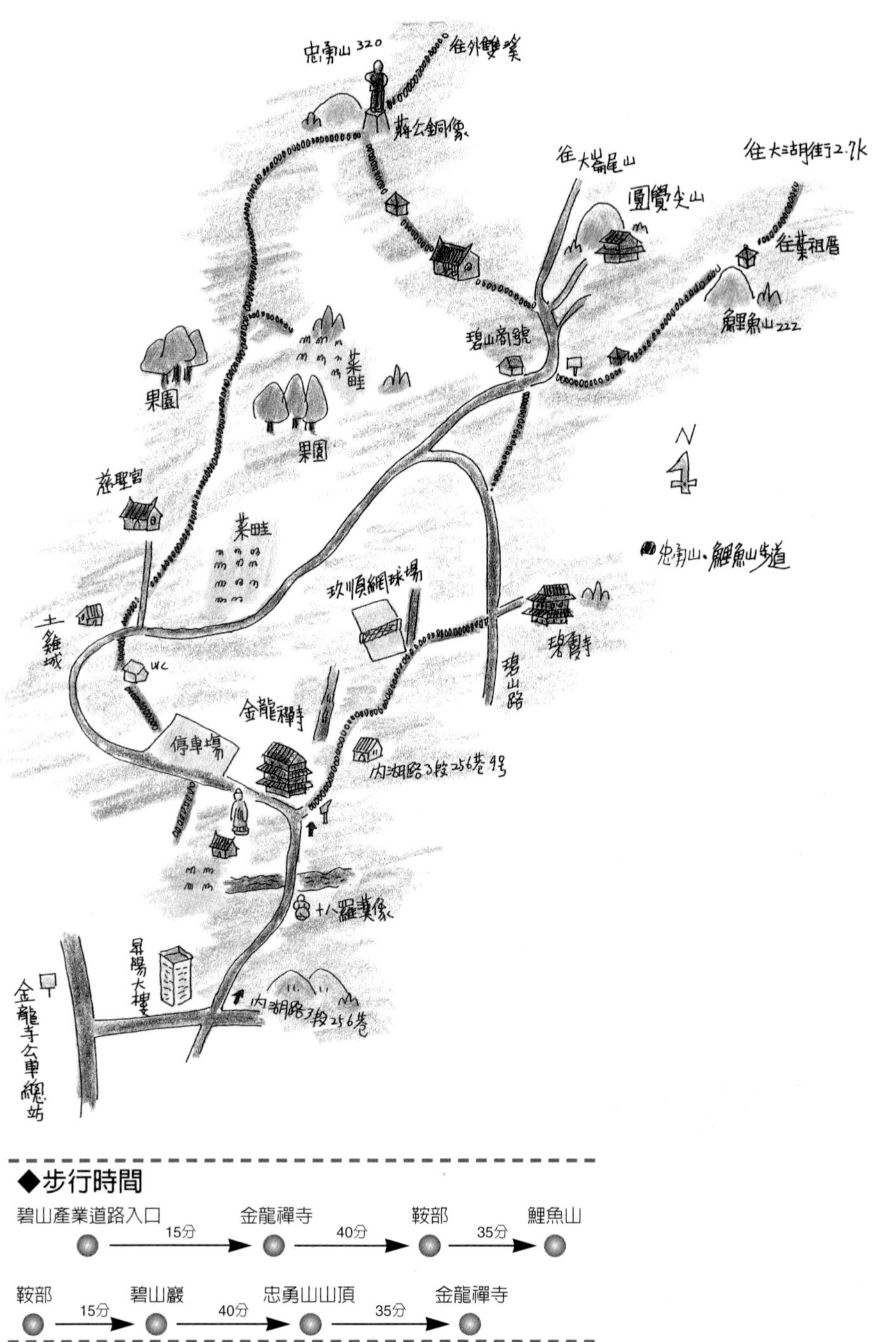

◆步行時間

碧山產業道路入口 —15分→ 金龍禪寺 —40分→ 鞍部 —35分→ 鯉魚山

鞍部 —15分→ 碧山巖 —40分→ 忠勇山山頂 —35分→ 金龍禪寺

山頂的蔣介石銅像仍健在。

往前，上抵中正亭，又是一處可登高望遠，讓人心曠神怡的觀景台。

從中正亭再沿著石階走，園藝植物減少。原生植物逐一出現，諸如紅楠、青剛櫟、細葉饅頭果、灰木、鼠刺、車桑子等都是代表性植物，顯見這兒和軍艦岩一樣，地質屬於木山層，植物相頗近似。

忠勇山山頂矗立著蔣公銅像。從山頂有兩條石階下山，往北的山徑通往外雙溪，可連登大崙尾山和大崙頭山，登山者最愛選擇這樣的路線。

往南可走回金龍禪寺。由此下山，相思樹漸多，會長紅葉的杜英也不少。樹林下的植物則多半是芒萁等耐乾旱的蕨類。除了林道兩旁，其他區域都被開發，或果園，或菜畦。大約走個半小時後，經過慈聖宮，約莫五分鐘，可回到金龍禪寺。

特殊景觀

◆金龍禪寺

金龍禪寺建於1954年，係一正宗的禪宗佛寺，緣起於禪宗臨濟派。由於寺外矗立一尊身高數丈的觀世音菩薩像，因而盛名遠播。在寺廟前方除了矗立著雄偉的靈骨塔和觀音像外，林中還散立著十八羅漢像。

◆碧山巖

內湖碧山巖建廟迄今已有二百四十五年歷史，廟中主要祭祀的是一塊黑色的大石頭。傳說這塊石頭為開漳聖王的化身，保護當地居民免受盜賊搶劫，因而香火鼎盛。目前的廟寺改建於七〇年代。

行程

可搭222、240、247、267等公車至金龍寺總站下車，往右邊至內湖路三段256巷昇陽機構大樓旁邊碧山產業道路上山，即登山口。（停車不便）

餐飲

鞍部附近有各類型餐飲和雜貨店。

適合程度

國小以上為宜。

康樂山和明舉山自然步道

（森林、老樹）

康樂山步道相當密閉，雖然和白鷺山一樣是次生林，但由於少人知悉，登山人不多，非例假日時，頗適合進行自然觀察。在人爲干擾少下，一路上低海拔鳥類相亦十分豐富，空中常有大冠鷲、鳳頭蒼鷹等猛禽，林子裡則有五色鳥、紅嘴黑鵯、小彎嘴、繡眼畫眉和頭烏線等固定常見的留鳥。林中的昆蟲更是豐富，兩邊的小徑隨時都能找到常見的代表性昆蟲。

●丘陵常見的植物——山黃麻。

除了觀察小動物外，這裡的視野也不錯。走到康樂山最高點，能遠眺五指山、碧山巖，還能一攬大湖公園全境。

它有三個登山口，第一個登山口在安泰街192

●大湖公園入口的黃石公廟。

號水源頭福德宮的後面，第二個登山口在安泰街139號對面，第三個登山口在成功路五段黃石公廟對面半山腰的山海寺後面。如果從山海寺上去第三個登山口至第一個登山口，大約一個小時可走完。

中途除了有樹圍約四公尺的大榕樹；在三寶佛旁還有一棵百年的橄欖樹，依舊青翠而濃密，據說是台北盆地最大的一棵橄欖樹。山中有不少產業，主要以綠竹林為主。

橄欖樹掉落的紅色樹葉。

從水源頭福德宮往右邊的產業道路前進，抵達叉路往右邊安泰街，走約十來公尺，有一條隱密而狹窄的山路，入口有登山路條，成為唯一的認路指標。那裡可以接明舉山自然步道登山口。路程比先

康樂山步道上有台北市最老的橄欖樹。

前長一些，約一點五公里左右。一路上有三棵巨樹。往上至第一棵大樹前，左邊有叉路到三角點。然後，再往下行，經過另外兩棵大榕樹，最後走至康樂街236號的福祿祠，旁邊有內溝里活動中心。一路景觀和先前大致差不多，多半

● 丘陵常見的植物——月桃。

● 水源頭土地宮廟。

是在次生林的環境裡走動，最適合賞鳥、昆蟲和植物的觀察。不過，這一段視野開闊，彷彿走在鄉間小路，而非密林，我相當喜愛。從這裡又有小路接內溝里步道。（請參考內溝里步道）

● 明舉山的登山口有一座土地公廟。

● 在五指山區，有時還可以看到穿山甲。

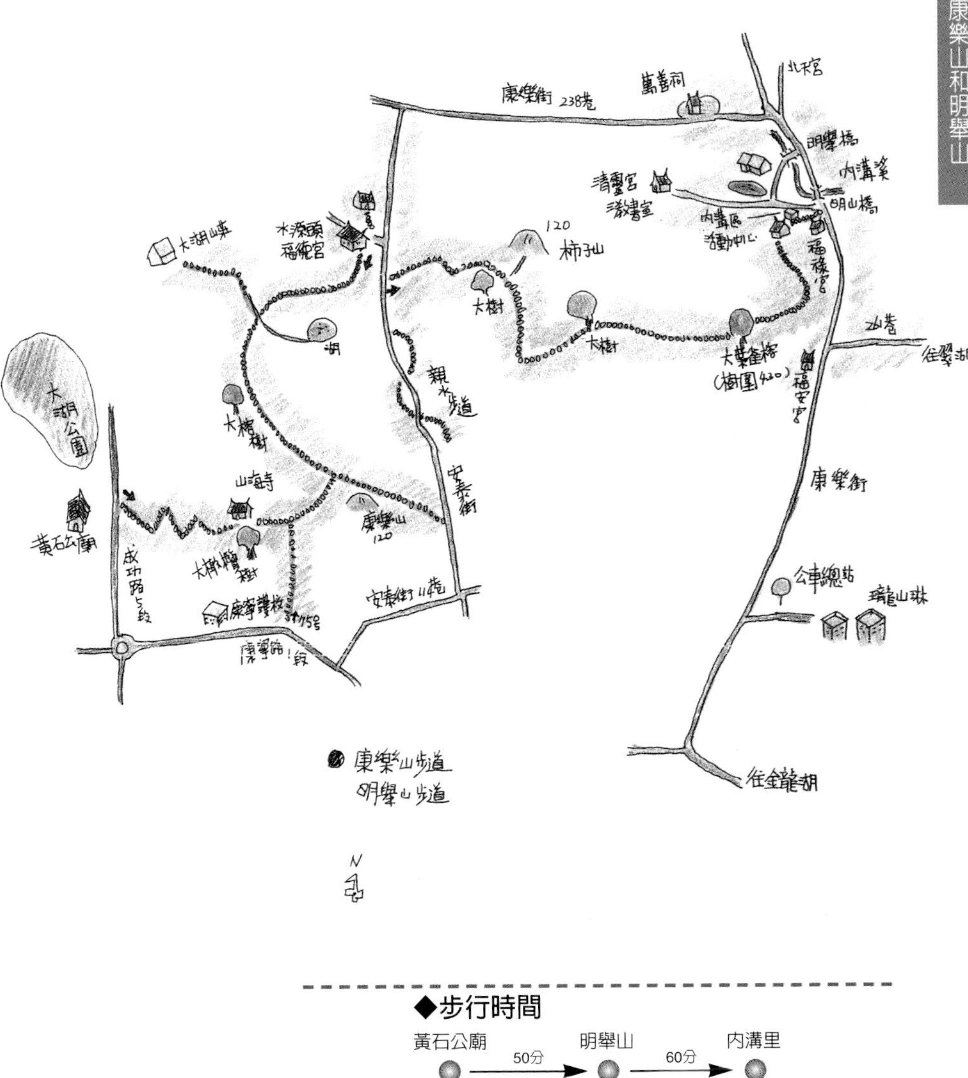

◆**步行時間**

黃石公廟 —50分→ 明舉山 —60分→ 內溝里

行程

建議搭乘市公車287、0東或欣欣278至黃石公廟站下車。或由內溝里往回走（請參考內溝里步道）。

適宜對象

青少年以上爲宜。

餐飲

附近無餐飲，宜自備。

內溝里步道

（湖泊、溪流、森林、煤礦）

每年到了四、五月時，我都會想去內溝里的翠湖，去看看小溪、油桐花和那座隱密的湖泊。這處自然步道區位於一處兩山並立的小山谷，過去曾是著名的煤礦區，荒廢之後，由於很少人前往，動植物資源逐漸豐富。

● 兩邊的登山口均有豐富的池沼和溪流生態。

● 翠湖的蜻蜓種類相當多。

沿著平坦且車輛稀少的康樂街行至261巷時，左邊空地座落著一間小土地公廟福安宮。261巷的巷道僅容小客車進入，路標並不明顯，指示牌倒是立了不少。

一走進幽靜的小巷道路，右邊就是草澤和池塘相連，甚而有水稻。這樣被山谷環繞的水域，告知了水生昆蟲和魚類的數量勢必豐富，鳥類的種類也相當多樣，固定可記錄的有翠鳥、番鵑和小白鷺等。

● 翠湖是個隱密而豐富的自然小天地。

過了一小橋，左彎可上抵栽植柚子的小山。柚子是這兒的特產，中秋節時，附近果園常開放讓遊客摘採。右彎沿著清澈的小溪溝前進，穿過幾戶人家，隨即是上山的小路。路旁有許多麻竹和柚子的產業。由於部分山區開發不多，樹種多樣，可記錄的鳥類不少。頭烏線、綠畫眉等較愛棲息隱密林子的山鳥，都比其他山區更容易發現。

一路山勢平緩，林相密覆，走來十分輕鬆。上抵稜線，往左可上至內溝山主峰，海拔137公尺，又名大尖坪山。

內溝山背風的西南坡相當乾燥，路旁多爲芒萁之類向陽性蕨類。抵達山頂，視野景觀開闊，西可下望內溝康樂街上的山谷，東可鳥瞰山谷下隱密的森林和碧綠的翠湖。天空不時有大冠鷲盤旋。山頂上生長著樟樹、山櫻花、大頭茶和紅楠，獨不見北部地區常看到的相思樹林的景觀。最具代表性的植物，或許是台灣馬醉木。這種適合兩千公尺的高山型先鋒樹種，在這個海拔一百多公尺的小山頭，竟然生長不少，更讓人覺得此小小山區的資源相當珍貴。原來，東北季風讓這裡的環境又冷又溼，像極了台灣中南部中高海拔的環境。

回到稜線，繼續前行，下坡路陡，抵達盡頭是一條內溝溪旁的小山溪，叫北峰溪。這裡是台北縣市交界處。若順山溪往右行，沿溪底可前往汐止明峰街的金龍湖，但是路況不好，經常因風雨而中斷，一般人都由翠湖走上方之山路。

如果往左走，沿北峰溪上溯，穿過狹窄的山岩，山勢突然開朗，開闊的山谷間，一個綠色的小小湖泊出現。它就是翠湖，大約有兩個籃球場寬。這個綺麗的小湖泊旁邊生長著野薑花和燈心草等各種水生植物，又傍著旁邊的隱密森林，彷若桃花源。

當地人又叫這裡是蝴蝶谷。的確，天氣放晴時，各種蝴蝶出來飛舞。春初時，鳳蝶尤其頻繁。此外，由於有小溪溝和湖泊，蜻蜓的種類也不少。

沿著湖泊，有一條小山路環繞，往前行更有崎嶇的山路繞過對面之山頭。登山人士，還開闢了幾條山路。若繼續上溯，順湖泊上游的小溪繼續前行，隨即進入隱密而潮溼的森林，彷彿進入了熱帶雨林，蚊蟲甚多。上有高大的油桐，下面爲陰溼的植物群，如冷清草、姑婆芋等，和各種蕨類，都長得相

●冬天時常見於小溪邊的灰鶺鴒。

● 野外常見的霜白蜻蜓喜愛小水池環境。

當肥美。

中途還有小叉路，翻過山稜線可回到康樂街，但路徑一樣狹小。一般人都是沿著綁在樹上的登山布條前行，大約一個小時左右，可走出隱密的林子。翻過山頭後是柚子林的小山頭。順右邊的產業小山路下去，可遇見幾間275巷的民房。

沿著275巷，不久即可走至康樂街口的土地公廟。沿著康樂街往回走，旁邊即是溪水清澈的內溝溪，沿途瀏覽鄉村的自然景觀，一路輕鬆地走回261巷至287公車總站處。

若欲前往金龍湖，可由翠湖入口上方的山路往回走。一路上山路寬敞而平坦，林相隱密，主要以油桐爲主。日據時代，這兒是開採煤礦的山區。許多採煤者的後裔，仍住在附近。路旁不時出現煤礦廢墟，有一處空地的廢墟還長出高大的油桐、芭蕉

● 廢棄煤礦坑中途的土地公廟。

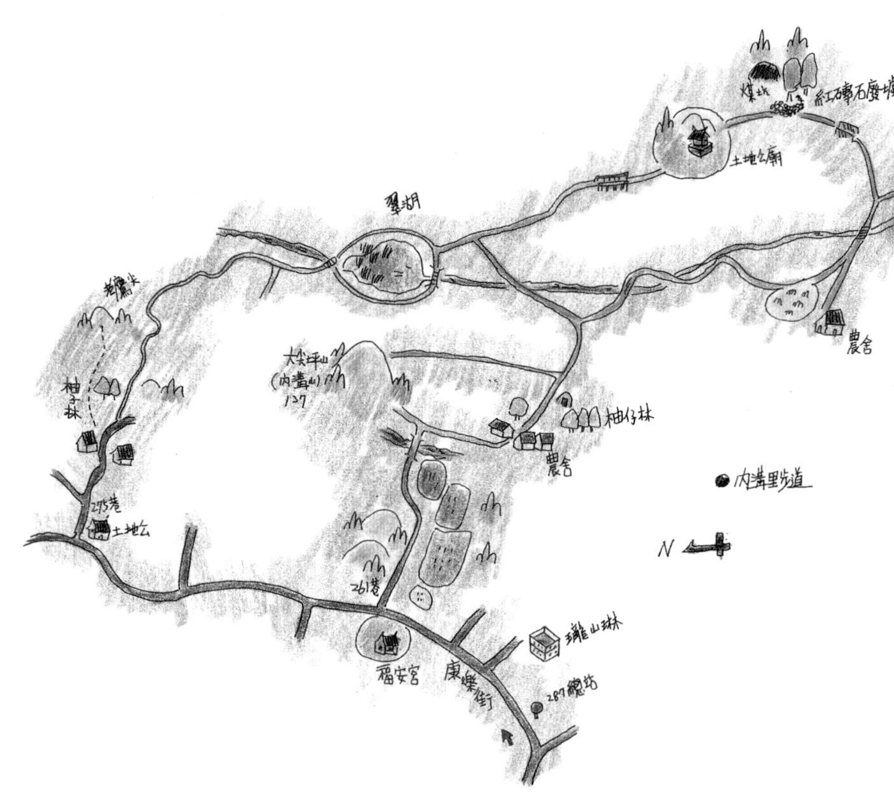

和水同木，顯見這些煤礦廢墟已經荒廢幾十年了，旁邊則有廢棄的煤礦坑。這處礦區過去叫北港二坑，煤質屬烟煤，主要供鐵路局蒸汽車和工業燃料用。之前，在一處平坦的台地，還可看到一座日據時代的土地公廟，背石而立，造型高長而華麗，迥異其他山區正方、古樸的樣式。從路途的平坦亦可判斷，早年這兒有運煤的台車經過。

不到半小時，隨即抵達一處寬闊的產業道路，一路上都是菜畦，絲瓜到處可見。產業道路和自翠

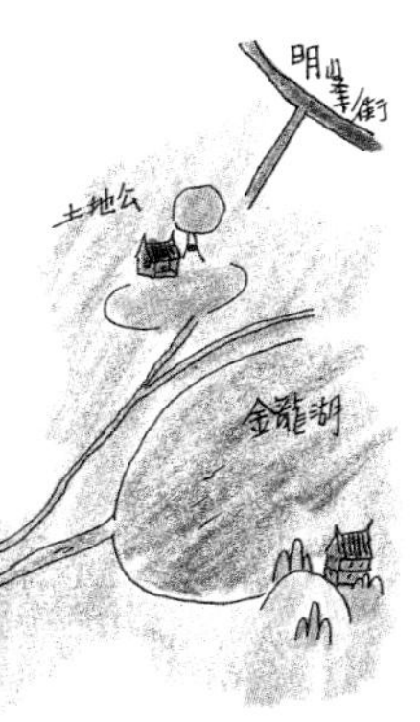

湖流出來的北峰溪並行，路上到處是大戟科的喬木、山黃麻和油桐，旁邊的田裡則有各類菜圃。大約半小時的路程，過三、四座小橋後，抵達汐止金龍湖。旁邊有老樹和土地公廟，由此路穿出即可抵達街上。

◆步行時間

261巷 →30分→ 村子 →30分→ 大尖山 →30分→ 翠湖 →30分→ 土地公廟 →30分→ 金龍湖

特殊景觀

◆翠湖

翠湖是一處相當封閉而隱密的小湖泊，它是因挖煤而形成，並非天然的湖泊，但是形之有年。偶爾只有內溝里附近的住民至此摸田螺，收割野薑花。由於極少受到外界干擾，水中生物相當豐富，不時可以記錄許多市區內湖泊難以見到的水生昆蟲和植物。再加上周遭自然環境並未遭到嚴重的破壞，林子裡動物頗多，是一個相當適合自然觀察的場所。尤其是夏季蝴蝶飛舞的季節，內溝溪的景色更加綺麗。但翠湖被譽爲蝴蝶谷，並非因蝴蝶數量特別多，而是因爲種類繁複。

◆金龍湖

金龍湖過去的名字叫匠頭埤，這個名字的由來在此生活的五、六十歲的老人大概都知道。爲何叫匠頭埤呢？

這個故事必須細說原委。漢人遷入汐止大約在乾隆時，最初以種植水稻和茶葉爲主，伐樟取腦是後清時期。當時金龍湖四周的山坡地幾乎都是高大粗幹的樟樹；現在沿著金龍湖觀察，四周仍有不少樟樹屹立。後來的漢人便利用此地爲伐樟的基地，初步加工後做成樟板，利用基隆河的水運運往艋舺一帶販售。所以汐止地區的樟樹灣就是當時樟板密集的地點。

清朝乾隆時期，金龍湖沿岸少說有十來個樟板匠，多則三、四十人。也許是過於急促開發，附近的山坡地失去水土保持。有一回洪水帶著泥砂沖下，把這些樟板寮全部沖走，當地村民搶救，但是仍有部分樟板匠不熟水性全遭水淹沒。當時罹難的竟有百餘名，後人爲了紀念，才在該處建一座有應公小廟。

行程

搭往東湖的287公車至總站（即康樂街），下車後，沿康樂街往前行，約一公里即可抵達261巷福安宮入口；或搭小型公車1路至內溝里；亦可由汐止明峰街37號進入。

餐飲

附近無餐廳，宜自備。

適合程度

國小三、四年級以上爲宜。

新山夢湖

（溪澗、湖泊、森林）

● 新山最高點，近五百公尺。

多數的登山者都是由台電保線路和產業道路的分叉處登山。兩邊都有山徑可以抵達夢湖，但登山者偏愛進入左邊林子，不願選擇寬敞的保線路。由林子進入，約莫六、七分鐘即抵達一處看似人工水圳的小水道，奇特的是這處水圳只是用土隄興建，並無石子或水泥做隄岸。

緊接著抵達一處開闊的美麗小水潭，周遭林木蔥蘢。來了兩三回，都禁不住地靜坐在那兒好一段時間，聆聽鳥鳴，或者無人的林音。再往前，岩石纍纍，有些廢棄的屋宇，上了台地，赫然出現一座澄澈而翠綠的湖泊。湖底清澈見底，盪漾著濃密而綠意盎然的水草；湖面亦是水草淒淒，映著綺麗的山影。印象裡，在我走訪過的台北近郊，這兒是台北市最饒富詩意的中海拔湖泊了。

湖泊邊有兩座廢棄的涼亭，顯見過去這兒曾經試著成爲遊樂區，但是並未經營成功。湖邊有小徑，勉強可繞湖一周。有一回春天來時，看到附近有

● 夢湖有豐富的草澤環境。

大量穿山甲活動的遺痕；同時，有台灣藍鵲出沒，可見這兒自然資源頗豐富。

湖兩邊皆有小徑可登山上新山，繞一圈回來約一個半小時可走完。若從右邊往上走，隨即進入森林。約莫一刻鐘可上抵稜線，往右可走到高壓電塔，視野開闊而良好，可鳥瞰東邊的山巒。

往前進，亦有一座高壓電塔。再從電塔往左邊，有狹窄的稜線小徑可爬上新山，路途狀況不好，但路徑清楚。新山係砂岩環境，山頂危岩連續裸露，視野良好，可眺望五指山和大屯山系。雖是五百公尺不到的小山，因周遭無其他山頭，頗有大山氣勢。到了夢湖，若未上山一攬風景殊爲可惜。從新山稜線下行，有叉路可走至柯子林山。若回到夢湖大約半小時即可抵達。

● 新山山腳有一美麗的中海拔湖泊。

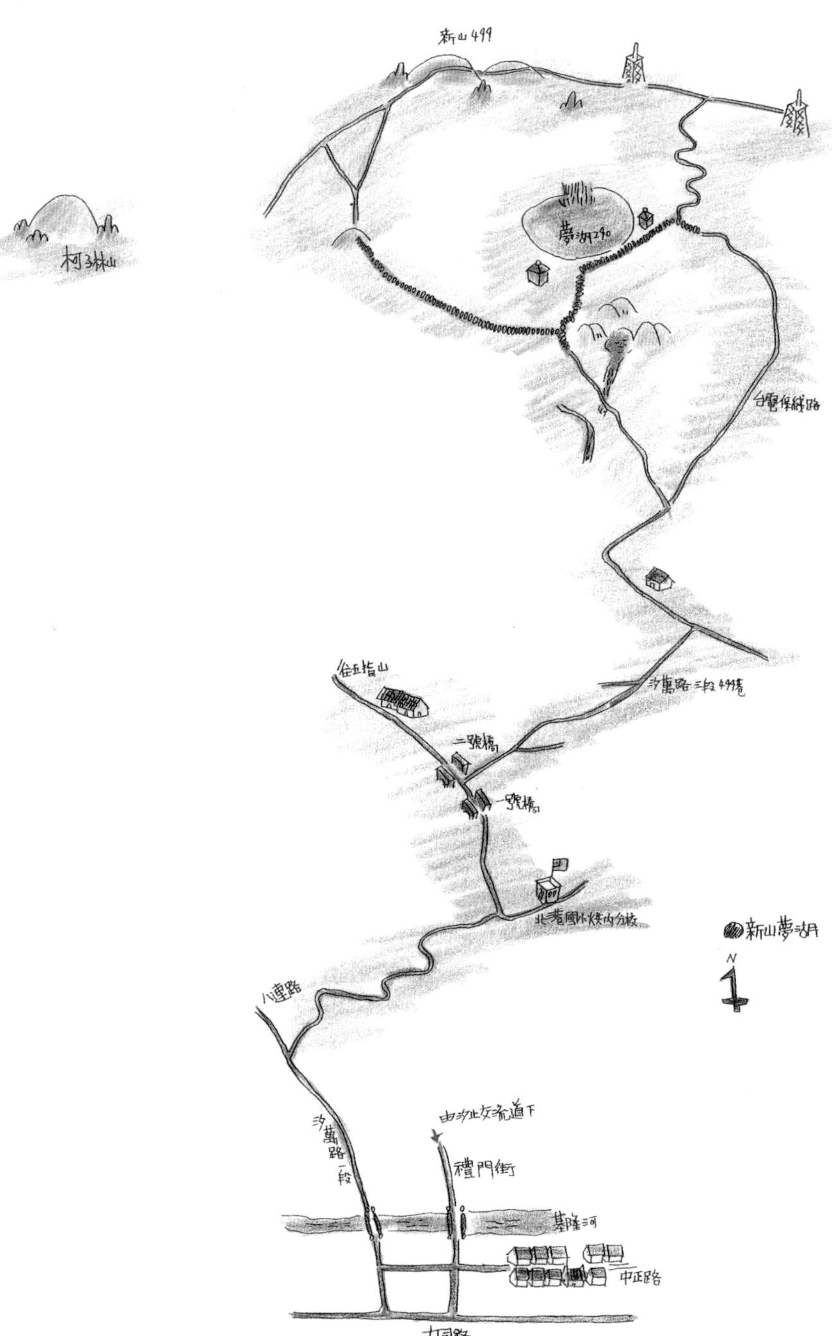
新山499
柯子林山
夢湖290
台電保線路
往五指山
汐萬路三段499巷
二號橋
一號橋
北港國小崁內分校
新山夢湖
N
八連路
汐萬路一段
由汐止交流道下
禮門街
基隆河
中正路
大同路

● 新山多凹裸的稜脊。

● 新山的步道擁有美麗的溪澗和森林。

特殊景觀

◆夢湖

海拔約兩百公尺，為一中海拔天然小湖泊。水質清澈，水草豐美，湖內魚蝦多，主要為蓋斑鬥魚。往昔冬天有雁鴨科鳥類棲息，近來遊客多，較無鳥類活動之蹤影。

行程

由汐止交流道下，走汐萬路，到北港國小烘內分校，過一號橋，尚未到二號橋時，右邊有三段499巷指示登山口，由此繼續前行，依指示可抵達產業道路盡頭。往前為台電保線路寬敞之道路。左邊有登山步道，皆可抵達夢湖。

步行時間

至夢湖約十分鐘，繞整座新山下來約二小時。

適宜對象

青少年以上為宜。

餐飲

附近無餐飲，宜自備。

白鷺山步道

（湖泊、森林）

白鷺山是內湖地區最受到歡迎的登山路線，例假日時經常會看到全家一起出外的歡樂場面。大部分人都在成功路旁的黃石公廟站下車。不遠處就是大湖公園東側步道的入口，湖邊豎立了一個步道系統解說牌，對周遭的地理做了一番概要的綜觀簡介，讓爬山者了解四周環境。

入口前有兩條小徑，一條是環湖的步道，另一條繞過兩間小廟——老公祠、福祐公背後，就是前往白鷺山的主要登山小徑。小廟旁有兩棵常見的大樹，一爲雀榕，一爲無患子。

●登山口有一對小廟。

白鷺山緊鄰著台北盆地現存最

●白鷺山緊臨大湖，森林蔥蘢。

大的湖泊——大湖。這個山區的林相無疑會受到湖泊的影響，透露出更爲特殊的自然符號，最明顯的例子是，面北的登山小徑就特別陰涼而潮溼，林相的內容自然也非常繁茂而多樣。

● 步道上有各種奇形怪狀的枯木，點綴森林。

● 大部分的枯木為常見的山黃麻。

這裡的山黃麻和血桐尤其高大，可以一人抱的還不在少數。更有趣的是，路上有許多傾倒樹木和枯木都是這些高大的樹種，上面還生長不少菌菇。這兩種樹都是在開發山坡地，隨著五節芒之後，率先出現的先鋒型樹種。當一個森林朝向成熟之林演變的過程裡，它們會逐漸被淘汰掉，最後在濃密的林子裡被香楠、紅楠、樹杞所取代；甚而在更多的杜英、水同木、青剛櫟出現時，悄然地結束了它在此扮演的重要角色。

在台北附近的自然殘留林裡，擁有如此巨大的山黃麻和血桐並不多見。儘管有一些已經支持不住，率先死亡，形成了枯木和倒木的景觀。仍然有許多以高大的身姿，繼續在森林裡存活，和香楠、紅楠、水金京等次生林的優勢樹種，爭取生存的空間。

血桐和山黃麻的枯木和大樹林立於森林，這種情形明顯告知著，整個次生林的演化已經到達一個成熟的階段。它們以粗大的軀幹挺立，意味著這個林子較少遭到破壞、濫墾，而是以正常的演化方式，進行著森林的輪迴。其他附近的山區很少如此，這是白鷺山給予遊客最大的觀感。

步道呈之字形，一路蜿蜒而上，平坦而舒適，通常一個小時就可上抵山頂。山頂和其他地區一樣，是禿裸的黃土地，有一間人工的簡陋屋子，旁邊還有卵石小徑，供人走動。整個白鷺山還停留在供

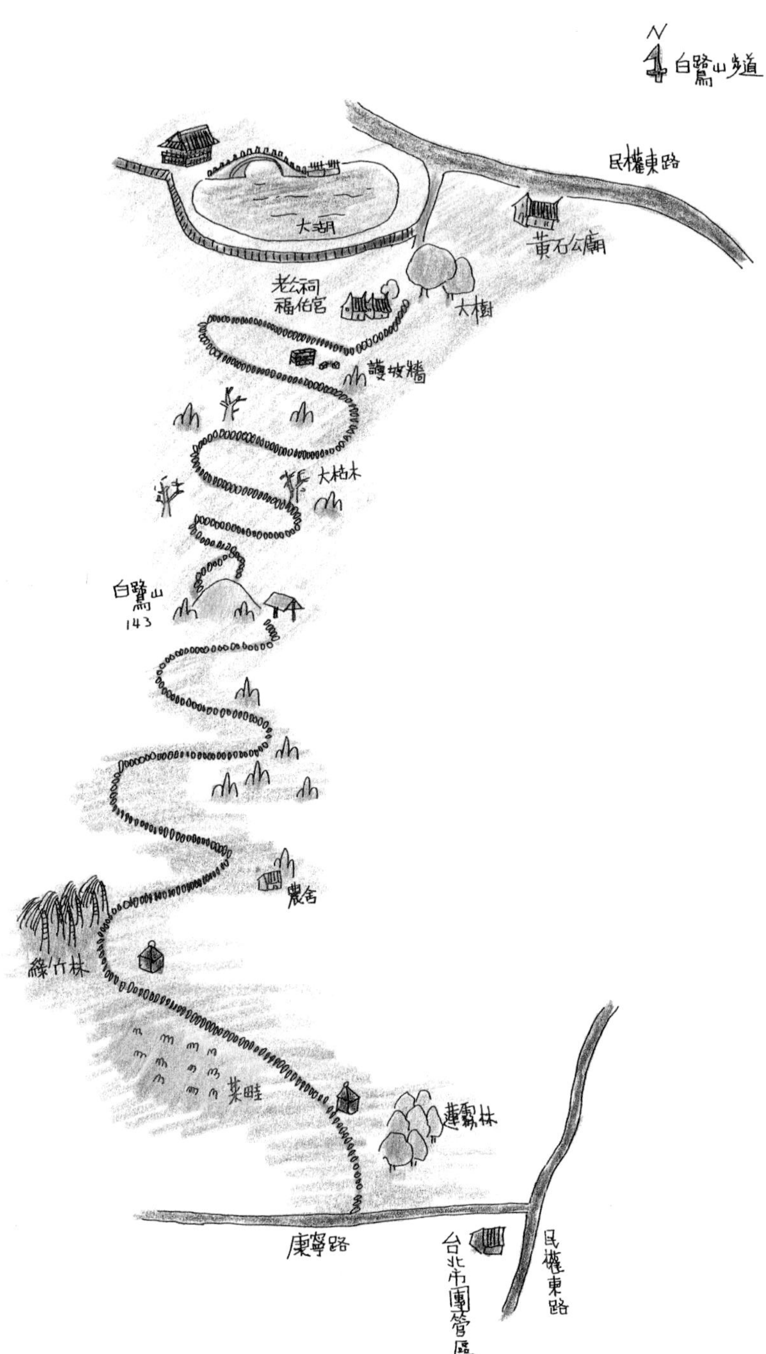
N
白鷺山步道
民權東路
大湖
黃石公廟
老公祠
福佑宮
大樹
護坡牆
大枯木
白鷺山
143
農舍
綠竹林
菜畦
蓮霧林
康寧路
台北市團管區
民權東路

●白鷺山的步道以S形盤旋而上。

登山者使用的功能上，並未像其他山區已經規劃出妥善的步道內容。

山頂周遭一如附近的其他山區，多半生長著紅楠、青剛櫟等迎風植物。山的另一面，面向西南，相思樹就多了，林子下芒萁也不少。它們的出現意味著西南坡人爲的破壞情形較爲嚴重，環境也不若東北的潮溼。只有一處山谷溼地，生長著筆筒樹林、大葉楠之類喜歡陰溼的植物。

不久，大片綠竹林也出現了，甚至有農舍。接著是相思樹林和綠竹林交相呈現的景觀，呈現典型地台北山坡地的開發之景。

山腳接近康寧路入口附近，人爲的破壞更加嚴重，菜畦和廢土區都出現了。這個面南的山區因爲未接近湖泊，位置偏遠，反而不如面北的森林多遊客。在登山者熱絡往來的步道上，白鷺山倒是展現了一個都市自然步道的兩種不同風貌。

◆步行時間

黃石公廟 —60分→ 白鷺山山頂 —50分→ 康寧路

特殊景觀

◆天然湖泊

大湖是台北盆地少數殘存的大型天然湖泊，往昔鷺鷥科水鳥棲息眾多，因而旁邊的山頭才叫白鷺山。由於大湖的環境一直保存，白鷺山的濃密林相也得以保存完整，不致於如西南坡，受到嚴重的破壞。後來，大湖興建公園，湖邊修築隄岸，湖心修閣樓等建築，並清除水面的水草後，動物棲息狀況大不如前。但例假日時卻吸引更多人前往，成爲附近重要的垂釣、登山和遊憩的主要場所。

行程

建議搭乘市公車287、0東或欣欣278至黃石公廟站下車。

餐飲

山上無餐飲，自備爲宜。

適合對象

國小孩童以上爲宜。

台北森林步道

(枕木步道、風衝矮林)

第一次發現有人提到這條步道，是從作家小野的一篇散文。他帶孩子來這兒爬山，對這條枕木步道相當稱讚。他說的沒錯，的確，不想爬山，卻想要在短短數分鐘內便享受到森林浴的市民，位於內湖地區的台北森林步道無疑是的最佳捷徑，因爲它就在不遠的市郊。

●台北森林步道入口。

這條位於外雙溪農林體驗園內的步道，實際長度也不及兩公里，但它穿越過隱密而幾未開發的大崙頭山西面山麓，林相成熟而多樣，動物資源也異常豐富。除了有各種森林鳥類和昆蟲棲息外，爬蟲、松鼠等哺乳類也不時可見到。晨昏時，步道兩旁更是霧氣濕重，加添了林相的神祕感。

●全部以枕木鋪成而著稱的步道。

如果由士林至善路通過碧溪橋沿產業道路往內湖上行，大約二十分鐘即可抵達枕木欄杆的入口處。左邊爲上大崙頭山登山口，右邊爲自然觀察步道入口。沿著這條寬一米五的山路，一路拾級而上，都是枕木鋪成的步道。枕木上不時會出現鐵皮解說牌，介紹現場的植物和長相。這裡的解說牌介紹的樹種較爲奇特，諸如潮溼林的水金京、成熟林的茜草樹、耐風耐旱的小葉赤

●大崙尾山下的大尖池。

●解說排就釘在枕木上。

●枕木步道較未干擾原先的生態。

蘭等，都是台北其他步道解說牌上，較少被提及的重要樹種。

但最重要的是東北季風下的優勢樹種，諸如大明橘、山紅柿、紅葉樹、老鼠刺等厚葉或多鋸齒的植物，以及北部區域代表性樹種如野鴉椿、山木臼等善於落葉的樹種和紅楠，都是構成這塊大崙頭山西北面坡的主要林相。

一路上，儘管都是爬坡，如果慢慢走，一點也不覺得吃力。旁邊還設有枕木平台，讓登山遊客休息，或駐足觀賞。鐵皮解說牌的設計主要也是吸引登山客，建議他們停下腳步，閱讀解說牌，認識周遭的林相。

密林裡的蝴蝶，多半是偏愛陰溼林子和腐果食物的蛇目蝶。季節對時，鍬形蟲、食蟲虻、長腳蜂、細腰蜂等昆蟲很容易在步道上遇見。

上抵稜線後，左邊石階步道可往五指山和自然森林公園的另一條枕木步道，可往下回到園區。向右走十來公尺，即可登頂。上抵大崙頭山頂平台時，舉目眺望，往北可看到平等里熔岩地形，以及七星山、大屯山等山頭，往南可瞭望內湖和大湖公園一帶景色。

有興趣者，不妨繼續由此反方向下至大崙湖，再繞回；也可重新沿枕木步道走回產業道路登山口。

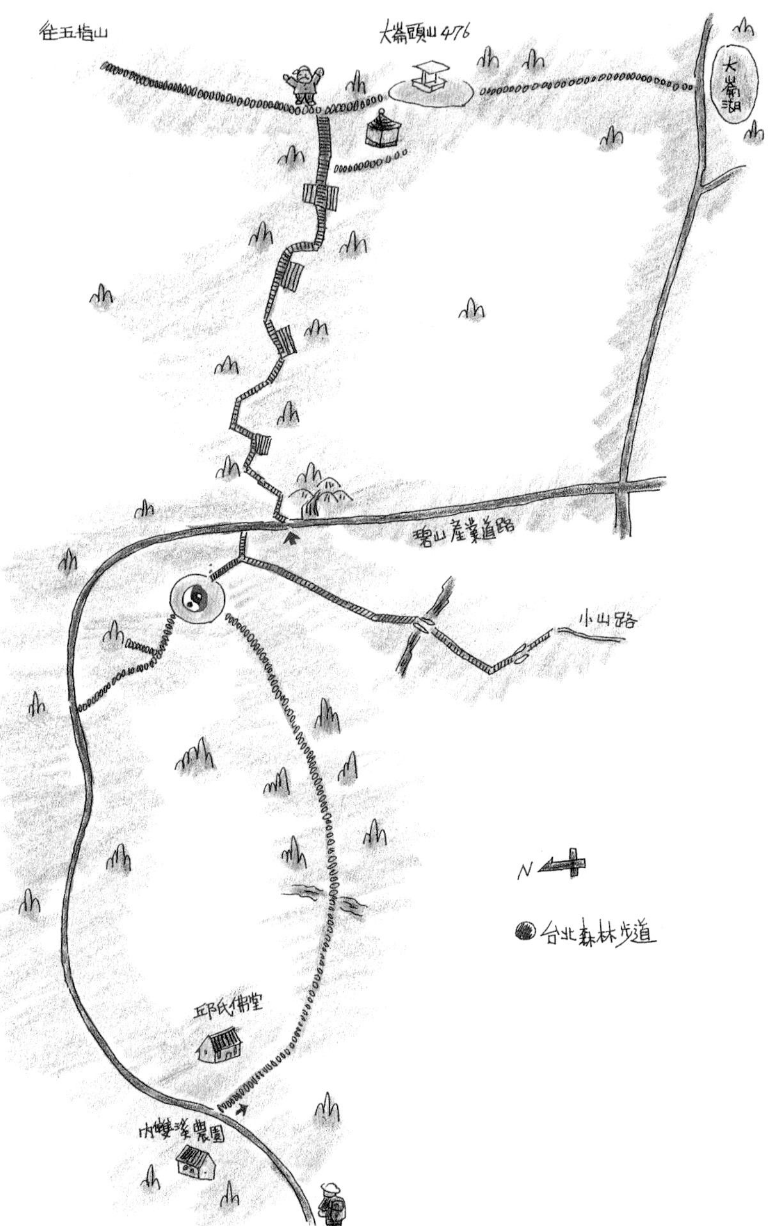
往五指山
大崙頭山476
大崙湖
碧山產業道路
小山路
N
台北森林步道
邱氏佛堂
內雙溪農園

●春天時開花的野鴨椿常見於步道旁。

在原先登山口對面即自然觀察步道入口。同樣鋪有枕木步道，可前往密林的溪澗。那兒棲息有更多的昆蟲，林子裡更不時傳來斯文豪氏赤蛙小鳥般的鳴叫。

如果往左邊走，遇到地面的八卦圖時，石階山路向左行。這條尚未鋪設石階的山路幽邈而寧靜，林相截然與枕木步道的不一樣，楊梅、油桐和紅楠是周遭的優勢族群。中途有一小溪，最後通往邱氏佛堂和內雙溪農園，全程約半小時。

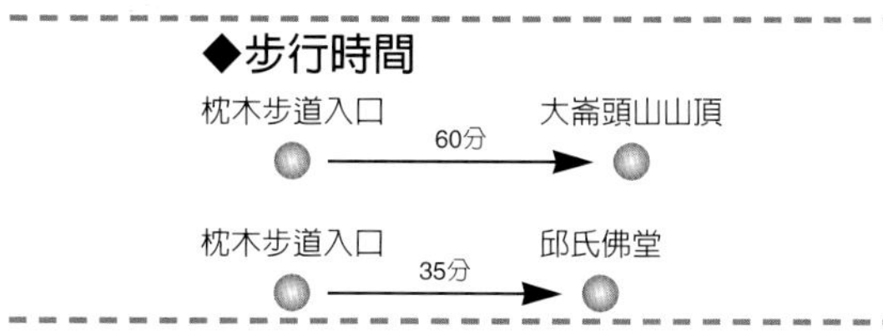

特殊景觀

◆枕木小徑

這是內雙溪農林體驗園區的第一條生態步道，林相成熟而豐富，多半以能承受東北季風的植物為主；同時，整條路段以枕木鋪成，盡量不干擾到原來的林相內容。步道兩旁也重新堆放腐植土養料，並栽植原生植物。其左邊還有第二條枕木步道，新近完成，稱之為自然森林公園步道。

行程

欲前往這條步道，可以搭乘小18號公車由至善路三段過碧溪橋下車走上山，也可在內湖區公所搭乘小2號公車，由金龍路轉碧山路，在碧山里終點站下車。之後，走大崙湖旁之步道上至山頂，亦可由枕木步道入口進入。開車更為方便，碧山產業道路和碧山路交會口有停車場。

餐飲

半途有多家土雞餐廳，但最好自備餐飲。

適合程度

國小以上孩童為宜，一路有解說牌。

福壽公園步道

（森林）

以前例假日時，爲了躲避擁擠的人潮，我喜歡從這兒翻過南港山到台北去。如果你也不想走傳統的登山路線上，和市民擠在象山和虎山的步道裡，建議你也不妨改變路線，從這處偏遠的南港區上山，保證會讓你有視野耳目一新的感受。

● 福壽公園步道單調而無特殊景觀，主要以潮溼的林相為主。

由於地理位置偏東北，遠離市區中心，這條由中華工專至福壽公園的石階步道，以及從麗山橋上山的步道，都是南港山系步道裡較爲冷門的路線。非例假日時，它無法和象山、虎山媲美，或者如同其他南港山系步道，經常有許多市民走訪。

從南港的方向，通常都由中華工專旁的步道入口上山。遇到一座高壓塔時，繼續向前。步道右邊爲栽植的榕樹和菜田，左邊是一處房舍和池塘。前方傳來四分溪支流小溪，潺潺溪流之聲，未幾步道緊貼著溪邊前進。

前方石橋下的溪邊，有壺穴的地理景觀。過了石橋，步道繼續沿著小溪前進。景觀有若虎山溪，但它渾然天成，林木蓊鬱而陰森，溪邊並未添增人工化的建築設備。代表性植物如水同木果實纍纍，筆筒樹高聳而挺立，姑婆芋也特別肥美。同一個山系，在西北面的象山和虎山都未有如此豐富的自然景觀。而小溪清澈，水量穩定，溪哥、石斑等溪魚悠游其間，更非人工化的虎山溪可比擬。

野牡丹是夏天低海拔森林裡最亮麗的花朵。

步道和小溪分離後，穿過隱密綠竹林，不久可抵達涼亭和土地公廟。繼續前行，右邊是石壁，左邊為森林。由於位處東南一隅，這片森林較未受到東北季風吹拂的影響，林相較象山和虎山茂密、潮溼。步道上隨時可看見蝴蝶和其他昆蟲的殘骸，更有不少蛙類和爬蟲的蹤影。這段步道和前段的小溪生態相互輝映，是整條步道的精華。

不久，抵達一處涼亭，叫歌友村。過此，林相就較接近南港山西北面的環境，開發的景觀逐漸多了起來。抵達大嶺靜園時，整個山區多半已經人工化，小屋、涼亭和石椅等設施到處皆有，私人菜園和園藝花圃四處可見。

這兒有三個方向的去路，繼續往前是福壽公園，甚至前往南港山系，往右邊可下至福德街口。

往福壽公園的山稜線上，可遠眺整個台北盆地東區的景觀。但山稜線上的自然環境並無特殊之處，公園本身也不過是一些簡單的涼亭之類的建築。

從福壽公園繼續前往南港山和姆指山，山路狀況良好，視野開闊，唯路途較遠，自然景觀重覆性大，比較適合登山者攀爬，並不適合一般自然步道的休閒旅行。

建議您，不妨由左邊的石階下山，抵達研究院路四段四分溪的麗山橋。此段路線距離比先前的短，但林相更加隱密。原先之路彷彿走在林子邊緣，這段路程彷彿走在森林之中。同時，路面寬闊而無石階，旁邊又有溪水交纏，林相和動物更為豐富。

麗山橋登山口附近有潮溼的沼澤和百年老住宅。

中途會遇見一間老屋和石椅。這間老屋和石椅顯示了這條山路年代久遠，可能是早年山谷地區住民翻山越嶺，前往福德街採購貨物的主要山路。麗山里往昔被當地人稱爲後山，便是這個緣由。如果沿老屋左邊的溪谷下行，下方的山谷溼地，還有好

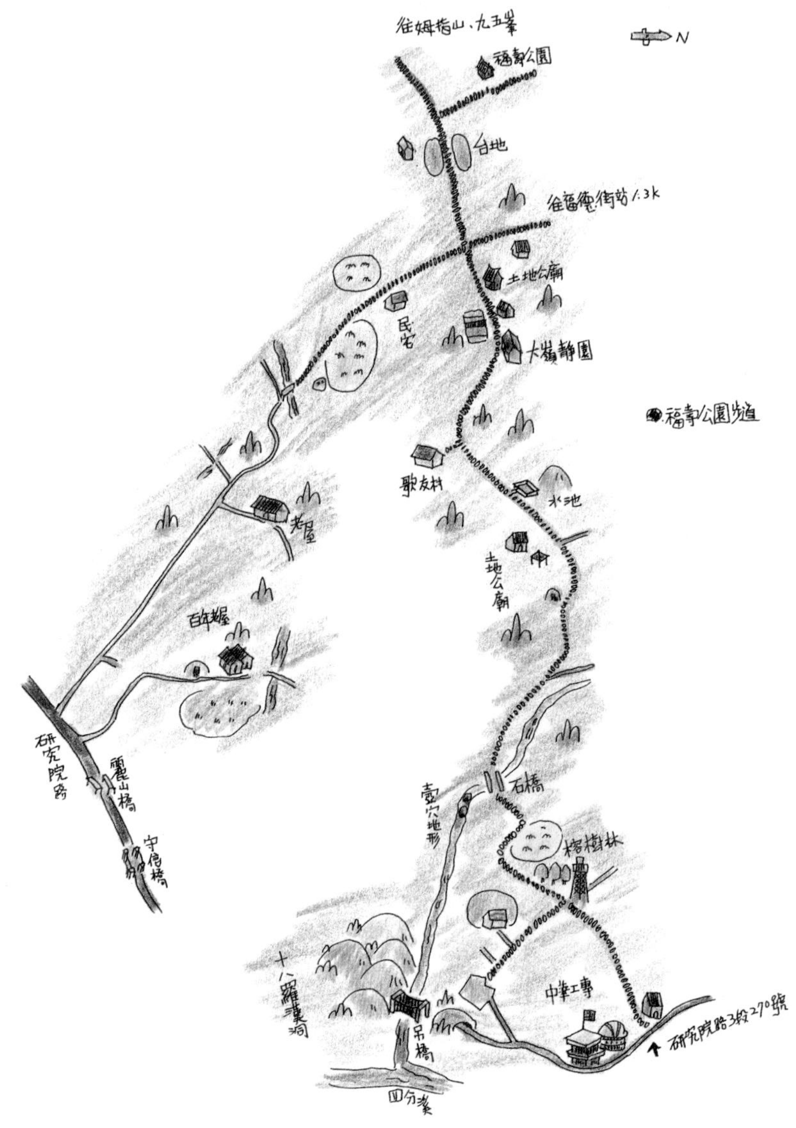

● 十八羅漢山是早年著名的風景區。

幾棟百年的舊屋和綺麗的田園，更有光緒年間的舊墓，顯示這兒百年前即有人定居置產。

如果繼續沿拓寬的山路，可直接走至麗山橋頭。出口有土地公廟和老榕樹，唯研究院路只有小型12號公車可往返，較爲不便。如欲走這條路線，不妨搭12號公車前來，由此上山，從中華工專下去，來回時程約兩至三小時。

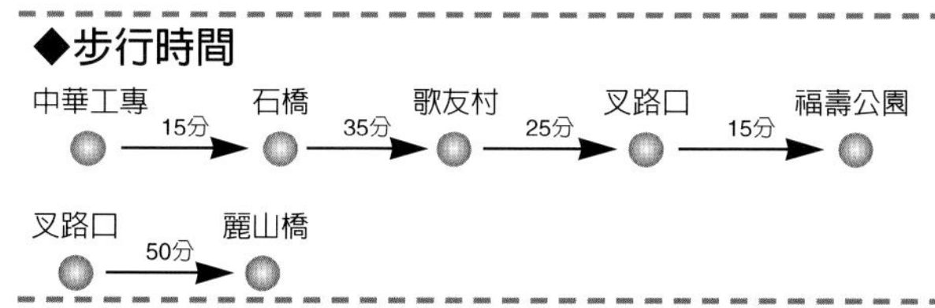

特殊景觀

◆十八羅漢洞

從研究院路三段遠望四分溪對岸的山巒，聳立著一大片如鬼斧神工所切割的大石塊，總共有十八塊。這些氣勢磅礡的大石塊彷彿是十八座坐相不同的十八羅漢。九個一組，分列左右兩旁，正中處有陰涼暗黝的洞穴，因而被鄉民命名爲「十八羅漢洞」。沿著大華工專旁的小徑，可看到大石塊面北的宏偉石壁奇景。

根據當地耆老之說法，十八羅漢洞的形成，是自然天候日積月累的侵蝕所致。早期的羅漢洞曾經有蝙蝠棲身，後來成爲遊樂區，蝙蝠不見蹤影。其中一座，洞前一座由鋼索與木板搭建的吊橋，可能是目前台北唯一保留最完整，又能使用的吊橋。目前，該洞爲佛門清修聖地，遊客無法進入，只有每個月十八日，才開放讓民眾進去燒香拜拜。

行程

搭乘205公車至中華工專站下車。步道有兩條入口，一在校園後的籃球場，一在研究院路三段270號旁邊小徑上去。或者，搭小型12號公車至麗山橋由土地公廟左邊山路上山，從中華工專下山。開車前往更方便。

餐飲

山上無餐飲，最好自備。

適合程度

青少年以上爲宜。

望高寮古道

（歷史、森林、老屋）

這條山路目前被當地人和登山者稱爲更寮古道。它是過去南港地區人士前往深坑的主要道路，亦是通往石碇、坪林的重要路線之一，只是在文獻上甚少提及。後來，經過地方文史工作者吳智慶等人的訪查才重新恢復原貌。

從登山口起一路並不寬敞，中途有公路截斷，抵達公路時有兩條路。可以走公路繞至終點，亦可走石階至石頭厝的黃宅。此處住宅種植有許多桂花。由此山路繼續往上至潘厝，那兒目前有九重宮廟寺，廟前公路可前往南深路。潘厝古宅有槍眼，證明當時爲防禦土匪的措施建築，附近亦有廢棄的石角厝。

從潘厝往上就無石階路，一路先穿過果園和市民農園。緊接著是大片筆筒樹林。翻過筆筒樹林後，上抵稜線，右邊有叉路前往高壓塔。高壓塔往下走，經過一處茶園，即可走至大坪村，通往深坑；也可搭公車回到舊庄公車總站處。

左邊沿稜線也有平坦的山路通往大坪山(389m)，亦有人稱此爲土庫岳。山稜線以紅楠爲多，草叢則以雙扇蕨和芒萁爲主，並無較特殊之植物相。中途則有廢棄的茶園，

●舊宅上防範盜匪的槍孔。

●中途有一座廢棄的土角厝，顯示著古道的存在。

●土角厝內一景。

● 半途的筆筒樹森林。

● 土庫岳山頂有一座新近搭蓋的望高寮。

證明此地以前是茶園的重要地點。半途還會遇見二處叉路。第一處往回走，可回到市民農園；第二處叉路往右走，可通往大坪村。只要按著登山步條，就不容易迷路，大約一個半小時可上抵山頂。

目前，大坪山上有一座晚近重新搭蓋的望高寮。這裡視野良好，天氣晴朗時，可以鳥瞰整個台北盆地，同時亦能遠望附近的山區。此地雖非最高之處，卻是一覽無遺的好所在。此外，它有基點兩顆，一爲一等三角點（一等三角點無編號），一爲三等三角點，編號爲1134。這是該山獨有的特點。

除了更寮古道外，238號還有一條栳寮古道，可以通往製茶所。中途會遇見有應公廟和古墓，從那兒也有山路可通往大坪山。

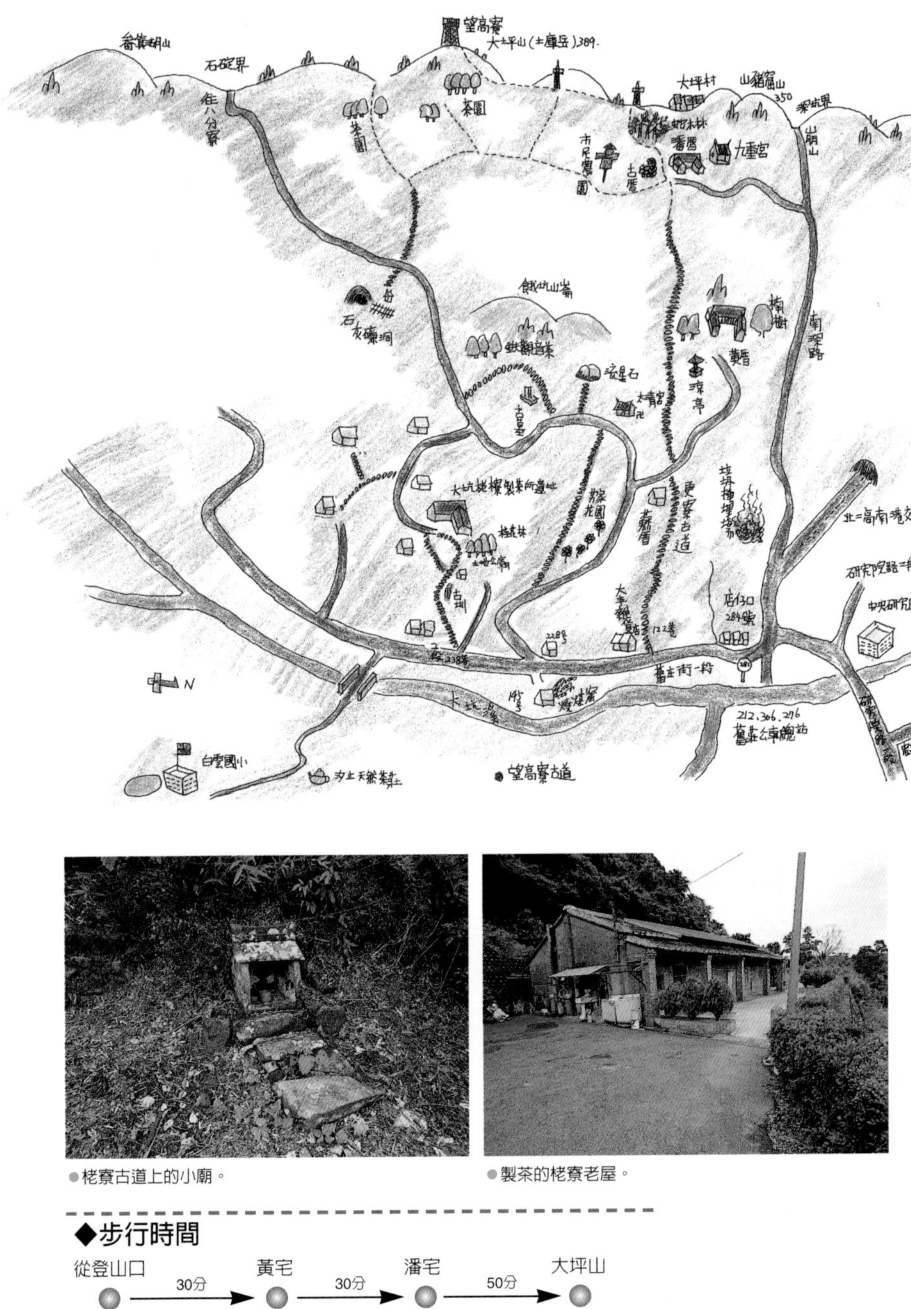

●栳寮古道上的小廟。

●製茶的栳寮老屋。

◆步行時間

從登山口 —30分→ 黃宅 —30分→ 潘宅 —50分→ 大坪山

特殊景觀

◆栳寮小徑

舊庄街二段238巷右側旁就有當年前往石碇、深坑等茶園的小徑。

目前，由於有公路取代，這條小徑荒廢好一陣，後來又重新鋪上柏油，看不出當年之舊跡。

但是，拾級而上，在竹林附近，隨即就看到右邊的路旁有人工堆砌的舊石牆，以及乾枯而傾圮的舊水圳，還有簡便小石橋的遺址。小徑左邊是潮溼的密林，偶有開發的林地，或者是潮溼的小溪溝。

半途有一處小土地公廟，不過三十公分高。該廟用簡單的石板蓋成，似乎是早年採茶者祭拜的古樸廟寺。左邊爲歷代鄭氏墓地，可能是附近一處茶農家族的墓園。

再往前走，小徑旁都是堆砌的石牆，石牆裡栽植著高大的桂花。夏天時，附近山谷爲野薑花花香所瀰漫；秋濃時節，石牆裡便飄逸著桂花香，散滿整個山谷。這是一條適合夏、秋天時都來走逛的小徑。

過了桂花林，路分兩條。一條往上可抵達「大坑栳寮製茶所遺址」。這是附近唯一製茶的所在。主人姓魏，房子依舊是紅磚老屋，唯現今已經不再製茶了。

過了老屋就是通往232巷的公路。往回走，沿著另外一條小徑，會經過魏家歷代祖先之墓地。

◆望高寮

更寮，也有人叫望高寮。這是古時候的人爲了預防盜匪、敵人的攻擊，設立的高塔。有時，火災時也用更寮來連絡、示警。它的功能就好像我們在中國史書上看到的烽火台。

這種高塔多半是用竹子或者木頭建立，最高的可達五層樓高呢！

在更寮上備用的傳遞工具，有火把可以照明，或者是銅鑼、木筒和竹筒等可以敲擊、傳遞聲音的器具。

在台灣，以前設立的高塔多半位於山的稜線，或者是一個山頂視野良好，可以望遠的位置。有時連續好幾個山頭都設立，形成烽火台似的功能。

由於更寮是很重要的地標，所以過去有許多地名就以此爲地名，就直接叫做更寮；譬如台中大肚山就有一個地方叫望高寮；而更多是一個地點在更寮之下，叫更寮腳。

現在，台北南港最高的大坪山上還開闢了一條看守更寮的古道，上面重建以前的望高寮，供給登山客前往，參觀當時的情形。這條古道是根據當地人的回憶而闢建的，原來以前附近的最高點有一座更寮，平時用做瞭望山區有無土匪出沒，而更寮下的石頭厝民宅就是看守的人。

行程

搭乘公車212、306、276抵達終點舊莊公車總站即可，從這兒走到舊莊街一段122巷大豐雜貨店，從這兒巷子入口有指示牌，一路拾級而上。

餐飲

當地無餐飲，宜自備。

適合程度

國小以上孩童爲宜。

舊庄茶山

（桂花、茶園、梯田、茶屋聚落）

高大的桂花林、完整的土角厝村落，還有美麗的梯田，構成一幅遠離城市的世外桃源。這樣的自然景觀就座落在台北市最偏遠東邊的舊庄茶山。可惜由於交通偏遠，一般市民都很陌生，不清楚這兒蘊藏如此豐富的特色。

從舊庄路二段進去以後，沿著大坑溪，一路上都是次生林的山坡地以及茶園的蹤跡。這裡是台北市最東邊的區域，附近由於山勢的形狀，過去叫做畚箕湖；現在爲了吸引更多遊客前往，改爲南港觀光茶園。

抵達余順茶莊後下車，如果由二段316巷的小土坡上去，可直接抵達茶農余仁貴的住宅。這裡是茶山碩果僅存的石塊和土堉砌成的三合院聚落，約十餘棟集聚一塊。老屋斑駁，青苔生石，屋角更是草深而陰溼，一看即知荒涼久遠，有著上百年歷史，更可見這兒種茶、採茶的年代。

● 舊庄茶山有一座完整的茶莊聚落。

這些古厝更像野外現成的博物館，屋內仍保留有各式各樣石器打造的工具，炒茶用的石臼、洗衣石槽等，爲這兒的茶史留下難得的見證。

老屋前還有一株高聳雲天的老樟樹，約有二人抱，寄生了各種蕨類和青苔。此外，旁邊還有幾株老榕相伴，由於離舊庄路有一段距離，過路人不易發現。遠遠望去，老樹林下，這個舊聚落彷彿仍生活在百年前的時光歲月，繼續著過去雞犬相聞的寧靜生活。

目前，這個舊聚落最裡面幾間，尚有人定居。有一些石厝老屋也重新以鐵皮整修，破壞了老宅的舊有景觀。

舊聚落後面有山路，順著左邊的路，慢慢進入一條桂花小徑。一般的桂花都不過人，這兒卻長至四、五公尺，十分壯觀，還形成一片難得一見的樹林景觀。

穿過桂花林後，視野豁然開朗，橫陳眼前的是茶園和水稻梯田的美麗景觀。梯田上飛舞著許多不同顏色的蜻蜓和蝴蝶，整個山谷充滿大自然的活力。

老屋聚落、桂花林、老樹

●茶村一景。

●桂花是香花植物。

等組合而成的特殊景觀，更讓這個山腰上小而美的村落，具體而微地展現了南港觀光茶園的特色。

●在梯田和溪澗旁常可看見的紫紅蜻蜓。

越過茶園和梯田後，隨即有登山的石階步道，順步道而上，可抵達稜線。稜線另一面依舊是茶園，和香楠、江某爲主的自然殘留林。稜線左邊有山路，可依登山步道走至茶山頂。一路自然景觀大致相似，多半是茶園和自然殘留林，間有金針花種植。如果由步道往下走，可回到舊庄路二段的茶莊。

●高大的桂花林是舊庄茶山的主要特殊景色。

◆步行時間

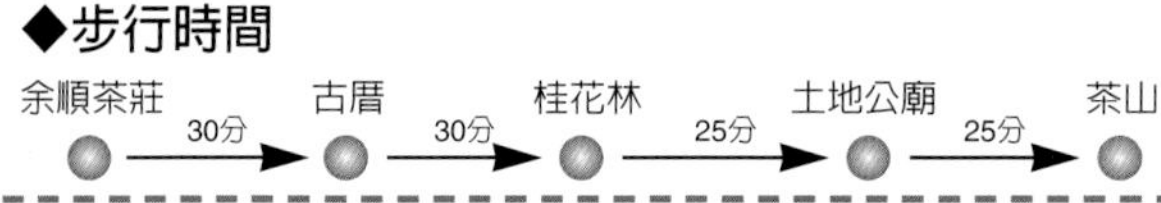

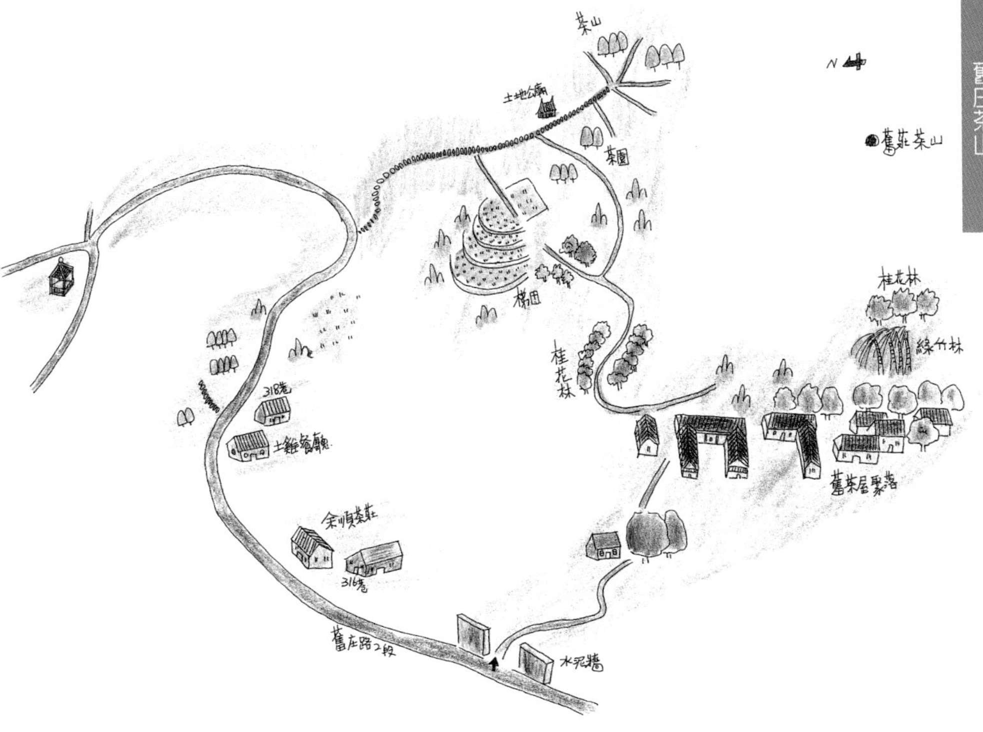

特殊景觀

◆桂花林

北市南港區舊庄里除了是包種茶的發源地外，日治時期也是桂花的主要產地。舊庄路二段三百多號附近的山區，為一個盆地地形，舊名叫畚箕湖。約八十多年前，這裡到處就種植桂花，提供迪化街、艋舺的茶商做為花茶的原料。這個因茶業而興起的香花栽培業，主要栽植的樹種還包括茉莉、樹蘭和黃枝、秀英等。桂花根據花色和花朵大小、花期的不同，一般分為八大品種。南港茶山種植的以四季桂和丹桂為主，每年八、九月開花。當年茶山除採茶外，也採收桂花，可惜，因製茶愈來愈講求天然的花香，加上包種茶的發明取代燻花，南港的桂花林遂逐漸沒落。

行程

由211公車總站搭小型公車5路到余順茶莊，班次不多，去前要先詢問妥當。入口處為舊庄路二段316巷、318巷，前後皆有小山路可抵達，開車前往更方便。（公車路線查詢電話：23212000）

餐飲

舊庄街上有土雞餐廳，可自備餐飲。

適合程度

國小以上為宜。

The North Taiwan

木柵深坑線

- 富陽森林公園
- 仙跡岩
- 景美溪河隄步道
- 蝴蝶公園和北坡步道
- 茶葉古道
- 小坑、指南宮步道
- 銀河洞步道
- 樟山寺步道
- 茶展中心步道
- 二格山
- 猴山岳
- 深坑老街
- 石碇老街

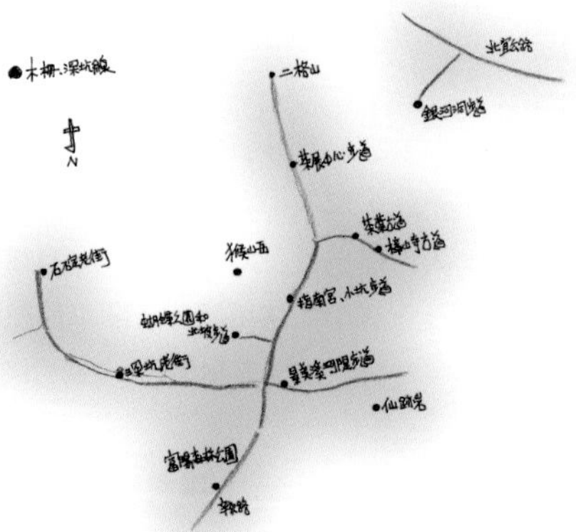

富陽森林公園

（森林）

第一次看到富陽街底的森林公園，是從福州山下山時遇見的。那一天，我正在尋找一條早年從六張犁前往抱子腳坑的山路。結果，翻過北二高的隧道後，意外地發現這座隱密而原始的森林矗立在前，被周遭密密麻麻的公墓所包圍。

●福州山林園擁有綿長的枕木步道。

初時，我著實不敢相信，在熱鬧的台北大都會旁，竟然還存在著這樣一座充滿原始氣息的森林。後來才知，原來它是一座陸軍的火藥庫營區，蓋在這座隱密的森林。十幾年前才搬遷離去，留下來的。

由於當時保護良好，原始的林木皆未砍伐，迄今仍保有台北周遭盆地山區最原始的林相，尤其是福州山部份面北的森林，幾乎未曾遭

●福州山山腳下有一座隱密的原始森林。

● 福州山步道複雜而多樣。

砍伐。如果從自然演進的觀點，從這兒似乎可以揣測早年台北山坡地的森林原樣。

目前，一般遊客都從富陽街進入。這裡有兩條梯口進入林子。一上樓梯，就進入次生林的林子裡，路邊下方就是彈藥庫盆地遺留的第一塊凹地。次生林裡長著常見的血桐、野桐、白匏子和構樹等向陽性樹種，也有高大的相思樹和烏桕。進入第二塊凹地，這兒有台北最大的一棵烏桕樹枯木。至於山坡的隱密森林裡，還可以看到香楠、紅楠和江某等較爲隱密的樹種。林子裡最大的一棵是島榕，還有大樹橫陳。由於少人走動，並未人工化，這裡的昆蟲和鳥類相當豐富，經常有自然團體在此舉辦活動。凹地總共有四塊，經過小溪溝抵達第三塊，最爲空曠。小徑密佈在周遭，相當適合自然觀察。第三塊還有小徑可以通往北面的山坡，那兒的林相下層以九節木爲主，上層則以香楠爲冠。

在第四塊空地後頭，有一條山路可通往福州山

● 這棵大葉雀榕是福州山林園興建時唯一僅存的老樹。

鹿寮光新村站
臥龍街
富陽街
臥龍街
興隆超市
大葉雀榕
自來水事業處
福州山林園
辛亥路
停車場
溪溝
觀景台
廢軍營
北二高交流道
第二殯儀館
芳蘭山
福州山 102
高壓塔
辛亥隧道
南方庭園
N
莊敬隧道
軍功路
富陽森林公園

● 富陽森林公園的自然步道非常原始。

林園。此處林園，鋪設有數條枕木步道，視野景觀佳，而且有高地可以望遠，相當適合登山健行。同時，有些本地樹種諸如烏心石、馬醉木都是特別栽種。從這裡也有多條步道走下臥龍街和辛亥路。林園半山腰有一棵大葉雀榕，是這兒的重要指標樹種。

從福州山林園還可以繼續往上爬至福州山最高點的位置，從那兒鳥瞰更加遼闊，可遠眺整個台北市。往昔這裡是舊台北市最邊遠的疆界，從這兒再往東南就是荒涼的山區，如今這兒成爲新中心的一部份。

從山頂不妨走另一條山路，由南方庭園至辛亥國小，至辛亥站搭乘捷運。這條山路的景觀和先前就明顯不一樣，主要以相思樹爲主，白匏子爲輔，林下芒萁和栗蕨很豐富。

● 小彎嘴常出現於低海拔森林。

◆步行時間

富陽森林公園 —15分→ 福州山登山口 —20分→ 福州山山頂 —10分→ 興隆市場入口

行程

從木柵捷運麟光新村下，走往富陽街的富陽森林公園，最爲方便。也可搭乘其他公車，或由興隆路的方向上來，當地公車有209、611、237、294等。

適宜對象

全家大小皆宜。

餐飲

附近有餐飲，但宜自備。

仙跡岩

（森林、廟寺、古蹟）

●仙跡岩是台北盆地南邊重要的獨立山頭。

●這兒是台北市最早建立解說牌的自然環境。

百年前的英國旅行家柯伯希經過景美溪時，特別提到這處美麗的小山，可見當年它已經是個重要的旅遊風景區。

仙跡岩位於景美地區，亦稱爲景美山；又因地處景美溪匯入新店溪口附近，當地人稱之爲溪子口山。海拔雖只高144公尺，但周遭無山頭，只有西邊有公館的內埔山對峙，視野景觀良好。

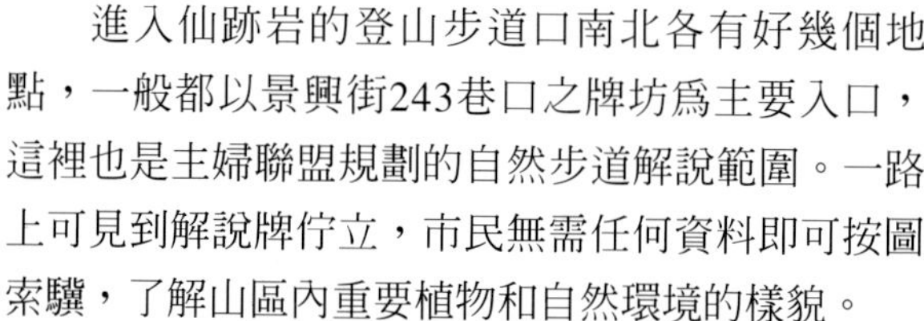

進入仙跡岩的登山步道口南北各有好幾個地點，一般都以景興街243巷口之牌坊爲主要入口，這裡也是主婦聯盟規劃的自然步道解說範圍。一路上可見到解說牌佇立，市民無需任何資料即可按圖索驥，了解山區內重要植物和自然環境的樣貌。

由牌樓拾級而上，起初是筆直的長壽梯，隨即

● 蕨類解說牌。

可看到解說牌，告知自然步道範圍，經過轉折是一百階的登仙坡，之後就是濃蔭的綠色步道。

仙跡岩的另一個特色是寺廟特別多。

抵達第一座紫範宮時，周遭的主要景觀是生長於陡急邊坡和林蔭的蕨類，接著是鬚根的榕樹世界。

● 從仙跡岩可以鳥瞰新店溪、蟾蜍山和公館的大環境。

在一個大轉彎處，解說牌上告訴我們眼前大葉雀榕和島榕的差別。沿著石階路繼續前行，出現連續兩座解說牌，都是講解蕨類植物。在這裡，光只是一處石壁上，至少就有六、七種蕨類，整座山則有高達四十四種的蕨類，可供市民了解這類古老植物的生長方式。

站在視野此處最開闊的仙巖廟，可以遠眺台北盆地，以及內埔山（亦稱之爲蟾蜍山），感受相思林的景觀，還有墓園對山坡地的影響。

繼續往前行，是常見的山櫻花。山櫻花冬季先開花，春天再長出嫩葉和果實。冬春之交經常吸引鳥類和昆蟲的到來。最後，抵達規劃中自然步道的最左邊，那兒有解說牌，分辨筆筒樹和台灣桫欏的差異。如果有興趣的人可以繼續往前健行。

如果想要從事一趟知性之旅，不妨折回，沿解說牌的指示，沿山稜線至最高點。這裡是一個二等三角點，附近也有解說牌解說仙跡岩的地質，以及山坡地濫墾的嚴重性。

接著，由北向南，沿著山脊主要是低海拔的天然林，像勇於在山稜線生長的青剛櫟、紅葉景觀的楓香、葉子搓揉如電線走火味的香楠，紅葉鋸齒的杜英等，都努力地打破相思樹林的壟斷，形成次生林的豐富環境。

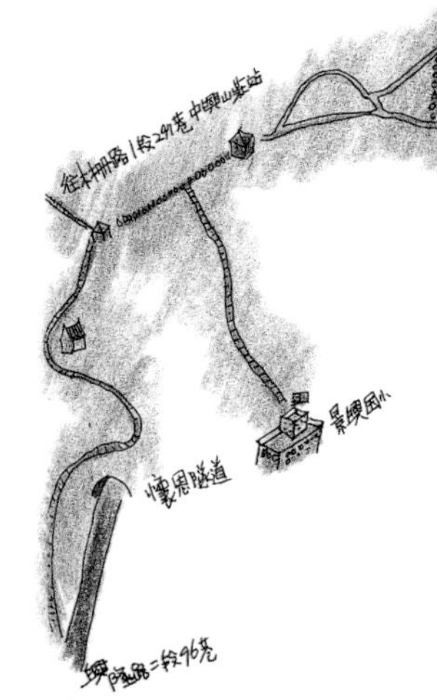

不過，附近也有不少菜畦和開墾的私地，以及外來種植物如溼地松、非洲鳳仙花等，勢必會造成未來環境的隱憂。

稜線中途，還有一塊巨岩，留有傳說中仙人的大足跡，這是仙跡岩名稱之由來。經過高壓鐵塔後，再往前行不遠，右轉下彎，是一條筆筒樹小徑，旋即繞回原來的步道。繞行一圈，大約須一個半小時。

●纏勒植物解說牌。

山路上的鳥相，種類一如其他低海拔森林，常見的約有二、三十種。春天以後，昆蟲相頗爲豐富，扁鍬形蟲、象鼻蟲、星天牛等都是這兒相當常見的昆蟲。斯文豪攀蜥、麗紋石龍子等也是常見的爬蟲。

●仙跡岩步道一景。

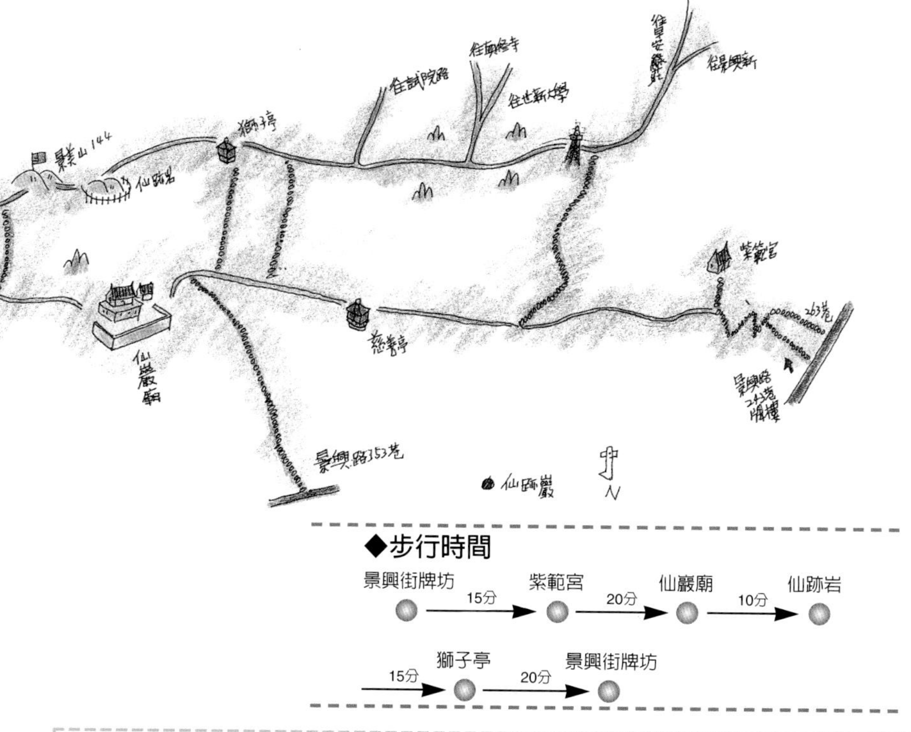

◆步行時間

景興街牌坊 →15分→ 紫範宮 →20分→ 仙巖廟 →10分→ 仙跡岩 →15分→ 獅子亭 →20分→ 景興街牌坊

特殊景觀

◆相思樹樹林

台灣早年常民社會主要以相思樹爲木炭，因而大量造林，如今瓦斯、電力大量取代，相思樹林荒疏，其他樹種逐漸取代，遂成爲天然林。儘管林冠上層依舊爲相思樹，但下層則密生著杜英、香楠、江某等陰性樹種，或白匏子、野桐、山黃麻等陽性樹種。同時，相思林山區素來人爲開發嚴重，違建和公寓社區並立，觀賞花木和菜畦共生處處可見。自然景觀裡，有著人類強力介入的符號。今日之仙跡岩即爲此類相思林山區的典型。

行程

進入仙跡岩的登山步道口南北各有好幾個地點。懷恩隧道口前方兩頭，木柵路二段和辛亥路口交會之青村，以及景華街、景興街皆有登山入口。

搭乘前往之公車非常多，光是景興路即有10、30、74、209、251、253、278、284、290、505等公車可抵達。

懷恩隧道方向也有294，或搭乘捷運至萬芳醫院站步行前往。

餐飲

山上無餐飲，最好自備。

適合程度

全家大小皆宜，一路都設有解說牌。

景美溪河隄步道

（溪流）

●景美溪河隄擁有優美的彎曲河道。

如果沒興趣爬山，只想就近找個開闊的地點散步，這裡或許可以考慮。從寶橋路和木新路的寶橋交會口，至木柵路萬壽橋，這是沿景美溪河隄的主要人行道，也是欣賞溪流自然景觀的主要路線。基本上，我把它當成健行的主要路線，歷史人文和自然觀察擺在次要的位置。儘管它曾是一條重要的歷史河流，但是過去的歷史遺跡幾乎難以在這段河域看到。

●溪岸多菜田和綠竹林環境。

如果從遠東電子公司對岸，寶橋的隄岸開始旅行，首先可由橋下隄防內的步道前行。附近溪邊到處是常見的野花野草，以及昆蟲，爬蟲和蛙類也不少。

河隄溪邊的視野始終開闊，更是賞鳥的好地點。溪邊常有磯鷸、小白鷺等駐足河畔的卵石灘。河隄內的草地則有褐頭鷦鶯、烏秋、洋燕、八哥、紅尾伯勞等鳥種；天氣晴朗時，遠方的山麓甚且有大冠鷲、烏鴉等鳥類飛臨溪邊。

抵達第二座橋時，溪邊的泥土路中斷，必須上到河隄，繼續前行。經過209公車總站後河隄更爲寬廣，溪邊開始不斷地有菜畦出現。接近力行國小的大河灣處，黃色沙嘴浮露，兩岸盡是綠竹林，景觀宜人。

恆光橋在民國五十六時仍是舊木橋。景美溪有水梘橋跨過。過了恆光街的恆光橋後，菜畦開墾更爲壯觀。菜畦的景色結束後，景美溪在此中分爲二，左邊小溪通往石坡坑和指南宮，上溯到貓空山區。沿右邊的景美溪可至深坑、石碇。堤岸至政大附近河岸出現許多運動休閒公園，例假日時相當適合市民前往休閒。

景美溪是過去台北內陸河運的重要溪流，往昔木柵、深坑地區的重要產業，諸如染布、煤礦、茶葉等，皆可由船隻溯溪，送至新店溪，再至艋舺。但是，景美溪溪灘水淺，當時行走的船隻多爲平底，甚且可扛抬。一路上溪邊的卵石灘，以及沙洲正好告知了當年船運之辛苦。

沿著溪畔，我們也依稀可看到一些舊紅磚老屋，零星散落在公寓大樓間。基本上，這是一條適合從事單車、慢跑和散步等活動的隄岸。

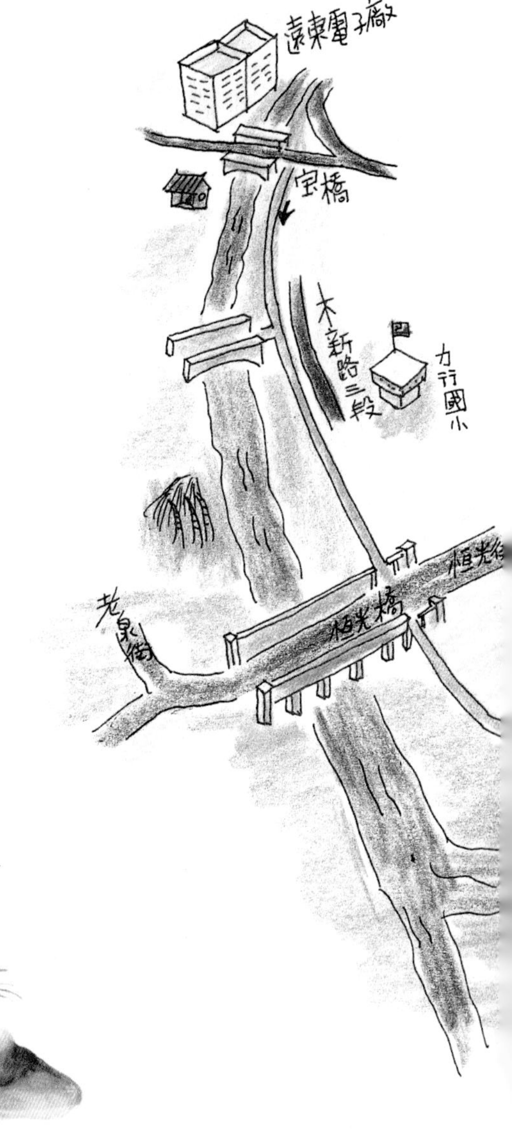

白鶺鴒常見於開闊地形。

◆**步行時間**

寶橋 —15分→ 恆光橋 —20分→ 萬壽橋

■特殊景觀

◆景美溪歷史

早年的景美溪因有瑠公圳的橫越，和新店萬華線火車的經過，成為相當重要的溪流。景美溪深入山區，本身也是淡水河系重要的運輸河段，以前的小船可上溯到楓仔林。主要船隻可運送煤、茶和染料等物質，是深坑和石碇地區住民對外往來的重要路線。

行程

可搭車236、237、294等至萬壽橋頭下車，沿隄岸旅行。也可搭50、251、258、295、209等公車在景美女中下車，由寶橋健行。

適合程度

全家大小皆宜。

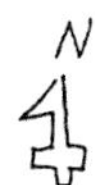

景美溪河隄

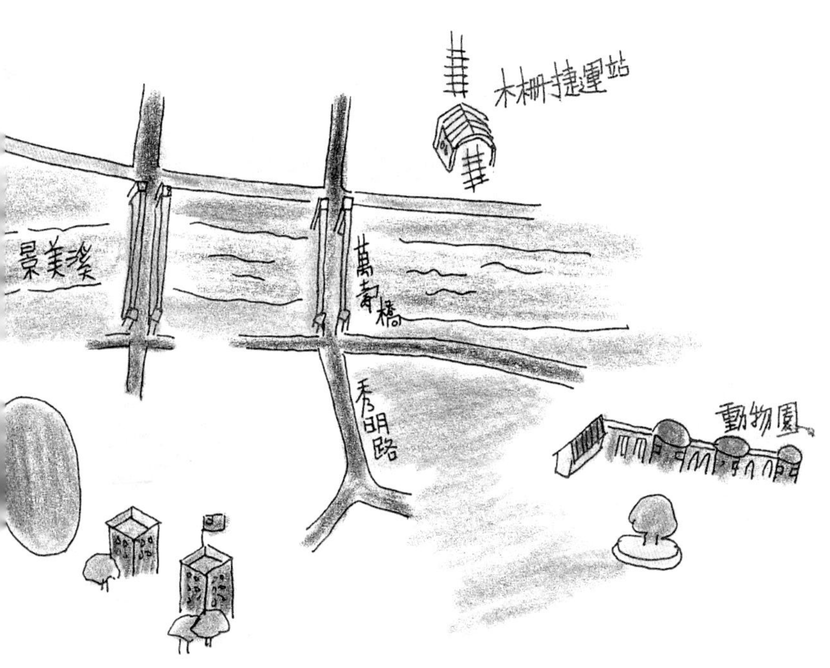

蝴蝶公園和北坡步道

（昆蟲、森林、鳥類）

開放型的木柵動物園，是個相當好的自然教學場所。不論是非洲區、熱帶雨林區、夜行館或者沙漠區等環境，都有它特殊的意義。在這裡我們好像來到一個小小地球的自然世界，看到了各種動物。帶孩子前往，自己也在那兒獲得很多學習的機會。當然動物園是否應該設立，如何修建才能尊重動物等保育問題，也是我們帶孩子去時，可以思考的問題。

● 到動物園，一定要在入口處取得園區導覽圖摺頁。

在此，我不介紹各個園區的特色了，相信那兒的解說會更加完善。每次到動物園教學，我通常會建議，家長如果不是要去看無尾熊之類奇特的動物，有時不妨來一次本土知性之旅。

第一站，不妨朝台灣本土植物區和本土動物園區的方向前去。先走入植物區體驗一個我們較爲熟悉的森林環境。接著來到本土動物區，認識台灣本地動物。一些台灣山區難得一見的哺乳類，這裡都能輕易看到，如果事前多準備一些資料，甚至可以自己講解給孩子聽。

最後穿過蝴蝶館，抵達蝴蝶公園。蝴蝶公園的入口在蝴蝶館後面。整個步道的環境是一個小山谷的地形，中間有一條小溪潺潺流過，在入口的花圃處，形成一處小水潭。

● 蝴蝶公園入口。

從右邊石階步道的入口處進去。以前，那兒掛有一個解說牌，希望遊客保持距離，小心蜜蜂叮咬。原來那兒有一群蜜蜂，在石階的隙縫裡築巢，路過的人不妨在入口仔細觀察。天氣晴朗的時日，可以看到虎頭蜂捕捉蜜蜂的精彩鏡頭，或者是工蜂和雄蜂在洞口進出的熱絡情景。如果未發現，一路上還是不妨多注意。

沿著步道，最先映入眼簾的是鐵刀木、九芎、筆筒樹和姑婆芋的林徑；接著是含笑和桂花的樹籬，旁邊則有小溪相伴。由於環境保護良好，這是一

● 蝴蝶公園步道一景。

個昆蟲相當豐富的世界。不同的季節裡，步道上隨時都可發現有趣的昆蟲出現，諸如蝴蝶和蛾的幼蟲、蛹，以及象鼻蟲、叩頭蟲、瓢蟲等，但最吸引人的莫過於翻飛於花叢間的各類蝴蝶，以及溪邊梭巡的各種顏色蜻蜓。

經過第二道木板橋後，有一處腐果區，動物園的工作人員，經常定時在那兒堆放腐爛的鳳梨，吸引各種昆蟲的到來。隨著一天不同的時段，就會有不同的昆蟲在腐果區棲息。諸如扁鍬形蟲、白條斑蔭蝶、花潛金龜、赤腹松鼠都是這兒固定的常客。

經過第三道橋後是野薑花林。夏秋天時，經常盛開白花，吸引白波紋小灰蝶前往產卵。遊客不時可在肥厚的葉片上找到蟲卵、幼蟲和糞便遺跡。

過了野薑花林，步道上有叉路。往右邊，過了拱橋，有故意堆放的腐木堆，經常冒出各類菌菇，也不時有蜥蜴爬行。

山谷盡頭爲一草澤的溼地環境，最裡面有一處蝴蝶食草和蜜源植物的栽植園區，一般遊客不得進入。附近的植物上，隨時都能發現斑蝶、鳳蝶的幼蟲和蛹。步道旁還有三、四間涼亭、飲水台和廁所，供民眾休息。

●野薑花是公園內的重要植栽。

草澤的池塘種植有睡蓮和各種水生植物，各類蜻蜓經常梭巡其間，也常有不同蛙類棲息，諸如拉都希氏赤蛙、貢德氏赤蛙、褐樹蛙和盤谷蟾蜍等都可記錄。

●蝴蝶公園裡面多栽種昆蟲喜愛採蜜的花朵和食草。

從步道出來時，建議你不妨走另外的山腰路線。路程雖短，但卻可觀察次生林的景觀和植物相。在動物園園區內，欣賞各地的珍禽異獸時，如果想進行親子教學或休閒散步，這是最爲陰涼的步道路線，而且路程輕鬆而短，大約一個小時即可走完。

第二站的自然步道較少人前往，卻是相當好的台灣低海拔丘陵觀察區，我稱之爲北坡步道。它位於動物園北側，東鄰可愛動物區，西鄰保育區。這條步道高度約有一百公尺，卻擁有許多中低海拔的植物，由於環境多樣，光是常見的蕨類就有39種，鳥類也有38種，而蝴蝶資源最爲可觀，竟高達150種。

這條觀察區有三個入口，分別位於環園作業道路上，各鄰近停車場、沙漠區和非洲區。三條路線的植物景致不盡然相同。停車場附近的路線最具侏羅紀時代味道。當地氣候潮溼，蕨類豐富，筆筒樹、台灣桫欏等大型樹蕨沿步道林立。巨大的葉片向上伸長，陽光不易滲進。整條步道充滿原始風味。

● 木柵動物園本身即是豐富的自然教學園地。

● 開放性的木柵動物園。

通常都是從那兒拾級而上，這片以前地主殘留下來的綠竹木，每到了出筍期，常有遊客來挖取。再往上走，可以製作簑衣的山棕、隨風搖擺的芒草、葉片像鵝掌的江某，還有開淡紫花的鴨腳木等等常見的民俗植物都在步道生長著。蝴蝶和林鳥則不時穿梭於附近的林叢和灌木間，這裡彷彿是自然形成的動物園。黃昏時，這裡最適合賞鳥，幾乎低海拔常見的鳥類如紅嘴黑鵯、樹鵲和小彎嘴等都相當容易記錄，或者聽到聲音。前來這裡，不妨攜帶植物圖鑑、賞蝶圖鑑，以及賞鳥圖鑑。這裡相當適合自然觀察進階。

若慢慢地觀察，從停車場入口到沙漠區，或者到非洲區，大約走半個多小時，大家好像從亞熱帶森林一瞬間來到了熱帶和莽原，經驗相當特殊。

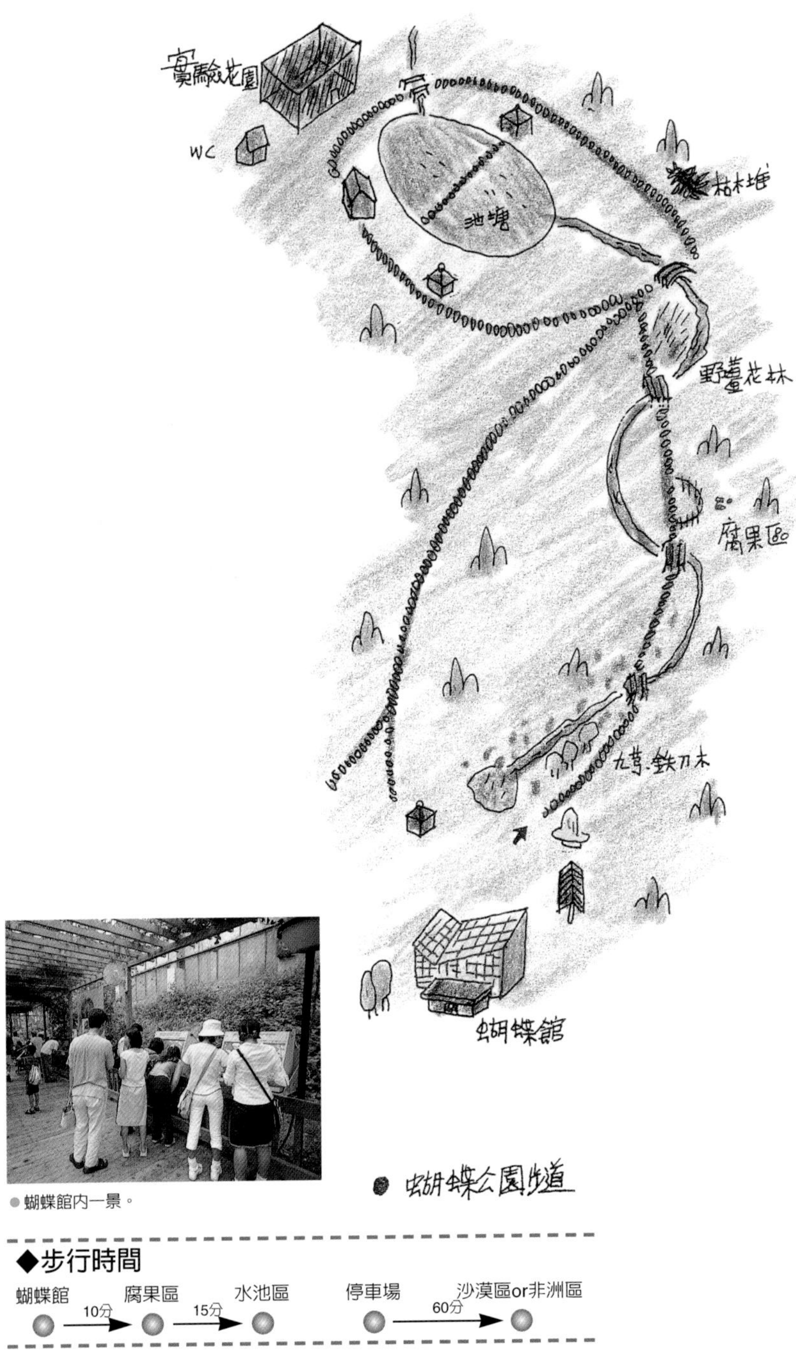

蝴蝶館內一景。

◆步行時間

蝴蝶館 —10分→ 腐果區 —15分→ 水池區

停車場 —60分→ 沙漠區or非洲區

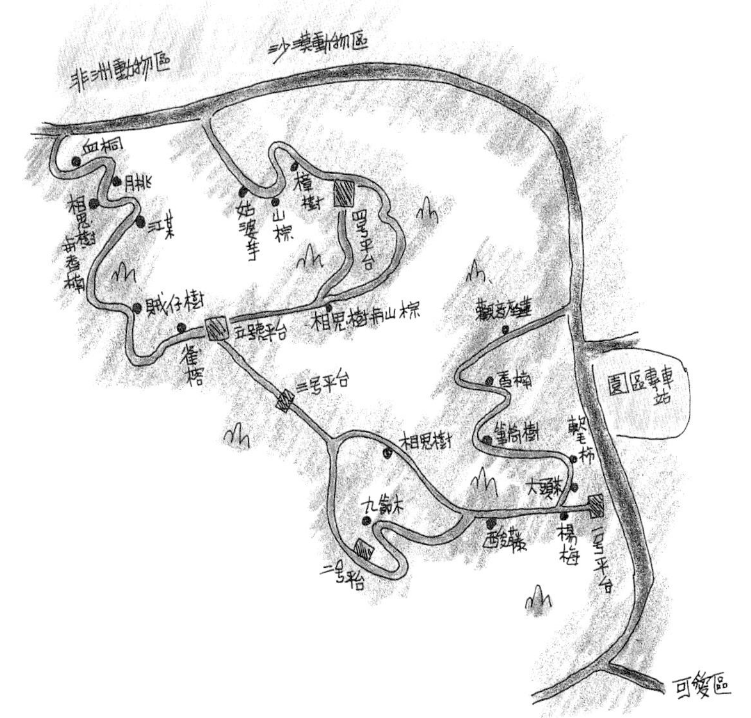

特殊景觀

◆蝴蝶步道

蝴蝶公園是一個特別精心設計而成的自然步道環境，它和周遭原本的山谷自然環境有著很大的差異。裡面除了原來的次生林植物外，還定期種植各種外來種的蜜源植物和食草，諸如馬纓丹、馬兜鈴和鐵刀木等，藉以吸引不同種類的蝴蝶到來，尤其是鳳蝶之類的蝴蝶，這兒的數量和密度都比其他山谷的內容豐富。相對的，其他昆蟲、蛙類和爬蟲等動物也大為增加。再加上有一條天然溪溝流經其間，更讓它的自然資源愈加豐富。

行程

木柵捷運線動物園站下車，或搭236、237、258、282、294、295、611等公車，指南1、2、3、6路也可抵達。

適合程度

全家大小皆宜，更適合國小和幼教教學。

茶葉古道

（古道、茶園、古蹟、昆蟲）

在木柵數十條和茶葉相關的山路裡，最完整的應該是這一條了。從指南宮右側的步道走下來，不到一刻鐘就抵達指南國小。茶葉古道位於指南國小旁邊的石階小徑，沿著指南路三段走至38巷附近，還未抵達石坡坑小橋之前，就會看到。入口處豎立著鮮明的解說牌，標示著相關的地理位置圖和一首相關的詩。

茶葉古道位於指南國小旁。

山明水秀石坡坑
梯山種田聽歌聲
山中農户衣食足
栽竹種茶又植橘
樟湖明月無古今
人事滄桑舊變新

這首詩的內容，清楚描述了早期木柵地區，和茶道周遭有關的事物。詩中的栽竹、種茶與種田，都是目前沿著茶道健行時，可以現場解讀的重要訊息。

除了起頭的石階豎立了解說牌，詳細地標示出茶道和茶園的情形，中途也逐一有鋁製的解說牌設立，引導經過的登山人，觀賞旁邊的茶園景觀。這些鋁製的解說牌，嵌入不到三十公分的小水泥樁柱，搶眼而醒目。

茶葉古道仍保留有舊石階步道。

● 廖家古墓透露著早年拓墾的訊息。

● 春季時最容易在此看到採茶的情景。

解說牌裡面的內容，相當淺顯，多半和茶葉的栽植有關。木柵地區的特色以鐵觀音聞名，介紹的茶種還包括了包種茶、鐵觀音和四季春等，還說明了茶葉在附近山區栽種的歷史、如何煎煮茶等內容。當然，茶道附近的簡略地理位置也概略介紹。

儘管台灣種茶的歷史進入世界舞台，可溯自十九世紀中葉陶德的經營。可是，木柵地區包種茶的歷史卻較晚出現。當時台灣烏龍茶的外銷不景氣，大稻埕的洋行收購減少，才有隨機應變，將本來要製造烏龍茶的毛茶裝運至福州，改成包種茶。

當時的茶農在木柵山區種茶有兩種人，一種是小資本的，住在茶園附近。另一種是大資本的，住在大稻埕，每到製茶期，就遍訪各地茶區，收購毛茶。早年茶農種的茶，沿著現在的茶道挑下山，在景美搭支線火車轉至大稻埕。抵達後，堆入茶棧，等候買賣。後來，有產業道路後，茶道才沒落。

這條茶道旁邊的森林，主要是相思樹林相的殘留林。當然，香楠是不可或缺的主角之一，有些生長在路邊的，不僅高大，而且樹腰都有一人粗。至於白匏子、血桐、油桐等也都可見，顯見附近都是典型盆地南部開發後的次生林。

春天開始採茶時，經常可看到茶農們揹著竹簍忙於採茶葉的工作。茶道上的指示牌註明這兒有水

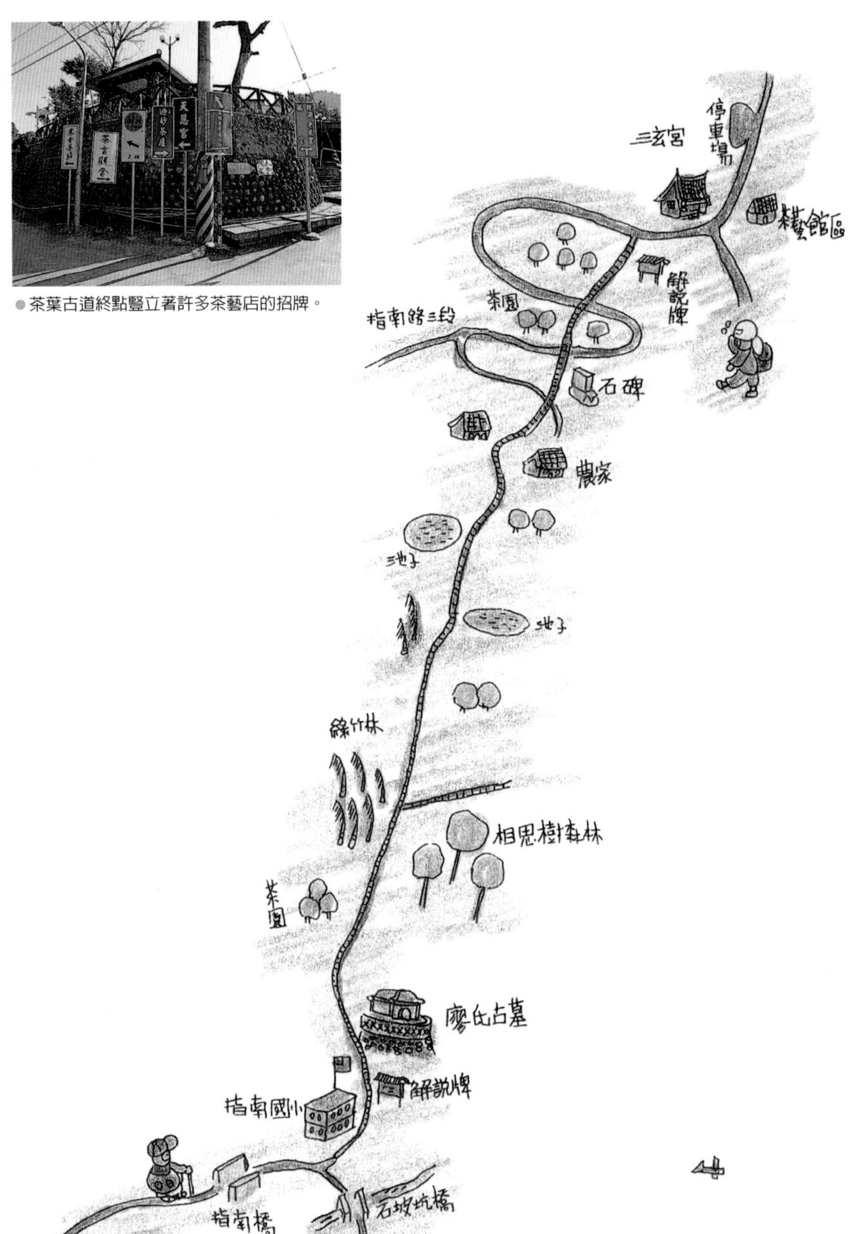

● 茶葉古道終點豎立著許多茶藝店的招牌。

■ 木柵茶葉古道

田，但目前未見半點蹤影，倒是有一、二處適合蜻蜓和蛙類棲息的水沼地和水塘，遠方則多半是菜田。這似乎意味著，水田在此的沒落。先前古詩裡的水田意象，茶園人家的自給自足，明顯地有了巨幅改變。

檳榔和大量綠竹林的存在是晚近才出現的產業景象，尤其是檳榔的加入意味著產業對外的新發展方向。

中途時，茶葉古道和新闢山路不時交會，茶農民宅也不斷出現，甚至有早年的舊石碑和墓塚印證著茶道的歷史。但基本上，古道上最多的景觀仍是整齊的茶園和綠竹林。

出口的山稜線為三玄宮，附近圍聚了許多茶葉商店和茶藝館。1980年觀光茶園開辦，將旅遊休閒和飲茶文化結合後，這兒就變得非常熱鬧，例假日經常擠滿旅遊的人潮，茶葉古道更成為許多遊客登山的路線。

◆步行時間

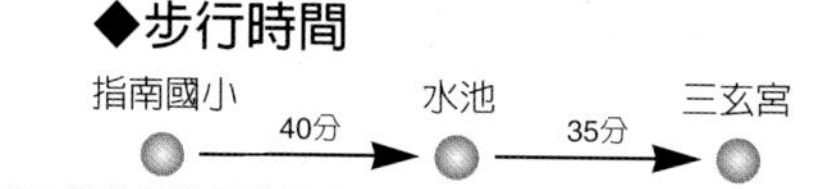

特殊景觀

◆文山包種茶的歷史

木柵觀光茶園源自清光緒年間，茶農張迺妙、張迺乾兩兄弟，受木柵茶葉公司的委任，前往福建安溪考察，引進純種鐵觀音茶苗。返鄉後，就在指南山區試種。由於指南山區土質氣候均與安溪類似，種植面積迅速擴大。發展至今，種植面積已經達到一百餘公傾。

行程

搭乘小型公車11路到指南國小下車，或搭指南1、2路至指南宮，由指南宮廟左邊步道往下走，約十五分鐘可抵達。

餐飲

山上有不少土雞餐廳和茶藝館。

適合對象

青少年以上，全家大小皆宜。一路都有解說牌。

小坑、指南宮步道

（森林、溪流、廟寺、古蹟）

過去提到台北市的重要自然步道，指南宮始終未被人提及，讓我深感不平。如今它的旁邊又有小坑步道出現了，相信可以躍昇為台北市最具有現代意義又飽含近代歷史符號的步道指標。

指南宮位於木柵山區，過去不僅是北部的重要寺廟，還是重要的名勝風景區。直到晚近各地出現新類型的觀光據點，它才逐漸沒落。然而，廟會祭拜之日，這裡仍舊集聚不少人潮，例假日也吸引不

●指南宮步道充滿藝術古蹟味。

少登山遊客前往。

指南宮的石階步道長達九百公尺，分成二十三個段落，多達一千一百八十五級的石階。除了進香朝拜外，還是一般民眾練習腳力和體力最好的場所。但一九六〇年後，沿著萬壽路有環山公路開闢，公車可直接抵達廟口前。從政治大學通

●巴洛克式拱廊是步道的重點景觀。

往指南宮的舊步道，就很少遊客行走了。從欣賞自然環境和人文歷史景觀的角度，這段石階山路卻是台北市最爲精緻而典雅的。

舊步道位於政治大學實驗國民小學的對面，從指南路三段三十三巷進入，即可看到。石階步道入口，有一日據時代石製牌坊。石階步道比目前所建的自然步道都還要寬敞。牌坊後有解說牌，清楚地標示附近指南山區各個步道的相關位置。

再往前行，每一段落的石階，都可看到著名的石燈座一對對，古意盎然地遙相對立於石階兩旁。此後，一路上山都會看到不同的石燈座造型，有的保有放置油燈的小凹槽，有的設計有窗子，形式各有千秋。環顧現今的步道，還無如此獨特的建築景觀。但是，有一些石燈座也被破壞、傾倒或毀棄在旁邊的草叢裡。這些日據時代大稻埕有錢人家捐贈廟寺的石燈座，多半仍刻有捐贈者之名和年代。

● 每二十來公尺就有一對石燈座。

除了石燈座外，石階旁還有各種造型巧妙而樸拙的石椅，安置在老樹旁，供路人休息。

經過第一個碑樓後，右邊有一條小徑可通往下方小坑溪的步道。這是一條沿溪設立的親水步道(請參考小坑溪自然步道)。

● 造型古典而優雅的石椅。

最先，出現在右邊林子的涼亭也是日據時代的建築，叫終南亭，造型古色古香，屋頂爬滿了蕨類和青苔。從終南亭到橫跨石階，如石柱拱門的大亭之間，種植著大排竹柏。大亭上面雜草叢生，已經難以窺得全貌，但是從外觀不難想像這種巴洛克時期建築優雅而宏偉的造型。

●路途上的終南亭。

石燈座、石椅、涼亭，以及石階的的造型都在在顯示著，這是一個非常手工，相當細膩而藝術性的石階步道，相當照顧遊客一路上的視覺。

這段石階步道走到此，旁邊的自然還保有郊區殘留林的景觀，香楠、島榕、大葉榕和相思樹之類的大樹仍可看到，常見的山區鳥類也能記錄不少。過了民宅後，開發較爲嚴重，附近還存留一些墓地和綠竹林。

再經過一些紅磚老屋後，左邊出現小溪溝，偶爾可以聽到斯文豪氏赤蛙的聲音自溪溝傳來。繼續往前，遇見大石壁之前有一棵老楲樹，過了大石壁，山路分兩條往上走，可抵達指南宮公車總站。由右邊石階路繼續前行，有一放生池。沿池邊走上指南宮的步道，旁邊生長著好幾株香果的大樹。放生池裡被信徒放生的巴西龜相當多。

如果不走上指南宮，繼續往前，經過慈惠堂，前方有一條小石階步道下山，長約四百公尺，通往指南國小。慈惠堂前有一棵無患子大樹，樹幹已中空，但仍枝葉茂密。小石階步道右邊爲開發的綠竹林，左邊卻是隱密的森林，相當陰涼，昆蟲種類也頗多。石階旁則林立著野薑花和鳳仙花。走出石階步道後，眼前便是指南國小和檳榔林立的石坡坑山谷，茶葉古道就蜿蜒在這片檳榔林和茶園間。

從這裡向右行，大約半小時後可走回政大。如果向左，十來分鐘後，可抵達枕木步道入口。中途會遇見一條筆直而險峻的小鐵道，直通山上的指南宮。這條指南宮施工用的小鐵道，過去是許多登山人偷懶時，超捷徑上山的小路。

枕木步道長約七百公尺，上面鋪有枕木和碎石子，可走回大成寶殿。走進林子裡相當陰涼，四、

●凌霄寶殿位於指南宮步道的終點。

●小坑步道是一個現代的親水空間。

五月油桐花開時最爲美麗，部份石徑路段上鋪滿油桐花，相當淒美。

枕木出口和公路再度相會。由此往左可前往指南宮。中途，有一登山小徑，可前往著名的登山地點，猴山岳。若繼續前進，經過少見的幹花榕樹群，以及瑰麗壯觀的凌霄寶殿，旋即回到指南宮。

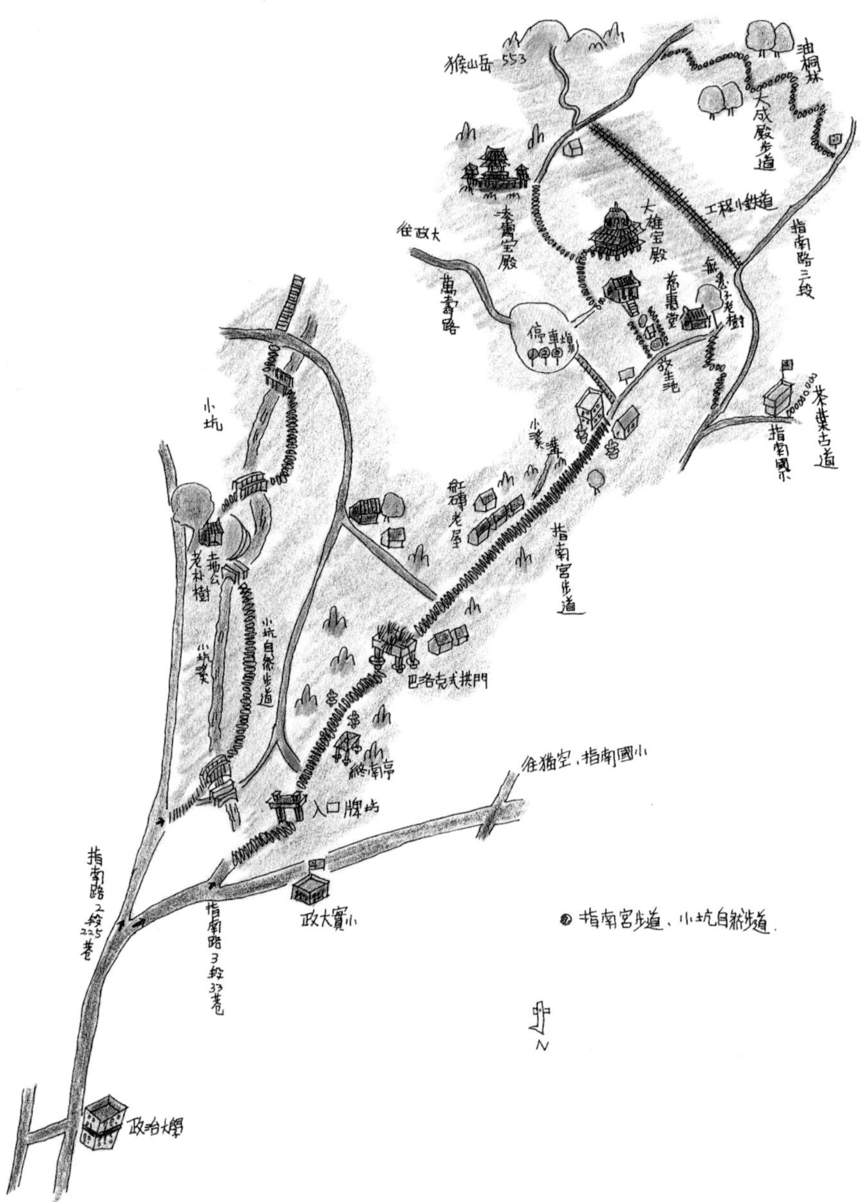

猴山岳 553
油桐林
大成殿步道
工程小鐵道
指南路三段
大雄寶殿
凌霄寶殿
往政大
萬壽路
停車場
慈惠堂
無患子老樹
放生池
茶葉古道
指南宮
紅磚老屋
指南宮步道
小坑
土地公
老朴樹
小坑自然步道
小坑溪
巴洛克式拱門
終南亭
往貓空、指南國小
入口牌坊
指南路2段225巷
指南路3段33巷
政大實小
指南宮步道、小坑自然步道
N
政治大學

◆步行時間

指南路牌坊 —60分→ 指南宮 —5分→ 慈惠堂 —15分→ 指南國小

特殊景觀

◆小坑溪自然步道

小坑步道長約六百公尺，沿溪鋪設而成，景觀漂亮而優雅，溪邊適合孩童戲水。它原本是無名溪溝，四周都是農田和零碎耕地，流入政大後被稱爲醉夢溪。

一路上步道和小溪平行，交會處原木小橋橫跨其間。小溪隄岸均以石塊堆砌，鋪植草坪和樹木。溪床以石塊築魚巢、魚梯蓄積水流。

中途有親水平台處，在上頭有三代同堂的土地公廟（原始土地公、石雕土地公、木雕土地公），廟旁有老朴樹和台灣島榕相依。由於景觀截然不同於指南宮步道，前往指南宮時，不妨從指南宮入口前左邊的小徑往下走，到此地一遊。

◆石燈座

指南宮步道旁邊，幾乎每一個石階都有一對石燈座，這些石燈座是過去用來點燈的，以前日本神社的入口、走道都有這類石燈座的附屬建築。燈座裡有小凹槽，可放油燈。因此有些燈座就有窗戶的設計。後來油燈不使用，改用電燈泡。

◆指南宮

指南宮，建於一百年前，以前叫做仙公廟，是台北近郊地區非常有名的風景區。它位於猴山坑，海拔二百三十公尺的山腰。指南宮主要奉祀孚佑帝君呂洞賓。據說呂洞賓善於嫉妒，見不得凡人的卿卿我我，會「蓄意」拆散未婚的男女。所以，許多情侶約會都不會上指南宮。從過去迄今，指南宮規模日漸發展，近來在右邊山腰建造一座中國宮殿式六層樓高的淩霄寶殿，供奉玉皇大帝。另外，還有大雄寶殿、大成寶殿和本殿的重建。它正逐漸成爲儒、釋、道三教合一的宗教聖地。儘管不再成爲觀光旅遊的勝地，由於廟會慶典多，香客和遊客仍絡繹不絕，重要宗教節慶時日依舊十分熱鬧。

行程

可搭236、237到政大，也可搭10路前往實語國小，或者直接搭指南1、2、3路到指南宮下車。

到小坑步道可搭乘指南1、2路在政大附中站下車，或休閒公車107路在指南路二段巷口下車。

餐飲

廟前攤販和餐飲多，宜自備餐飲。

適合程度

少年以上爲宜，若只是前段舊石階步道，全家大小皆可。

延伸路線

猴山岳：指南山區一帶著名的大眾登山路線，海拔五百多公尺高，視野寬廣。

銀河洞步道

（瀑布、森林、昆蟲）

以前一直不懂，爲何中華蝴蝶保育學會會選擇這條路做爲重要的採集昆蟲之道？有一回，春天時抵達登山口才恍然大悟。那天有一群小灰蝶集聚在登山口吸食水灘，許多斑蝶飛舞天空，這是我在北

● 銀河洞瀑布是台北近郊早年的重要名勝，如今知者已經不多。

部森林旅行難得看到場面。

要到這兒必須走到后儀宮，廟寺之前有指示牌，告知前往銀河洞的路線。只要按階梯拾級而上，約二十分鐘即可到達瀑布腳下，但若是自然觀察者的速度可能就須一個小時。

銀河洞爲三、四十年前重要的台北近郊遊憩名勝區。如今已然沒落，知者並不多，年輕人尤其少。

● 森林裡常見的蛇目蝶科蝴蝶——雌褐陰蝶。

● 步道上林相豐富，蝴蝶種類多，細蝶是代表性蝶類之一。

● 步道上常見水麻結果。

早年此地的開發可能係大陸地方來台人士拓墾出來的新登山路線；他們喜歡此地原因是，其地理景觀類似大陸故土山水。銀河洞本身所居位置景觀又佳，可鳥瞰山谷外之新店，堪稱福地，也難怪大陸人士偏愛這樣的環境。

● 褐樹蛙常躲在溪澗旁邊的石壁。

一路上階梯和溪澗並行，不時可聞紫嘯鶇以及斯文豪氏赤蛙之鳴叫。夏季時步道潮溼陰涼，昆蟲種類繁多。蝴蝶學會把這裡當成重要的採集和觀察地點，顯見這兒的自然資源勢必相當豐

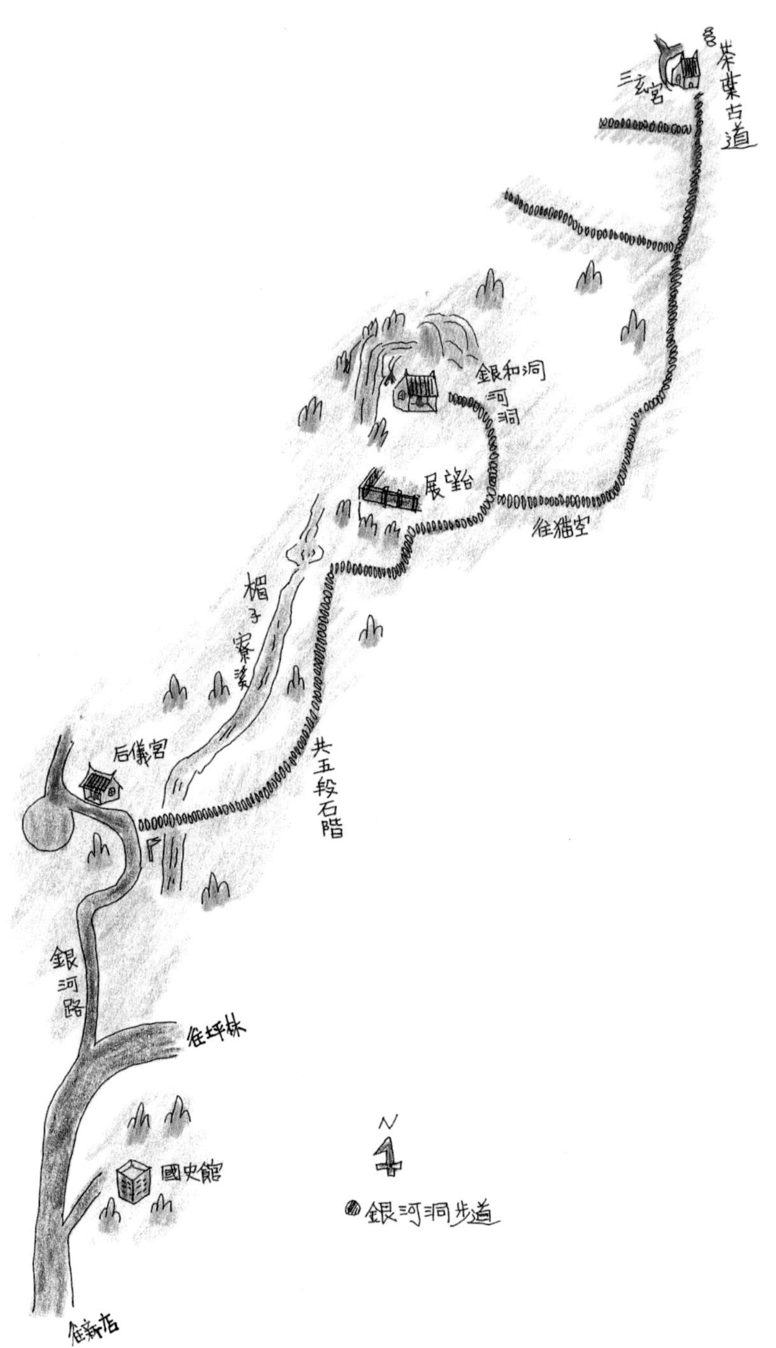

茶葉古道
三玄宮
銀河洞
銀河洞
展望台
往貓空
楣子寮溪
后儀宮
共五段石階
銀河路
往坪林
國史館
往新店
N
銀河洞步道

● 集體出生，避免敵害的椿象。

富。

近終點時，抵達抬頭一望，可看見高聳之瀑布旁石壁相連，上面刻有「銀河洞」三個暗紅大字。瀑布之下，則有野薑花叢生。

目前，右邊有明顯石階步道可繞至木柵貓空，路徑窄小但十分明顯，從貓空可轉公車回去台北。(可參考茶葉古道和茶展中心步道)。

◆步行時間

站牌 —20分→ 登山口 —30分→ 銀河洞

特殊景觀

◆銀河洞景觀

1979年陳瑞隆編《台灣名勝觀光指南》一書提到「銀河瀑布」描述如下：二十五年以前（指1954年以前）此洞尚未開發時，群猴常集洞裡，故稱之爲「猴洞」。瀑布在左旁，當時滿山荊棘叢林，遊客只好遠望不便接近。後來經地方人士開山修建該寺，洞裡奉祀關帝和釋迦如來佛像，後來遊客漸多。瀑布寬一公尺多，高廿多公尺左右，四圍翠山幽谷，環境悠靜，實爲夏季避暑之最好去處。過午時分日照瀑布，五光十色美豔奪目。自新店步行約五十分可到銀河洞登山口（搭乘坪林巴士於此下車），步行二十多分鐘就可到瀑布。

在德高嶺下，猴山之背，洞上有小徑可通往指南宮。

銀河洞稱被當時之人如此稱許著：「名聞遐邇，景色樸實，毫無雕琢氣氛。懸巖飛瀑，茂林修竹，嶺崇山峻，石階直上，但無攀援之勞；夾徑幽篁，上下數萬，雜以古木，綠雲蔽天，洞在壁崖，別有天地；山景水色，渾雄豪邁，不愧爲古今詩人之伊甸園。……」

行程

搭乘新店至坪林的新店客運，在銀河洞站下車。

適宜對象

全家大小皆宜。

餐飲

附近無餐飲，宜自備。

樟山寺步道

（茶園、森林）

木柵貓空山區擁有複雜的步道網路，山路、茶葉舊道和自然步道相互交錯形成錯綜多樣的路線。有些路線知名度高，有的卻乏人問津，樟山寺步道便屬於後者。樟山寺步道的山路沒什麼古蹟現場，不若茶葉古道（三玄宮步道）著名，亦較少人走。

如果從指南國小的方向上山，過了石坡坑，沿

● 步道兩旁多茶園。

石階走上去，兩邊不斷地重覆著綠竹林、檳榔和茶園的景觀。大部份的山坡地都被開發，難以發現次生林的蹤影。由於兩旁景觀單調，只有步道前的藍天吸引著登山者，這是一條只適合晴天時才走的步道；或者在例假日時，讓許久未爬山的人，稍爲練習腳力。

● 樟山寺為附近重要的大廟。

●薑母樹是救千宮步道上的重要景觀。

●救千宮步道老朴樹。

它的景觀和舒適性，遠遠不如左邊的茶葉古道，步道的環境資源也貧乏許多；但是仔細觀察，石階旁的野花野草棲息著不少昆蟲和爬蟲等動物。龍眼等果實掉落後，腐爛了，也吸引不少喜歡吸食果實的昆蟲前來，諸如斑蝶和虎頭蜂。

樟山寺是步道上視野最爲開闊的位置。主步道從寺前下山，和適才上來的步道交會，一路沿著稜線前進，可前往政大。這時兩旁都是高大的相思林，和殘餘的次生林內容，諸如白匏子、血桐、杜虹花等等。這段步道是樟山寺的精華，林相蓊鬱而涼爽宜人。可惜段落不長，隨即又是綠竹林的世界。緊接著，抵達樟山寺步道入口，公路對面是政大後山景觀區，循山路可走至政治大學校園。

另外，寺廟左邊有一條步道通往救千宮，約四百公尺長，步道本身內容類似前一條。惟從這兒可通往救千宮，附近有不少古厝。路途雖陡，腳力健者可試著前往。

較特殊處，在半山腰山頂台地處，那兒有一棵樹身高大的朴樹，也有當地少見的破布子。最值得稱奇的是，被稱爲薑母樹的榕樹，此樹全身樹根長滿樹瘤，猶若生薑，大約有一百四十餘歲。

●救千宮步道上的土角厝。

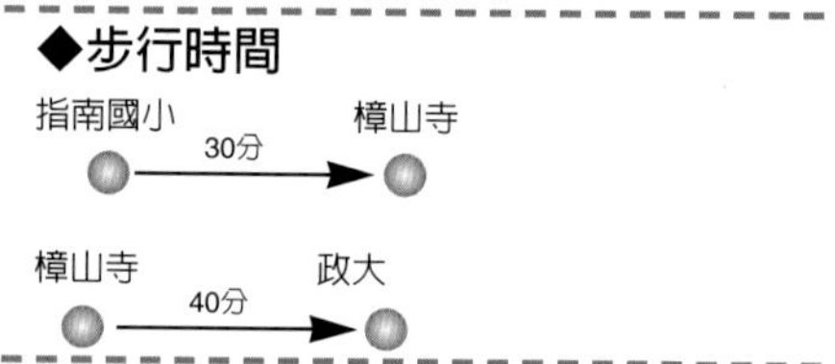

行程

見「茶葉古道」一文。

適宜對象

青少年以上爲宜。

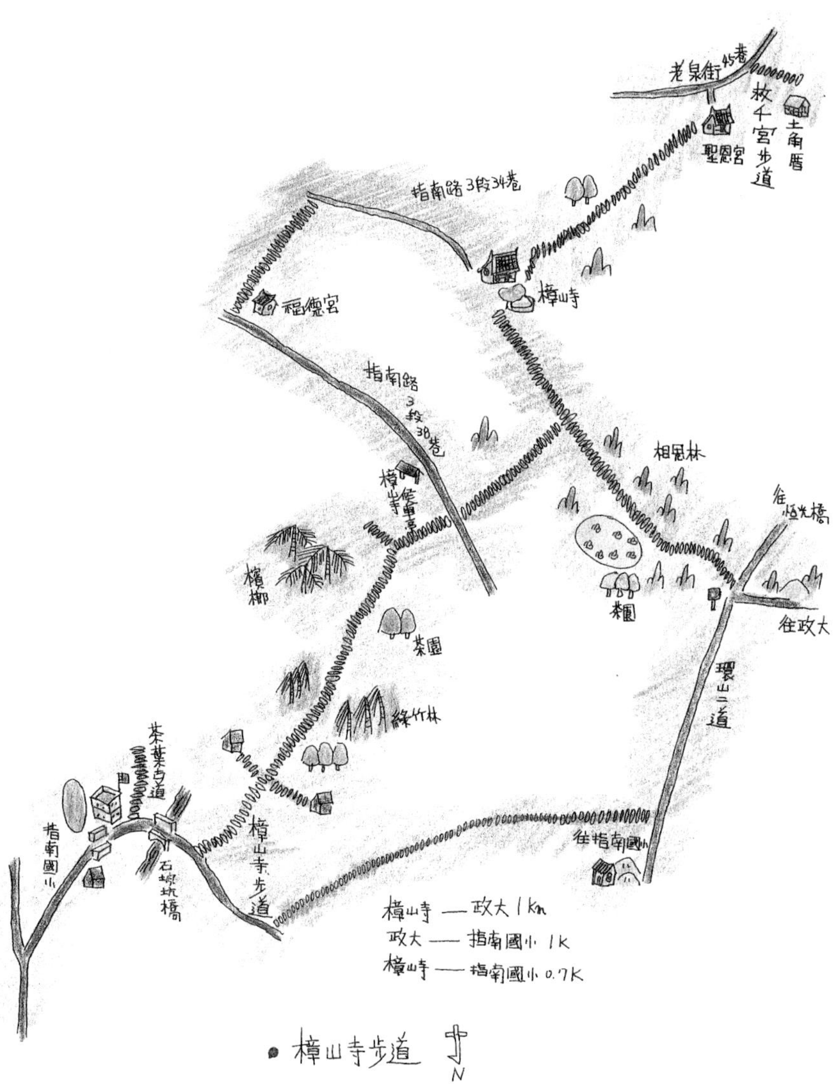
老泉街45巷
土角厝
聖恩宮
指南路3段34巷
樟山寺
福德宮
指南路
3段38巷
相思林
檳榔
茶園
綠竹林
往政大
環山二道
茶葉古道
指南國小
樟山寺步道
往指南國小
樟山寺 —— 政大 1Km
政大 —— 指南國小 1K
樟山寺 —— 指南國小 0.7K
樟山寺步道
N

茶展中心步道

（壺穴、茶園、梯田）

這條小徑不長，大約九百公尺，卻有著其他步道缺少的豐富性。如果由子善茶園貓空活動中心的入口進去，經過水源地，過了小石橋，附近是隱密森林，鳥類狀況良好，可記錄大冠鷲、烏鴉、頭烏線和小彎嘴畫眉等鳥種。其他四周多半是開發之茶園、綠竹林爲多，或稀疏的次生林。

● 茶園是附近的重要景觀。

土地公廟意味著附近有產業。

由陡峭的山坡走上山頂休息處，視野開闊，可遠眺指南宮、茶園和綠竹林開發的景觀。旁邊有一處隱密而典雅的小土地公廟，無疑是昔時茶農所供奉。

上山之前還有一條隱密的小徑，通往溪邊，值得一探。

隱密的森林後，是美麗的梯田和茶葉並列。過去石坡坑附近茶葉古道入口，曾經有詩提到「梯山種田」。其實，在茶葉古道已經不容易看到，反倒是這兒還有一些典型的梯田景觀。

過了梯田，附近還有一條小徑通往小溪。小溪溪床呈沖蝕後的壺穴地形，值得觀賞。由此，熟悉者

步道上有貓空目前較難得一見的梯田。

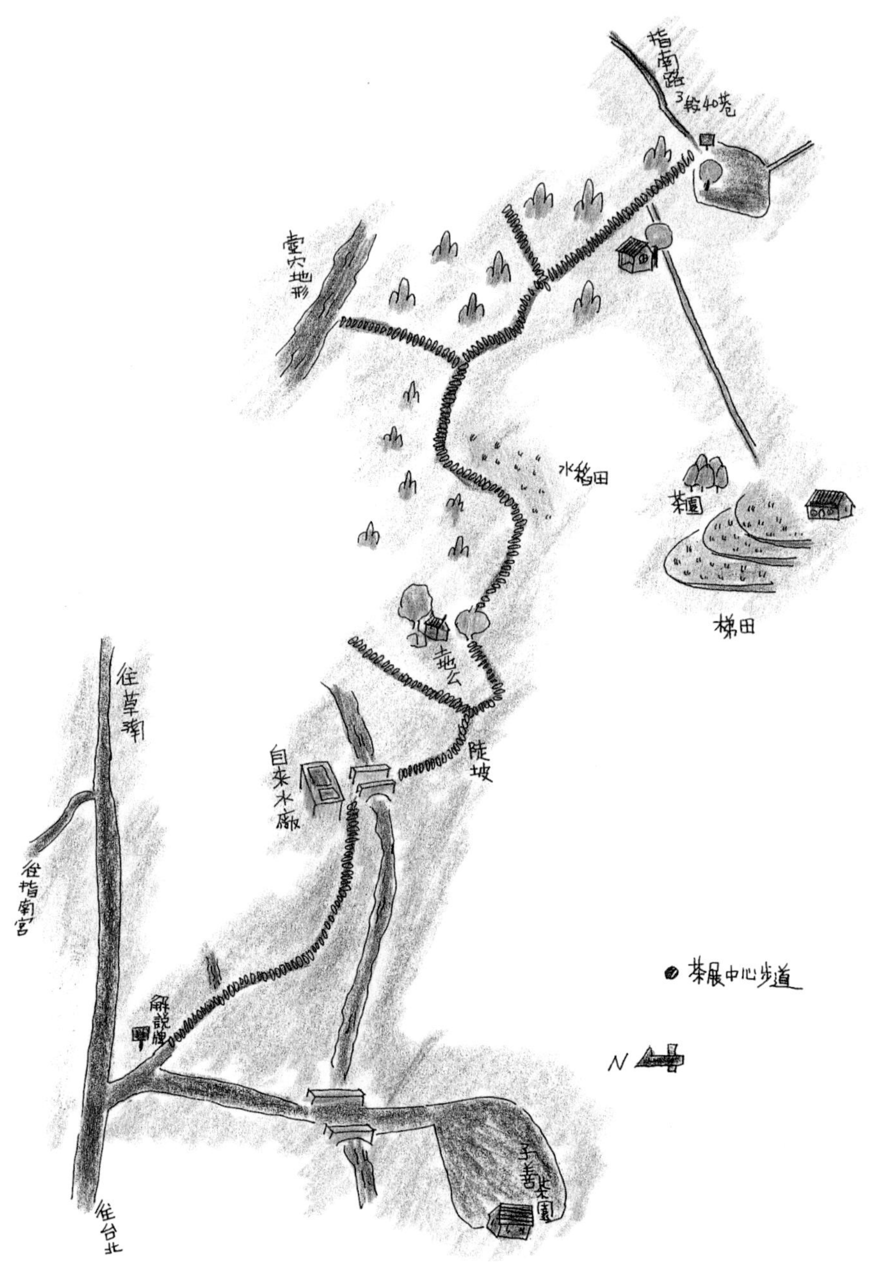

指南路3段40巷
壺穴地形
水稻田
茶園
梯田
土地公
陡坡
自来水廠
往草湳
往指南宮
解說牌
茶展中心步道
N
子善茶園
往台北

● 山溪上游有壺穴地形。

可溯溪而行，唯溪床溼滑，必須小心。

上抵步道終點時，大樹下還有另一土地公廟，經常有人在此放牛吃草，旁邊小路通往茶園。

◆步行時間

子善茶園 —30分→ 停車場

特殊景觀

◆壺穴地形

無名溪上游有許多壺穴地形。壺穴的形成主要出現在河流或者海岸的岩礁地帶。它是經過上游湍急溪水或者海水不斷沖刷下，岩石鬆軟地帶形成凹洞，裡面另有一、二顆小石不停打轉，才逐漸形成的特殊地理景觀。台灣最壯觀而著名的地點主要集中在基隆河上游和東北角海岸。

行程

可搭乘小11公車，或駕車至子善茶園叉路口。由路口往前走約四、五十公尺，右邊有小石階叉路，即步道入口。

適宜對象

少年以上皆適宜。

餐飲

附近兩頭都有茶藝館和餐廳，宜自備。

二格山

（森林、地質、古厝）

●二格山是木柵山區熱門的登山路線。

●中華衛星轉播站位於二格山稜線尾。

草湳土地公旁的大榕樹下，例假日總是特別地熱鬧。這兒是附近許多人登山的重要地標，從這兒左邊的柏油路前去，約三、四百公尺處有一登山口，可以登上二格山。如果繼續開車爬行，可以抵天南宮。由此再往前行，下抵深坑，右邊沿溪之產業道路亦可前往二格山。後方還有一條溯溪的山路，可以由此攀登貓空山區。榕樹後邊的山徑則有山路前往猴山岳。

但大部份人來此主要都是慕二格山之名前來。

如果由右邊的山路出發，初時路況相當開闊，而且山谷多風十分涼爽。沿著小溪溝前進，一路上多半是溪邊的植物為多，僅半途有一片人工的小柳杉林。山路相當平坦而開闊，十分適合健行。蝴蝶

●二格山亦是一條往昔通往石碇的古道。

種類繁多，亦相當適合自然觀察。約莫十來分鐘，遇叉路，兩條路都可通往二格山。若選擇右邊路，可以快速抵達中華電信轉播站。中途山谷有一農家，農家前有二株三十多歲的破布子。過了農家再往前，約三十分鐘抵達稜線，有一土地公廟和廢棄的軍營。

稜線上有一條公路，往右可通往中華電信轉播站。若是往左，有一條可通往新店。土地公廟後有一石階登山路，可上至鐵塔，繼續往前抵達凹谷。

若是繼續走鞍部，登上稜線都是砂岩纍纍的環境，走約一小時半後可抵達二格山，附近視野開闊，石壁完整而天然，相當適合地層地質的教學。這兒路徑稍嫌複雜，小心地按指標，沿左邊山路下山，山谷的卵石石階十分優美而典雅。很少山路的石階如此渾然天成。約半小時，經過古厝，可抵達往天南宮的產業道路。登

●中低海拔森林最大的鳥類家族——繡眼畫眉。

山口附近有廢棄的古厝，證明過去這兒也是一條古道。從這兒再右轉可回到榕樹下，也可由東邊下山，經無極天佛濟寺，至北宜公路的栳寮，以前的登山口便在這個方向。

如果想走捷徑，在凹谷左邊有一條下山的小路，體力不濟者可考慮此條山路，但頗爲陡峭而溼滑，

● 二格山山頂。

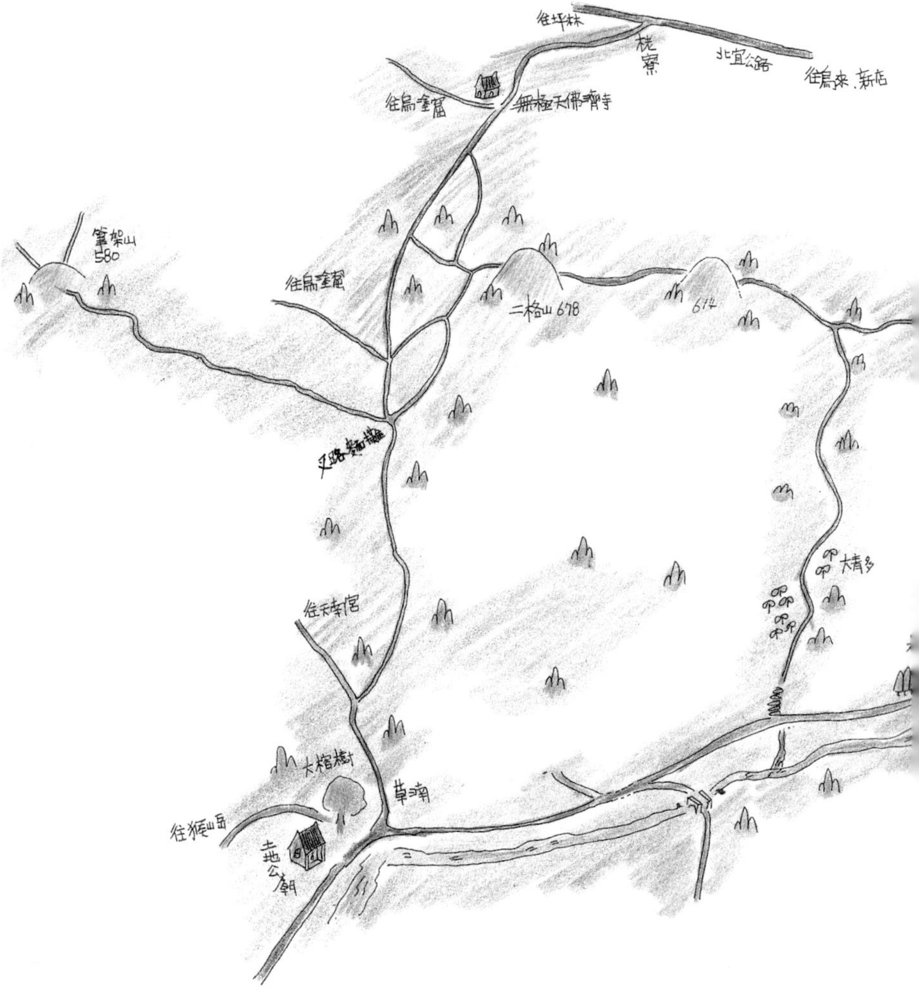

◆步行時間

榕樹下 →60分→ 土地公廟 →5分→ 中華電信站 →30分→ 鞍部

接下來有兩種走法：

→40分→ 叉路口 →10分→ 榕樹下

→90分→ 二格山 →60分→ 左邊登山口 →5分→ 榕樹下

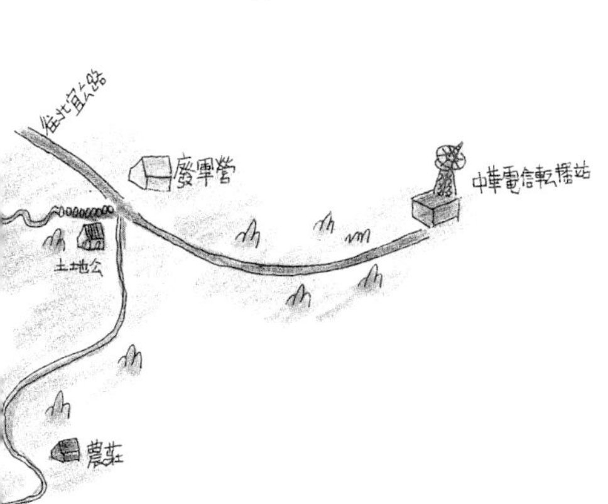

● 二格山的三角點埋藏在草叢裡，不好找。

一路有繩索輔助。約走四十分鐘後，可抵達叉路口。一路林子隱密而潮溼，溪溝乾枯，唯周遭大青密生得頗為壯觀。抵達山腳時，有一開墾的竹林；同時可發現舊的駁坎。最後回到榕樹下。

特殊景觀

◆染料植物大青

大青是一種染料植物，外來種，性喜陰溼環境，過去普遍種植於溪溝旁。往昔為重要的染料植物。如今荒廢後，任其生長，一般環境並不易發現；在這兒卻特別多，應該是以前之遺蹟。

另大青為枯葉蝶幼蟲的食草。

行程

由政大走指南宮路線往貓空，遇叉路往草湳到榕樹下。

適宜對象

少年以上為宜。

餐飲

附近無餐廳，宜自備。

猴山岳

（攀岩、森林、茶園）

不管何時來到指南宮後山停車場附近，總會看見一批批前往猴山岳登山的遊客。有的是藉由翻過猴山岳到草湳，有的是到砲子崙、深坑，有的甚至是到二格山、筆架山去。

● 猴山岳前峰視野最為開闊。

當然，對許多初登山的人來說，也許不用那麼遠，光是攀登猴山岳本身就是件滿足而快樂的事了。每次帶朋友前往猴山岳，我也喜歡站在景美溪畔，先往東邊遠遠地眺望，解釋整個二格山系的地形環境，介紹哪裡是貓空，哪裡是筆架山。最重要的當然是猴山岳了。猴山岳就是我們眼前兩個略微突起的猴頭，龐然地矗立著，雖然它只有五百多公尺，卻睥睨著周遭其他的小山頭。只要我們站在台北南區，都會看到這座東邊的大山。因爲有了這種感覺，你就會有一種去爬看看的嚮往；而當你走完時，一種終於心願已了的快樂也會油然而生。

指南宮後方有一處熱門的猴山岳登山口。這處捷徑在登山口就有解說步道，指引前往的路線。初始就是陡坡的石階步道，兩旁是茶園。上抵稜線，隨即有一高壓電塔。接著，再往前走不久，經過猴山岳土雞城，對面有一污濁的水塘，飼養著土雞。此後山路成爲寬敞的產業道路。往前不久，隨即來

砲子崙古厝意味著附近百年前就有人居住。

到攻頂的登山口。登山口有兩條路，右邊的路線相當險峭，許多登山客喜歡接受挑戰，直接爬上猴山岳山頂。由於山壁險惡，除了依靠樹根外，往昔的登山者的特別裝置有登山繩索，輔助遊客攀登到山頂。這種環境一般孩童較不適宜攀爬。反之，亦可視做爲訓練孩子攀頂的地方。

左邊路繞得較遠，經過一處高壓電塔，進入杉林時，有一叉路，往右亦可爬上猴山岳。多數人由此前往砲仔崙。這條路上到猴山岳較爲平緩，不過還是要藉助繩子的輔助。

森林裡面常只聞其聲，不見其影的山紅頭，著名聲音像尿尿：「噓—噓—噓—」。

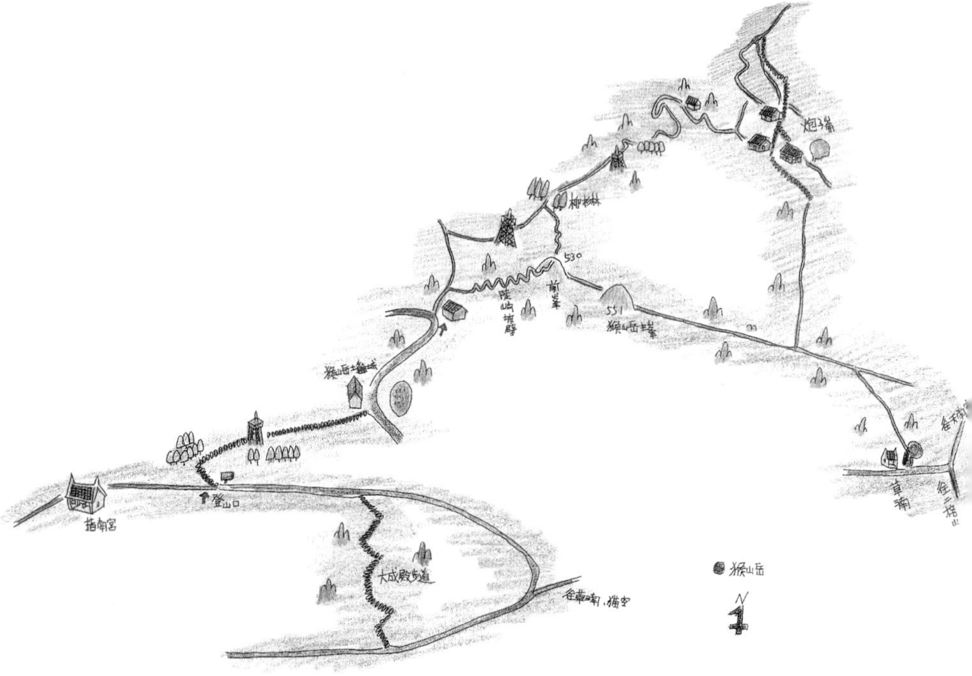

●草湳老榕樹下是猴山岳、二格山和貓空等多處登山步道的起點。

上抵山頂有一顆編號北市95號的三角點，很多人以爲這兒是最高點。其實不然，還要沿稜線走一段，才是眞正的最高點。但是，這兒的展望良好，可以遠眺萬順村、草地尾、北二高，乃至整個台北盆地。

最高處海拔551公尺，有一圖根點，唯無啥可觀的景觀。再往前抵達一鞍部，在這處稜線雙扇蕨分佈相當廣泛。繼續往前下抵達草湳的大樹，往左亦可前往砲子崙。兩條前往砲子崙的山路都十分幽靜、陰涼，值得一試再試。砲子崙小村有古石厝和茶園、苗圃等環境，彷若一處世外桃源，仍停留在百年前茶葉時代。由砲子崙下行，有石階古道和產業道路可走至深坑。

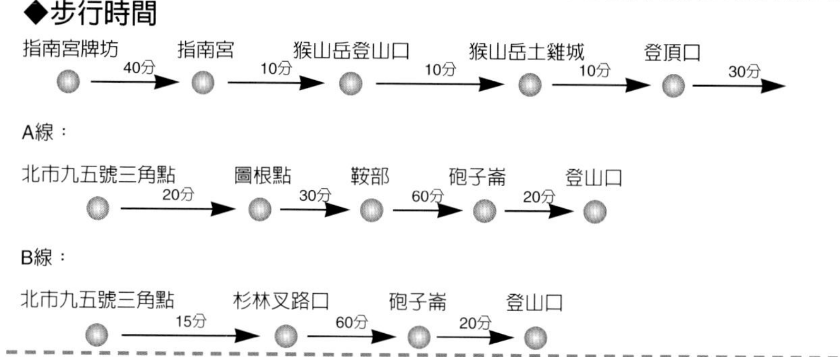

行程

如果由指南宮前往可搭236、237到政大，也可搭10路前往實語國小，或者直接搭指南1、2、3路到指南宮下車。

若由砲子崙前往，必須自行開車，或由深坑過中正橋，走產業道路到砲子崙的登山口。

餐飲

無餐飲，宜自備。

適合程度

少年以上爲宜。

延伸路線

可由猴山岳至草湳，或由東邊之鞍部下砲子崙、深坑，唯路途皆較遠，親子旅遊較不宜冒險。

深坑老街

（老街、梯田、森林、三合院）

● 景美溪是深坑早年對外的重要通道。

深坑過去是景美溪上游河港的大鎮，附近石碇、坪林等地區的茶葉和其它產物都集中在這裡運送。或以景美溪的舢板，或以輕便車送到景美。當然更有翻山越嶺的行旅，走過這裡著名的茶路，將物產送到台北盆地，再轉運至歐美各地。如今深坑還是一條重要的交通要道，凡前往平溪或前往坪林，都要經過這裡。例假日的深坑常擠滿前來旅遊吃豆腐、肉粽的人潮。

從北二高下交流道，進入深坑老街。在舊時，進入深坑的街道前，就會看到左邊有一棟古意盎然的三合院，它是著名的三級古蹟黃宅——永安居。

再往前即抵達深坑老街入口。入口前有兩棵大茄苳樹，它們是深坑的重要地標，在建中正橋前，曾經準備要砍伐，後經地方求請才保護下來。

深坑老街約兩百公尺長，正如其他老街，並不

● 深坑老街目前以豆腐、肉粽和枝仔冰等飲食出名。

● 深坑老街周遭有許多古樸而且完好的三合院和石厝屋。

寬，仍是紅磚屋，且保持亭子腳的騎樓。前半段的老街以賣著名的豆腐、肉粽、冰品爲主；後半段老街維持原樣，茶戶仍有兩三家，手工藝品店也有一、二家，也有文化工作室，販賣當地的文化商品，以及資訊交流。

前半段深坑街133號的集順廟，主要是祭拜五穀雜糧平安的神，供奉保儀大夫。上游的石碇亦然。這間廟沒有巍峨的畫棟與雕梁，廟前擺滿豆腐攤販，廟口顯得狹小。中途還有一處是以前深坑的港口。在後半段最著名的建築是幾棟二層的巴洛克式建築；如今有一間德興舊宅成爲文史藝術工作室，可至裡面索取當地文史相關資料。

三峽民權街被指定爲古蹟，大多數住戶卻不希望保存。而深坑老街即將拓寬，卻有大半住戶反對，得以保存，成爲老街保護運動的典範。

除了老街外的古蹟外，附近還有一些三合院舊宅值得走訪。走過中正橋，往左邊繼續前進，過了竹芳橋的阿柔溪，隨即來到麻竹寮，沿著橋旁左邊的小徑走下去，就可看到茶園。但是，附近主要產業目前以綠竹林爲主。小路盡頭刺竹林裡有福安居，筆架山入口有黃氏古厝，都有一百多年歷史。三合院周遭是距離台北最近的梯田，附近還

● 深坑藝文工作室位於老街的德興舊宅。

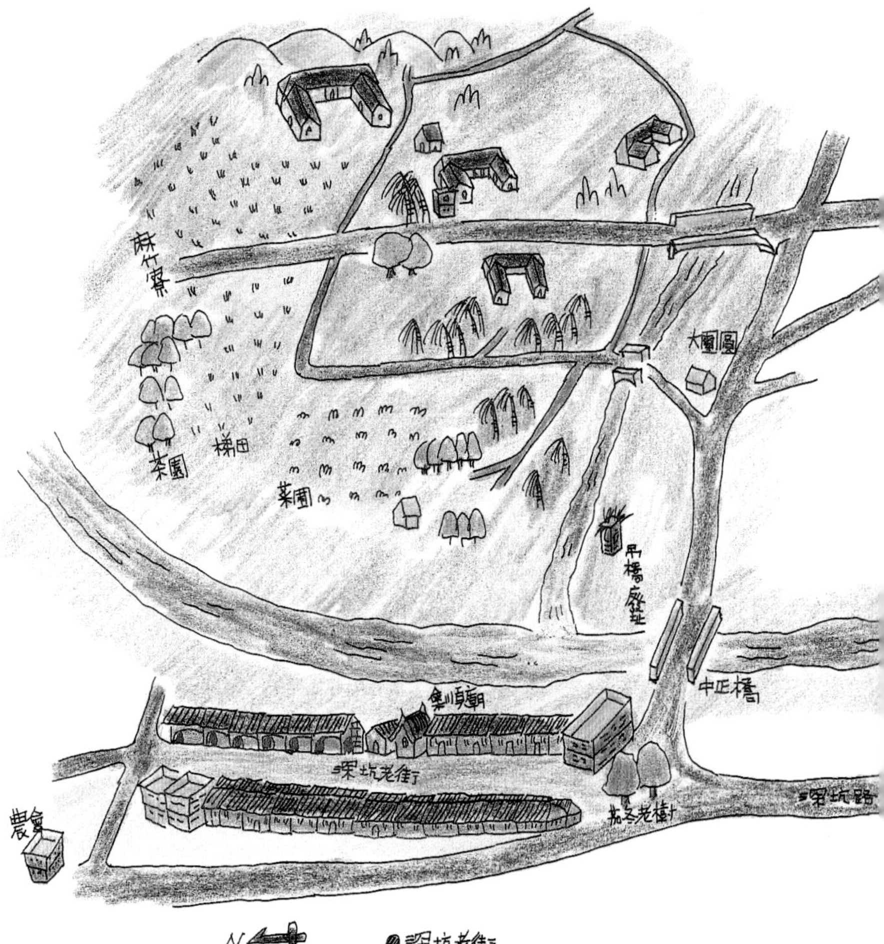

特殊景觀

◆最美麗的三合院——深坑黃宅

深坑黃宅共有七座，都是三合院，每一座都背山面向景美溪，深具風水堪輿的觀念。其中最著名的是永安居，被評定爲三級古蹟，它位於深坑街頭。黃家在清朝時即深坑地區的大族，顯赫一時，屋宅建築考究又美觀，保留至今仍相當完整。當初磚木建材係購自福建，沿淡水河溯運營建。石材則採自當地阿柔洋山腰石。它被譽台灣最美麗的三合院。紅磚的砌造手法嫻熟細膩，維護良好。

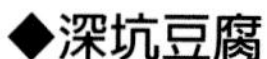

◆深坑豆腐

紅燒豆腐是目前深坑最廣爲人知的地方小吃。一般的口碑不外是「嫩」和「焦」，目前已經有二十幾家店。最初深坑街內賣紅燒豆腐的共有三家，所用的豆腐都來自當地同一家以傳統古法製作的鹽滷豆腐。這家豆腐店就位在廟口斜對面，地址爲深坑街66號。

行程

由北二高或台北經木柵前往，接106縣道可抵達。

步行時間

逛完老街約一個小時即可。不妨走過中正橋到附近茶園和梯田走逛。

適宜對象

青少年以上爲宜。

餐飲

附近老街有許多著名的特產如豆腐、粽子、麻油和飲食店。

參考書籍

《台北縣的舊街》　王志鴻、周守真著　台北縣文化中心　1994

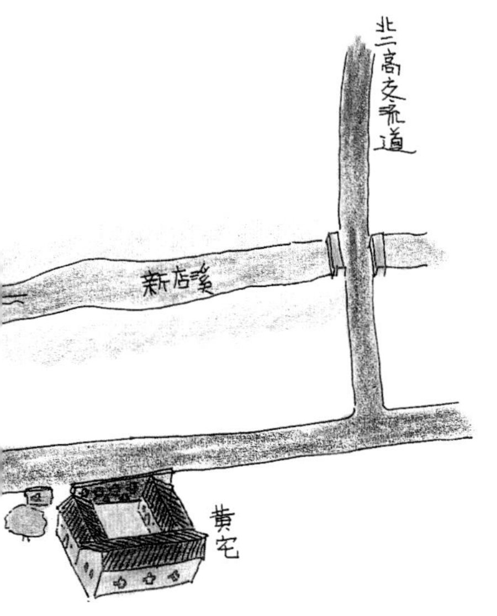

以過溝菜蕨著名。如果沒有新的公路切割，這裡的景觀相當美麗。從小路往山上走，是筆架山十八連峰的登山口之一。

梯田亦是深坑的重要景觀。

石碇老街

（老街、溪流）

●石碇老街緊臨石碇溪，曾被稱為台灣的威尼斯。

這是個台灣史著名的小鎮，主要舊街道分爲石碇東街和石碇西街二條。早年通往坪林、宜蘭、平溪的交通動脈便是由此經過。過了萬壽橋，路分爲二，右邊一條通往小格頭，左邊一條通往坪林。

●因為緊臨著溪邊出現了「暗街」的特色。

主要舊街在東街，仍保持暗街的特色，由於緊臨陡峭的山谷，和溪流搶空間面積，臨溪的房子建築相當窄小，仍保持早年的老舊景觀。目前比較有名的是幾家街口的豆腐店。舊街中都是賣雜貨和蔬菜的老店面。多半是老人在此生活。附近並無便利商店。豆腐店旁邊不遠處有老式的「光遠」打鐵店，

● 石碇老街仍有舊石屋殘留。

● 煤礦的遺跡透露了這兒曾有過採煤的風光。

是這裡的主要特色。

萬壽橋西街邊口有一、二間舊石屋，可以想像當年十九世紀初，石碇成爲商旅之驛站的街道景觀。這裡和深坑一樣都有集順廟，主要是保護農作之神。石碇的集順廟在石碇國小旁，以前是茶葉集聚的中心。往小格頭的溪邊有廢棄的橋墩，以前是運煤的輕便鐵道。

不過，一般來石碇的遊客甚少在這些地區滯留，主要是由此攀登皇帝殿、筆架山等附近的山巒，或者是匆匆經過──這裡沒有便利商店。

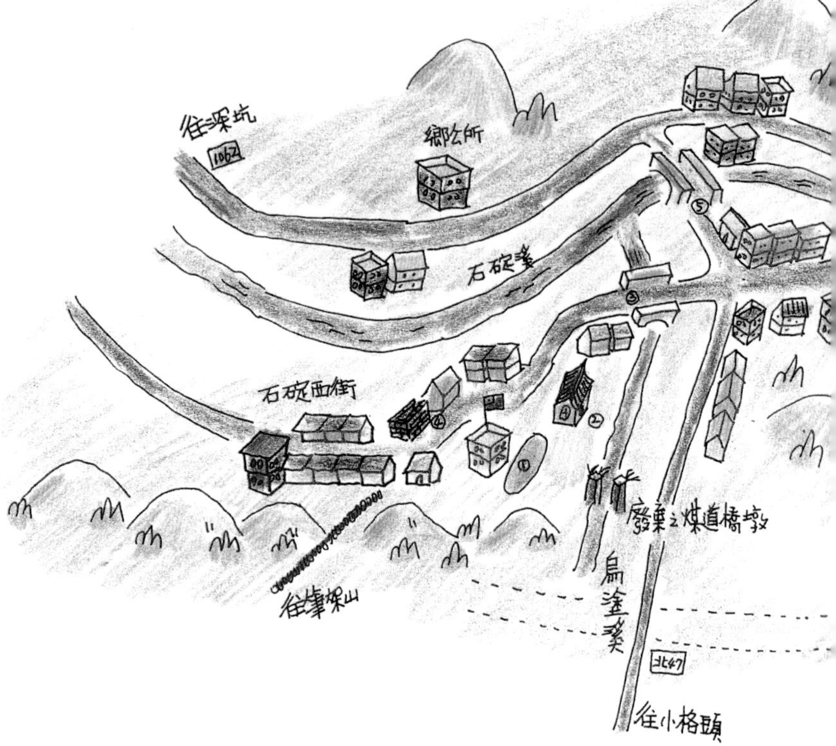

往深坑
106乙
鄉公所
石碇溪
石碇西街
廢棄之煤道橋墩
往筆架山
烏塗溪
北47
往小格頭

特殊景觀

◆石碇之由來

為何叫石碇？石碇溪流較急，必須把船緊繫，因而叫石碇。以前商船可抵達，甚至有英國在此設立商行，採購茶葉。船過了楓子林，必須用竹竿撐船，有時要人下來推。

楓子林港口屬於石碇鄉，以前也是一個港口，船的終點站。在一八七二年時，當時的探險家可從這兒翻山到南港、汐止。

● 楓子林是景美溪航運的終點站。

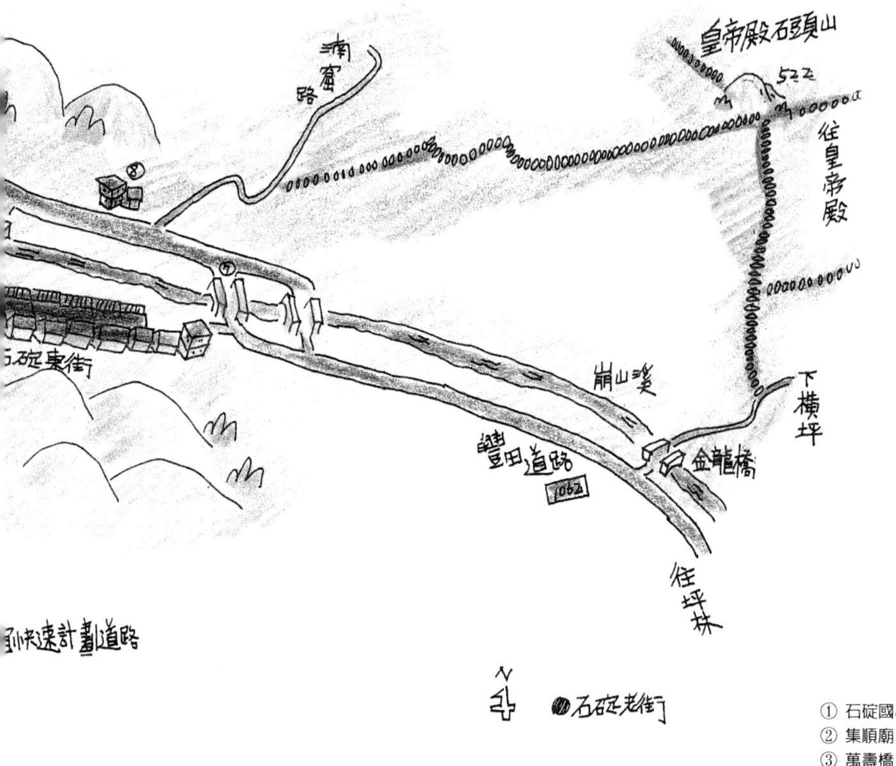

① 石碇國小
② 集順廟
③ 萬壽橋
④ 舊石厝
⑤ 秀山橋
⑥ 石碇橋
⑦ 長春橋
⑧ 分駐所

行程

由北二高或台北經木柵前往，接106縣道，經過深坑、土庫，遇雙溪橋，往右轉，約十五分鐘可抵達石碇。

步行時間

逛完老街約一個小時即可。若走皇帝殿，須一整天的時間。

適宜對象

青少年以上爲宜。

餐飲

附近無餐飲，宜自備。

參考書籍

《台北縣的舊街》　王志鴻、周守眞著　台北縣文化中心　1994

The North Taiwan

新店烏來線

- 華中橋、
  華江橋雁鴨公園
- 獅頭山步道
- 碧潭河域
- 小粗坑和直潭國小步道
- 雲仙樂園
- 啦卡小徑
- 內洞森林遊樂區
- 福山國小步道

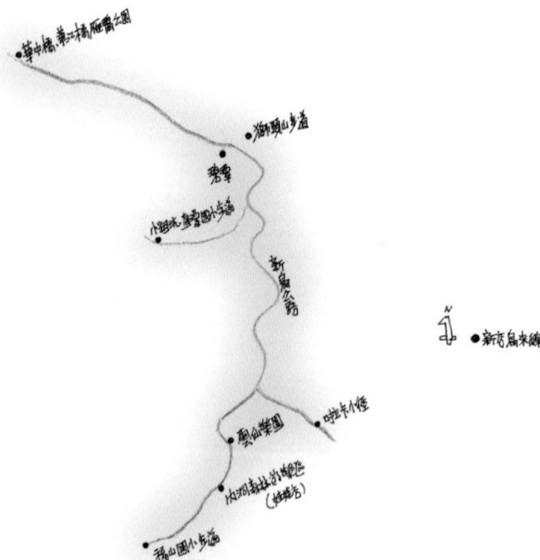

華中橋、華江橋雁鴨公園

（水鳥、溪流）

●華江橋過去是雁鴨群渡冬的主要棲息地。

清晨時，我喜歡帶早餐來這兒享用，一邊賞鳥，感受冬日帶給城市的溫煦和空曠。

●華江橋雁鴨解說牌。

華江橋雁鴨自然公園是台北市野雁保護區內最早規劃的一塊；位於新店溪與大漢溪交會處，面積廣達七十公頃。由於地勢平緩、主支流交會，同時受到出海口海流潮汐等因素的影響，河水在此流速減緩，水裡挾帶的大量泥沙遂淤積於此，形成大面積的泥沼溼地。

泥沼溼地含有大量有機物質，蘊育的水生動植物和底棲生物也相當豐富，遂成爲鳥類覓食的主要來源。每年冬天候鳥避冬期間，總會有數以千計的雁鴨科和鷸鴴科鳥類棲息於此，場面甚爲壯觀。

●青足鷸目前在淡水河不容易發現了。

這些以候鳥爲主的覓食群，

分佈的情形與潮汐漲退有密切的關係。漲潮時，雁鴨科鳥類多聚集於河心，在河面上悠遊。退潮時多半群聚在泥灘和草澤內漫步，或者休息。這些場景都非常容易觀賞，近來已成爲淡水河下游河濱地區極爲獨特的生態景觀。

目前，公園內廣設停車場、運動設施草坪綠地、賞鴨步道、低水護岸，以及施工形成的新生高灘地。最早第一個主要的賞鴨步道，從桂林路底停車場邊到華江橋北側新生高灘地，全長約570公尺。沿途設有六座解說牌，是極佳的賞鳥據點。鄰近低水護岸外側是野生動物保護區的草澤和水域，都可供爲自然觀察的區域。

● 目前新店溪的的華中橋是雁鴨集聚最多的地點。

在這段步道裡，我們也看到泥灘沙洲、公園綠地、菜圃、草澤和河流的綜合生態環境。賞鴨步道旁內地草坪就是寬闊的壘球和棒球等運動場地，例假日時經常湧進相當多的運動人口。對一般市民而言，既可觀察自然，又能從事運動，是個一舉數得的休閒環境。

緊鄰在旁的華中橋雁鴨保護區，同樣地，每年冬天都有四、五千隻雁鴨科鳥類和少數的鷺鷥科鳥類集聚在河中的沙洲，形成頗爲壯觀的度冬場景。目前，此地亦是賞鳥人冬天時觀察雁科鳥類棲息的主要地點。步道設施一樣完整，旁邊也有休閒的運動空間，除了觀賞野鴨的棲息外，選擇這兒做爲全家運動的場地亦相當適合。

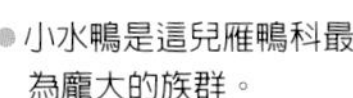

● 小水鴨是這兒雁鴨科最為龐大的族群。

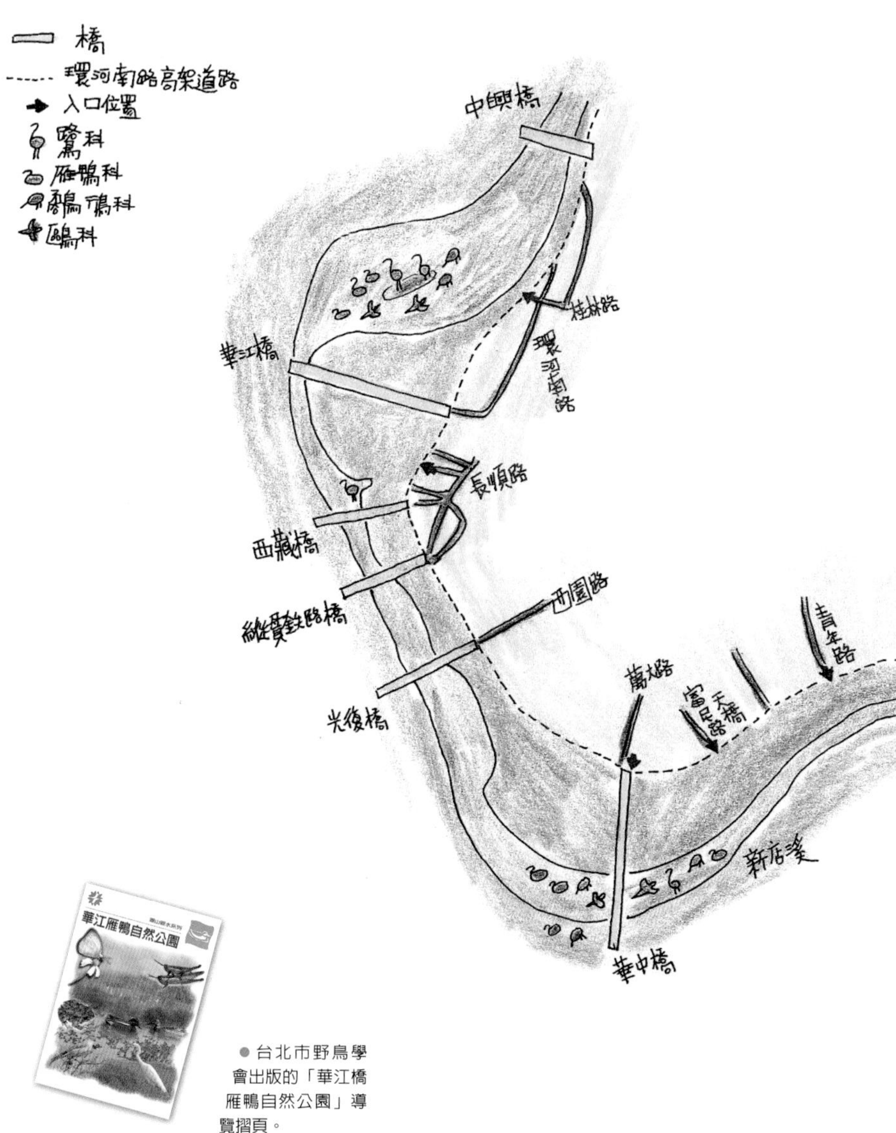

●台北市野鳥學會出版的「華江橋雁鴨自然公園」導覽摺頁。

特殊景觀

◆雁鴨科鳥類

新近宣布的台北市野雁保護區，範圍包括了華江橋、中興橋、華中橋，乃至永福橋的公有水域。雁鴨科是保護區內主要的棲息鳥種。每年九月下旬，這些棲息於北方的鳥類便陸續抵達淡水河，在河裡度冬。三月春暖花開時，再漸次北返。四月後，雁鴨就相當少見。度冬的最高峰時期在十一月以後。根據過去的記錄，棲息於華江橋和上游之華中橋的雁鴨，可高達六千多隻。雁鴨科裡以小水鴨居多，其次是琵嘴鴨，尖尾鴨和綠頭鴨再次之。雁鴨類爲何會鍾情於此，根據鳥會的長期調查，研判主要原因有三：食物來源充裕、環境安全有保障，其他地方環境破壞殆盡。

行程

搭乘7或0西公車到桂林分局下車，由桂林路底過環河南路，進入第3號水門內的停車場，旁邊就是華中橋雁鴨公園。

華中橋雁鴨保護區：可搭201、202、307公車，由萬大路華中橋下的水門進入，景觀近似華江橋，也有相近數量的雁鴨棲息，但視野更爲開闊。

步行時間

約須一個早上。

適合程度

全家大小皆宜。

餐飲

附近無餐飲，宜自備。

● 新店溪的華中橋適合賞鳥，也適合單車越野等運動。

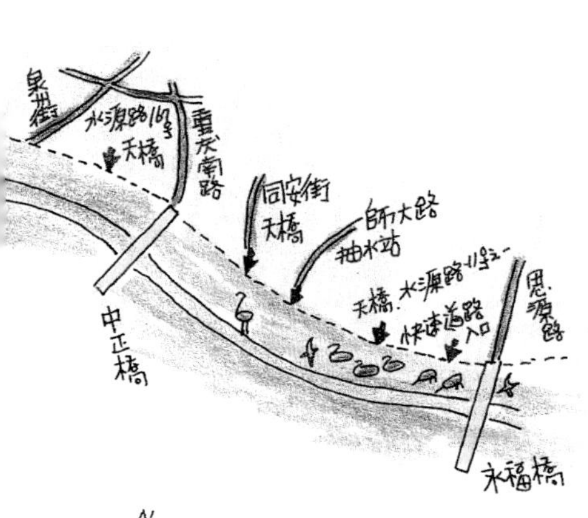

●華中橋、華江橋雁鴨公園

獅頭山步道

（森林、昆蟲）

● 從獅頭山可以鳥瞰碧潭河段。

獅頭山緊鄰碧潭，地理位置相當重要，也是著名的歷史山頭，遠在乾隆時就出現於「台灣兵備圖」上。當時新竹以北地區，用最高大的山標明為獅頭山，山腳隱約標示著大坪林（今新店一部份）。

● 能仁家商校門旁為主要登山口。

碧潭開啓之初亦稱為「獅山邊大潭」，此獅山即獅頭山。當年開鑿瑠公圳時，設蛇籠攔水後，水位上升，潭深水碧美，始稱碧潭。更早之前，郭錫瑠開鑿大坪林圳，曾鑿獅頭山山洞，引青潭溪水。這是獅頭山和水圳之間的關係，如今這個關係已經不復存在。

獅頭山的步道頗為複雜，主要的進行和觀察路線，建議可由文山國中門口往巷內走，經過一些民宅和老屋，隨即抵達能仁家商旁的入口。

整條步道，大抵而言，經過一處面向西南的潮

● 獅頭山步道適合自然觀察。

溼山谷，因而石壁上各種蕨類繁生而眾多。諸如海南實蕨、熱帶鱗蓋蕨、萊氏線蕨、野小毛蕨、三葉茀蕨等，以及珍珠蓮、拎壁龍、哈哼花（抱壁蟑螂）、金絲草等附著在岩壁生長的植物也不少。

木本植物方面，多半以水同木、筆筒樹爲主。低矮的樹種以九節木、台灣山香圓最易記錄。開發地常出現的山黃麻並不多見。基本上，這兒的植物群相接近象山，但比象山多了一份原始之跡。

此外，盆地南部山頭常見的相思樹，此地也不常見。我研判，可能是因爲接近烏來山區，這兒在百年前是土著和漢人的邊界有關，使得相思樹難以在此和漢人的生活產生更緊密的關係。

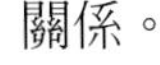

這個陰溼的環境上層也常有各種鳥類和松鼠棲息，天空偶有大冠鷲盤旋。

遇見九丁榕大樹後，樹種就有了變化。

● 雀榕是野鳥大飯店。

●大葉雀榕。

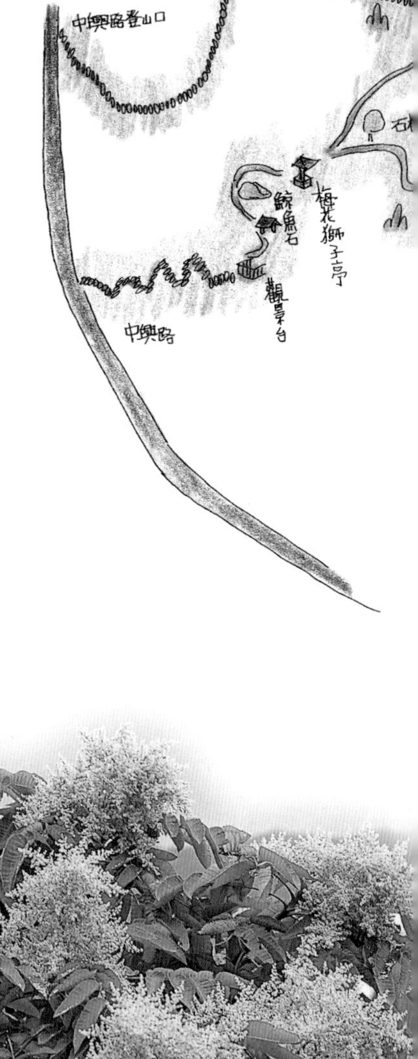

山黃梔、杜英、白匏子、島榕等逐漸增加。

接近梅花獅子亭時，快要上抵山頂了。還有紅皮、青剛櫟、大明橘等山頂常見的植物。最特殊的或許是殼斗科的石櫟，這種植物多半生長於闊葉林，在其他近郊山區並不多見，唯獅頭山山頂附近不少。

●常見於低海拔山區的山鹽青。

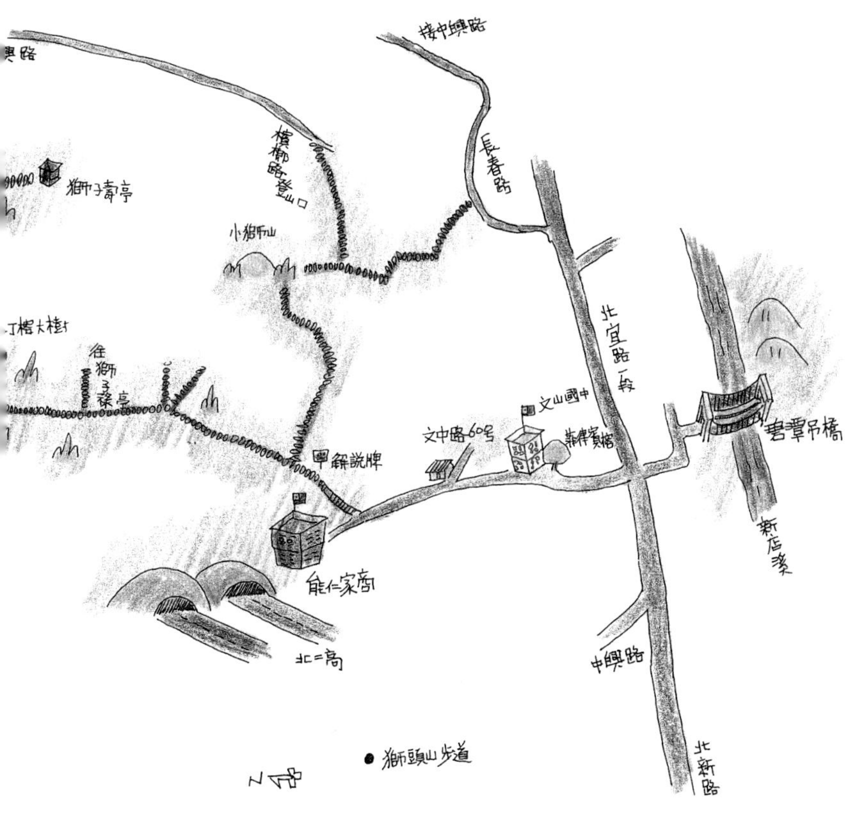

◆步行時間

能仁家商 —50分→ 梅花獅子亭 —30分→ 中興路出口

特殊景觀

◆九丁榕

步道上，向陽處常可見九丁榕的幼苗，中途還可遇見一棵大樹。九丁榕是榕樹屬老樹裡，較少出現的一種，若有亦多半分布於山腳之次生林、原始林爲多。

行程

可搭乘新店客運，或往烏來、北宜方向的公車，在文山國中站下車（即碧潭吊橋附近下車），從對面巷子走上山去即可。

適宜對象

青少年以上皆宜。

碧潭河域

(森林、橋樑、溪流、古蹟)

北二高拱橋是高速公路上最長的拱橋。

在碧潭旅遊，如果還是六、七〇年代的角度，你無法看到有趣的內容。我們必須懷著更多歷史的情感去體驗。

如果從停車場入口下車，隨即來到北二高拱橋。這座橋是台灣最大的拱橋，拱橋全長達八百公尺，全面考慮到避震和防洪的安全，是相當全面的設計。

瑠公圳石碑設立於北二高橋下。

除了大型拱橋外，旁邊的兩座橋也是教學的好教材。它的右邊是碧潭大橋，大橋曾經在洪水中沖跨六、七次。北二高拱橋上有一個琉公圳紀念碑以及當時的圳址。原來早年瑠公圳便是從這裡取水灌溉台北盆地的。紀念碑把整個取水的大概敘述了一

● 碧潭吊橋興建於日據時代，已經有六十多年。

● 位於大笨山上的碧潭樂園已經廢棄，成為自然觀察的好區域。

遍，後面的壁畫也將農村稻田收割的情形描繪出來。

經過長青活動中心，這是附近老人活動的主要地點。不是例假日時，這是一個常見到老人和流浪漢的小鎮。過去，從事軍公教行業的人，住在這裡的也不少。

緊接著，我們來到新店的街市。中途即可經過抵達碧潭吊橋。吊橋的橋頭左右兩側橋塔都有支柱。原本粗大的支柱已經凹陷成細瘦的情景。原來這是一種特別的「鉸支承」裝置，據說裡面有一顆狀似圓球的東西，可以化解來自各個方向的力量。它經歷了六十年來的颱風，不受影響。

進入碧潭吊橋之前，不妨走走新店老街。原本，這條古老的街衢有打鐵鋪、糕餅店和理髮廳等店面。如今道路拓寬，古老的行業已經所剩不多，紅磚屋也看不見了。過去，它是一個交通的驛站，過了吊橋通往永和三峽，由新店往東去宜蘭，往東南前往烏來。

● 碧潭因風景美好，且岩壁矗立，被稱為小赤壁。

● 碧潭河畔例假日時常擠滿戲水人潮。

走吊橋是來這裡的遊客必定會進行的健行活動。過了碧潭，眼前就是和美山。和美山山頂以前有一個遊樂園如今已經廢棄，隱密的山路適合自然觀察。而紅色的長長吊橋，橋下一泓墨綠潭水，再加以旁邊如赤壁的和美山崖壁，形成這裡名聞中外的碧潭美景。

● 碧潭泛舟從二十世紀初即已開始。

吊橋對面有兩座廟寺值得走訪，分別爲海藏寺和太平宮。海藏寺在橋頭附近，安奉有肉身不壞的高僧金身。太平宮是新店最古老的廟宇，奉祀開漳

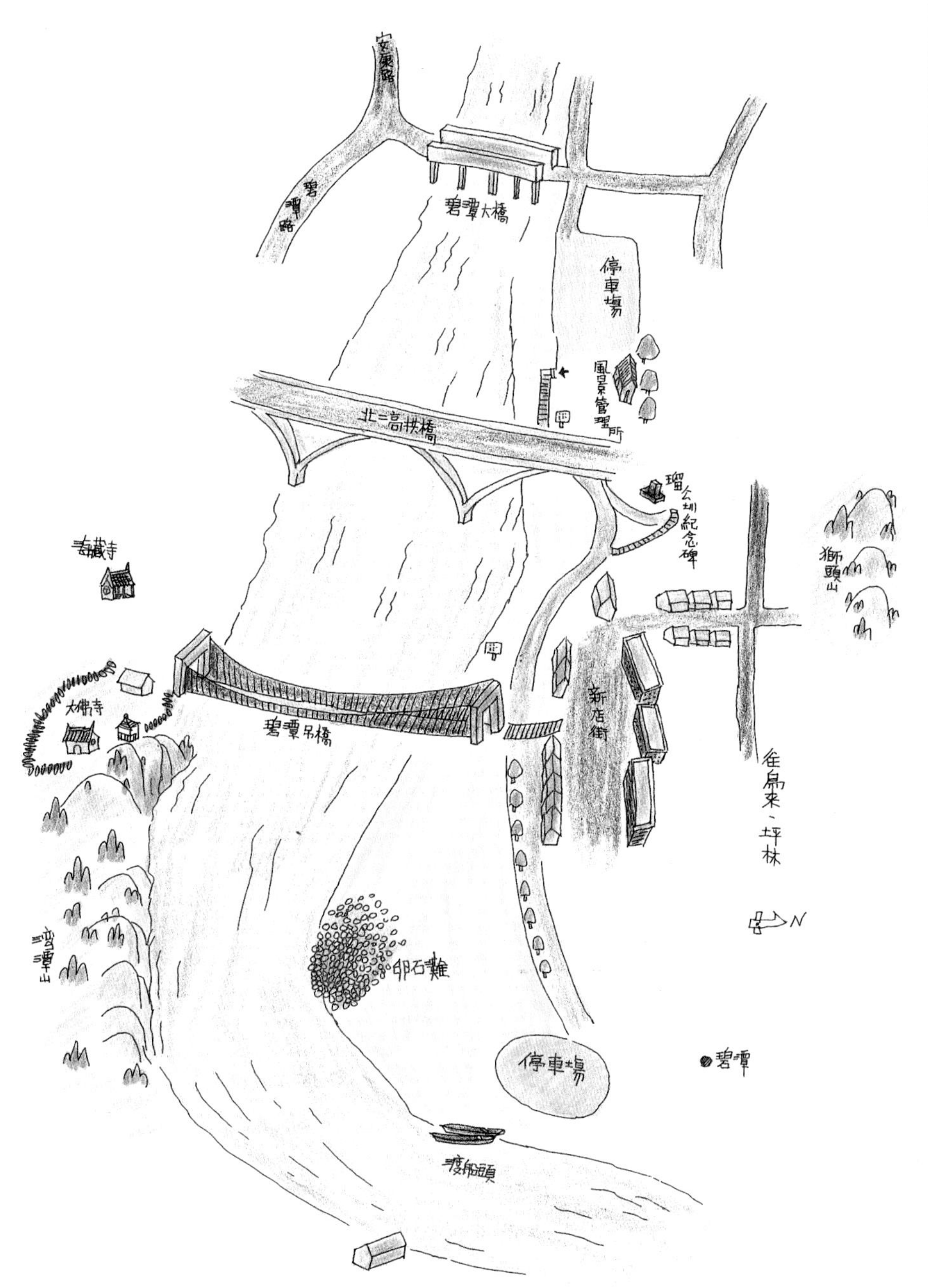
安康路
碧潭路
碧潭大橋
停車場
風景管理所
北二高架橋
瑠公圳紀念碑
獅頭山
寺
大佛寺
碧潭吊橋
新店街
往烏來、坪林
N
灣潭山
卵石灘
停車場
碧潭
渡船頭

聖王，距今有一百九十年歷史。

如果繼續沿市街往前行，不久可抵達前面開闊的卵石灘。過去這裡是香魚主要的產卵地點，如今形成裸露的石灘。

再往前可抵達渡船頭，不妨搭渡船到對岸走走，感受田野景色，欣賞自然。

● 碧潭的鸕鶿已經不再。

◆步行時間

停車場 —15分→ 吊橋 —15分→ 卵石灘 —5分→ 渡船頭

■特殊景觀

◆吊橋

一般建吊橋的位置，往往在地形比較險惡的山谷。尤其是下方無法鋪設木橋、竹橋的環境，勢必得使用吊橋，做為兩個地點的往返的工具。所以，大部份的吊橋都出現在山區。台灣因為多山，交通建設不容易，許多吊橋出現在崇山峻嶺的位置。

這其中，最有名的吊橋無疑是碧潭大橋了。我們沿著新店溪旅行，它也是最早出現的一座。我們一看到碧潭大橋，就知道開始要進入山區了。通常，大部分的吊橋深處偏遠的山區，可能一天只有少數人走過，甚至，三四天才有一個人出現。早年的碧潭吊橋卻是一條非常重要的路線，它是中和、永和，與新店之間的聯絡要道，每天有上萬人往來。

前幾年，碧潭吊橋要度過六十歲生日時，原本要拆除，重新改建。後來，當地人士認為它也是重要的古蹟，無論如何要保持原樣。所以，它就繼續以現在的面貌，繼續跨越新店溪，供遊客緬懷。

◆香魚

香魚日本話叫阿油！台灣話又叫結魚。

有人說香魚是鄭成功帶來的，因為鄭成功叫國姓爺，所以香魚也叫國姓魚。香魚是台灣特有的魚類，牠們的家鄉在翡翠水庫、烏來、石門水庫和瑞芳等地淡水河上游的環境。牠們在那兒依靠石頭上的矽藻和各類小蟲覓食。

每年九月時，香魚長大成熟了，會從上游的家園，到下游的地方產卵。新店溪的碧潭就是其中之一。牠們選擇產卵的地方是廣闊的卵石灘，這些橢圓型的大石頭是卵的庇蔭地。牠們一次可生下數萬個卵，每隻香魚產卵都有領域。這時也是釣香魚的好季節。釣客的釣魚方法很特殊，他們利用香魚好勇鬥狠的領域習性，用羽毛釣香魚。

香魚卵在二十四小時就孵化，被河水沖到海口。那兒藻類豐富，所有的香魚小孩都要到淡水河口長大；等隔年春天，大約在清明時節之後，才會離開河口，開始上溯回到上游的家園，各自佔領地盤。

上游陽光充足，溪水清淨，石頭矽藻多。牠們的上顎有一對舌齒，平時用來刮矽藻吃。但是，如果有其他香魚來搶地盤，牠們也會攻擊驅逐出境。

香魚一歲時最成熟，好吃。兩歲時，就已經是老妖怪，肉質硬，沒有人要吃了。日據時代禁止亂捉，而且建有魚梯，讓牠們回家。但是光復以後，法令沒有禁止，大家亂釣，再加上中下游河川污染，香魚幼苗無法游到河口，因而逐漸減少。大概在一九六○年代初時，新店溪的釣客就再也釣不到香魚了。

◆瑠公圳

現在，大部分台北市民都是靠翡翠水庫供給日常用水，以前卻是靠著瑠公圳的灌溉，完成大部分的農業耕作。

瑠公圳何時興建的呢？早在二百五十年前，台北盆地開始開發時，它就出現了。原來，當時農田急需用水，在人工埤池有限下，住在現今八德路附近的郭錫瑠不得不率領家丁，四處尋覓灌溉的水源，進行這樁工程浩大的水利工程。

後來，他們沿新店溪探測，穿越叢草峻嶺，抵達新店附近。最後，和大坪林附近的墾戶合作，在此築隄開圳，興隄壩，截住新店溪溪水。另外，沿北岸開闢輸水渠，引水入渠。

當時，修築的水道長達二十多公里，必須穿過陡壁、岩石、叢林。而且，修築的地方離泰雅族人居住的環境十分接近，修築的漢人必須時時防患偷襲，開圳建埤的工作相當困難。但他們還是排除萬難，將築水圳的大業完成。

當時的水渠便是這樣汩汩不絕地經過大坪林、景美，再以水梘跨越景美溪，進入台北市區。早年台大新生南路、大安森林公園、頂好超市、八德路路段，以迄松山等地帶的農田，都是瑠公圳灌溉的範圍。可說，整個台北舊市區，有一半以上的地段都在它的照顧範圍，對台北的開發影響至為深遠。

郭錫瑠死後，兒子繼續興水利，維繫了景美、台北市東區等地區的農田水利命脈。後來的人為了紀念郭錫瑠的拓墾功勞，遂將由碧潭為源頭，陸續開闢的水圳總稱為「瑠公圳」。

行程

可搭乘新店捷運至終點站，或搭乘新烏客運至新店站下車。台北市諸多公車皆可抵達。

適宜對象

全家大小皆宜。

餐飲

附近餐飲店多。

小粗坑和直潭國小步道

（發電廠、曲流、森林、鳥類）

●從小粗坑遠眺碧潭大笨山。

過去十多年來，它一直是賞鳥人的賞鳥路線。如今，也是台北近郊絕佳的腳踏車路徑。如果由小粗坑出發沿著新烏公路旁的小路進去，便是永興路。大約十分鐘，可抵達台電桂山發電廠小粗坑分廠。我自己喜歡用走的，80年代賞鳥起一直走到現在，在非例假日時。

●桂山發電廠於日據時代即興建。

穿過素樸的桂山發電廠宿舍，眼前赫然是一座日據時代留下的老建築，樣式古典而樸實。它是這兒最重要的古蹟地標。左邊有伸仗板小徑通往燕子湖。電廠前有一座感恩橋，橫跨溪流，附近經常有人來此釣魚，魚類資源豐富，連罕見的鱸鰻，附近水域都可發現。

過了感恩橋，一路都是柏油路小徑，寬可通私家車輛往來。平常時車輛不多，還可安步自然觀察；但例假日時，有不少人車經過，較不適合自然觀察者走動。

一路上，左邊是近乎垂直的山壁，右邊是新店溪著名的大彎曲流，形成著名的直潭台地，以及碧潭附近的明媚景觀。

中途經過兩座水泥橋後，抵達土地公廟，沿途皆可遠眺新店溪綺麗的蜿蜒地貌。溪對面的山是灣潭山，旁邊有著名的海會寺。溪邊都是廣闊的綠竹林。

大約一個小時的林間縱走後，可抵達附近的森

● 直潭國小校園後有一座小森林。

林國小——直潭國小。校園裡的林子相當適合自然觀察，或者散步林間。

這間被譽為眞正森林小學的學校，後面有一片森林。高大的林子裡有步道和涼亭等設施，適合徜徉。林子後面有一條石階小徑，草木叢生，昆蟲頗多，尤其是蝶類。由此林子可以下到溪邊。

溪邊有野營之木屋，此地相當適合觀賞溪邊之景色。冬天時岸邊的芒草花開，一片褐紅色搖曳；

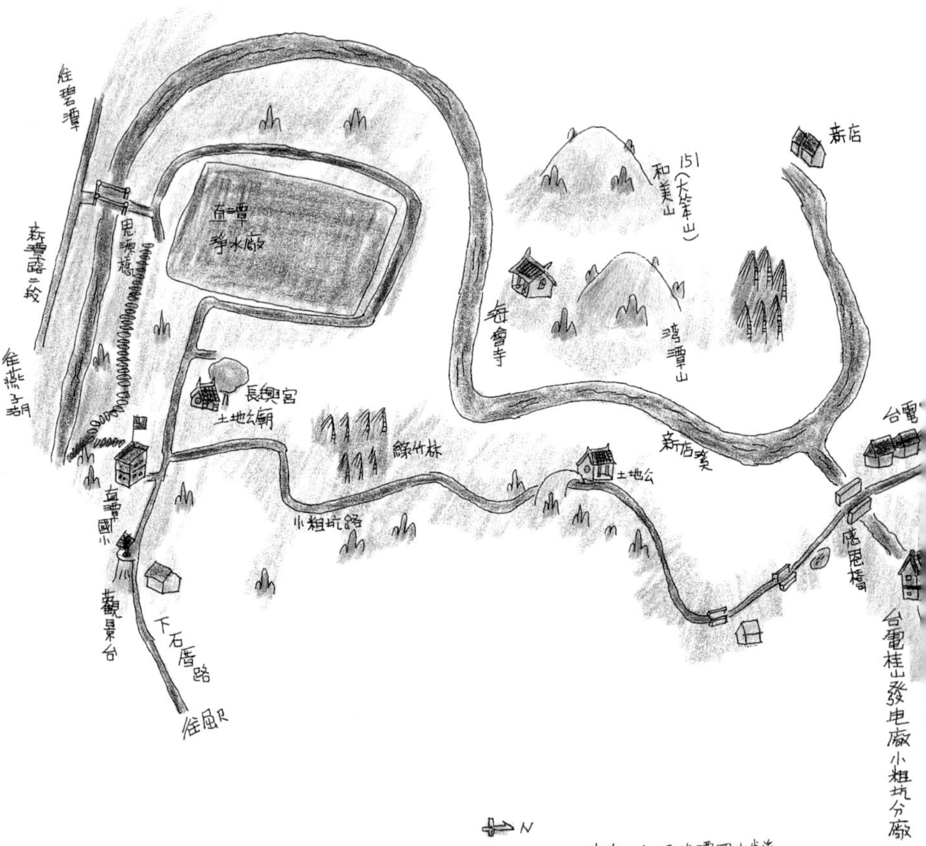

● 小粗坑和直潭國小步道

● 甜根子草是直潭地區冬天河床上的主要植物。

甜根子草則在河岸卵石灘上白茫茫一片，各自展開不同的蕭瑟和淒涼。這裡有廢棄的柏油路，可沿淨水廠通往思源橋。溪岸多半是向陽性植物。

如果不進入直潭國小，往下走，經過野薑花林，走出土地公廟，沿著淨水廠，亦可走回思源橋，只是路途較偏遠。

如果腳力健（騎單車更宜），從思源橋往左邊的路線前去，可通往景觀更爲綺麗的燕子湖。這兒具備上下坡變化，路途有幾段叉路，但只要沿著溪邊前進就不致於迷路。抵達燕子湖後，繼續沿松林路前進，終點可銜接北新路。

◆步行時間

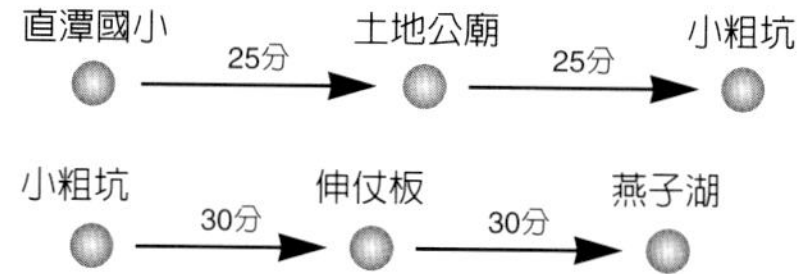

直潭國小至溪邊約十五分，由溪邊往右邊小徑前行至思源橋約半小時。

特殊景觀

◆曲流景觀

曲流景觀是新店溪重要的地理特色。主要河段從屈尺起到這兒，兩岸連續呈現不對稱的地理環境，一邊爲緩緩傾斜的卵石灘，另一邊爲被侵蝕的山腳陡坡。

◆甜根子草景觀

甜根子草喜歡長在溪邊的水域。在中南部很容易發現。甜根子草的花多半自夏天起盛開，在大的卵石灘溪流比較可以看到，諸如蘭陽溪、大安溪等河域的沙洲，都有大片甜根子草景觀。從這兒以上的新店溪河域，到四嵌水的河段，也都看得到甜根子草白茫茫的景觀。

行程

搭乘新店客運在小粗坑下車，或搭乘美之城公車，由直潭方向進入。

可搭車至美之城，再走至思源橋。由橋左邊小徑轉入，往小粗坑。

餐飲

附近無餐飲，宜自備餐飲。

適宜對象

國中以上爲宜，公路上有時比較多車輛。非例假日時前往爲宜。

雲仙樂園

（鳥類、瀑布、森林）

雲仙樂園仍保有早年原始森林的容貌。

雲仙樂園位於烏來瀑布的水源地，南勢溪的右岸，海拔約五百公尺。這個小小的平緩山谷有烏來溪從中流過，最後形成懸崖的雲仙瀑布景觀。相對於烏來其他地區，它好像一個孤立的島嶼，一個生態隔絕的島嶼。從這個觀點思考時，難免讓喜好自然觀察的人對這裡充滿一探究竟的好奇心。

從纜車上鳥瞰南勢溪谷。

到雲仙樂園，必須搭乘纜車前往，渡過南勢溪。另外還有一條路，必須下到南勢溪攀爬上去，約一個小時，由於山勢陡峭，很少人走這條路。況且回來除非是走下山，要不，搭乘纜車還是要收費。

從纜車上鳥瞰整個烏來山勢，這種經驗相當難得，天氣好時更能感受這裡山巒的年輕、險峭和不安，還有山谷飛瀑、急湍的特殊環境。上抵雲仙樂園後，一連四個觀景台，都是觀看附近原始森林和瀑布的好位置。在這裡你看不到次生林，多半是較隱密保持良好的原始山林景觀。一些平常山區已經不容易見到的植物諸如黃藤，這裡特別多。

在這裡自然觀察，不能選擇星期假日，因爲星期假日遊客多，這時遊樂區的各種遊樂裝置的機械聲都會轉動，吵聲會影響我們自然觀察的情緒，或者散步在其間的情境。

從纜車入口到雲仙水壩的階梯路段約兩百公尺長，稱爲雲仙岩道。這條無中生有的步道完全是依懸崖絕壁打造出來。中段有一土地公廟（雲仙宮）內部石壁有雕字，追懷早年開鑿之過程。

進入水池區以後，它主要有兩大步道，一條是繞水池和遊樂區本身的環境；另一個步道是繞遊樂區外邊森林的步道。

● 北草山南烏來，這是日治時期台北盆地最重要的兩個風景區。

如果走在水池周遭的環境裡，最大的感受是九芎樹很多，附生在喬木上的山蘇花和崖薑蕨也到處可見。雖然這裡已經開發，但是許多原生樹種都留下來；最具有代表性的九芎，一棵棵都相當

● 雲仙樂園周遭有環山的小徑。

●崖薑蕨數量相當龐大。

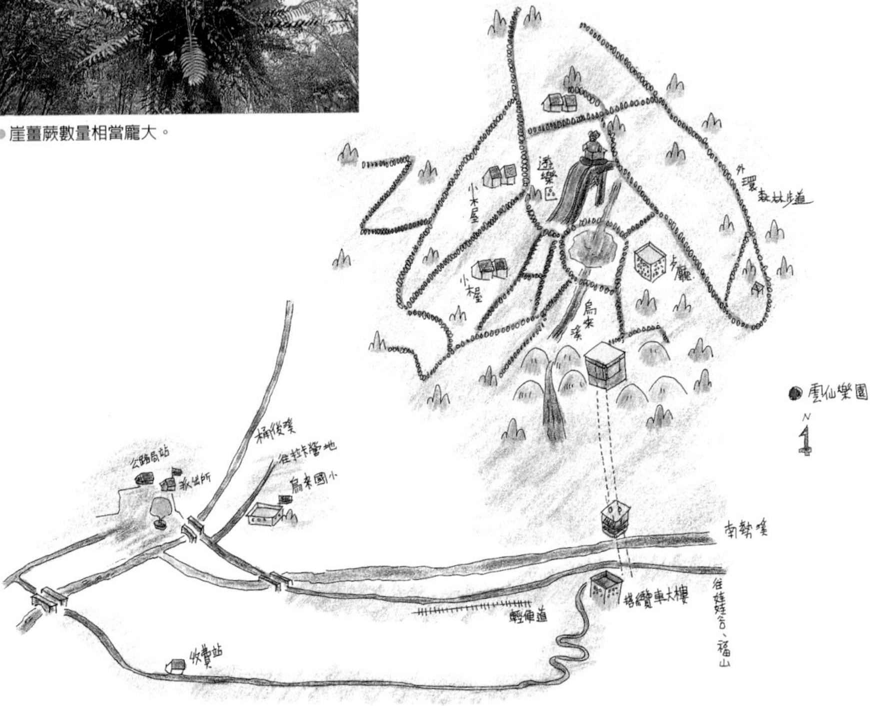

巨大，密生度亦相當高。牛樟、赤皮和烏心石等大型喬木，都是別地較不容易見到樹種。這裡都立了解說牌。此外，爬藤類植物也相當值得觀看，像台灣原生的鵝掌藤，在此就可以看到，它和我們平常看到的灌叢截然不一樣。除了到處有山蘇花壯觀地生長外，崖薑蕨也是很重要的附生蕨類之一。

●森林裡山蘇花豐富。

走進森林的步道，景觀更爲原始。由於經常雲霧繚繞，有時彷彿進入仙境。在此賞鳥也是個絕佳的

景點，在幾個開闊的地方，都能看到其他地區不易見到鳥種。

在烏來溪，筆者曾於冬天時看到一群灰喉山椒貼著溪旁的草原，和我差肩而過，成爲我一生最爲難忘的賞鳥景觀。不過，說到代表性的鳥種或許是鉛色水鶇、紫嘯鶇等溪鳥，牠們也不太怕人，很容易接近。偶爾也可看到哺乳類如條紋松鼠。但是，步道潮溼容易滑倒，要特別小心。

當然，你也可以什麼植物都不認識，只是以一種體驗自然的心情，觀賞各種花朵的顏色，各種奇異的蕨類，享受森林的氣氛。總之，這裡的森林比起其他地方，似乎多了一點潮溼；也因這樣的潮溼，更多了一分原始。

●在雲仙樂園可看到條紋松鼠。

特殊景觀

◆烏來瀑布

不易被侵蝕的硬岩是瀑布形成的必要條件。烏來瀑布落差達八十公尺，寬度受降雨量的影響甚鉅，平均有十公尺寬，是台北縣境內最高的一座瀑布，有十分寮大瀑布五倍高。它的水來自烏來溪，烏來溪是南勢溪的支流。南勢溪向下將河床切蝕，因而產生了和烏來溪的巨大落差，於是形成瀑布，它是屬於一種懸谷式瀑布，它的出現意涵了豐富的地質和地理現象。至少有以下有趣的說法：

一、證明台灣島繼續隆升。

二、是六萬年前台北盆地陷落的物證和指標。

三、南勢溪具有豐沛的水量。

四、此地區的岩層堅韌和耐蝕。

行程

可自行開車，或者搭乘新店——烏來客運沿新烏公路前去，不論從烏來的舊橋或新橋進去，都可以抵達雲仙樂園搭乘纜車的地方。搭乘的價格（包括門票費）並不便宜，一般成人約兩百元。

步行時間

如果繞行森林步道，約兩個小時。

餐飲

雲仙餐廳有餐飲設備，亦可自備。

適宜對象

全家大小皆宜。

注意事項

森林步道複雜，地圖僅供參考。

啦卡小徑

（溪流、森林、鳥類）

● 附近的溪水清澈，相當適合露營、戲水。

在所有推介的自然小徑和步道裡，啦卡小徑無疑是較爲偏遠而荒涼的一條。它位於烏來，可從烏來國小的孝義產業道路進入；沿著桶後溪，按指示牌，可抵達。

● 啦卡小徑是賞鳥的好路線。

啦卡是泰雅族話，楓葉的意思。以前這兒是楓葉相當茂盛之地，不過在營地附近已不容易見到。

這裡海拔近五百公尺，屬於闊葉林的山區，循著指示牌，有小路走下溪谷。首先，先經過一處廢棄的垃圾轉運站，隨即便來到啦卡營地。

營地旁即溪水清澈而寬敞的桶後溪，營地左右邊皆有小徑，可以走下溪邊戲水。沿著石子路繼續往前走，就是和桶後溪一路做伴的啦卡小徑。在北部，很難得可以看見一條溪邊的小徑能夠如此開闊和森林、小溪筆直並行，有點像南部雙流森林遊樂區的景觀。

溪邊兩岸的森林相當蓊鬱而陰森，不時有鳥聲傳來。由於山谷的視野開闊，更適合賞鳥。不論隱密森林的鳥類、天空中的猛禽，以及溪邊的鳥類都相當容易發現。後者尤其是來這兒賞鳥的主要特色。諸如河烏、鉛色水鶇、翠鳥、灰鶺鴒、小白鷺等都是這兒重要的溪邊鳥類。有時運氣好時，對岸還能看到台灣獼猴。

森林本身的樹種也相當繁雜，潮溼的凹谷有水同木、水冬瓜等，高大的林冠有山柏、烏心石等原生樹種。

小徑由於被車輛輾平，開拓得更適合人車行走，森林相早被破壞。只有溪邊還殘存一些森林的樹種，諸如紅淡比、烏皮九芎、九芎、筆筒樹等。新開發出來的裸露地，生長著各種低海拔常見的植物，諸如昭和草、冷清草、水蓼等。

水濶處不時傳來斯文豪氏赤蛙，性喜溼地的野薑花之類的植物也集中在那兒生長。

溪邊的豆娘和蜻蜓相當多，尤其是短腹幽蟌，到處可見。虎甲蟲和人面蜘蛛也不少。

澄澈的溪水也是觀察溪流動物生態的好地方。如果坐在溪邊，不難看到四、五

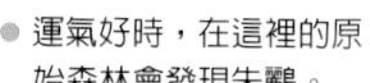

● 運氣好時，在這裡的原始森林會發現朱鸝。

露營區
溪澗
桶后溪
啦咔營地
WC
舊焚化廠
往孝義
往烏來國小、迷你谷
N
拉咔小徑

● 位於迷你谷的台電日本時代宿舍已經拆除。

種魚蝦在此活動的情形。你會看到浮游於水上層的溪哥，在岩壁間吃綠藻的石斑，還有緊貼在岩石的平鰭鰍等。翻開溪石還會找到溪蝦和溪蟹，也有水蠆、蜉蝣等昆蟲的幼蟲。

走到終點處，有一塊平台相當適合露營，年輕時我常來。這段路走來不長，來回大約一個小時可結束。

特殊景觀

◆溪流生態

在台北附近溪流，要尋找一個地點可以看到鉛色水鶇、河烏、翠鳥和小白鷺都能夠棲息的環境並不多，這裡是正是一個絕佳的觀察環境。桶後溪的寬敞、清澈，水量穩定，同時溪邊棲息的動物豐富，都是這個環境會吸引鳥類到來的主因。

行程

搭乘前往烏來之客運，在烏來總站下車。如果從烏來車站步行，經過迷你谷，走至啦卡營地，大約要一個小時左右。若是開車，約十五分鐘可抵達。

適宜對象

青少年以上皆宜。

餐飲

附近無餐飲店，宜自備食物。

內洞森林遊樂區

（鳥類、昆蟲、兩棲類、森林）

● 信賢吊橋是進入此條寬敞步道的主要入口。

我們習慣稱它爲娃娃谷步道。這條路線起自信賢吊橋，終點在內洞森林遊樂區的瀑布。

原先它是烏來通往福山的公路。後來，公路依右邊的山崖開闢，左邊的公路乃告荒廢，成爲一般人健行

● 內洞森林遊樂區有簡易導覽圖。

原來的舊公路，現在成為寬敞的步道。

的寬敞步道。在這裡可以清楚感受山高水險的環境，截然不同於陽明山的婉約。

橋下的溪是南勢溪，過了吊橋爲北岸。北岸基本上是陡峭的崖壁，植物並不豐富，多爲頁岩的地形。不時有瀑布出現，瀑布或凹角的山谷林木較多，昆蟲和蛙類亦不少。右邊林木沿著南勢溪壁立，種類較爲單調，由於在山谷裡，潮溼的植物不少，諸如水同木、長梗苧麻等都相當多。

由於路途寬敞，非常適合健行、賞鳥。不過，鳥類要到內洞森林時才比較豐富，之前的鳥相較爲單調。到了內洞時，朱鸝、台灣藍鵲都有機會發現。

路途有一段距離，但相當舒暢，甚少受到陽光照射。大約一個小時抵達種子學院，左邊是柳杉林。這兒適合休息，或者到溪邊小歇。再往前行，有叉路，往右邊上行抵達信賢村。繼續往前可進入內洞森林遊樂區，路上以碎石爲主。進入以後，林相就截然不同於先前的單調。山蘇花附滿樹枝的隱密大樹，

步道旁多瀑布。

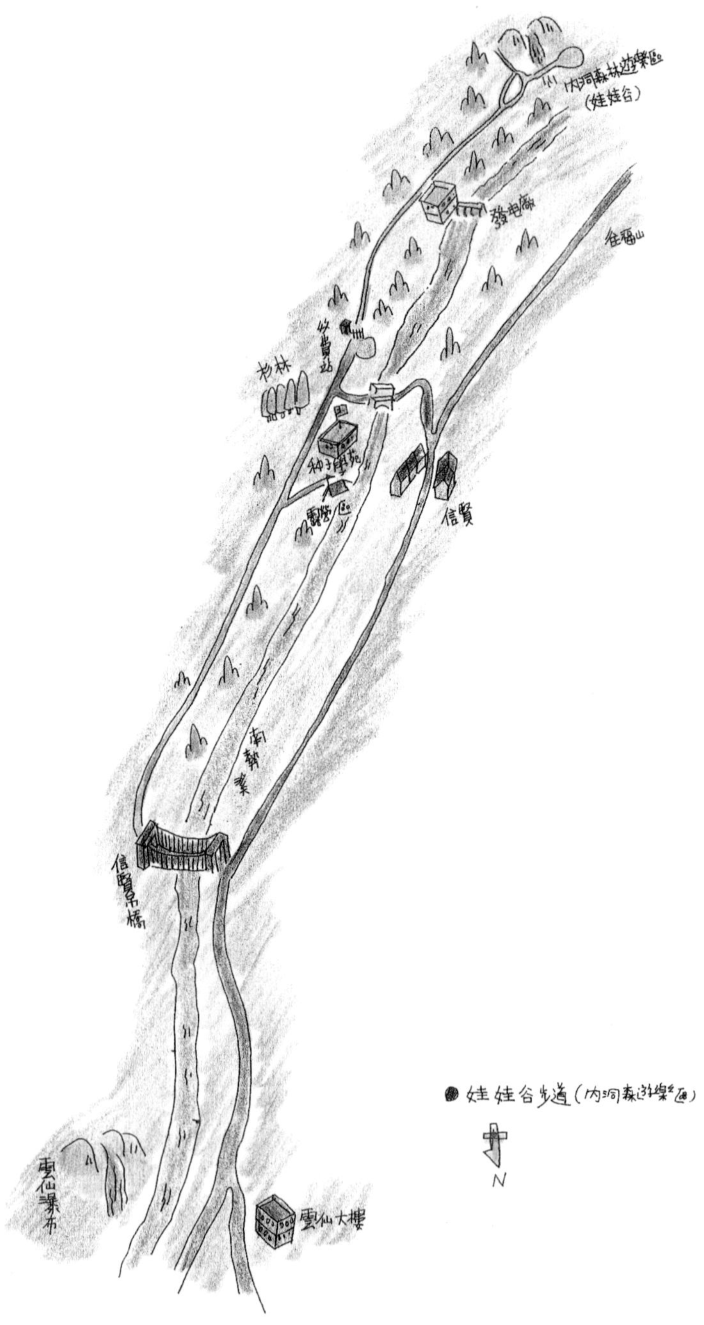
內洞森林遊樂區
(娃娃谷)
發電廠
金福山
杉林
收費站
種子學苑
露營區
信賢
南勢溪
信賢吊橋
雲仙瀑布
雲仙大樓
娃娃谷步道(內洞森林遊樂區)
N

行程

可自行開車，或者搭乘新店——烏來客運沿新烏公路前去。娃娃谷位於南勢溪，如果用走路前往需時四十分，開車約十分鐘可抵達。

餐飲

遊樂區無餐飲，亦自備。

適宜對象

全家大小皆宜。

◆步行時間

信賢吊橋 —50分→ 種子學院 —30分→ 内洞森林遊樂區

● 台灣特有種紫嘯鶇最常出現溪澗水域。

林立兩旁，展現原始、潮溼的亞熱帶氣息。過了水壩發電廠時，這種氣氛更加明顯。在水壩地區，可看到這裡的代表性溪鳥——鉛色水鶇。有時也有紫嘯鶇和河烏。

過了水瀑區，步道上設有樹牌，介紹各種植物，也有大型看板描述當地常見鳥種。這條步道還有山路可爬到山頂。但一般人都在旁邊的步道走動，絕少攀爬到陡峭的山頂。林鳥裡，灰喉山椒、青背山雀、白耳畫眉等是這兒固定會發現的鳥種。蛙類也是這兒的重要動物資源。夜間時，不同季節旁邊的水溝經常有不同的蛙類的鳴叫，相對的蛇類亦不少。

比較麻煩的是，步道無公車，必須走回去，才能搭車。要不就必須兩頭接送。

若是快速來回，少說都要一個半小時。

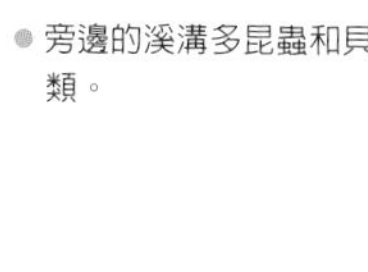

● 旁邊的溪溝多昆蟲和貝類。

福山國小步道

（鳥類、昆蟲、森林、溪澗）

● 福山全景。

台灣叫福山的地方非常多，光是我所知，台北周遭就有三個。大家最熟悉的是宜蘭的福山植物園。劍潭捷運站對面的山，有一座也叫福山，那兒有一條不錯的自然步道。這裡指的福山卻是烏來的福山。它位於內洞森林遊樂區更裡面的位置，進去時必須要帶身分證，辨理乙種入山證。

車子抵達烏來過了橋，經過雲仙瀑布，沿南勢溪，經過信賢吊橋和信賢村，繼續往前，抵達派出

● 校園裡有許多泰雅族的雕飾物。

所管制哨，辦妥入山證後，再往前行駛約半小時可抵達福山。中途，有觀景台可以小憩。這裡是巴福越嶺以及前往哈盆的主要登山處，經常有登山人在此出入。

在這裡自然觀察，主要環繞在福山國小周遭的環境，以及校園內，還有附近原住民村子。

福山以前叫李茂岸，或林望眼，原住民語意即溪邊曲流的地點。它就位於南勢溪支流哈㕭溪（東南）和太能蘭溪（西南）交會處。在福山國小操場可以看到泰雅族紋面的畫像，以及首先帶族人來烏來的族人亞維・布納的雕像。當年，烏來地區泰雅族族群從巴陵到來，主要便是在這裡居住，再擴散至烏來各地。

福山國小左邊有窄小的水圳登山步道，由於較為陰溼，容易滋生蟲類。沿著這條水圳步道可以觀察許多蜻蜓和蛙類。這兒的鳥況亦不差，大冠鷲、台灣藍鵲很容易發現，甚至有時會發現林雕等罕見猛禽。

● 福山附近的瞭望台。

◆步行時間

福山國小門口 —— 50分 ——> 巴福越嶺登山口

這條水圳步道可以繼續往前，一直走到另一個小村，那兒是巴福越嶺的入口。橋下有吊橋，溪邊適合戲水。過了橋多半是桂竹產業爲主，不妨走一小段感受溪岸景觀，並領略古道的原始氣氛。水圳中途，左邊有叉路，沿著草原可以走回學校。在這裡可以觀察草原的鳥類和不同的昆蟲種類。

在這裡非例假日時，沿著產業道路走逛，才能感受自然的空曠。同時不妨和這裡的原住民接觸，認識他們的生活才是旅遊的重點。

夜間觀察也是這裡活動的重點，晚間八、九點後，在柏油路水銀燈下，不妨尋找比較特殊的種類。諸如鍬形蟲、獨角仙等大形甲蟲，但是儘量不要帶走，甚至傷害牠們。

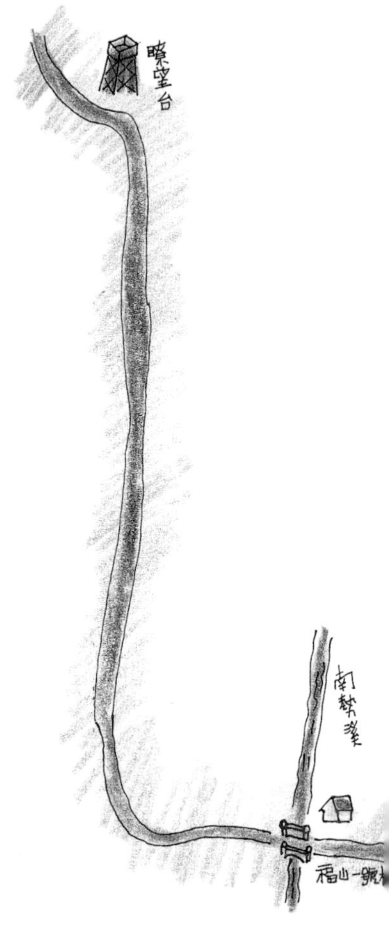

● 福山是烏來地區泰雅族最早拓墾的台地，此人亞維．布納為第一個來到之人。

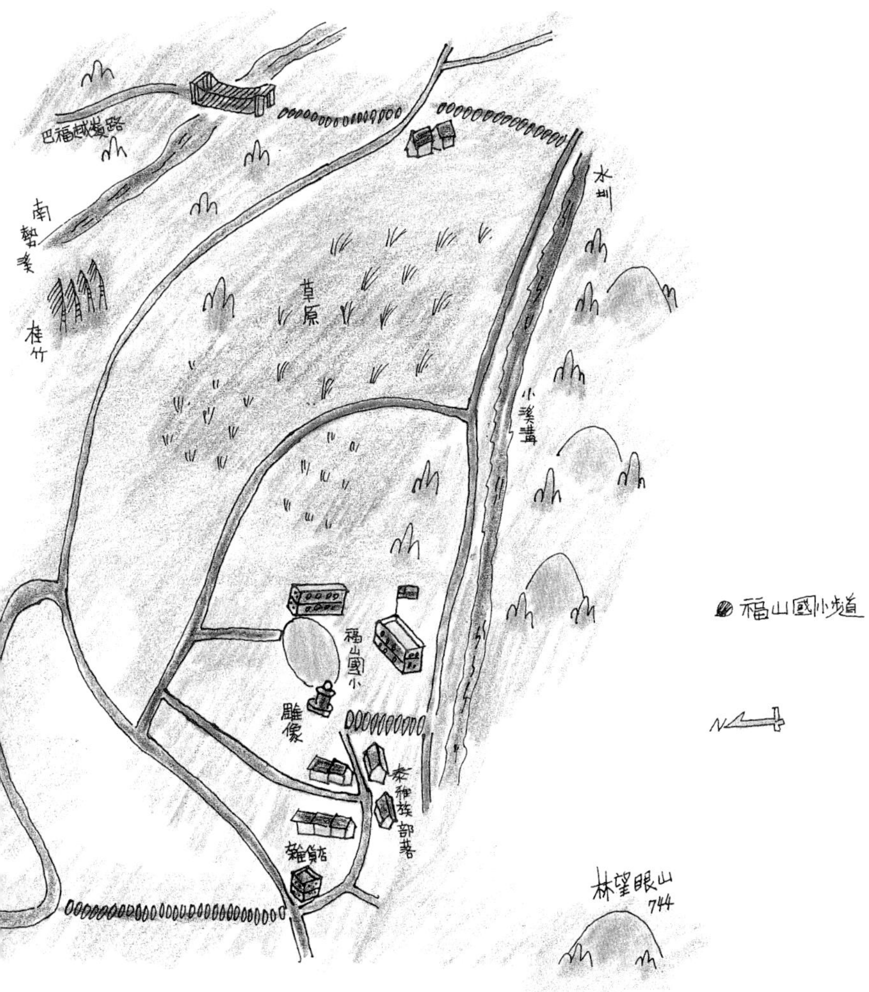

行程

由烏來進入，經過雲仙樂園，繼續往前，過了信賢，再到派出所辦理入山證，方可進入福山。

餐飲

附近無餐廳，只有雜貨店，宜自備食物。

適宜對象

全家大小皆宜。

注意事項

記得帶身分證，辦理入山證。

The North Taiwan

三峽大溪線

- 清水大尖山
- 圓通寺步道
- 鶯歌自然步道
- 三峽老街
- 滿月圓森林步道
- 大溪老街
- 大溪溪州沈澱池小徑
- 小烏來風景區

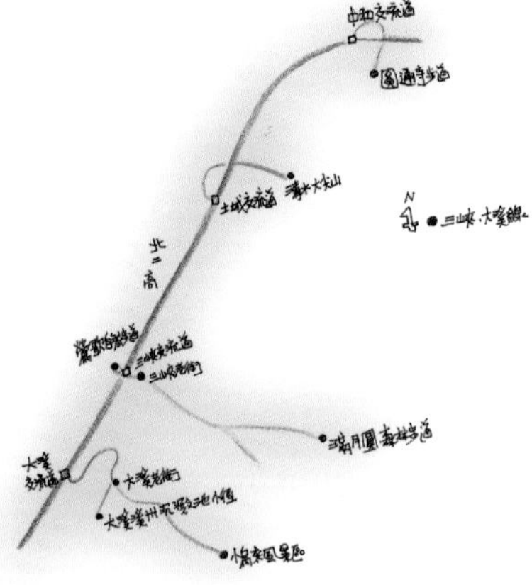

清水大尖山

（森林、鳥類）

每每到了四、五月時，我就會想到這裡。這是最適合攀爬的季節，因爲像初春殘雪的油桐花開了。那兒滿山滿徑都是白色的油桐花，咸信也是台北盆地最爲繁茂的地點。從入口左邊的森林小徑走上去，隨即可感受到這樣的詩意。一路上是次生林，鳥鳴聲十分豐富，低海拔鳥類均可記錄。

●四，五月是油桐花開的時節。

爬上山頂時，有山路通往圓通寺，但路程較遠，需要三、四個小時。山腰油桐花多，但在山頂多半是相思樹了。

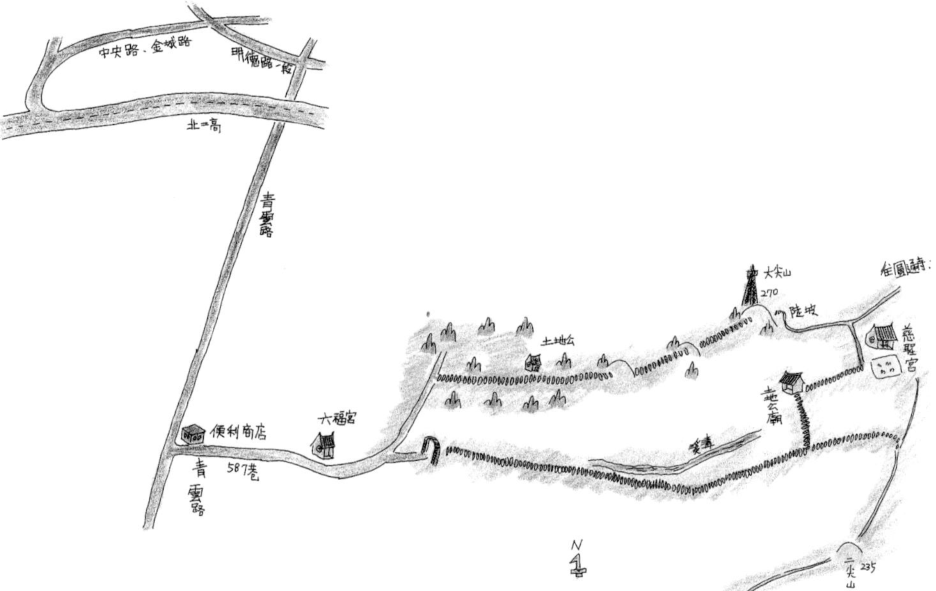

●清水大尖山

由右邊的小徑走下，這是一條沿溪的山溝，鳥類較少，但林相潮溼而多昆蟲，相當適合自然教學。

除了油桐花外，大體說來它和四獸山的環境近似。除了一般的登山客，賞鳥人將它列爲南部中永和地區賞鳥的重要山頭，但是鳥況並無特別之處，地形環境亦無特殊之相。但是，對土城地區來說，仍是例假日踏青的好去處。

● 油桐花葉和果實。

● 相思樹亦是大尖山的主要樹種。

特殊景觀

◆油桐

由於本指南經常提到丘陵地常見的油桐，這裡謹詳細介紹之。我們常稱的油桐其實有兩種，一種是原產於長江流域一帶的，又稱爲光桐；另一種則爲原產我國東南部的廣東油桐。在太極嶺種的便是廣東油桐。如果有果實在地面，檢起來檢視，上面的皮皺皺的，又被稱爲皺桐。這是它和光桐最大的差別。每年四月底，油桐光禿的枝椏換上翠綠的衣裳後，就是雪白油桐花盛開的時節。前幾年全國文藝季，土城即以油桐花盛開時舉辦這個饗宴，可見油桐之於土城的意義。每年這時，我們沿北二高南下時，看到大片蓊鬱成林的油桐白花，不用看路牌，也知道土城到了。

行程

由土城交流道下車，走中央路、金城路再轉明德路一段，再轉青雲路往四海專校。亦可搭乘245公車前往，過了四海工專後下車，青雲路578巷進去，過了土地公廟即可抵達。

步行時間

如果只走清水大尖山環形步道約只要一個多小時。

適宜對象

全家大小皆宜。

餐飲

附近無餐飲，宜自備。

圓通寺步道

（廟寺、森林）

●圓通寺古典而樸實，有著日本寺廟的沈穩。

●古樸而高大的廟牆。

搭乘243公車，經過街道雜亂且窄小的中和，抵達最後一站，便是圓通寺座落的小山丘了。

這裡早年屬於十三庄的枋寮。十九世紀初年，清朝官員姚瑩北巡後，在《台北道里記》提到：「渡大溪至艋舺（今萬華），途中山水曲秀，風景如畫，擺接十三庄在其東南，爲北部第一勝景。」

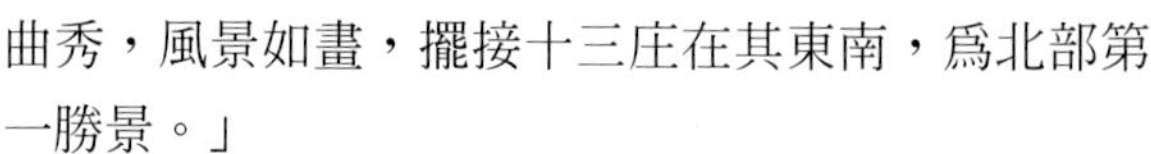

從站牌到寺前，還要走大約二十分鐘。最後一段沿著石階而上，在兩旁多年堆砌的石塊上，分佈著豐富的苔蘚類植物。有暗黃色的肥厚有如綠色卷柏的蘚科，有淺綠如石蓴的苔科，到了廟前的石牆時更有少見的平貼著石塊的地衣類。

●圓通寺入口有一對古樸的獅像，造型突出。

● 圓通寺後即為自然步道。

一路上山，山櫻花和馬纓丹特別常見。從停車場位置，仰望著圓通寺外觀的石砌寺牆，以及整個廟宇的造型時，無可避免地會聯想到日本的寺廟，甚至有著短暫的錯覺，彷彿到了京都或東京之古寺呢！這座著名的寺廟，1926年即興建，它有著一般現代廟宇缺少的古樸與素淨。

最先注意到便是大雄寶殿屋頂上的黑瓦，彷彿積蘊了厚厚的一層樸拙之年歲，全座廟渾然散發著洗練而簡捷的風味。

它摻雜了歐洲和中國的建築美學：殿前的石柱是歐式的元素，屋脊上的龍蟠浮雕則無疑是中國的符碼；相對的，它把日據時代台灣建築的多貌性格全部留下了見證。

它是台北盆地我見過最有質地，而能做有意義對話的寺廟。以前站在靜謐的廣場遠眺，可以盡攬平原景色的位置。可惜，如今多半時候只能看到一片因空氣過度污染所導致的白霧迷濛，環境之惡質彷若市中心；而且四周的空間已具有休閒化的雛型，走出素淨的寺門，迎面而來的是一排商店。

台北近郊盆地幾個規劃成自然步道區的小山裡，圓通寺是破壞最為嚴重的一處。目前，除了圓通寺後方僅餘的一塊殘留林外，在無視水土保持，燒山亂墾亂葬的恣意破壞下，其他地區已經無完整而濃密的綠林之跡。規劃的自然步道，便是繞著廟後這個殘留林走一圈。

這兒和仙跡岩一樣都設有簡單的不鏽鋼解說牌。解說牌不僅對一般民眾有告知生態知識的作用，

● 充滿佛味的自然步道。

它站在那兒，以關懷生態的內容呈現時，本身就像一個石碑般，具有很大的警示意義。

從右邊的步道出發，不久便抵達雕塑有石佛和書寫「佛」字的山壁。隨即看到景觀樹種錫蘭橄欖，肥厚之葉不僅搶眼，而且有著沈穩的安定感。

這兒有一個重要的景觀，解說牌告知如下：「圓通寺一帶，古地名『石壁湖』。根據台灣地名命名之方式推測，當地可見多處矗立的岩石、峭壁，形成前低後高及兩邊高如畚箕狀的地形。（台語「湖」字，指一種像畚箕的地形。）這裡還可以清楚看見沈積岩的層理節理，還有風沙差異侵蝕的風化窗，是一處適合做地質觀察的所在。」

一路山坡的相思林林相正默默地在演替著，由一個被開發的次森林，準備回到較自然香楠林的原始樣。

山稜線上，左邊是圓通寺較爲隱密的殘留林，右邊的山坡整個開發，成爲各種型式的墓場和垃圾坑。

稜線尾矗立著的，便是最初仰望圓通寺時，在其左邊更高山頂的中國寺建築——上寶禪寺。這棟華麗的建築以中國古典的方式，揉合現代的建築觀蓋成。由此處有一條下坡路回到圓通寺。

這兒的鳥類，都是低海拔丘陵可以預期得到的鳥種。

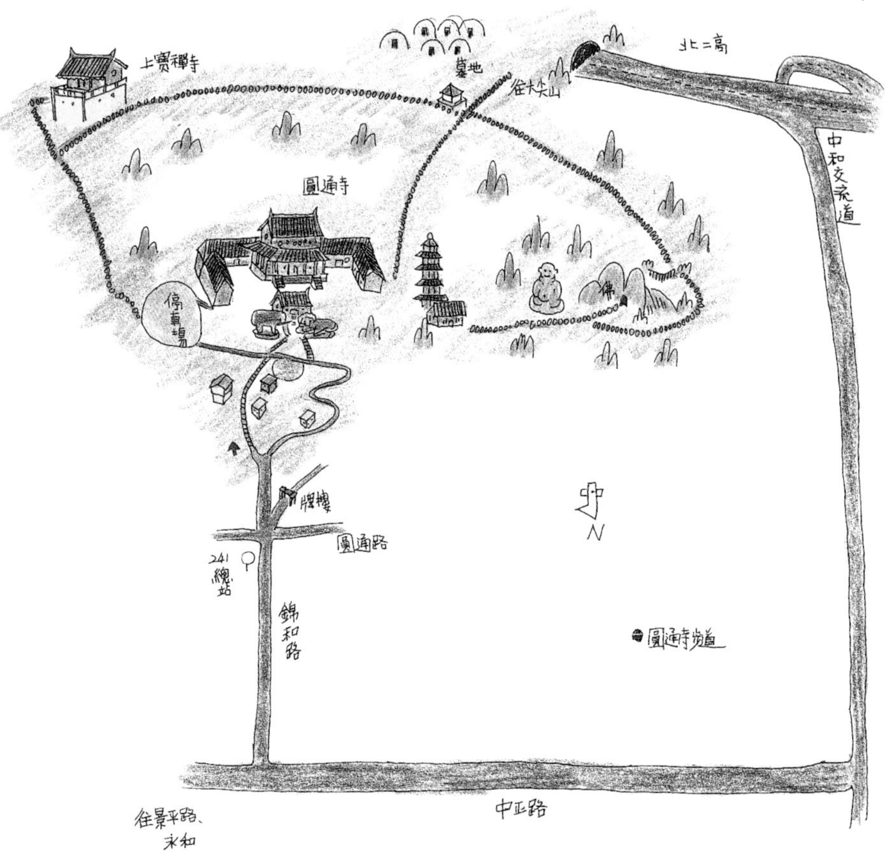

行程

由北二高下來，走中正路再右轉接錦和路，可抵達。或搭公車241、243、242、244、275、201皆可抵達圓通寺站。

步行時間

繞寺廟後之步道約一小時可走完。

適宜對象

全家大小皆宜。

餐飲

附近無餐飲，宜自備。

參考書籍

《圓通寺自然步道解說手冊》　主婦聯盟　1992

鶯歌自然步道

（古蹟、森林、鶯歌石）

到了鶯歌，儘管窯陶認識了不少，沒去看鶯歌石，彷彿還是沒有來過。但是，到底怎麼走法較爲有趣呢？我建議以下的路線，這也是附近一些小學常採用的自然步道路線。

● 步道曾經是運煤的輕便路。

首先，由碧龍宮前往，從停車場左邊進去，停車場旁邊就有簡單

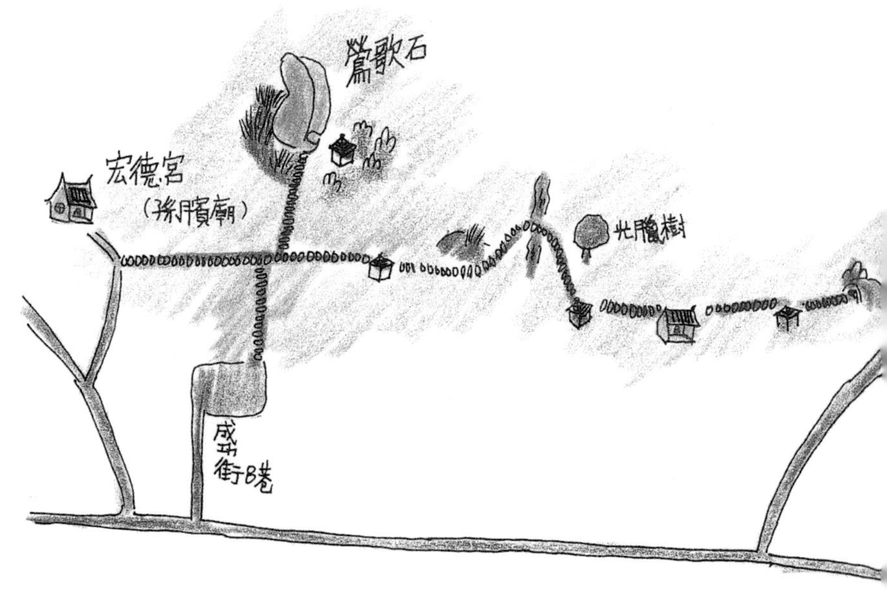

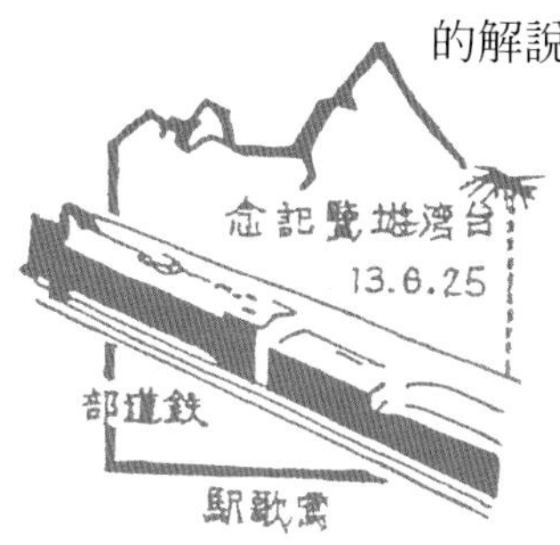

● 鶯歌在日治時期就是著名的觀光勝地。

的解說牌以及水池。步道由此進入，主要是油桐和相思樹，青剛櫟也不少。這個山頭主要是一個典型的相思樹開發森林，開發頗爲嚴重。上抵稜線，隨即下到山谷民宅和紫玄宮的環境，過了橋，往上有一處廢棄的煤礦；往下沿柏油路可到通往宏德宮的欄干步道。

入口的步道隨即出現一個山洞。這條步道原本是運煤的輕便鐵道，如今因煤礦不再，因而鋪上柏油成爲一般的自然步道。穿過山洞一路仍有植物名牌，山坡上多半是常見的相思林，偶爾也可見較特殊的光臘樹。如果把這裡當成附近鄉土教學場地還不錯，若是當旅遊景觀點，似乎欠缺吸

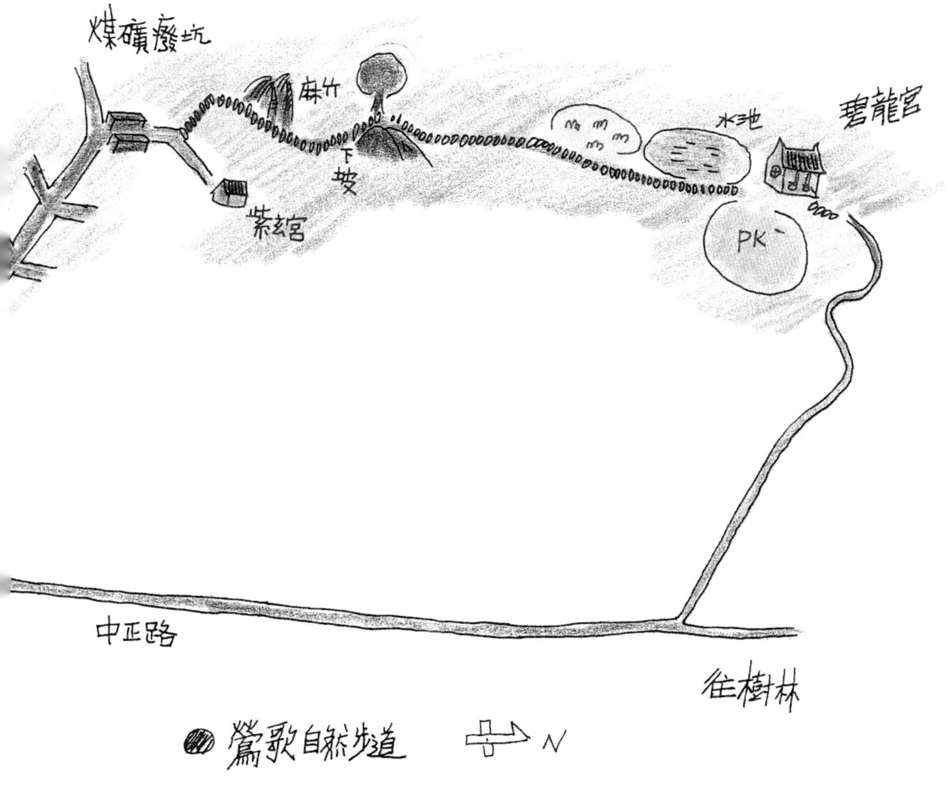

●鶯歌石下的山洞，有1927年豎立之碑文。

引的內容；除了鶯歌石本身。

中途有一廟宇，可下抵中正路。再往前不久抵達一處叉路，往上可參觀鶯歌石。鶯歌石為一巨大砂岩，周遭為芒草林立的山頭，似乎為火災後的環境。附近是個眺望點，可以俯瞰大漢溪和鶯歌火車站附近景觀；再往前行可抵達宏德宮。若意猶未盡，可至鶯歌老街觀賞陶瓷。

●著名的地標鶯歌石。

● 江某是低海拔重要的常民樹種。

特殊景觀

◆鶯歌石

鶯歌石是鶯歌最明顯的地標之一。搭火車由台北抵達車站前，就可看到旁邊山麓上有一巨大石頭。從北二高亦可清楚看到。

關於鶯歌石的由來，地方耆老陳慶義曾經說過一個相當傳神的故事：話說當年，鄭成功的部隊從南嵌登陸以後，一路行軍至此，在現今尖山堆附近紮營。當時此地為蠻荒之地，四周相思樹林圍繞，帶隊的將軍怕士兵因地形不熟而迷路，就吩咐士兵在出巡時須先領取白銀一錠，並於回營時將白銀歸還。後來，將軍發現白銀減少，於是派兵四處偵查，發現鶯歌山的山頂雲霧繚繞，不時自空中傳來鶯聲。於是斷定山上有妖怪，於是號令部隊向山頂開砲，恰好打中了鶯歌精的頭，頭斷了，彈到對面的三峽，又打掉了山上的一隻鳶精的下顎。所以人家說，「鶯歌石沒有頭，而鳶山沒有下顎。」

鶯歌石自古以來就是海山地區居民出遊覽勝之地，日治時期三角湧公學校的學生就時常到鶯歌石來郊遊、遠足。當時的文人在覽勝之餘也爲其留下詩句。

鶯歌石裡有鶯歌洞，大正二年鶯歌庄長所立，後來「大正二年」被改爲「民國十二年」，何人所爲則無可考。

行程

由沿著鐵路並行的中正一路往樹林方向，看到碧龍宮左轉上山，從碧龍宮登山步道上山，經過鶯歌石，到宏德宮。鶯歌石亦可從成功街八巷九號旁籃球場進去。

步行時間

由碧龍宮到宏德宮約一小時路程。

適宜對象

全家大小皆宜。

餐飲

附近無餐飲，宜自備。

三峽老街

(老街、廟寺、古蹟、橋樑)

● 長福橋橫跨三峽溪，是遊客進入老街和祖師廟主要路徑。

● 三峽祖師廟集北部廟寺藝術之大成。

● 日治時代的三峽拱橋是三峽的重要地標。

現今的遊客多半由三峽溪東岸，跨越溪流的長福橋進入三峽老街，這兒也成爲遊覽三峽的起點。長福橋旁邊有一個停車場，多半遊客會將車子停放那兒。這裡也是一個例假日熱鬧非凡的旅遊地點，前往的時日最好不是例假日的時間。

我也習慣按著遊客常走的長福橋進入老街的範圍！畢竟這兒的視野最爲開闊，一下子就能進入歷史和人文的情境。

● 多卵石灘的三峽溪，曾經帆船雲集。

● 祖師廟前固定有專人解說。

● 祖師廟前的攤販。

先說三峽的歷史吧！

三峽位於三峽溪西岸、大漢溪南岸，另有橫溪匯合，形成三角形沖積平原。以前地名叫三角湧，即形容三峽溪和大漢溪會合時河水奔騰之狀。

三峽的開發歷史甚早，乾隆末嘉慶年間人口就激增起來，形成街市。這條街市就是今日的民權路三峽老街。一八六四年，英國茶商陶德在此獎勵植茶，從事採購樟腦。溪面帆檣林立於祖師廟前，市況鼎盛。緊鄰老街之清水祖師廟，興建於乾隆三年，這個集建築藝術之大成的廟宇，日後和日領時期的三峽拱橋成爲著名地標。

站在寬敞的長福橋，往右邊瞭望，就是著名的三峽拱橋。三峽拱橋代表的是日領時期橋樑建築的風格。

拱橋完成於1933年，是三峽主要的地標，目前仍可通小客車。三峽原先是以水運爲主的城市，無論交通、日用品和雜貨都是仰賴大漢溪流域的船隻往來。但石門大圳於1925年完工，水位降低，對三峽的水路運輸產生重大影響，拱橋的完工也象徵著三峽的交通由水運進入陸運的時代。

長福橋是現代建築風格，爲因應觀光而出現的觀光步道。例假日時，這裡常有攤販擺設許多民俗藝品。橋頭的設計是仿古的三開間牌樓，橋面廣闊，展望佳，步行過橋便可看到精雕細琢的三峽清水祖師廟。長福橋和拱橋間的溪段西岸即早年船隻渟泊的港口。

祖師廟前有兩棵老榕樹，樹旁常有攤販和老人集聚。祖師廟建於1769年，後來因地震倒塌重建，最近一次的整建在1948年，由已故名畫家李梅樹主持，因講究雕工精致，保存傳統廟寺的風格，成爲北台灣民間藝術的殿堂。整座爲兩進四合院，不論是木雕、石刻、銅塑皆是由老師傅仔細的繪圖、下刀和上色，雕工之精和式樣之多爲其他寺廟無法比擬。祖師廟的廊柱亦多，多達156根，爲全台廟宇之冠。通常廟宇裡有人固定解說廟宇的建築，不妨向廟宇裡的人打聽。李梅樹的女婿亦在左邊廂房每日定時解說，在此聽解說的感受十分特別。我個人覺得，在此參與寺廟之行，聆聽他的解說是最值得走訪的經驗。

沿著祖師廟旁的長福街左轉民權街，即所謂的三峽老街。老街兩旁連棟的建築都是二層樓洋房，閩南建築混合了巴洛克式的特色。由於做生意，住家和店面合一，房屋屋進極深，有的長達七十公尺。這類建築從外表看，最引人注意的首當裝飾繁複的山牆，還有各種柱頭、柱珠、匾額。

從早期的牌樓可以看出營業的項目。過去這裡主要的店面販賣的物品以茶、染料、中藥和山產爲主，正好映證了這個山城周遭的自然環境。目前老街上以工藝品和住家爲主，雖然曾被評爲三級，目前卻面臨屋主可自行拆除的權利，將來是否能保留，實難預測。

三峽老街長不過兩百多公尺，卻是早年的重要農業集散地。

三峽基督教長老教會位於民權街口。

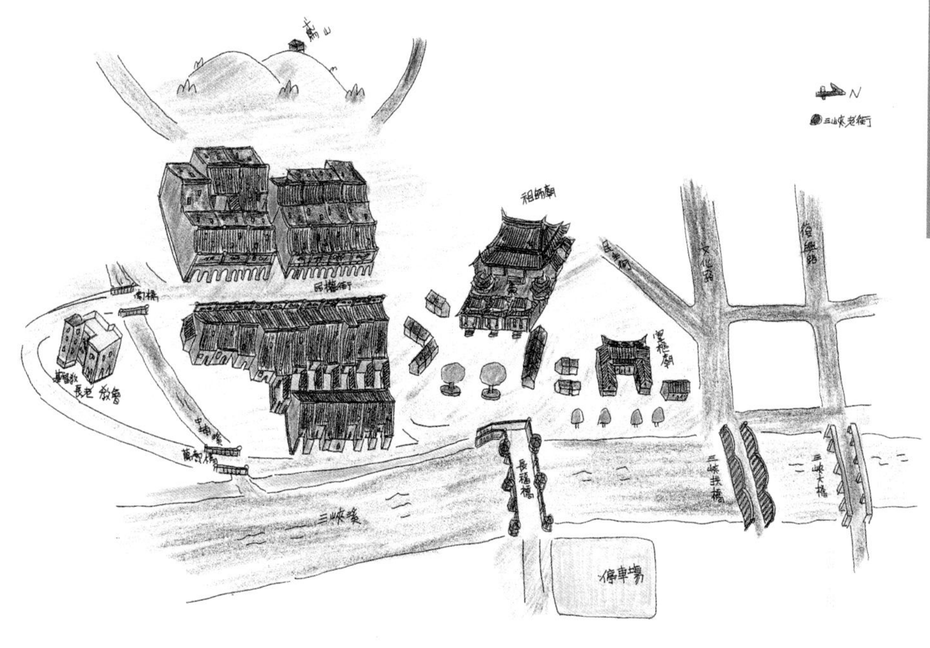

◆步行時間

長福橋 —5分→ 祖師廟 —20分→ 民權街尾

特殊景觀

◆李梅樹紀念館

李梅樹紀念館和祖師廟、老街連成一條完整的觀光路線。館內收藏有台灣前輩畫家李梅樹生前的畫作和各項文物。還有其長兄劉清港醫師生前行醫的器械、證書等文物。紀念館位於三峽拱橋旁，民生街和文化街口的大廈。平時供學術團體參觀，唯有每年的2月6日、3月13日、4月9日、4月16日的劉李昆仲誕辰和逝世紀念日，和3、6、9、12月，更新展品的新檔月，和次月的各星期日開放一般民眾參觀。

行程

由台北走北二高，由三峽交流道下，即可抵達。或在寶慶路搭乘台汽客運台北──三峽線。

適宜對象

全家大小皆宜。

餐飲

附近餐飲店多。

參考書籍

《三峽》　莊展鵬主編　遠流

滿月圓森林步道

（魚梯、瀑布、森林、鳥類）

這是一塊潮溼的森林。如果台北盆地是一塊海綿，掉到水裡，這兒會是最潮溼的地方之一；進入這塊森林，好像進入一處萬噸的冷氣機房裡。

●滿月圓步道入口。

離開三峽後，進入大豹溪，在前往滿月圓的路上，兩邊的山比較陡峭，代表著這是一些年紀較輕的山所組成的，和陽明山的截然不一樣。

●人造的柳杉林形成單調的生態環境。

進入的山路只有一條。往昔這兒是煤礦、木柴的運輸地。車子經過一處煤礦場，經過插角、有木等地後，看到蜜蜂世界餐廳，隨即來到遊樂區入口處，入口過橋即有一個小瀑布。

●魚梯是這兒的重要河域景觀。

到滿月圓有兩個季節較為適合

滿月圓因山形圓滿而命名。

。一個是楓紅的時節，這裡以產楓樹著名。初夏時是另一個重要的季節，有兩種樹顯著地開花。首先是粉紅色的酸藤，讓森林像披了面紗的新娘；樹杞的白花則像是捧著花束的新郎。

九芎也是這裡重要的樹種，不時可見，別的樹種不易混淆，它的樹幹白色十分容易辨識。它也是森林裡的小霸王，不喜歡讓其它小樹和植物附生。

沿著路途前進，旁邊是大豹溪的支流——蚋仔溪。咦！溪邊的樹枝上怎麼會有許多口水呢！大家不妨找看看，原來是泡沫蟬的傑作。泡沫蟬喜歡的樹叫長梗紫麻的喬木，樹枝上黏有泡沫，喜歡長在水邊的環境，

滿月圓森林小徑。

這裡有兩處魚梯，是這兒的重要特色。光復以後，溪流雖有築壩，卻絕少有魚梯的出現。這些魚梯都是80年代以後的事。

走到中途遇見叉路，往上是自導式步道。往前是一片柳杉林的單一樹種，景觀雖然好看，但是林相單調。它們是三十年前來自日本的客人，短短十幾年間變成台灣的主人。它們形成的森林最為單調，林子下面其他植物不容易存活，連動物也不易發現。

在河邊的原始森林，很容易看到野菜裡的名菜，山蘇花。它們是森林的妖精，西方旅行家眼中最具熱帶氣味的森林之蕨類。山蘇花愈多表示森林愈豐富。另外還有一種蕨，叫崖薑蕨，在這兒也能看到不少。

抵達遊客中心時，就會看到滿月圓渾圓的山頭。在此，出現第二個魚梯和攔砂壩。大豹溪溪流急險，不宜隨便下去戲水。接近山腳時，可以清楚看

到頁岩碎裂的地層景觀。

●通往瀑布的拱形橋。

由於接近溪邊，在此很容易聽到斯文豪氏赤蛙的鳴叫音。由於牠們喜歡學小鳥叫聲，俗稱騙人蛙。夏天時，尤其在溪流的環境很容易聽到。不過，牠們有保護色，不容易發現。

在這條清徹的溪流，我們也很容易看到一種巧克力色的小鳥。牠喜歡搖屁股，跳到河裡潛水，尋找食物。牠是台灣溪流的小精靈——河烏。

由服務中心繼續往前，有滿月圓、處女兩座瀑布可以前往，都必須過橋。行程各約須花十分、二十分。

回程不妨走自導式步道，感受一條無溪流的步道和先前環境的差異。是否蝴蝶和蜻蜓較少？而鳥類有無增加？或者來了不同的種類？這些都是值得比較的。

自導式步道上有叉路可以前往東眼山森林遊樂區，但路程頗遠，需要四、五個小時，不宜貿然前行。

這條路也是北部的重要賞鳥路線，除了溪鳥，林鳥亦不少，常見的如青背山雀、灰喉山椒、白耳畫眉、小彎嘴，已經接近中海拔的鳥種。運氣好時，還可以看到台灣藍鵲、朱鸝等稀有的特有種類。

特殊自然景觀

◆魚梯

以前為了發電和防洪，在河道興建過不少攔砂壩和水壩，結果許多魚類的生態受到影響。牠們無法在河川自由來去，繁殖下一代。結果，整條河川常常因興建攔砂壩或水壩而導致魚類消失。日領時代時，曾經有魚梯的設施。台灣

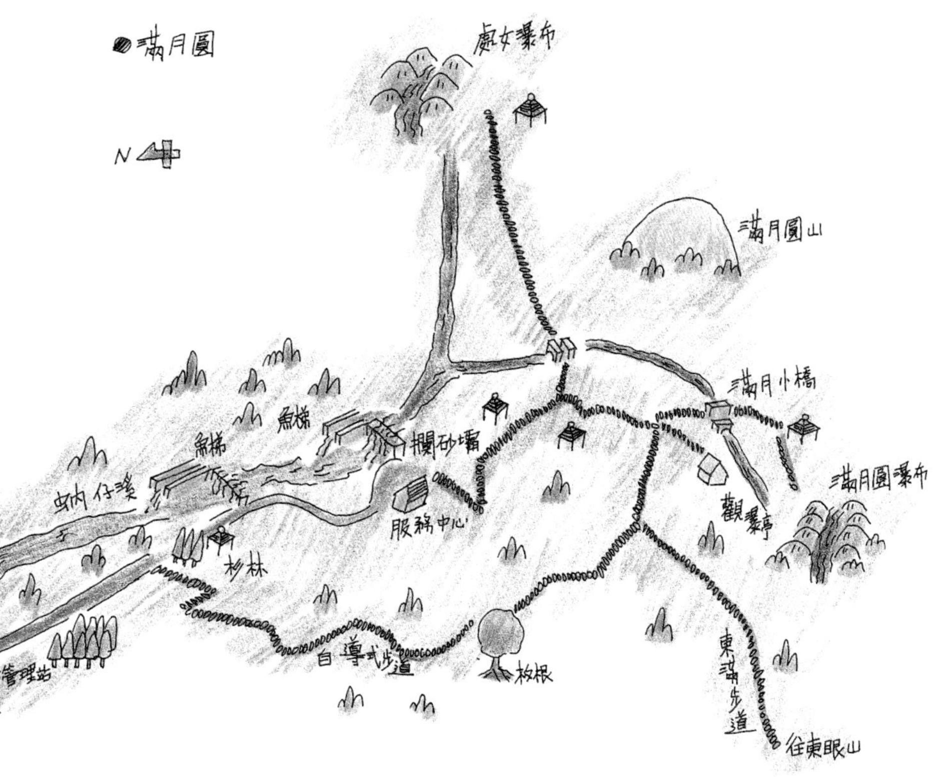

光復時，百廢待興並未繼續這樣的觀念，魚類的生態環境自然大受影響。如今，大家的保育意識興起，又開始設立魚梯，讓河川的魚類可以自由來去。魚梯是八〇年代起才重新建設，是現代河川保育的重要指標。

行程

台北至三峽，之後一路有明顯指示，過了大豹溪橋後，若無塞車，40分鐘便可抵達。

餐飲

無近有餐廳，宜自備。

適宜對象

全家大小皆宜。例假日遊客特別多，盡量不要前往。

延伸路線

山中傳奇——在蜜蜂世界旁，過了大豹溪即可抵達，可觀賞蕨類品種。

蜜蜂世界——可以在此用餐，並請老板介紹蜜蜂的故事和生態習性。

大溪老街

(老街、河床、古道、公園、古蹟、廟寺、小吃)

● 中正公園下的大漢溪是早年大溪的內陸河運終點。

以前的大溪港口位於武嶺橋和大漢橋中間的河床，就在今大溪公園下方處。這裡是淡水河港大漢溪的終點站，一九二〇年代以前，萬商雲集，舟楫往來頻繁。

我喜歡從這裡開始，像百年前的旅行家一樣搭船到來，沿著當年的石板步道拾級而上，進入八十多年歷史的和平老街。

過去，桃園、關西、龍潭等地區的人民要到台北做生意買賣，多半要先來大溪交易、卸貨，或者將貨物運上舟楫，再運往萬華。我訪問當地宿耆，大家都有這種趕集的經驗。二〇年代後，桃園至台北輕便車等路開通了，同時桃園大圳開闢，溪水減少，大溪才告沒落。

和平老街是目前台灣各地老街改造較爲成功的街道。整條街恢復爲一九一〇年代巴洛克建築的風格，連原本佇立街道的電線桿都消失，老電錶也裝上了漂亮的木

● 大溪老街有三、四種導覽圖。

箱。晚上時，街景更充滿早年之風味。

一九一〇年代，大溪仍有商船靠泊往來。

石階步道登上處，橫向的街衢則是一條宗教街。右邊爲普濟堂，祭拜關公；左邊爲黃氏家祠，是當地家族的大廟。緊接著江氏家祠、一貫道和基督教長老教會。

如果沿和平老街往前走，隨即來到廟前廣場空曠的福仁宮。它是老街上最重要的廟寺，廟裡面供奉的是媽祖和開漳聖王。廣場對面爲野台戲的地方和曬蘿蔔干的地點。

過了福仁宮，就是老街的精華。每一家店的立面都值得駐足觀賞。譬如67號是北部富商林本源設在此地的「租管」（收取佃稅等的辦公室），立面上兩排就是算盤的圓珠。柱子上兩邊一片接一片的圓形雕刻則暗示著財源滾滾。

由於早年河運發達，洋人也來此設行，所以立面上不乏巴洛克式的花紋、獎杯、酒杯或者是桂冠葉等花草的造型；20號和48-1號的堂號甚至是以英

重新改造的和平老街是這兒最重要的景觀。

文書寫。

目前，老街翻「舊」呈現古樸的老街風味。除了門面繼續巴洛克式風格，還有些小細節值得仔細觀察。譬如電線桿地下化、電錶用木箱子掩飾、招牌統一規格，廊柱都釘有統一格式的解說牌；亭仔腳也統一鋪上磁磚，裝置和平老街的字樣。

在商家裡面，我們也會看到老街的特色，譬如天窗、古井、狹長的房子；前爲商店，後爲住家，

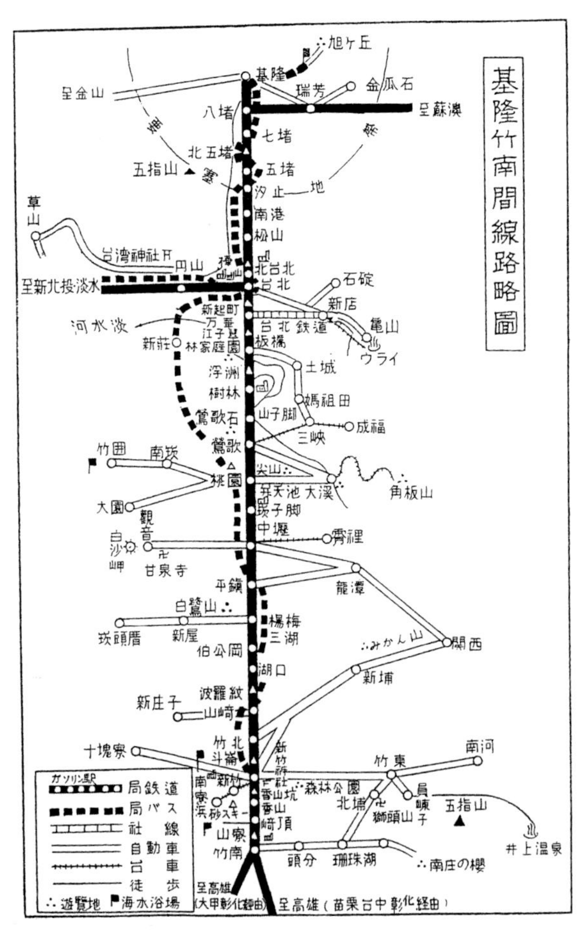

● 從這張1930年代日治時期旅遊導覽的「基隆竹南間線路略圖」，大致可以比較當時的旅行交通路線和景點，甚至體會大溪等小鎮沒落，而其他城鎮興起的因由。

● Z字型的石板道通往碼頭。

有的中間還有天井和古井。

基本上，目前整條街主要以木器爲重心。豆干、餅店爲名產，黃日香豆干店即在老街上。不過，其他豆干店多半集中在新市街的慈湖路，和麥當勞、便利商店等新型消費店面並列。那兒通往其他遊樂區，較爲熱鬧。但是老街上仍有一些吃食值得品嚐，譬如里長嬤碗粿（和平路79號）和振馨軒餅店（和平路42號）。此外，餅店旁的大溪老街坊再造協會（文史工作室），可索取老街相關資料。例假日時，亭仔腳也有不少傳統技藝。

過了再造協會，就會看到一個空空的巷弄，牌樓上寫著月眉通路。這是一個城門似的巷坊，爲日領時代的遺物，應該稱爲月眉通道，是通往月眉村子的主要路線。月眉是比大溪海拔低的河階平原，以種稻爲主。

● 福仁宮是老街的集聚中心。

● 蔣介石的行館現今是旅行大溪的重要景點。

從月眉通路的街道，穿過長長傳統市場，可通往中山街。中山街是另一條較重要的老街，燕居等房子仍維持原來的模樣。最重要的是建成商行。在二〇年代時，它是大溪最重要的商行，或可戲稱爲當時的百貨公司。

由老街左轉是蔣中正紀念館，視野良好。例假日才開放的蔣公行館是最重要的景觀之一。蔣公旁的日式木屋和武德殿是當時的憲兵部隊和侍衛們所居住的房間。

旁邊的中正公園則是一個陰涼的老樹公園，建於日治時期。公園裡老樹林立，中間有一老式拱橋，叫澤民橋。公園有階梯可走回大漢溪河床，以前港口的地方。公園旁有今日大溪之地標基督教長老教會的教堂，從北二高下來或在武嶺橋對岸都可以清楚看到。

有興趣自然觀察的朋友，亦可從武嶺橋走到大漢溪河床，觀察那兒特殊的河床地形和尋找化石。很少大河會裸露出河床，在此卻可以清楚觀察沈積岩的地層。

① 日治時代武德殿
② 蔣公大溪行館
③ 澤明橋
④ 舊高港
⑤ 長老教會
⑥ 黃氏家廟
⑦ 普濟堂
⑧ 月眉通路
⑨ 老街街坊再造協會
⑩ 黃日香本舖
⑪ 林本源發祥地
⑫ 福仁宮

●御成路古道上的供養碑。

●桃園大圳旁的土地公廟。

特殊景觀

◆御成路古道和齋明寺古道

大溪對岸的栗子園有兩條著名的古道，分別通往龍潭。它們分別是御成路古道和齋明寺古道。

御成路古道建於乾隆時代（1788年），由當時板橋移居來大溪的林本源和李金興、衛阿貴等人籌資修建的山路。整條路主要是由龍潭通員樹林至栗子園，經大漢溪鐵線橋至大溪和平老街。古道的重心從員樹林經中正理工學校後門至栗子園，是龍潭通往大溪的捷徑。1923年相傳日皇天子昭和來台，地方人士募款整修，取名爲「御成路」，並立御成路紀念碑紀念。

齋明寺古道迄今已有一百二十年，建於道光年間，這是一條齋明寺通往栗子園的捷徑。當年都是用大溪鵝卵石排列成的朝聖步道，方便員樹林、大溪的行人和信徒通行。民國十二年，再改成以大漢溪石鋪設成石板步道，寬三尺，至今保持完整，由齋明寺往萃靈塔途中，即可看見。旁邊爲大片保安林，古道上有樹蔭乘涼，夏天時也不炎熱。

探訪這兩條古道的方法，不妨從加油站旁的小巷走進，巷口就有御成路古道指示牌，上去不久即可看到古道入口。古道旁有水圳，隨即上到半山腰處，有良好的水圳設施。看到榕樹成排，旁邊有桃園大圳紀念供養塔，上面有當年築圳死亡和病歿殉職人員的大名，日本人士居多。此圳開闢於大正11年，影響大漢溪甚鉅，對台北盆地和桃園台地的灌溉亦影響深遠。

紀念碑對面爲一當地農田水利會興建的土地公，土地公爲保護旁邊的九號圳出水口。以前御成路古道因而也叫九號崎古道。在此脫離柏油路，進入尙存留的古道，路跡相當明顯。古道寬闊，顯見當時的商旅絡繹不絕。這條古道另一特色爲幾個轉彎相當漂亮，是台灣石階古道裡，難得一見的大轉彎。

走出石階古道後，抵達嶺頂有翼然亭佇立。涼亭下有一當時的紀念碑，上面書寫著有關修築此一古道造路的經過，對當地的地理環境和修築古道有著稍嫌誇張的敘述。大致上說，此地大溪印斗山崎，西通龍潭東抵郡所。古道蜿蜒數町，左右谿壑，鳥道羊腸，幾同蜀路崎嶇。當時爲何修築，就是跟日本皇太子要來台灣有關，築路爲做紀念。

緊接著沿公路旁步道前行，經過中正理工學院後門，至齋明街，走進長長的舊眷村，到底往右，再走個十分鐘左右可至典雅素淨的齋明寺。齋明寺古道即由此走下去，此路爲修行之道，石階雖保持完整，但較爲窄小而陡。中途有一洗濯處，和一蘇姓家族的古祠。抵達出口終點，往右走可抵達御成路古道。整個行程繞完一圈約一個半小時。

◆走尾寮古道

在大溪眾多古道裡，走尾寮古道是石階保持最爲完整的一條。此外，它也是三峽至大溪古道的最後一段；同時，亦可通往復興鄉。

我們若由大溪和平老街出發，抵達中華路，由小朋友幼兒園巷子進入。直直的柏油路抵達幼兒園時，路分二條。

一條至田中央的老樹土地公廟。另一條越過小溪，即銜接早年通往三峽之石板古道。溪之橋已經鋪水泥路。但橋基仍是罕見之紅磚拱橋，溪旁有灌溉的水圳。

過了古橋旁邊有二期稻水田，並有竹林。約走二十公尺，有一小屋，旁有雀榕，中間即石板古道。右邊產業道路可至老屋六也堂和江氏典雅之古墓。

沿石板古道拾級而上，石板路相當寬闊。石板爲長方形石材，砌得相當好，應該是最近的工程。但旁邊有當地大型卵石排列的遺蹟，顯見是早年的石階。卵石亦可證明大溪河階台地的環境。現今之石板無疑是外來的石塊材料。

古道長約五百公尺，兩邊是相思樹的次生林。林木茂密，鳥類相豐富。上了石階即走尾寮，附近爲柚子園。往右邊柏油路可通復興鄉，早年之古道亦由此出發，往左可通往三峽。早年劉銘傳曾在此帶兵和泰雅族打過戰爭。

橋對準的方向是大溪和平老街，中途半山腰即可看到大溪全景。（行程：進入大溪市區，經慈湖路，往復興鄉巴陵到中華路左轉約一公里，有一小朋友幼兒園指示牌。沿小路進入，過小橋，即可看到一公里的石板古道。石板古道約十五分鐘可走完。）

◆齋明寺

建於1840年，大溪鎭篤農李阿甲於南海普陀山法雨出家受戒返台，見此地山水逸淨，頗適清修，乃結草庵，供奉觀世音菩薩等諸佛。1853年漳泉械鬥，漳州人曾在此築一土城和泉州人相抗爭，因稱份子城；漳州人得保平安，又將地名稱爲福份城。1937年日本強行廢棄奉祀中國大陸傳來神佛之寺廟。住持爲保存本寺，和日本曹洞宗聯絡，並將寺廟名改稱爲齋明寺。1999年聖嚴法師承接第七任住持。

齋明寺的建築特色相當多，不妨駐足花多一點時間觀賞。屋頂、山牆、大門等都維持早年之建築特色。石燈座則是日式建築。兩廂護龍石柱（1873年迄今）亦有百年歷史。萃靈塔則爲原先舊廟，被新廟包住。以前它是大溪八景之一，由於位於西邊，有「靈塔斜陽」之美譽。

行程

由北二高大溪交流道下，前往大溪。抵達武嶺橋，如果要到九號崎和齋明寺古道，就不過橋。

繼續往前即可看到齋明寺古道指示牌，緊接著沿路經過一棟三合院，再抵達御成路古道。至齋明寺古道還可搭乘桃園客運（中壢經十一份往膏澤在員樹林齋明寺站下車，約半小時。）

若過橋可至大溪，過了武嶺橋可右轉，或繼續前行到和平老街。

步行時間

可以花一個早上的時間。

餐飲

古道當地無餐飲，宜自備。大溪老街有許多餐飲店。

適宜對象

全家大小皆宜，古道宜少年以上。

大溪溪州沈澱池小徑

（鳥類、湖泊）

這裡是我喜愛向鳥友大力推薦的湖泊環境，如果想要鎮日健行，並且獲得賞鳥的樂趣，一定不能錯過這處北台灣台地的旅遊點。

溪州附近有數十個大型水塘。

它位於大溪和龍潭之間，由四號公路中途右邊的山谷小徑下，可行駛車輛；但有一些路途無法開車前往，也因此更適合賞鳥的自然觀察了。

這些大水潭周遭通常都有雜草叢生，將水潭和外界隔絕。我們可以沿著一個個沈殿池的大水潭旅行，好像探祕一樣，逐一去拜訪。

溪州緊臨著石門水庫。

每一個水潭都大如足球場，每一個都有各種可能。或許，池中正有一隻罕見的奇特水鳥，也可能是奇特的雁鴨科。通常，裡面生長著水蠟燭、蓮藕等水生植物。同時，有水稻田等環境在附近。周遭樹叢則圍繞著馬纓丹、構樹等植物。夏日時固定有小鷿鷈和翠鳥出現，冬天時則有雁鴨科和蒼鷺等棲息在水池裡。

烏鴉在冬天時會降臨此地活動。

在靠近四號公路的坡地有蓊鬱隱密的林子，比較陰涼。如果沿著這條路，經常會遇見山鳥群以及猛禽科鳥類。由於地廣人稀，冬天

小鷿鷈是溪州沈澱池常見鳥類。

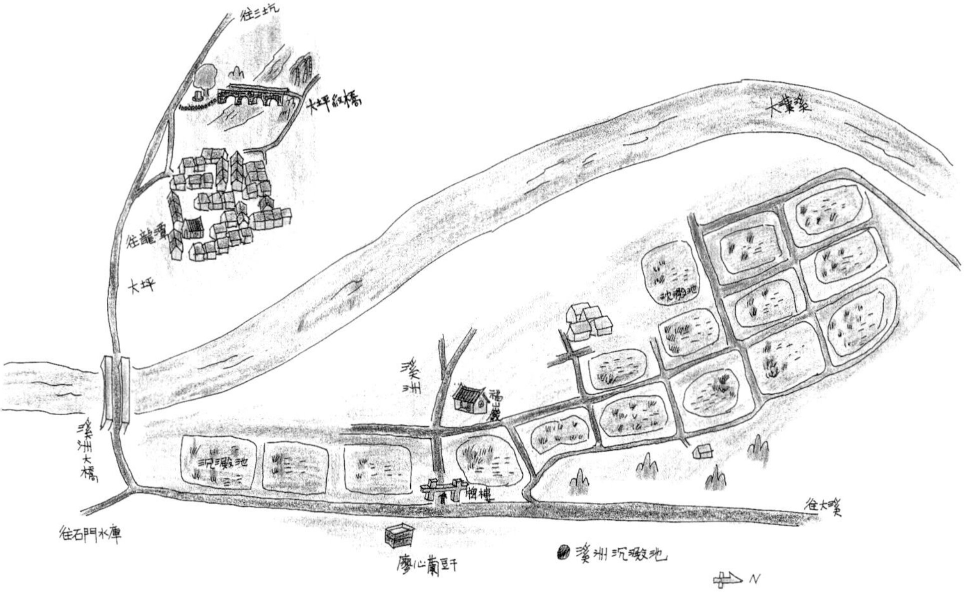

時，附近荒野草地，有時也會有特殊的鳥種出現。

在這塊位於大漢溪北岸的沼澤旅行，如果要走畢，恐怕也得花上一整天的時間。

紅冠水雞在這兒的數量相當龐大。

溪州附近多卵石田埂的稻田景觀。

行程

從台北坐車由北二高至大溪下，沿四號公路，約一個小時可抵達。

大溪溪洲義和里15鄰—25鄰

步行時間

連續的一個個埤塘，可走一個早上。

適宜對象

全家大小皆宜。

餐飲

附近公路上有黃大目、廖心蘭等豆干飲食店，宜自備。

注意事項

最好帶單筒望遠鏡等賞鳥設備。

小烏來風景區

（森林、瀑布、風動石）

風動石奇特地佇立在河床上，形成這兒的一絕。

老實說，是被它類似「烏來」的名字吸引，想要去感受森林的風貌。

前往的山路，兩旁滿山是桂竹，接近平地時偶爾有梯田、埤塘和客家人的紅磚老屋。風景區本身是由砂岩和頁岩的環境組成，周遭山坡容易出現崩蹋陷落的景觀。

進入小烏來，汽車收費五十元，每個人還要收五十元，連上廁所也要錢，比烏來還可怕。有時總覺得，此地原住民不善於經營自己的自然資源，讓外來者有著被敲詐的感覺。嚴格說來，如果不喜愛自然觀察，除了風動石，加上老吊橋、大瀑布等景觀吸引遊客和戲水人潮外，幾無任何特色可言。

位於溪邊的風動石，高約五公尺，底部以一小點接觸地面，又稱爲平衡岩。砂岩風化後，矗立溪邊的特殊景觀，不論颱風和地震都不毫無影響，堪稱爲奇

河烏喜愛水質乾淨的山溪。

●四月是酸藤開淡紫花的季節。

景。它的左右各有一座山交會。在風水上，右邊爲文龍，左邊爲武龍，風動石爲珠，整個地形形成雙龍吐珠的特色。

但是，此間較吸引我的，是幾條林相濃密的綠色步道。這兒的森林屬於北部型態的闊葉森林，再加上瀑布和溪流的環

●在原始森林裡不難看見台灣獼猴。

●筆筒樹是這處森林常見的民俗植物。

境，讓這兒形成豐富的覓食場。

在此進行一個早上的賞鳥和自然觀察是相當值得的旅遊方式。若要過夜，可以在附近義盛村，選擇民宿一天，和當地住民打交道；晚上亦可夜間觀察，第二天清晨再到附近的步道賞鳥。許多中海拔鳥類諸如青背山雀、白耳畫眉、灰喉山椒、棕面鶯等山鳥和鉛色水鶇、紫嘯鶇等溪流鳥類都能記錄。

義盛村居民以泰雅族爲主，整個村落沿山而築，櫛比鱗次，景觀還算秀麗。溪蝦、高冷蔬菜和野生香菇爲當地特產，但尚無獨特的風味。

●紅山椒鳥是闊葉森林常見鳥類。

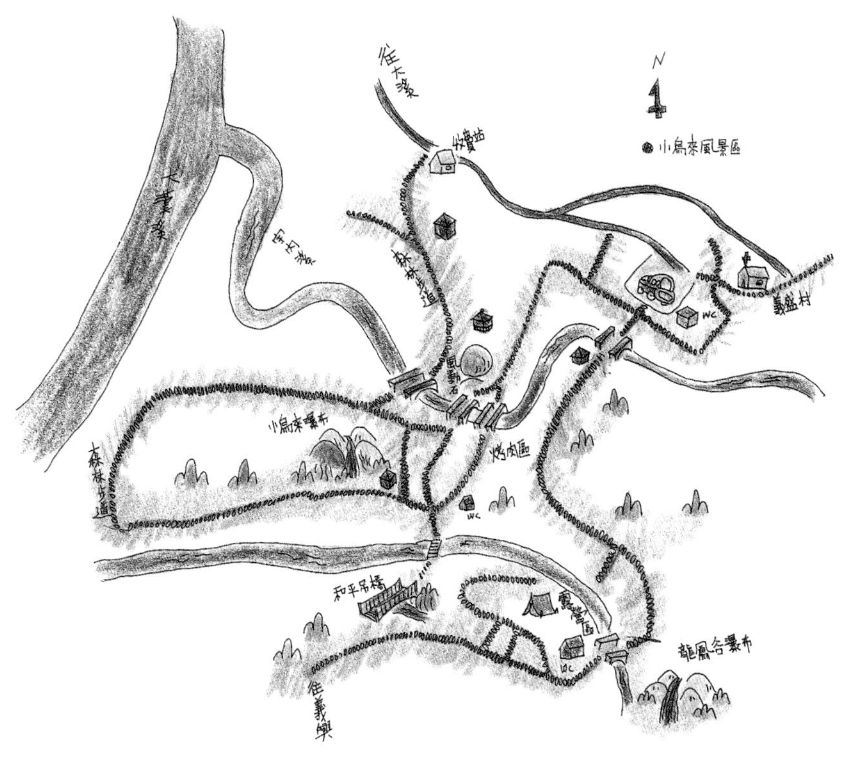

特殊景觀

◆山地民宿

民宿在歐美相當盛行。這種投宿不但價格便宜，而且可以更加深入對當地風俗文物的了解，值得喜愛深度旅遊的人嘗試。目前，台灣山地選定了八個山地村，發展民宿事業。它們分別是北縣烏來福山鄉、桃園縣復興鄉義盛村、竹縣五峰鄉桃山村、苗縣南庄鄉蓬萊村、高縣三民鄉霧台村、花縣瑞穗鄉奇美村、東縣海端鄉利稻村。

◆赫威神木群

一般遊客較少前往這裡。它必須從義盛部落進去，朝北插天山的方向，往山裡走，沒有路標，中途經過卡普部落。這是一個原始的檜木群森林，值得腳健的登山者前往旅行。行程約兩至三個小時，但來回就需要六個多小時。

行程

過了大溪鎮後，沿七號公路到羅浮橋有叉路往小烏來風景區。

步行時間

走逛整個園區約須兩個小時。

適宜對象

全家大小皆宜。

餐飲

附近無餐飲，宜自備。

The North Taiwan

桃竹苗線

- 三坑和大坪聚落
- 北埔小鎮
- 南埔農村
- 新埔九芎湖步道
- 內灣支線鐵路
- 金城湖小徑
- 舊山線
- 鳴鳳山古道
- 挑鹽古道
- 南庄小鎮
- 南庄向天湖

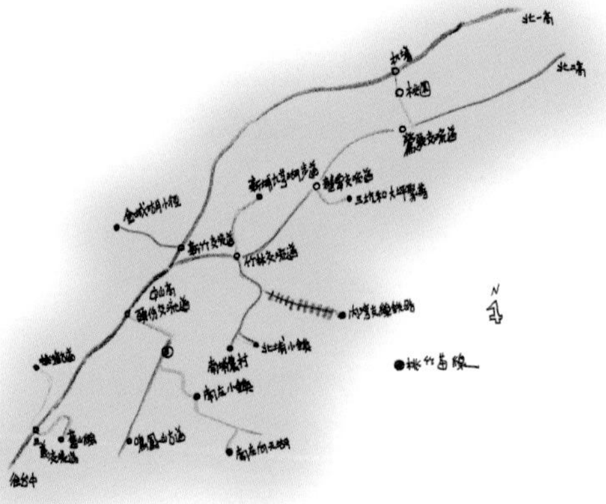

三坑和大坪聚落

（老街、稻田、廟寺、三合院、大圳）

●冬天時油菜花盛開的三坑最美麗。

由北二高下龍潭交流道，往石門水庫的方向前行（中正路三民段），看到金山寺時，左邊有條產業道路。從道路左轉，立即進入三坑子的河階台地。入口旁就可看到一座土地公廟和石碑，石碑敘述著早年此地開拓的歷史。

●在「黑白洗」洗衣的村婦。

我來這裡，印象裡最爲綺麗的景觀，大概是寒冬油菜花開，以及六、七月稻穗成熟時。第一次發現這個地點，便是油菜花開時，我被這一大片的黃色花海深深吸引，不自禁地開車進入。

●老街曾因附近有碼頭而繁華過。

目前，進入三坑的產業道路砂石車往來頻繁，因爲這裡已經靠大漢溪邊，附近河床主要是採砂石的行業，走在路上觀光時，必須特別小心。

駕車大約一分鐘後，抵達三坑老街入口，有一

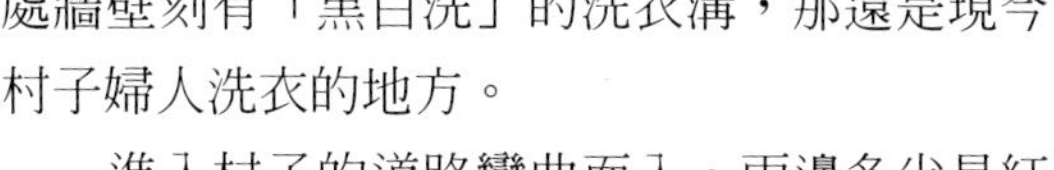

處牆壁刻有「黑白洗」的洗衣溝，那還是現今村子婦人洗衣的地方。

● 青錢第是附近最著名的三合院。

進入村子的道路彎曲而入，兩邊多半是紅磚老屋和三合院，甚至有土厝屋。據說，這裡靠山後邊就緊鄰中科院，因而為實驗某些科技而禁建大樓。所以，過去的農村景觀仍能夠保留得較完整。街道旁邊有以前熱鬧繁華的店鋪遺跡，現在仍可看到有賣啤酒的，雜貨舖的廣告牌；正對著街道的是百年老廟永福宮。

● 永福宮是三坑老街的中心。

如果往廟右邊的小巷，可以看到不少土角厝和鵝卵石堆砌基部的老屋。

若沿著左邊往前約一百公尺處就可看到這兒最為完整的三合院老屋——青錢第。這座老屋，還有旁邊座落的三合院都頗具有代表性。它們的特色是都有刺竹當圍牆，保護著住家。整個三坑子的原始景觀大抵是如此。院落和院落間保持一個距離，但是又以刺竹保護，防範盜匪和原住民的干擾而設。

如果從青錢第旁邊的小路往前，路邊就是附近的菜園。過了橋，繼續往前約三百公尺，轉彎處有一座開庄伯公祠（伯公祠即閩南人的土地公廟）和大楓樹。所謂村頭村尾土地公，這裡的伯公廟正好和村子入口的土地公廟遙相呼應。這座伯公祠是新的，後面還有老的舊廟，以前建村時就存在。此外，廟前綁紅布的大楓樹，據說附近的農民都是看著它的變化來判斷時節。楓樹一年四季變化多，秋天落葉、冬天枯枝、春天生嫩芽、夏天結果實，似乎可印證這種說法。

● 位於三坑附近有著名的老頭擺客家菜。

伯公祠旁邊有一條山路，穿過林子，可以走到石門大圳。大圳寬三公尺左右，旁邊有寬敞的圳路，兩旁林木蓊鬱；圳路相當長，相當適合散步其間，甚至自然觀察。我個人建議，主要的旅遊景觀地

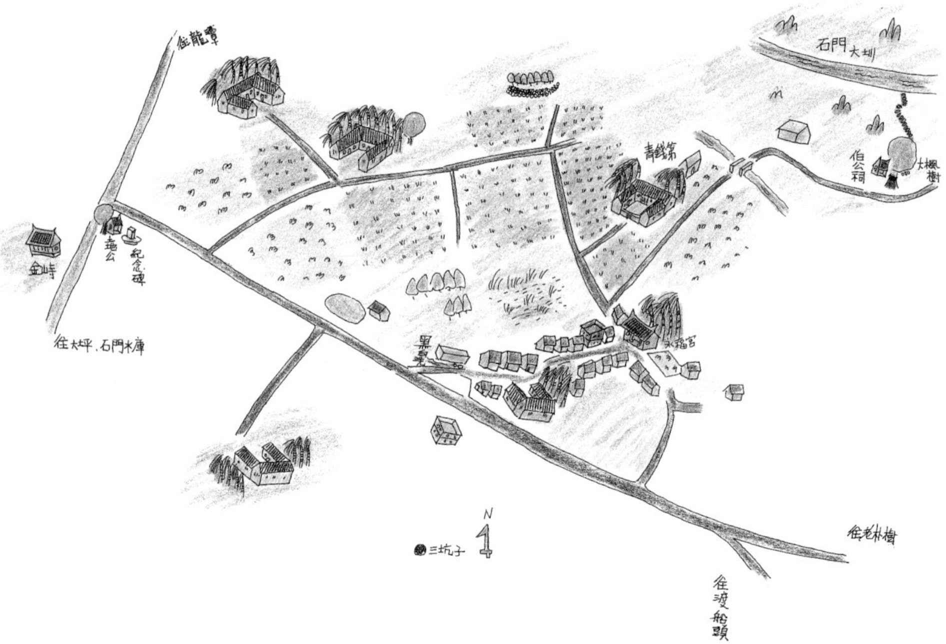

點以這兒爲主，在此附近散步、健行，觀賞自然。如果要到村子外更遠的地方，以開車走逛爲宜。像渡船頭和朴樹地區，都可以前往參觀。

另外，出了村子，繼續沿中正路的公路前進，不久可抵達大平村（請參考大溪溪州沉澱池圖）。大坪舊聚落就在村子裡。這裡有一個過去的老屋聚落仍舊十分完整，以永和宮爲中心。在此，可以明顯感受到當時爲了防範盜匪，以及聚風聚氣的風水地理觀，房子緊緊相連，巷弄間變得十分曲折而複雜，走在裡面如在迷宮中。

離開大坪，沿著產業道路繼續

● 大楓香後的伯公祠。

● 大楓香是村尾產業的重要植物地標。

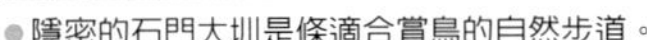

隱密的石門大圳是條適合賞鳥的自然步道。

大坪的美麗拱橋甚少為人知曉。

往前，約兩百公尺，可抵達美麗的紅磚拱橋。這是以前大坪前往三坑子的主要道路，橋旁邊還有興建的石碑，以及鵝卵石的石階古道。如今這座拱橋已經廢棄，殊爲可惜。

特殊景觀

◆三坑子老街

這條老街形成於清朝，由於主要是客家人，村落形成時，考慮防禦的需求，形成曲折狹小，並以信仰中心爲街道端點。當時三坑子有碼頭（二段潭），所以人員和貨物往來，都經由三坑子，於是商街逐漸形成。當時還有派出所、旅館、點心舖，和數家商店、酒館；現在所存之景象，依稀可見當時之盛況。

◆陂塘和大圳

早年拓墾期間，先民最具貢獻的水利屬於陂塘，生活用水則爲井。陂塘多爲私人所築，亦有聯合數家共築的，共築的塘陂名多爲公陂，或公田陂。私陂則通常有典故，如龜仔墓陂、豬肚陂、廟陂、雙連陂、鬼嬤陂等等。築了陂塘再鑿圳引水入田，農作物方能灌溉。惟陂水完全是靠天，天旱水涸就只有望天興嘆。

1901年開工興築桃園大圳，在石門設進水口，引用大嵙崁溪的水源。主工程在1924年完成後，開始供水。這項工程的開發明顯地改變了許多地方的面貌，由原先點狀的開發，立刻進入線狀、面狀的開發。早年多爲種植耐旱性如甘藷、茶葉等園地，後來「一夜之間」都成爲田地，創造了地方的繁榮。

行程

由北二高下龍潭交流道，左轉到石門水庫方向，再走公路，遇見金山寺，對面有產業道路可走至三坑子。

步行時間

約兩小時。

適宜對象

全家大小皆宜。

餐飲

附近有客家小吃店——老頭擺，但宜自備。

北埔小鎮

（老街、古蹟、小吃、山巒）

● 慈天宮是北埔重要的廟會中心，整個北埔以其為風水中心。

如果沿著當年客家鄉民前來北埔拓墾的路線，由省三號公路進入，首先是由西邊進來，可看到整排連棟的長條形店舖街屋。這裡以前叫下街，日領時代拓寬改直，建成大正式樣的街屋。

● 北埔洋樓曾經是台灣紅茶最重要的行銷地點。

順著北埔街走到南興街口，從這裡以東是所謂的上街。上街兩側仍是連棟的店舖街屋，盡頭就是石板鋪成的廟前廣場。直立在廣場前的是大隘三庄墾民的信仰中心——慈天宮，這裡聚落的核心位置。在風水上，它以後面的秀巒山爲靠山，睡虎穴，少建醮。裡面供奉觀音菩薩、三官大帝和三山國王等，廟前有二十四孝人物柱。這裡已經列

● 金廣福會館是早年拓墾的武裝公館。

● 姜氏天水堂二房較少遊客知悉。

● 北埔的聚落建築以古井為節點。

● 彎曲的老街裡多半只有老人和小孩。

入三級古蹟。旁邊常有線香製作的商舖，連接著廟前的北埔食堂。廣場左邊的大樓即北埔洋樓，據說是早年台灣最大紅茶的茶商，現爲金廣福文教基金會。

廟前街盡頭是著名的金廣福總本營，這是以前辦理墾務和隘務的公館。這是一個客家武裝拓墾的聚落，門前石碑書寫著自1834年起的開墾歷史。1886年劉銘傳「開山撫番」才收回。後來，它曾充當爲學壂，在日領時代成爲震驚全台的北埔事件喋血地點。

金廣福公館左畔爲姜氏天水堂大房的宅第，即北埔墾戶首暨大地主姜秀鑾所創建之家宅。這間傳統住宅比例優美，長寬高比例勻稱而合理，如今這棟屋宇和金廣福都列爲一級古蹟。

金廣福北邊，由一條小路進去，可以看到一間隱密的大宅院座落在刺竹叢裡，此即姜氏天水堂二房。

廟前街以東巷弄基本上仍保持原來舊屋的樣式。穿過金廣福旁邊的乾淨而舊宅林立的巷弄，可以抵達秀鑾公園。這裡的客家屋宇間的巷弄，相當彎曲、蜿蜒而緊密，有點像迷宮。每一個巷弄的節

● 北埔以客家板條著稱的食堂有四、五家，風味特色皆不同。

點，往往有水井。如此建築，據說可以防風、防盜和聚氣。有些舊房子也設有槍眼，顯見這兒早年相當積極地防備原住民和盜匪的攻擊。注意這些舊屋，有些牆壁剝落，可以看見露出裡面的材料如米糠、竹子和草稈。居住者多半是老人和孩童。

慈天宮後有一棵大樟樹，那兒是老人休息、品茗的場所。從那兒走上秀巒公園，這個公園主要以相思樹林爲主，裡面有姜家紀念碑和涼亭。

廟前街和公園路交會口，有一間別緻而清雅的民宅——曾氏忠恕堂，其二十一世曾學熙於光緒元年考中文科秀才，爲北埔名門。它是北埔使用機能裡，最飽和之民宅；內埕爲居住空間，外埕爲桂花園。

特殊景觀

◆北埔

「埔」的定義有兩種，一種說法爲利用平地的位置地形所命名。埔乃是原野之義，指未開墾的原野。埔地就是指不能當成田園、宅地以及漁塭的土地，如荒埔、山埔、海埔都是。另一說法是，屬於早期聚落處的地形，未開墾之耕地都稱之，其地形限於平坦或斜緩坡面。而北埔的「北」主要是強調其地理上的位置關係，和南方之南埔村相對稱而得名。

① 天水堂二房
② 金廣福
③ 天水堂
④ 姜阿新宅第
⑤ 北埔食堂
⑥ 慈天宮
⑦ 老樹休息區
⑧ 紀念堂
⑨ 迷宮似的聚落
⑩ 曾氏忠恕堂
⑪ 鄧世源醫生故居
⑫ 板條食堂
⑬ 板條食堂
⑭ 餅店
⑮ 巴洛克式建築
⑯ 天主堂
⑰ 伯公祠
⑱ 姜氏家祠

● 每年九降風帶來柿餅特產。

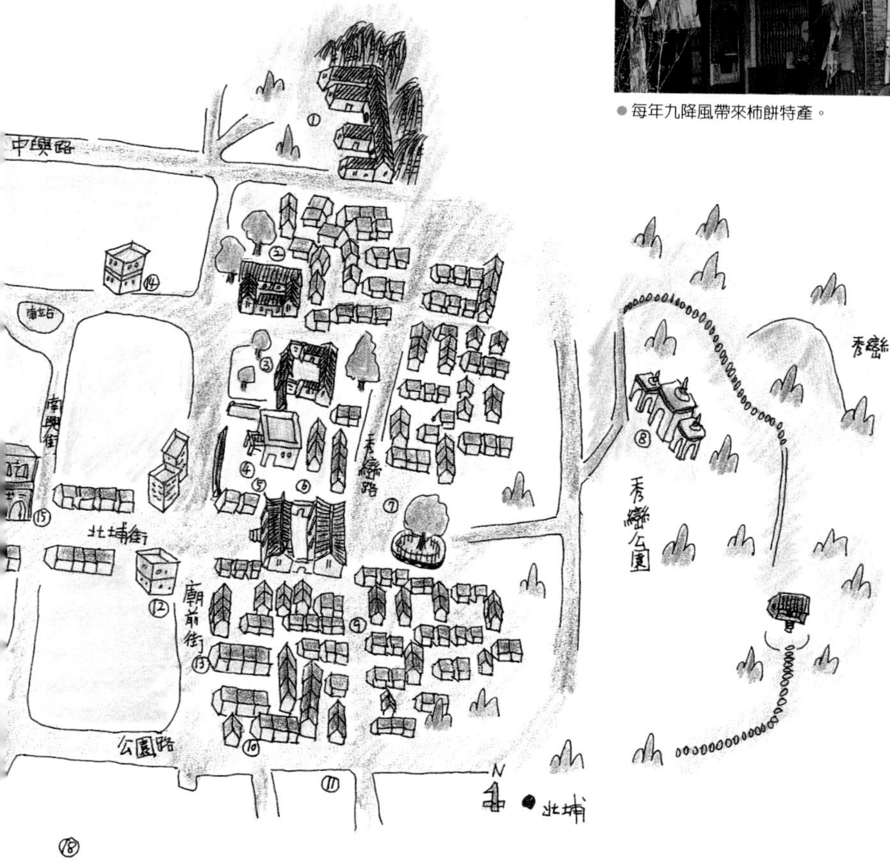

中興路
南興街
北埔街
廟前街
公園路
秀巒路
秀巒公園
秀巒山
N
北埔

行程

如果從台北出發，由北二高在竹林交流道下，經過竹東，走三號公路可抵達。

步行時間

慢慢地繞完整個北埔約兩個小時。

適宜對象

全家大小皆宜。

餐飲

附近有許多家充滿客家菜特色的餐廳，如「北埔食堂」、「老街板條」等都相當具有特色，不妨在那兒用餐。

南埔農村

（田園、古廟、三合院）

這是一處少見的客家田園風光，一個可以看到客家農夫趕牛下田，雙肩擔穀、婦女圳邊洗衣、捶擣衣物的地點。大部份的遊客都知道前往北埔觀光，卻很少人知道，在旁邊的南埔還有一個如此綺麗的小鄉村。

●南埔仍維持著六〇年代的田園景觀。

怎麼去呢？如果由省三號公

●南埔著名的三合院金鑑堂。

路，沿著傳統拓墾路線，轉入北埔。抵達北埔國小前，右邊有一條小柏油路往下行。由這條柏油小路前進，過了大坪溪紅橋，車行大約三、四分鐘即可抵達。沿途公路兩旁都是稻田，如果算得準，冬末

稻田間常見的斑文鳥。

時間來這兒，就能看到想要的——油菜花田的美麗景象。

這兒最著名的景觀無疑是金剛寺了。寺前的張家古宅亦是著名的景點。此外，寺前的產業道路平常車輛稀少，也是一條適合自然觀察的鄉村道路，走在此處彷彿是在六○年代的田間小路。冬天時，我偶而帶孩子在這兒自然教學，以及進行賞鳥。

由於近山區，旁邊又有溪溝，鳥類的狀況相較於北部地區的平原，算是相當豐富的，每回來都能記錄到二十多種。

農村常見的鳥類——烏秋。

這兒的地標張家古宅取名「金鑑堂」，是典型的客家三合院建築，不但造形古色古香，雕梁畫棟間的花鳥繪飾亦十分纖細。

這些雕刻繪畫，都是由金鑑堂第一代主人妙禪法師一手完成。俗姓張的妙禪法師，才華洋溢，過去是北埔地區家喻戶曉的才子，後來悟道出家，在金鑑堂後面另闢建了一座金剛寺。所以無論是金鑑堂和金剛寺都是妙禪法師創建，就

● 在南埔還可以看到一些鄉村的農具和物品。

連金剛寺中菩薩，都是他親手雕塑的。

● 早年儲存稻子的米倉。

金剛寺保存了較正統的佛家色彩，灰色建築風格，寺中有大雄寶殿，後方有妙嬋寶塔。更值得讚賞的是整個寺廟和周遭山林十分協調，這和近來寺廟的金碧輝煌截然不同。

除了這兩處地方，附近還有蕭家古宅和天水堂。蕭家古宅已有近百年歷史，古宅裡留傳著許多故事，南埔的天水堂和北埔的天水堂相互輝映，成為這裡另一個旅遊特色。

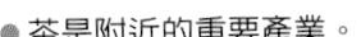

● 茶是附近的重要產業。

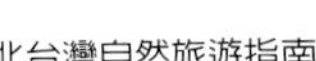

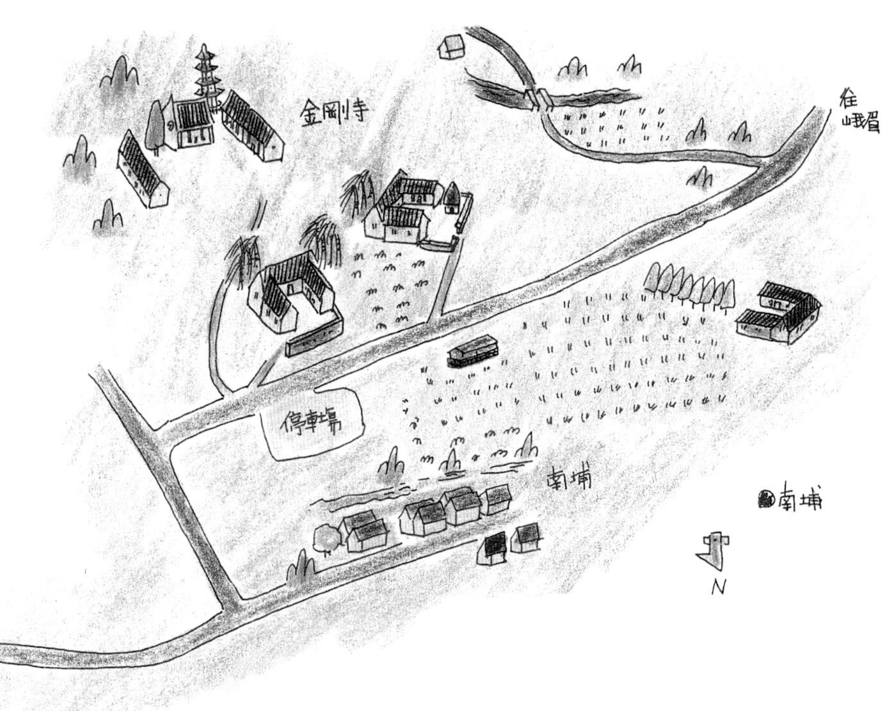

特殊景觀

◆當地稻作時序

稻田的景觀隨著耕作的時序大抵有如下的變化：

二月油菜花盛開。三月開始耕田、插秧苗。四月水田綠油油。六、七月金黃的稻穗成熟了，開始收割。八月二期稻作的秧苗長出。十月稻穗成熟。十一月收割。十二月休耕期，灑油菜籽 。

行程

如果從台北出發，由北二高在竹林交流道下，經過竹東，走三號公路可抵達。

步行時間

沿著產業道路慢慢地走，整個南埔約兩個小時。

適宜對象

全家大小皆宜。

餐飲

北埔附近有許多客家板條的餐廳，不妨在那兒用餐。

新埔九芎湖步道

（田園、古道、森林）

附近山谷連綿，是典型的丘陵地形。兩百多年前客家人就在這裡艱苦地生活。

從九芎湖休閒景觀區的公路進去，一路是這裡宣稱的「富麗景觀的農村」展示區。花草扶疏，路邊矗立著一些解說牌。如果相較於平常所看到客家農村老屋和三合院，諸如三坑子、大坪等村落的景觀，這兒的富麗顯得有點畫蛇添足，如此規劃客家村，其實是相當教人失望的，因為它反而失去了既有的樸實風貌。

●九芎湖是新埔富麗農村的代表景點。

在平常時日來時，遊客稀少，走起山路還勉強可以。有一回來，看到了大冠鷲、蜂鷹和松雀鷹集聚，頗為壯觀。但是，在例假日到來，充滿登山和吃野菜餐廳的人潮，有點大感吃不消。

●例假日時的九芎湖步道常擠滿人潮。

勉強穿過明池地區的車陣和遊客，抵達最裡面的鴛鴦湖；沿小店的山路走進去，開始是觀南步道的石階，中途遇到叉路，往前是可以通往湖口的舊山路。右轉按規劃的步道即接山稜線的九福步道。這是遊客主要走逛的山路，若繞鴛鴦湖，行程約一個小時，輕鬆而舒適。山稜線主要以相思樹為主，山腰則以常見的次生林如香楠、水金京和白匏子等為主，偶有油桐花

● 例假日時附近農民常會挑貨物到登山步道口販賣。

，竹林亦相當常見。尤其有些類似蓬萊竹，當做圍籬，顯見是為保護產業；它告知了旁邊就是產業，同時透露了使用此路的行人不少。山腰半途還可看到水梨以及苦茶。

在鴛鴦湖右邊還有一條柏油路稱之為齋月步道，是新近開發的，也可以繞回明池。山上主要以水梨為主，從那兒可以遠眺聯合報的蘭園，路程大約走四十分鐘。

這兒附近的山谷坑道主要產業都是梨子。在鴛鴦湖入口，幾位攤販賣的便都是以水梨為主，偶有金瓜、地瓜、綠竹、野菜和醃漬的果菜等。他們在此居住少說都有三、四個世代。有一位佃農跟我說，早年他們的祖先最先在此栽種的是茶，之後約在四、五十年前改種椪柑，二、三十年前椪柑沒落後，才改種水梨。

以前，沒有公路，他們必須挑貨物，走九芎湖的山路到湖口去，行程約兩個小時，因為只有那兒有火車可以運送物品。有時，他們也挑果物到楊梅。相對的，每次回來，他們也會買貨物回到丘陵的老家。

往湖口的舊山路走時，就無石階，中途轉彎處有一三合院人家，似乎在此有一段歷史，惟屋頂已經用鐵皮屋取代。路口較窄小的地方，還有殘留的鵝卵石石階，保護路人。同時，路邊的樹較蒼老，顯見是刻意保護下來的。雖然名為九芎湖，路上可以看到的九芎其實並不多，而且都很小，猜想以前一定不少，而且樹身一定很大，只是後來砍伐過度而只剩下小棵的，同時讓其他樹林取代。

大約十來分鐘的路程即可上抵山頂。山頂現為茶園、停車場和著名的大風車，旁邊有客家人薛氏

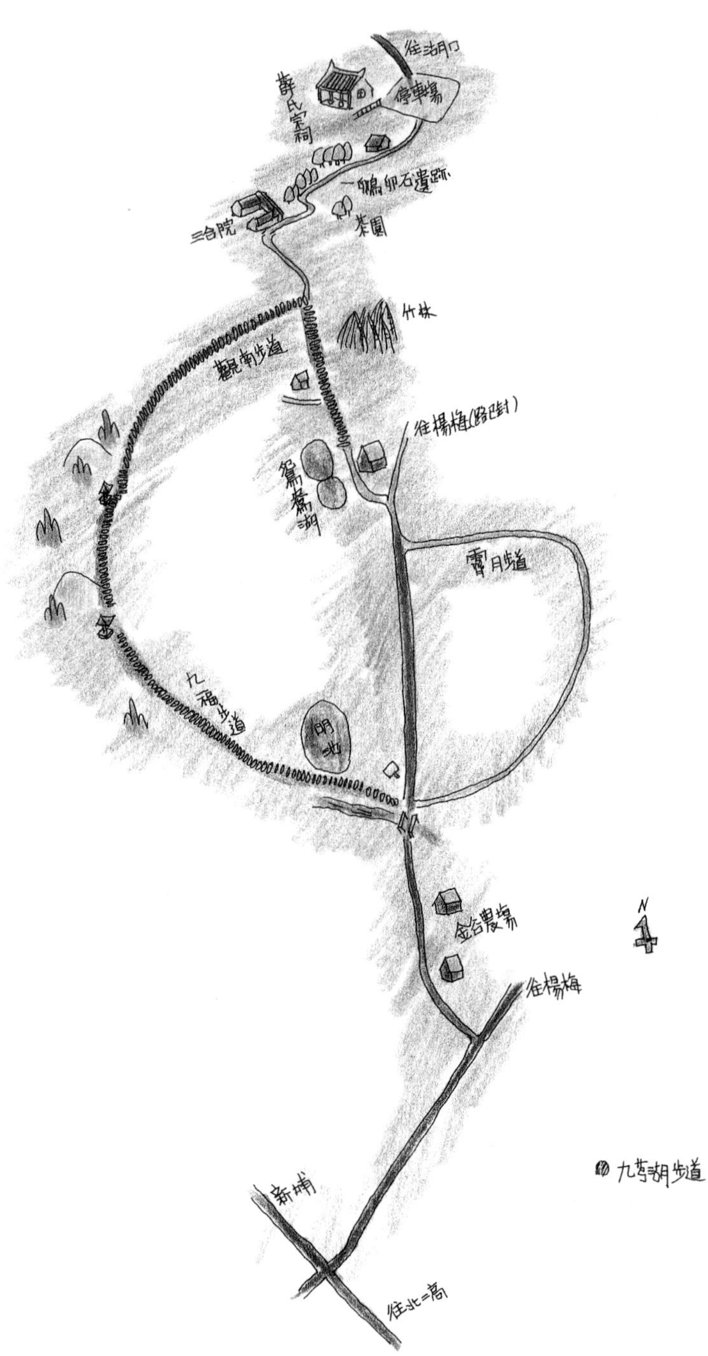
往湖口
彭氏宗祠
停車場
鵝卵石遺跡
三合院
茶園
竹林
觀音步道
往楊梅(路封)
鴛鴦湖
雷月步道
九福步道
明池
金台農場
N
往楊梅
九芎湖步道
新埔
往北二高

● 初春在九芎湖常可看見插秧的景觀。

宗親祠。從這裡開始山路已經消失。如今往湖口的山路已經被柏油路取代，此路即河口新埔越嶺路，由新埔太平窩口到老湖口，行程約12.8公里，沿途都是茶園，並有風車試驗場和聯合報的蘭園。

◆步行時間

觀南步道到九福步道：

鴛鴦湖 —50分→ 明池

齋月步道入口 —50分→ 明池

特殊景觀

◆富麗農村景觀

當地縣政府有鑑於農村生活不易，決定保存當地農村景觀特色，因而以此山谷規劃了客家農村的景觀內容。惟景色和其他農莊、別墅過於近似，反而失去原來既有的客家農村特色，流於一般的風景區，毫無明顯之景觀風格。

行程

車子從北二高新埔交流道下去，沿著118號公路往西走，一路是卵石堆疊的田埂，以及稻田的景觀。約二十來分後，抵達新埔，往右轉楊梅的公路。約五、六分鐘後，遇左邊小叉路，可見通往楊梅指示牌。繼續前行，隨即可遇見金谷農場和九芎湖休閒區的牌子，沿山谷公路進去。

適.宜對象

全家大小皆宜。

餐飲

附近有餐飲，可自備。

內灣支線鐵路

（小鎮、吊橋、戲院、溪流、支線鐵路）

●內灣支線火車從新竹開到內灣。

這條支線鐵路起點在新竹，終點在內灣。不過，喜歡享受眞正自然景觀的人，多半會選擇從竹東搭乘，避開市區的熱鬧和人潮。而從竹東起，內灣支線周遭的景觀也轉而成爲鄉村型的風景，比較像「支線火車」所應該呈現的田野內容了。此外，我們也看得到較爲明顯的此條支線火車的特色。

●竹東到內灣的火車票。

在竹東火車站，隨時都能看到運送水泥的火車出現在旁邊的鐵道上。通常，搭往內灣都是過了陸橋，在第二月台上車。

例假日時，支線火車比較豪華，好像在搭乘台北的捷運，車廂均備有冷氣。平常時日的火車較爲樸實。

這條支線火車會經過兩座鐵橋。橋下分別爲上坪溪橋和油羅溪橋。從竹東起，初時旁邊多卵石堆砌而成的田埂。

以下則是支線火車停靠站的情形：

◆橫山

橫山是第一個小站，只有月台，沒有車站。橫山之名來自背後有一個大山「大山背山」。特產橫山梨，自古有名。這兒是客家人的家園，以前主要種甘蔗，有糖廠。

◆九讚頭

緊接著是九讚頭。據說此名緣起於附近有九個突起的小山丘。車站後就是水泥廠。仔細瞧還有一些客家人的舊村莊。此地周遭的山區原為泰雅族居住地。周遭河階多為稻田，山上多梨子。從這裡火車開始進入山區，一路上可看到橘子和檳榔。

●內灣支線鐵路上不時可看到運水泥的小火車。

●合興是支線上重要的美麗小站。

◆合興

這裡是全國唯一有折迴式鐵路的支線。運氣好時，可以看到火車交會而過的特殊情形。旁邊的木造小火車站很漂亮，常吸引新婚的男女來這兒拍婚紗照。附近又因有水泥廠專載水泥的支線鐵路，因而和內灣支線交會，成為支線裡的支線。此外，早年關西運送的石灰石亦至此，纜車和倉儲都可見到，可以想像早年之繁華。

◆南河

內灣村的一部份，產石灰石著名。目前以水田、柑橘、茶園為主。這裡還有一個叫新豐的煤礦區。以前的礦工白天在此工作，晚上沒事，分往竹東和內灣兩邊的街上跑。

◆內灣

內灣是這條支線鐵路的終點站。

終點站是內灣。日據時代稱這裡爲櫻花之鄉。火車站附近仍可見櫻花。可是，目前要看到日領時代較爲明顯的建築，僅火車站旁的警察局，以前是這裡的駐在所，是此地的重要地標。內灣車站下車的位置也有一個紀念碑，敘述支線火車早年在此的主要工作。這裡過去主要出產木柴、煤炭，目前繼續是玻璃矽砂、石灰石、煤、木材、茶的轉運站。

下了車後，不妨先認識這個小鎮。它主要是由兩條並行的主要街道形成。以前，晚上很熱鬧，所以叫做「小台北」。最著名的街上建築是內灣戲院。裡面曾經擺設許多早年內灣生活攝影圖片。這裡和九份的昇平戲院一樣，是全台灣最古董的戲院之一。

鉛色水鶇是開闊山溪常見的鳥類。

中正街是最主要的

街道。街道旁邊的景觀非常五〇年代，仍有雕花鐵窗、洗石子水泥等古樸景觀。一些早年的大樹佇立在老房子裡，春天時騎樓下經常有家燕築巢。

進入內灣的公路頭有一土地公、土地婆的大廟，據說非常靈驗，香火鼎盛。但最重要的廟寺，還是靠近火車站的廣濟廟，主拜三官大帝、義民爺和觀世音。

● 在內彎這類老街上，春夏天去時，還可看到家燕繁殖於騎樓。右邊為翅腰燕多半在中南部的街道築巢，北部較少見。

小鎮無便利商店，只有二、三家飲食的攤販和賣飲料的小吃店，都在靠吊橋的附近。據說此地的豬肉鋪賣的肉特別好吃。那兒也有公車搭往竹東。附近還有早年林務局的檢查哨老屋。

過了內灣國小，突出的建築是一些紅磚老屋聚落，分兩處集中在吊橋附近。據說以前大戰時爲日本眷屬的住家，光復以後成爲老兵居住的地方。

遊客最喜歡去嬉戲的地點是內灣吊橋和下面的內灣溪（即油羅溪）溪邊。這座吊橋非常有名，以前很多電影都在這裡拍攝的，譬如「春秋茶室」。

● 著名的內灣戲院。

● 內灣吊橋是小鎮的主要地標。

● 油羅溪畔的客家住宅。

這個吊橋以前通往尖石鄉，泰雅族人的家園。

吊橋旁已經有新橋出現。吊橋通往鄉野田園，對岸有一些廢棄的老屋和休閒農場。農場爲客家老屋，旁有登山小徑可抵情人谷，約四十分可到，山上有一個秀麗的小湖泊。

內灣線火車時刻表

車種	車次	新竹開車	車次	內灣開車
復	576	5:48	575	5:50
復	578	6:59	577	6:52
復	580	7:58	579	7:56
復	582	9:51	581	8:54
復	584	12:10	583	12:09
復	586	13:31	585	13:28
復	598	15:16	597	15:10
復	588	16:36	587	16:34
復	590	17:45	589	17:40
復	592	19:02	591	19:00
復	594	20:05	593	20:01
復	596	22:14	595	21:00

● 內灣火車時刻表。

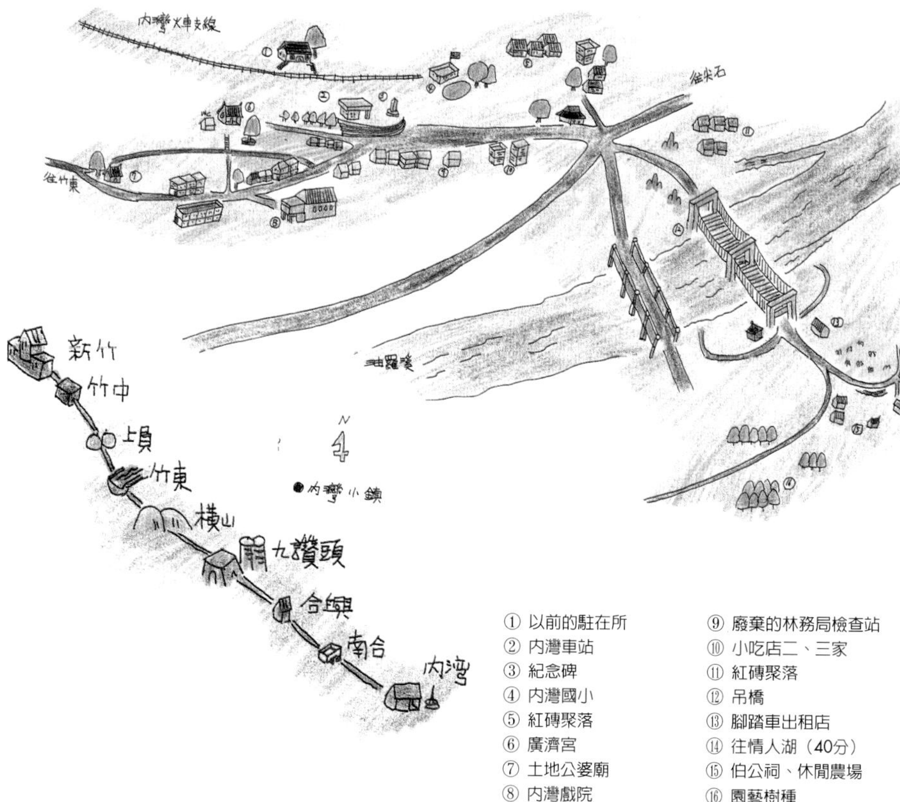

特殊景觀

◆內灣吊橋

吊橋是內灣支線的自然景觀地標，橋上兩有個橋墩。橋上可通行車輛，下方爲油羅溪，溪鳥和林鳥種類甚多。諸如棕背伯勞、翠鳥、白鶺鴒、鉛色水鶇、紫嘯鶇和小白鷺等均十分常見。對岸山巒爲隱密的原始森林和開發之田地和次生林，鳥類相亦十分豐富，爲附近重要之賞鳥地點。

行程

從竹東到內灣，車程約四十分鐘。亦可自行開車前往。若是搭火車，宜注意火車時刻表上來回之時間。

步行時間

內灣小鎮不大，行走約兩個小時，就可將整個小鎮走完。若是到情人湖要多兩個小時來回。

適宜對象

全家大小皆宜。

餐飲

附近有三兩家餐飲，宜自備。

金城湖小徑

（溼地、鳥類、稻田）

● 沼澤溼地是金城湖最典型的環境。

十幾年來，這一塊海埔新生地就是賞鳥人最愛的賞鳥地點。當時，每年秋末以後，我也會到這裡走訪一、二次。每次都要花一整天的時間，走個三、四小時，在產業道路上尋找各種稀有或罕見的候鳥；類似環頸雉、黑頭翡翠、佛法僧等都是賞鳥人聽到名字都會暗自竊喜的鳥種。

如今到那兒卻不再是尋找稀有的候鳥了，因爲中北部地區已經沒有多少沼澤環境。關渡、桃園圳頭、大肚溪口和挖子尾等地的溼地都在消失，鴴鷸科水鳥不再。在此觀賞水鳥隨著漲退潮來去的景觀，反而是生活裡最大的享受。

● 蒼鷺是這兒常見的大型鷺鷥。

但是，我不再從下車的地方走進來，而直接將車子開到金城湖邊，從那兒開始健行，尋找新的鳥種，或者觀賞水鳥的覓食。

金城湖位於客雅溪溪口，溪口擁有北部少見的廣闊泥灘溼地。近幾年，站在隄防上，還可以看到泥灘地上有些許紅樹林。

反嘴鴴是稀有水鳥。

金城湖本身位於隄防內的海埔新生地。它是一個調節漲退潮的湖泊。這個湖泊也是溪口候鳥來去棲息的重要驛站。退潮時，候鳥會飛到溪口棲息；漲潮時，就會飛到金城湖裡。此外，在隄防內還有許多大大小小的淺灘，也是候鳥休息的地方。河隄上有王金城先生殉職的紀念碑，是這兒的重要地標。

湖左邊有一條大型的水溝，當地人稱爲萊茵河。這兒水草豐美，常可見到翠鳥、秧雞類的鳥種出沒。目前築了條美麗的枕木步道和河並行，上面

沿著堤防的步道，可以遠眺河口和賞鳥。

●草澤溼地亦是金城湖附近的重要環境。

有解說牌。看鳥、觀賞海景都很適合。

沿著河邊和湖邊的產業道路往北走，都是適合健行兩三小時的路線。這塊海埔新生地相當廣闊，走個一整天似乎都無法走完。大部份區域都以防風林區隔成塊狀，有的是稻田，有的是溼地，有的是漁塭，也有的是草原。不同的環境自然吸引不同的鳥種到來。防風林以黃槿和木麻黃爲主，樹上常有候鳥棲息。另外，有一條賞鳥路線，位於港南垃圾掩埋場南邊的海岸，現在那兒是許多水鳥棲息的主要場所。

●高蹺鴴在北部不常見。

●大白鷺是附近河口常見冬候鳥。

●偶而可在旱地看到黃牛。

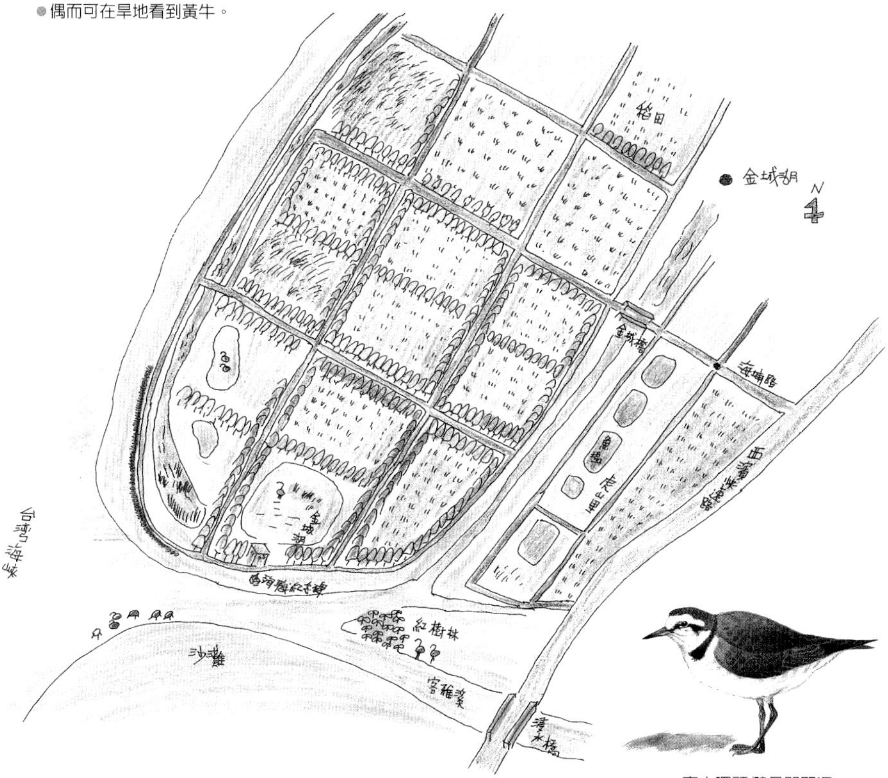

●東方環頸鴴是開闊泥灘地常見小型水鳥。

行程

從新竹市經國路前往，亦可從中山高或北二高下香山交流道，接西濱快速道路至南寮王金城先生紀念公園，往左轉走海埔路，約須半小時。

步行時間

一整天。

餐飲

當地無餐飲，宜自備。

適宜對象

全家大小皆宜。

舊山線

（火車站、小村、隧道、斷橋、田園）

所謂的舊山線，泛指縱貫鐵路三義火車站起，經過勝興、泰安，至后里的舊鐵道，這條舊鐵道已經於1998年停駛，成爲中部觀光遊覽的勝地。一般遊客也以遊覽勝興火車站、魚藤坪斷橋爲來去的重心。

不論從哪一個方向前來，從三義交流道下去是最快的捷徑。勝興已經是當地的重要遊覽地點。下了交流道，筆直往三義木雕街前行，詢問當地路人，遇到任何一處紅綠燈，都有指示牌，往右轉沿鐵路往勝興車站前行即可。不過，這裡遠近馳名，例假日經常擠滿人潮，最好選擇清幽的周一到周五來，較能夠細細品味當地環境。

從苗栗勝興站到台中縣泰安站的八點六公里，是西部幹線最陡峭的路段。幾十年前火車頭還是燒煤油和柴油的時代，因爲列車爬坡吃力，速度緩慢，不少勝興沿線居民，爲了節省路程，還可以趁機跳火車返家。

● 勝興過去叫十六份，原來過去此地有十六座提煉樟腦的爐子。

勝興車站是一棟全部以木造完成的老建築。

勝興火車站建於民國前五年，早期站房只是一處信號所，專辦列車交會錯讓。1930年才有客貨運業務。當地因有十六座蒸餾樟腦的腦灶，故而地名昔稱十六份。勝興舊名即稱十六份驛，光復才改名勝興。

這座小小的車站位於關刀山山麓的山谷間，不論北上南下都要經過八處隧道，因而景觀特別，這裡也是縱貫線最晚打通的地點。

接近百年的生命裡，這座老站房一直保持原來福州杉搭建的日式平房。整座房屋沒有用到一根鐵釘，尖陡的屋頂、樑柱間類似八卦的裝飾，以及尖茅的造型，還有簷下的鋸齒，據說都和風水有關。

1935年的大地震，附近都受到重創，唯獨它安然無恙，更讓人驚奇。如此特殊的建築特色，使它在晚近成爲台灣最熱門的火車站之一。

除了車站，附近還有幾棟特殊的建築，包括了旁邊的鐵路餐廳（前身爲老站長的宿舍），依舊保持早年的建築模樣。還有一棟日本式宿舍。

鐵路餐廳名片和勝興客棧名片。

●鐵路餐廳是過去老站長的住家。

●車站對面的日本式房子，以前據說是站長兒子居住的。

如今旅遊興盛，雖然周遭風光明媚，田野景色如昔，小小的勝興車站卻不再淳樸。窄小的一條街道，商舖餐廳鱗次櫛比，猶如九份般充滿觀光旅遊的繁華。車站旁邊最有名的餐廳有兩家，分別爲勝興客棧，以及鐵路餐廳。

喜歡火車的群眾，把這裡稱爲舊山線，還會到附近幾座山洞憑弔。這兒的山洞都屬於日領時代，

● 雞屎藤到處可見，卻不易發現開花。

開鑿都相當有學問，而且洞口多半都書寫詩意般的名字，可見當時人對山川開拓之敬畏和虔敬。

一般人到勝興，多半還會到關刀山和魚藤坪（龍騰斷橋）走訪。只要沿著車站前的小路，往前不久即遇叉路。往左爲上關刀山的柏油路，隨即可抵達登山口。關刀山爲附近最重要的大山，爬上山頂可一攬附近之景觀。魚藤坪較遠，雖是下坡，走起路仍頗辛苦，大約要一個半小時才能抵達。開車也要近半小時。

以前北上求學搭火車經過山洞出來時，都會驚鴻一瞥地看到美麗的魚藤坪斷橋（龍騰斷橋）。這座斷橋就是那次大地震的傑作，也爲當時地震之慘烈做了見證。如今921大地震，再次把其中的一座橋柱震裂部份，形成兩次地震集中於一景的特殊景觀。目前魚藤坪附近有整修良好之步道，附近的小溪清幽，呈現綺麗的農村風光。

通常到勝興站，還有兩條自然步道，值得健行，讓大家在那兒逗留，對這個小站，認識得更加深入。

其中一條是沿著鐵道走到勝興，走訪建築美學講究的火車隧道，以及觀賞兩邊的自然景觀，並一路賞鳥。

另外一條是走鐵路餐廳對面的小步道，繞到山裡去。初始是桂竹林，緊接著次生林。四、五月時，這條山徑滿山油桐落花，異常美麗。平常則以高大而美麗的山黃麻森林讓人稱奇。走這條山路少說要一個半小時。中途就離開森林，進入產業道路，旁邊的景觀也煥然一新，多半是開闊的田地和溼地，適合自然觀察。

● 夏日時這兒還可觀賞螢火蟲。

●龍騰斷橋又叫魚藤坪斷橋，係舊山線走訪必經之道。

抵達土地公廟後，旁邊有叉路，向右過了深水橋，不久旁邊有一大片草生溼地，（冬天時呈紫花藿香薊的美麗草原和芒草互相搖曳）那兒是這裡賞螢的主要地點，主要種類有端黑螢火蟲和紅胸黑螢火蟲。不過，要小心附近蛇類也不少。從那兒半小時後可回到車站。

◆步行時間

鐵路餐廳 —40分→ 土地公廟 —40分→ 鐵路餐廳

車站 —90分→ 龍騰斷橋

特殊景觀

◆勝興站小史

1907年設十六份信號站

1930年4月1日改為驛，開始營業。

1951年9月20日起開放一般整車起運貨物，仍不辨到達。

1958年2月10日站改為勝興。

1983年9月15日起停辨零擔貨運。

1998年9月23日晚上九點時分，車次167最後一班平快南下靠站……。

再見舊山線。

◆龍騰斷橋

往昔縱貫鐵路上最大之拱橋，座落蒼翠之山谷間。當時建築時，據說每一

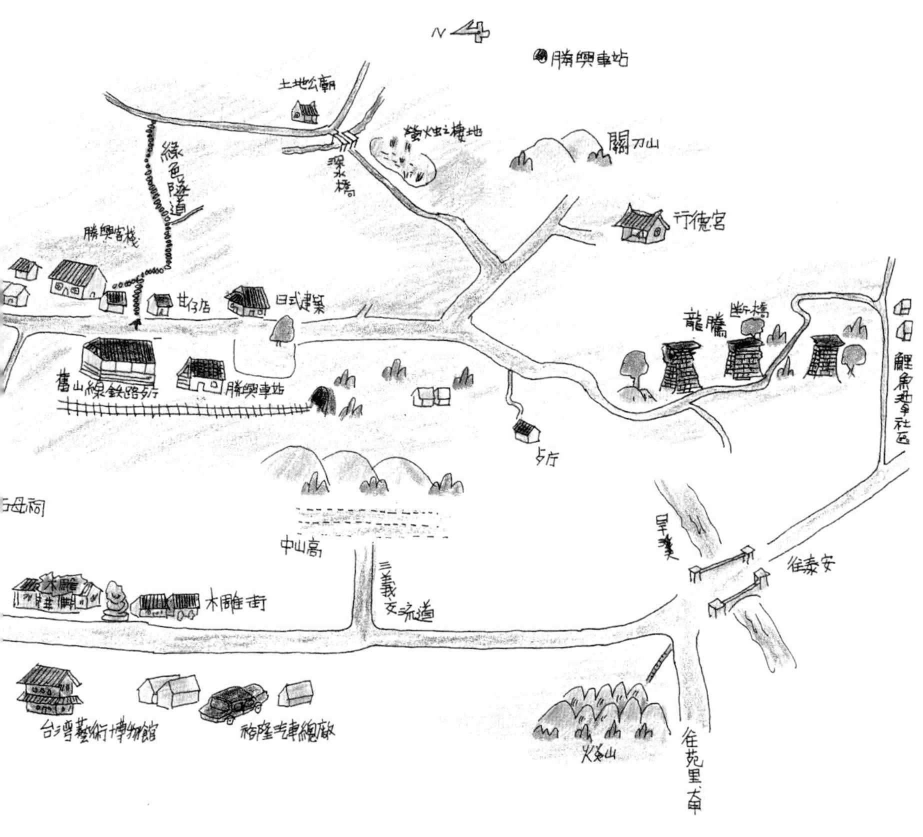

碗磚都有編號，在建築美學上有其特殊意義。1935年中部大地震時，附近許多建築都被摧毀，拱橋亦被震斷多處，成爲今日之模樣。目前爲前往勝興旅遊時必經之觀光景觀。

行程

三義交流道下車後，轉三義木雕街（水huh街），一路都可看到右轉的指示牌。此後沿鐵道前進就可抵達。

適宜對象

如果只是走綠色隧道，全家大小皆宜。若是鐵道和龍騰斷橋，青少年以上爲佳。

餐飲

車站附近有三、四家以客家菜爲招牌的餐飲。最著名的有「鐵路餐廳」，係將當時站長的家更改的，內部裝璜設計相當別緻。此外「勝興客棧」的客家菜和特有山產亦富盛名，諸如石壁蓮雞、花生豆腐都是招牌菜。

鳴鳳山古道

（古道、森林、古蹟）

位於獅潭和頭屋、公館之間，有一條南北走向的八角棟山脈，阻隔了獅潭鄉和西方平原的聯絡。這座山脈是清代賽夏族防禦漢人入侵的天險。不過，由於賽夏族仍然需要和平埔族交易山產、鹽巴，所以相當仰賴這條鳴鳳山古道橫越山脈。殊未料，後來，漢人竟也循此山路進入獅潭縱谷，將賽夏族人趕離家園。

這條路東起台三線獅潭義民廟後方，西從頭屋鄉二湖村抵達平地。目前，古道縮短從鳴鳳國小和雲洞宮間的山路翻山，銜接至獅潭縱谷，因而被今人命名爲鳴鳳山古道。古道上多半鋪設石階，全程大約三公里。一般若從雲洞宮往東走是下坡，一個小時可以走完。反之，要一個半小時。

● 鳴鳳山古道雲洞宮入口。

沿途林相隱密而優美，除了相思樹林多，欅樹和樟樹林亦十分豐富；同時，有雀榕和魚藤合抱的奇景可觀賞。一處「情人谷」溪澗，是目前最具歷史意義的一段，這是當年賽夏族安置斬獲頭顱的地方。據說每逢夜晚原住民經過此地時，還會聽到奇怪的叫聲，但是漢人就不會。下抵山谷有柑橘和

● 鳴鳳山古道義民廟登山口的土地公廟。

義民廟主要為祭拜黃南球等拓墾獅潭的客家人。

橫跨獅潭溪的鳴鳳吊橋。

桂竹等產業。

獅潭縱谷位於八角棟山脈和八卦力山脈之間，南北有兩條溪——獅潭溪和桂林溪流貫，切割沖積成許多河階台地和山間小平原，土豐水沛。因位於東部山區，漢人開發較晚。光緒初年，才有黃南球率領漢人入墾和興、百壽、永興、新店和獅潭等村。後來，進而向南推進，繼續開墾八角林、下湖處（今豐林和豐村一帶）。在這個遼闊的墾區內，黃南球建有兩所公館和兩座伙房，分別位於獅潭（今永興）、八角林、新店和和興。今天縱谷間主要且唯一的動脈便是省三號公路。

獅潭則位於三號公路旁山谷間的一小市鎮。小鎮素樸而安靜，殊少遊客。新的公路繞鎮外，路邊對面則有金碧輝煌的義民廟，經常有遊客到來。廟裡有黃南球的神位，廟旁則有黃南球的紀念碑雕像；廟前則有通往鳴鳳山古道的吊橋。

黃南球或許是客家人的英雄，但是在賽夏族人的眼裡或許有另一番看法。他是桃園中壢人，十九世紀中葉，在苗栗南庄開創事業。此後，開墾沿台三線的田土如南坪、獅潭、八角林、南湖、卓蘭一帶，縱橫十餘里，闢田千餘頃。樟腦爲發軔之基，另外還有糖業、煙草、輕鐵和製紙等事業。

在八角棟山裡還有一條重要的路線：錫隘古道，全長五公里。當時漢人爲了屯墾獅潭，防備賽夏族的攻擊，曾在稜線上做了十餘座碉堡，日夜派隘勇防守；彈盡糧絕時，隘勇曾將炒菜鍋以石臼打碎，和泥土揉成彈丸繼續作戰，當地也因此得名爲「打鍋片」。古道另一個景觀是「錫隘七十二段」這段路利用石壁縫隙疊砌而成。這條古道入口在獅潭更南方獅潭林務局工作站的位置，在稜線可與鳴鳳山古道銜接。從雲洞宮亦能藉南長城步道經樟樹坪、八達嶺前往，路況良好，在近獅潭的3號公路出口下。行程約一個半小時，山谷桂竹林多。

隘爲防番（此地爲便於行文，皆以過去的「番」稱呼）的機關，設置在有番害危險的番界。在那兒配置隘勇或隘丁，加以駐防。這個地方的駐屯地點就叫做「隘寮」或是「哨棚」，以相互呼應的距離建設。寮和寮之間彼此相互聯絡，偵察敵情，防範番害。設在路上的，有的是爲了護送寮和寮之間的行人，或者以竹鼓或木鼓警戒。

◆步行時間

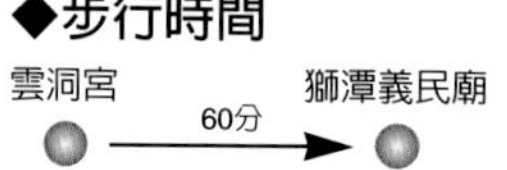

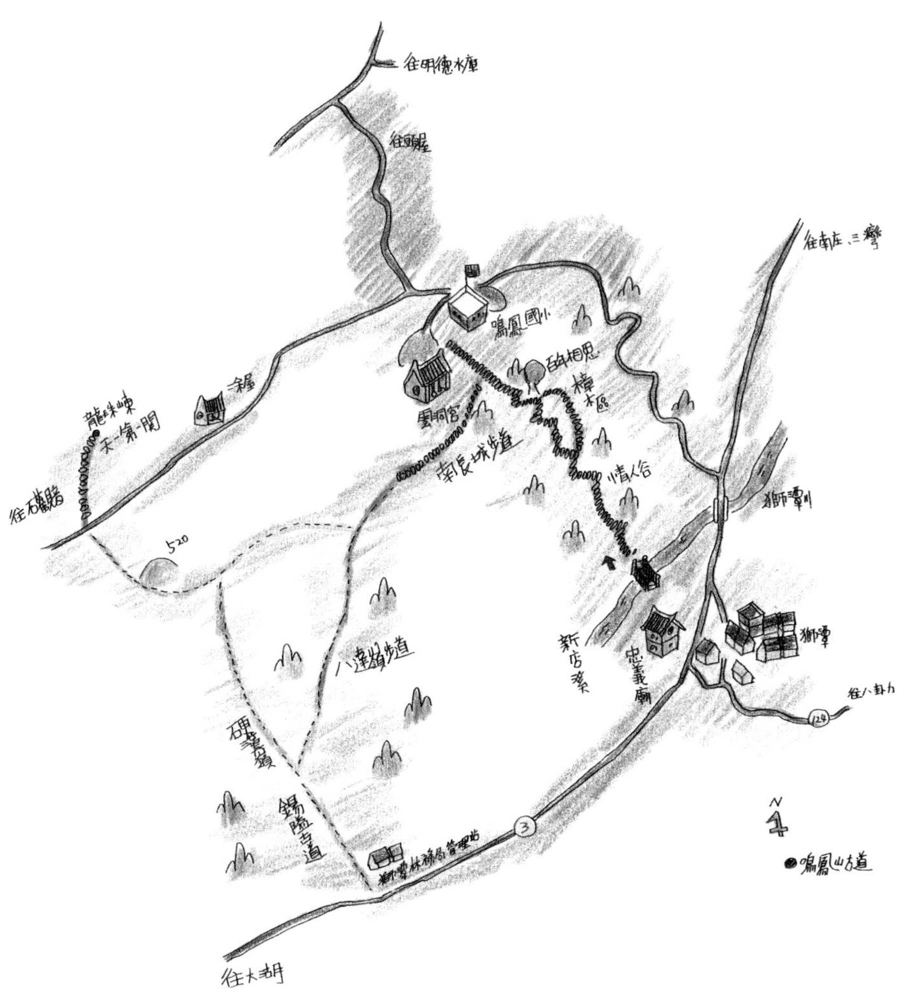

行程

沿省三號公路抵達獅潭為最容易之方式。如果由北邊南下，在抵達獅潭之前，還有一條公路可上抵雲洞宮。

適宜對象

全家大小皆宜。

餐飲

附近無餐飲，宜自備。

建議參考書籍

《福爾摩沙大旅行》　劉克襄　玉山社　1999

挑鹽古道

（古道、森林）

到挑鹽古道有兩條路。一條從飛牛牧場進入（需要門票費200元），另外一條由121、130公路，沿往通宵路線，在圓山仔按指示牌進入，沿著長了不少甜根子草的小溪往九華山前進，半途就可看到挑鹽古道登山口石碑。

● 挑鹽古道只剩下不到半公里路程，皆位於相思樹林下。

挑鹽古道出現於道光年間，它是數條開發苗栗山區的官道之一。當時以連接苑裡、通霄、銅鑼的虎頭嵌古道最長。同治年間，經地方鄉紳捐資闢建石階梯道，路況頗佳。光復後因陸續開發，逐漸消失，最後僅剩通霄至九華山一段最爲完整。這段即目前熟知的挑鹽古道（挑鹽崎）。

早年，苗栗內地缺鹽，需要的鹽都從鹿港、布袋生產的鹽獲得。先由海船運到通霄漁港，再用牛車運到鹽館埔集中，再由挑夫以雙肩挑扁擔穿梭於古道間，來往內山。

從入口處走，未幾就看到鵝卵石排列的古道遺跡。原來當地人就地取材，把原先的紅土台地的大卵石取來當成石階。一路上大概是我們熟知的火炎山北邊的紅土台地的環境。植物相以相思樹、油桐和白匏子爲主，鳥類相並不佳。

如果從飛牛牧場出發，先是一片牧草原，緊接著進入不見天日的森林小徑。這裡林相以油桐、樟樹、茄冬和相思樹爲主。有人稱這一段的茄冬木樹群爲黑森林。在一線天深谷休息後，來到古道，登陡峭石階。中途會遇到產業道路。之後，又有一段，抵達山頂後有一處涼亭可向遠方眺望。那兒可

挑鹽古道位於紅土台地的礫石層，石階皆以卵石排列。

以遠眺大甲溪、鐵砧山等風景，以及通霄海邊的火力發電廠。之後，再往前爬，上抵九華山大興善寺。這裡是觀光熱鬧區，附近有許多商舖，也有廣闊的茶園、花生田。

相較於其他北部古道，這條古道顯得單調，只有鵝卵石排列的石階，並無土地公廟或者其他前人遺留的史蹟。路途亦無特殊的古道遺跡，只有在山下進入古道的圓仔山附近有一些三合院的舊房舍。我反而喜歡從這兒騎單車旅行，一路沿著溪邊走逛、觀鳥。

如果從九華山走下去至銅鑼，沿省一號道，到

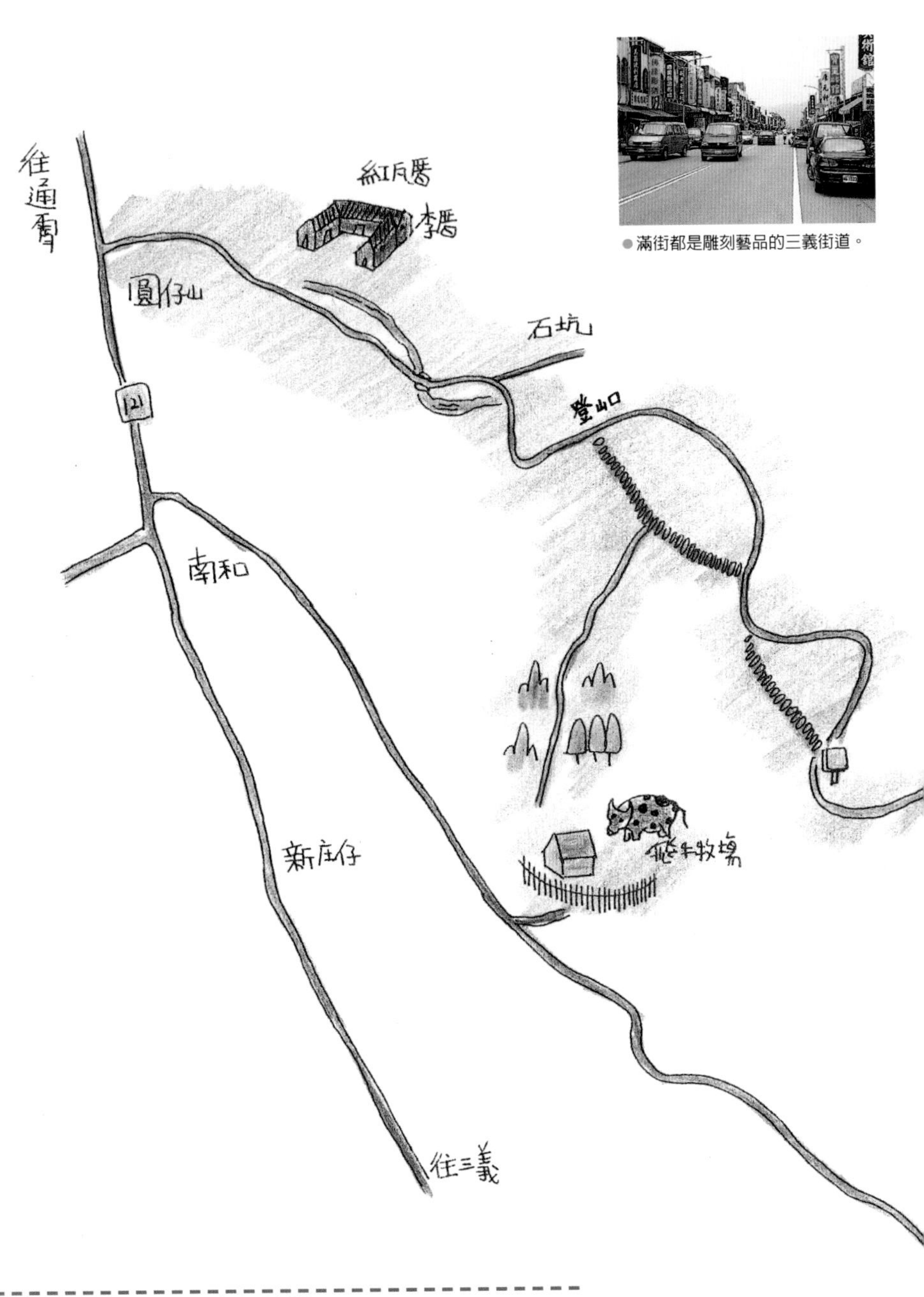

滿街都是雕刻藝品的三義街道。

◆步行時間

登山口 —50分→ 九華山

三義前會經過樟樹灣，在路上就會看到提煉樟腦油的實際情形。此地叫樟樹林，亦可知其和挑鹽古道的某種程度的關係。

特殊景觀

◆樟樹林腦寮

走下挑鹽古道，離開銅鑼，抵達樟樹林。顧名思義，這兒以前有許多林立的樟樹。過去因而成爲重要的樟腦製作地，如今仍有不少大大小小的工廠。沿一號公路經過時，不妨在這兒觀賞樟腦製作的過程。

行程

可從三義前往，在三義街上就可看到往九華山的路牌。沿省一號道前進至銅鑼，往左上山可抵達。或由通霄的路上進入。

適宜對象

全家大小皆宜。

餐飲

附近無餐飲，宜自備。九華山有商舖。

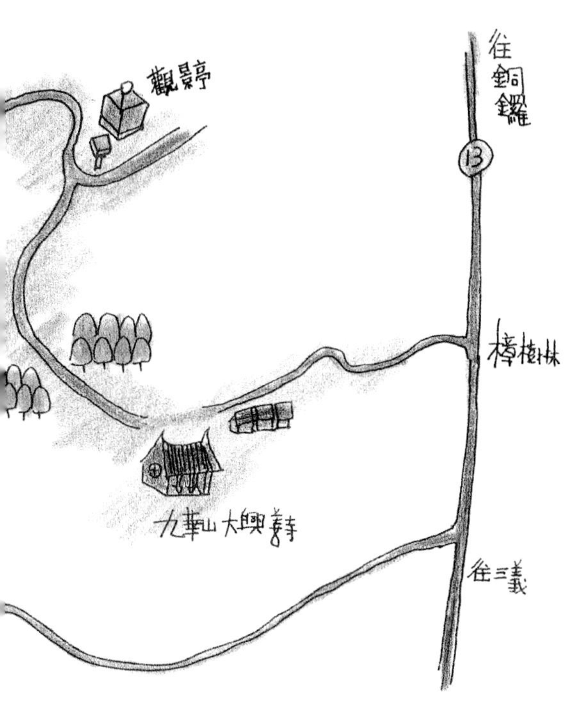

●樟樹林的樟腦煉製和挑鹽古道有著密切關係。

南庄小鎮

（老街、賞鳥、戲院）

南庄位於大東河和中港溪交會口，周遭有八卦力山環繞，是一個必須細細品味才能看出特色的山腳小鎮。早年它是一個煤礦、木材和樟腦的集散地，一度繁榮如內灣，後來才沒落。如今世紀末了，雖然有不少地方已經更改，重要街景大部份地區依舊保持原來的市容景觀。

每次帶孩子們來教學，我喜歡在公有市場下車，買一些傳統碗粿、仙草等食物吃。市場再往前約三四十公尺處，有林務局廢棄的檢查哨。幾乎每一個林務局的檢查哨長相都是那種長凸字形的水泥

● 南庄近郊的客家三合院。

南庄街景。

平房。在內灣等地，我也看到類似的檢查哨。它代表著，過去這兒就是山上運送林木下來的必經關口，這也是南庄小鎮繁榮的遺跡。

然後，由對面的小巷弄進去，巷弄口有一排約十三個洗衣石的景點。清晨和黃昏時，整個洗衣石坐滿了婦女在此洗衣，形成相當特殊的景觀。進入如迷宮的彎曲巷弄，正好展現了這個依山傍河而建立的小鎮特色。

接著來到永昌宮，裡面奉祀的神有許多位，算是一個綜合儒、道、佛等各地的綜合廟寺。廟寺和南庄國小間，有一座過去之駐在所，仍舊保持原來的日本房屋景觀，但內部改爲幼稚園供小朋友上課使用。最近則因921大地震，暫時封閉。

然後，來到位於124路上的街道，這裡的街景仍保有一系列木造二層樓的街景，是北台灣我最能感受到四、五〇年代台灣街道景觀的地點。非例假日時，在這條街道閒逛會是一個難忘的體驗。

以前迄今到南庄旅遊的人，主要都是去獅頭山，因為那兒寺廟多，風景秀麗，卻忽略了南庄小鎮。

同時，我會建議你到二、三十年前的景庄大戲院瞧瞧，從這個長五十公尺大的戲院，不難想像南庄過去勢必是一個繁榮的地方。

●南庄破舊的景庄大戲院見證了早年的熱鬧歷史。

●南庄仍保有古樸的四、五○年代街道風貌。

戲院後就是中港溪，長長河道兩岸非常適合自然觀察，尤其是進行賞鳥活動。通常以溪鳥如小白鷺、夜鷺最多。從這裡遠眺周遭山景也是個相當開闊的地點，可以看到鹿場大山和八卦力山眾山的蔥蘢環繞。

行程

從中山高頭份交流道下，轉124公路，再轉三號公路，朝三灣前行。過了三灣有兩條路，一條繞獅頭山，一條走大南埔都可再銜接124，抵達南庄。

步行時間

約兩個小時。

適宜對象

全家大小皆宜。

餐飲

街上只有簡單餐飲店。

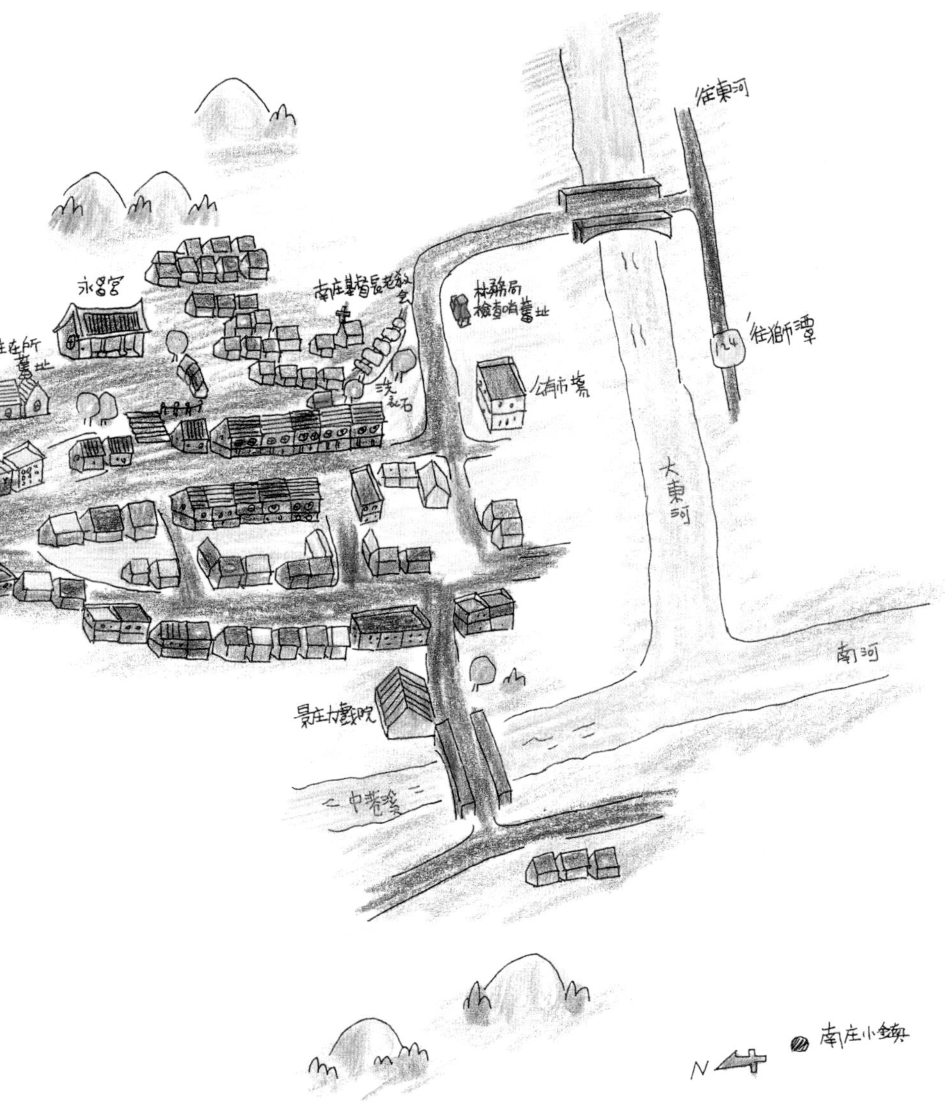
往東河
南庄基督長老教會
林務局
檢查哨舊址
往獅潭
124
永昌宮
在所
舊址
洗衫石
公有市場
大東河
南河
南庄大戲院
中港溪
N
南庄小鎮

南庄向天湖

（森林、湖泊、賞鳥、賽夏族）

大東河附近山巒美麗如詩。

車子離開南庄小鎭，沿著大東河往向天湖行駛後，河谷兩邊開始出現高大而青翠的山巒。

過了東河村，遇到叉路時，要往右邊的小路。越過大東河，車子慢慢地走 S 形山路爬昇。這時俯瞰山谷裡的東河小村，赫然發現那是一個教人神往的美麗小世界。從東河村也有東河吊橋，越過吊橋有陡峭的舊山路可走至向天湖。東河村之居民多爲鹿場移來的賽夏族人。

車子抵達向天湖停車場即矮靈祭祭場。除了矮靈祭和例假日時，這兒殊少有遊客到來，尤其是陰雨霏霏的時日，幾無遊人，但這時也最能感受向天湖的美麗。

向天湖海拔738公尺，湖周遭有一條環繞湖的柏油產業道路，周遭以柳杉林爲主，有三個村落散落在湖岸周遭，最大的一個位於光天高山入口。產業有苦茶油、桂竹，以及洋菇、菜田。

站在向天湖畔，遠遠地望向東南邊，可以看到斜斜地矗立著的光天高山。腳健者難免會有想去登高望遠的樂趣。其實，從山頂往下俯瞰時，向天湖之美更如一塊美麗的翡翠。

翻過光天高山就是鹿場部落。光天高山是加裡山脈北段的一條支稜。它的東側受到大東河的切割侵蝕，峭崖壁立，西側這邊的山坡平緩，稜脈寬闊。向天湖就是在這座山腹中。

在幾百年前，相傳向天湖是一處面積廣達十餘公傾的湖泊。湖中魚類豐富，賽夏族人看到湖仰向

● 美麗而神祕的向天湖是賽夏族矮靈祭的地點。

● 洋菇房是向天湖的重要產業景觀。

天空，因而如此取名。後來因為大東河的一條支流向源頭侵蝕，切穿湖岸，湖水消失，留下土壤肥沃的湖底。移民到這兒的原住民，將這裡拓墾為耕地，幾年前政府將溪谷築隄儲水，消失多年的向天湖又出現在綠林裡。

目前居住在向天湖的賽夏族，

大概是在一百年前由大東河移民而來，以後逐漸增加，光復之初高達六十多戶。近年來因為交通不便，社會型態改變，居民多半外移。目前只剩三十多戶，人數約兩百多人，但已經是賽夏族少數的大部落。

這裡也是一個賞鳥的好地點，視野開闊，環境多樣，許多各地鳥友常來此賞鳥。不過，杉林本身鳥類較少，多半集中在開闊的雜木林環境。

● 冬天時黃腹琉璃鳥偶而會出現在這裡的森林。

特殊景觀

◆賽夏族矮靈祭

賽夏族的傳統祭儀很多，一般人知道的大概以矮靈祭為多。相傳身高不足三尺的矮人以前和賽夏族人隔大東河而居，矮人雖身材矮小，但是臂力驚人，善於巫術，尤其精於耕作技術。賽夏族人稻粟成熟時，一定請矮人來點檢，並行巫術。可是，矮人好女色，常到賽夏族部落調戲婦女，或者用巫術迷誘。族人常受凌辱，遂設計殺害。有次豐年祭時，便將全部矮人推入山谷。只有少數三、四人逃往東方。不意，矮人不再，稻穀亦不再豐收。族人為慰藉矮靈，乃舉行矮靈祭，時間都在稻熟之後的農曆十月中旬。

由於賽夏族群分南北兩群，分居新竹五峰和苗栗南庄。因而矮靈祭分二地舉行，每兩年一祭，每十年一大祭。南祭地點選擇在向天湖，由於矮人向東逃亡，遂向東迎祭。

矮靈祭共分三部，分別為迎靈、娛靈和送靈。娛靈是矮靈祭的高潮，可讓外人參觀，其他兩個儀式其他族是不允許參加的。

娛靈時，一連三夜通宵達旦，充分表露出賽夏族人對矮靈的虔敬。娛靈第一天時，一大早住在南庄、獅潭的賽夏族人都會扶老攜幼前往向天湖，在祭場的小平原上會合，依照傳統祈求矮靈的

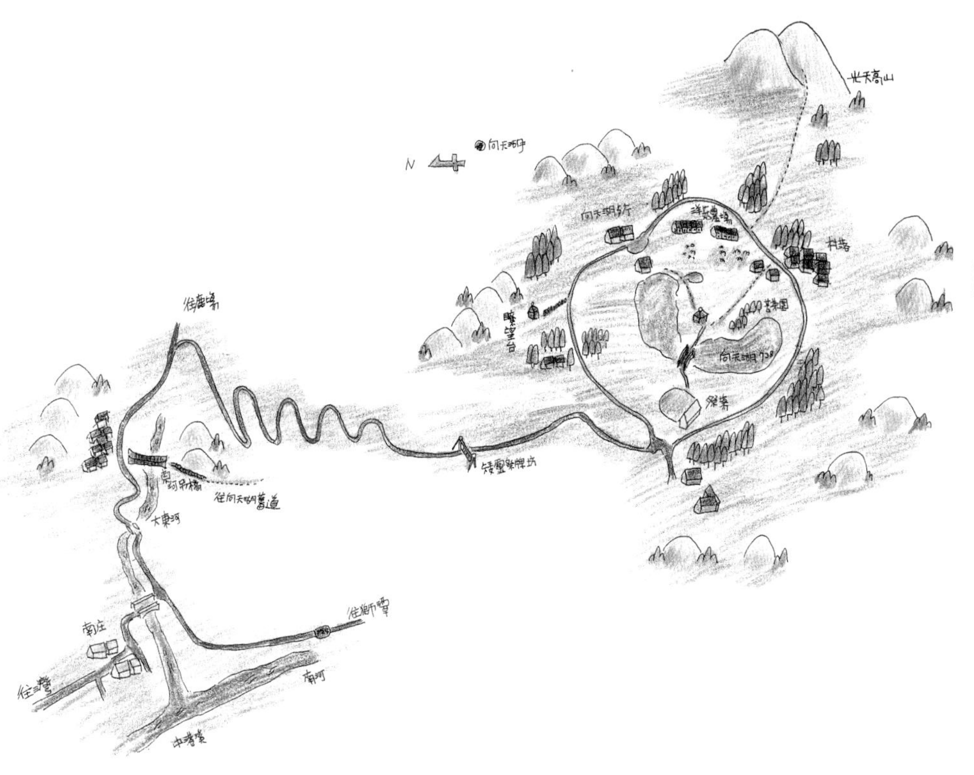

保佑。黃昏祭典時，先由總主祭率領，跪在靈屋內，口唸咒語請矮靈到來。族人開始繞圈跳舞。第二天跳的是豐年舞，追念祖先和感謝矮靈的庇祐。第三天傍晚跳的是謝靈儀式。

不過，矮靈祭近年來廣爲人知，受到現代社會價値觀念的衝擊，多少受到商業影響。每當矮靈祭時，這兒就成爲觀光勝地。若想要清靜地旅遊，必須避開例假日和祭典的時日。

行程

從中山高頭份交流道下，轉124公路，再轉三號公路，朝三灣前行。過了三灣有兩條路，一條繞獅頭山，一條走大南埔都可再銜接124，抵達南庄。再由南庄往東河。過了東河有叉路，往右邊的山路行駛，約三十分鐘可抵達向天湖。若往左邊是前往鹿場。

步行時間

慢慢繞湖一周約一個小時，若前往光天高山往來約兩個半小時至三個小時。

適宜對象

全家大小皆宜。

餐飲

湖畔附近有兩家餐飲店，宜自備。

地圖夢想，閱讀旅遊

試著展現一本個人風格強烈的旅遊指南，這樣的企圖源自於許多背景。

十五歲時，跟著父親去拜訪他學生時代迄今的摯友，一位高中地理老師。在充滿人文理想的書櫃上，看到了成排的日本旅遊書籍。那一整天，當其少年在客廳集聚，吵鬧地玩著大富翁時，我的興趣卻是瀏覽著那些看不懂的日文書籍和圖片；同時，好奇而欽羨地翻開夾在書籍裡面的旅遊地圖。

或許是這個原因吧，從大學時代，零錢比較多時，除了藝文書籍，我也喜歡蒐集旅遊作品。二十多年來，累積的旅遊指南和書籍或許不多，但從一百年前到今天，有關台灣的旅行，較具代表性的，大概都有收藏。閒暇時還會翻閱，從這兒找一些題目來撰寫、省思旅遊的種種議題。

但是，從未料到，自己到了四十多歲時，竟也成為一個撰寫有關台灣山川旅遊導覽的人。當然身為一個自然觀察者，我的旅遊作品呈現的勢必不同於時下的指南。這些特色讀者在序裡，或者在每一個景點的介紹中都會感受到。在這兒我還要點出一個微妙的差異。一般的旅遊指南都是六、七人，甚至十來個人的一個小組。而此書的完成，全部是單獨作業，由自己撰寫、採訪、繪圖和攝影。

為什麼要選擇單打獨鬥？我始終有一個奇特的偏見，綜觀坊間書架上的本土旅遊書籍，一直缺少個人主觀色彩的指南。當十來個人一起合作、分工完成時，作者的名字其實已變得不重要了，重要的是出版社，或者一個團隊。作者似乎不需要和讀者溝通，甚至負責。指南如是，對我而言，難免多了一分疏離，卻少了幾分親切。在這本旅遊指南裡，我強烈的希望讀者知道我的企圖和理想，因而在完成本書的過程裡，自己的認知和體驗方式始終是熱情洋溢的。這本指南提示的將不只是另類的旅行觀點，還在表達一種個人旅遊的特質。

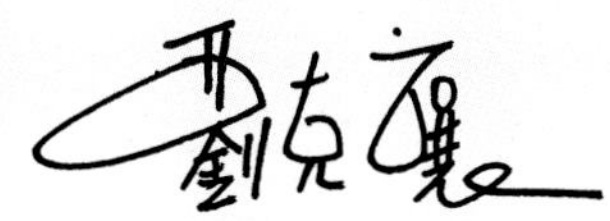

自然地圖06

北台灣自然旅遊指南

攝影撰文 劉 克 襄
內頁繪圖 劉 克 襄
文字編輯 林 美 蘭
美術設計 林 姿 秀

發行人 陳 銘 民
發行所 晨星出版有限公司
台中市工業區30路1號
TEL:(04)3595820 FAX:(04)3595493
E-mail:morning@tcts.seed.net.tw
http://www.morning-star.com.tw
郵政劃撥：22326758
行政院新聞局局版台業字第2500號
法律顧問 甘 龍 強 律師
製作 知文企業（股）公司 TEL:(04)3595819-120
初版 西元2000年 8 月30日

總經銷 知己有限公司
〈台北公司〉台北市羅斯福路二段79號4F之9
TEL:(02)23672044 FAX:(02)23635741
〈台中公司〉台中市工業區30路1號
TEL:(04)3595819 FAX:(04)3595493

定價650元
（缺頁或破損的書，請寄回更換）
ISBN.957-583-882-3
Published by Morning Star Publishing Inc.
Printed in Taiwan

國家圖書館出版品預行編目資料

北台灣自然旅遊指南／劉克襄撰文　攝影・
繪圖　－－初版.－－臺中市：晨星，2000
〔民89〕
面；　公分　－－（自然地圖；6）
參考書目:面
ISBN 957-583-882-3(平裝)
1.台灣—描述與遊記

673.26　　　　　89007913